スッキリとける

FP技能士1級

過去＋予想問題

学科基礎・応用対策

TAC FP講座

JN005641

TAC出版
TAC PUBLISHING Group

「科目別の過去問題」で知識の穴を埋め、
「予想問題」で本試験形式に慣れることが

合格への最善・最短ルート！

本書は、**頻出問題を確実にマスター**し、さらに**本試験形式に慣れていただく**ために「**過去＋予想問題**」という形式をとっています。

長年、試験研究を進めている資格の学校 TAC FP 講座のノウハウを詰め込んだ本書を利用して、ぜひ合格を勝ち取ってください！

本書の合格るポイント

「科目別の過去問題」で知識の穴を埋め、「予想問題」で本試験に対応する力をつける！

本書の前半部分は**頻出の過去問題**を**科目別**に掲載しています。FP 試験は**６割の得点で合格でき、頻出論点はほぼ固定されています。**そのため、あまり出題されない微細な論点にまで手をひろげずに、本書に掲載している**試験によく出る論点の過去問題を確実にマスターすることが合格のカギ**になります。

本書は**見開き形式**で**すぐに解答が確認できる**ので、問題を解きながら、同時進行で知識を吸収することができます。まちがった問題については、姉妹書の『**スッキリわかるＦＰ技能士１級**』の同じ論点を確認することで、知識がより強固なものとなります。

後半部分には**予想問題**を１回分掲載しています。**最新の法改正**が反映された**本試験形式の問題**を制限時間内に解くことで、**本番を想定した演習**ができます。

「頻出ポイント」が本試験直前まで役に立つ！

各科目の過去問題の後には**頻出ポイント**を掲載しています。**試験に出やすいポイントにしぼって暗記事項を掲載**しているので、試験直前まで役に立ちます。

学習方法

本書には、姉妹書として、インプット中心の『スッキリわかるＦＰ技能士１級』があります。また、直前対策として『〇年〇月試験をあてる TAC 直前予想模試 FP 技能士１級』をご利用いただくのも効果的です。学習に割ける時間や、知識量に応じて、最適な方法で学習しましょう。

時間がない人や、
あるていど知識がある人に
オススメ！

パターン❶

いきなり
本書の
過去問を解く！

試験直前で
本当に時間の
ない方は、
本書１冊にしぼって
学習しましょう！

STEP 1 **スッキリとける** で 過去問演習

FP 試験は頻出論点がほぼ固定されていて、類似の問題が繰り返し出題されています。また、もともと持っている知識や常識で対応できる問題も出題されるため、平易な論点については、該当部分のテキストを読むことが時間の無駄になる場合があります。そのため、学習時間があまり取れない場合は、**テキストを読まずにいきなり本書の過去問題を解き、**間違えた部分については解説を読み込み、その場で知識を吸収していくのが実は**最短の学習ルート**なのです。

基礎から順序立てて
学びたい人に
オススメ！

パターン❷

インプット
をしてから
本書の
過去問を解く！

STEP 1 **スッキリわかる** で 知識をインプット

『スッキリわかるＦＰ技能士１級』は、専門知識がない人でも、平易な言葉で重要論点をどんどん読み進められるつくりになっています。**基礎から知識を積み上げていきたい方**は、まず『スッキリわかる』を読みましょう。

STEP 2 スッキリわかる で知識を確認

本書の問題を解いて間違えた箇所については、『スッキリわかるFP技能士1級』の同じ論点を確認することで、知識をより確かなものにできます。

STEP 2 スッキリとける で過去問演習

『スッキリわかる』を1章分読んだら、『スッキリとける』の同じ論点の問題を解きましょう。**過去問題**を解くことで、**「インプットした知識」を「実際に問題を解く力」に変える**ことができます。間違えた問題は、『スッキリわかる』の同じ論点を読み返して復習しましょう。

STEP 3 スッキリとける で予想問題にチャレンジ

本書の過去問題を解き終わったら、時間を計って巻末の「予想問題」にチャレンジしましょう。**合格ラインの6割**が目標です。間違えた論点はしっかり復習しましょう。

STEP 4 あてる で直前対策を完璧に

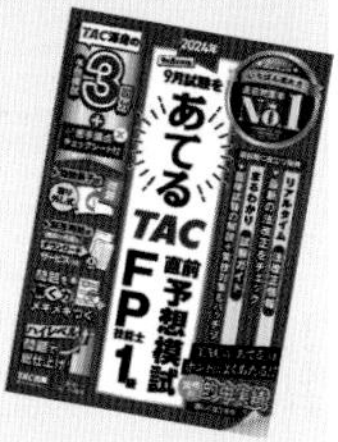

さらに余力があれば、『○年○月試験をあてるTAC直前予想模試FP技能士1級』を利用しましょう。予想模試3回分を解き、ポイント整理や法改正情報を確認して、**最終仕上げをしましょう。**

本書の特長と利用方法

STEP 1 各章の扉で、頻出論点を確認しよう！

頻出論点をチェック！

合格点が6割のFP本試験では、試験によく出る論点を確実にマスターすることが合格のカギになります。まずは各科目の扉に掲載されている頻出論点を確認し、これらについては必ずマスターするようにしましょう。

STEP 2 アウトプット⇄インプットで知識を定着！

学科基礎は見開きでサクサク確認！

最新の本試験問題から、マスターすべき重要な頻出問題を掲載しています。見開き形式ですぐに解答解説が確認できるので、問題を解きながら、同時進行で知識を吸収することができます。

問題　　**解答解説**

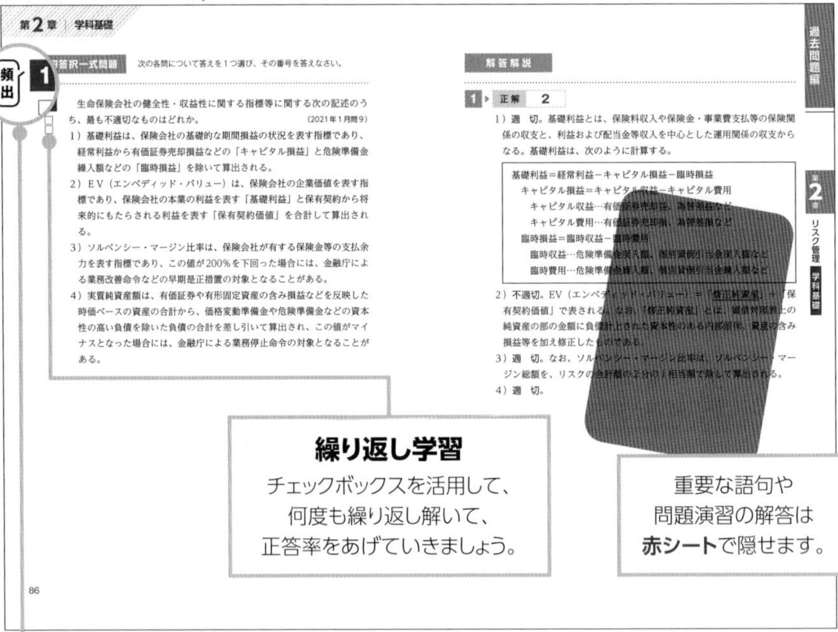

第2章｜学科基礎

頻出 1 答択一式問題　次の各問について答えを1つ選び、その番号を答えなさい。

生命保険会社の健全性・収益性に関する指標等に関する次の記述のうち、最も不適切なものはどれか。　(2021年1月問9)

1）基礎利益は、保険会社の基礎的な期間損益の状況を表す指標であり、経常利益から有価証券売却損益などの「キャピタル損益」と危険準備金繰入額などの「臨時損益」を除いて算出される。
2）EV（エンベディッド・バリュー）は、保険会社の企業価値を表す指標であり、保険会社の本業の利益を表す「基礎利益」と保有契約から将来的にもたらされる利益を表す「保有契約価値」を合計して算出される。
3）ソルベンシー・マージン比率は、保険会社が有する保険金等の支払余力を表す指標であり、この値が200％を下回った場合には、金融庁による業務改善命令などの早期是正措置の対象となることがある。
4）実質純資産額は、有価証券や有形固定資産の含み損益などを反映した時価ベースの資産の合計から、価格変動準備金や危険準備金などの資本性の高い負債を除いた負債の合計を差し引いて算出され、この値がマイナスとなった場合には、金融庁による業務停止命令の対象となることがある。

86

過去問題編

解答解説

1 ▶ 正解 2

1）適　切。基礎利益とは、保険料収入や保険金・事業費支払等の保険関係の収支と、利益および配当金等収入を中心とした運用関係の収支からなる。基礎利益は、次のように計算する。

基礎利益＝経常利益－キャピタル損益－臨時損益
　キャピタル損益＝キャピタル[redacted]キャピタル費用
　　キャピタル収益…有価[redacted]
　　キャピタル費用…有価[redacted]
　臨時損益＝臨時収益－[redacted]
　　臨時収益…危険準備[redacted]
　　臨時費用…危険準備[redacted]

2）不適切。EV（エンベデ[redacted]「保有契約価値」で表される[redacted]純資産の部の金額に負債[redacted]含み損益等を加え修正した[redacted]
3）適　切。なお、ソル[redacted]ジン総額を、リスクの[redacted]。
4）適　切。

第2章 リスク管理 学科基礎

繰り返し学習

チェックボックスを活用して、
何度も繰り返し解いて、
正答率をあげていきましょう。

重要な語句や
問題演習の解答は
赤シートで隠せます。

アイコンに注目

本試験でよく出る論点には、「頻出」アイコンをつけています。
このアイコンがついた問題は絶対に間違えないようにしましょう。

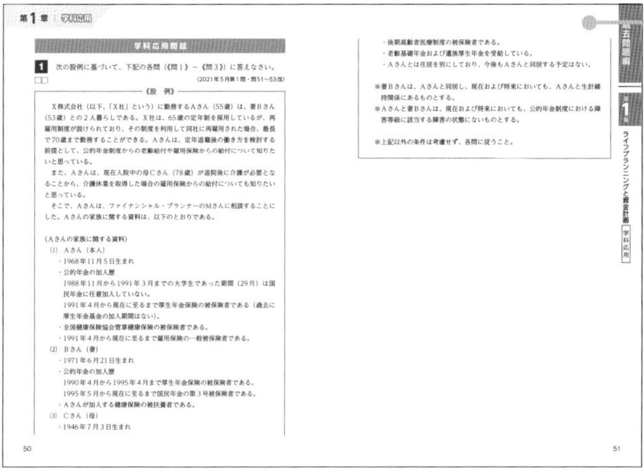
第1章 学科応用

学科応用問題

1 次の設例に基づいて、下記の各問（《問1》～《問3》）に答えなさい。
（2021年5月第1問・問51～53改）

《設　例》

X株式会社（以下、「X社」という）に勤務するAさん（55歳）は、妻Bさん（53歳）との2人暮らしである。X社は、65歳の定年制を採用しているが、再雇用制度が設けられており、その制度を利用して同社に再雇用された場合、最長で70歳まで勤務することができる。Aさんは、定年退職後の働き方を検討する前提として、公的年金制度からの老齢給付や雇用保険からの給付について知りたいと思っている。

また、Aさんは、現在入院中の母Cさん（78歳）が退院後に介護が必要となることから、介護休業を取得した場合の雇用保険からの給付についても知りたいと思っている。

そこで、Aさんは、ファイナンシャル・プランナーのMさんに相談することにした。Aさんの家族に関する資料は、以下のとおりである。

〈Aさんの家族に関する資料〉

(1) Aさん（本人）
・1968年11月5日生まれ
・公的年金の加入歴
1988年11月から1991年3月までの大学生であった期間（29月）は国民年金に任意加入していない。
1991年4月から現在に至るまで厚生年金保険の被保険者である（過去に厚生年金基金の加入期間はない）。
・全国健康保険協会管掌健康保険の被保険者である。
・1991年4月から現在に至るまで雇用保険の一般被保険者である。

(2) Bさん（妻）
・1971年6月21日生まれ
・公的年金の加入歴
1990年4月から1995年4月まで厚生年金保険の被保険者である。
1995年5月から現在に至るまで国民年金の第3号被保険者である。
・Aさんが加入する健康保険の被扶養者である。

(3) Cさん（母）
・1946年7月3日生まれ
・後期高齢者医療制度の被保険者である。
・老齢基礎年金および遺族厚生年金を受給している。
・Aさんとは住居を別にしており、今後もAさんと同居する予定はない。

※妻Bさんは、Aさんと同居し、現在および将来においても、Aさんと生計維持関係にあるものとする。
※AさんとBさんは、現在および将来においても、公的年金制度における障害等級に該当する障害の状態にないものとする。

※上記以外の条件は考慮せず、各問に従うこと。

50　51

過去問題編　第1章　ライフプランニングと資金計画　学科応用

学科応用は最重要問題に絞って対策！

学科応用問題の中から、最重要問題を掲載。定番問題の解き方をマスターしましょう。

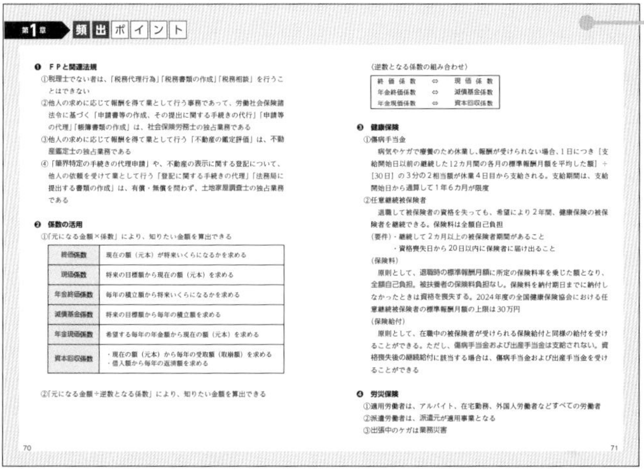
第1章 頻出ポイント

❶ FPと関連法規

①税理士でない者は、「税務代理行為」「税務書類の作成」「税務相談」を行うことはできない

②他人の求めに応じて報酬を得て業として行う事務であって、労働社会保険諸法令に基づく「申請書等の作成、その提出に関する手続きの代行」「申請等の代理」「帳簿書類の作成」は、社会保険労務士の独占業務である

③他人の求めに応じて報酬を得て業として行う「不動産の鑑定評価」は、不動産鑑定士の独占業務である

④「筆界特定の手続きの代理申請」や、不動産の表示に関する登記について、他人の依頼を受けて業として行う「登記に関する手続きの代理」「法務局に提出する書類の作成」は、有償・無償を問わず、土地家屋調査士の独占業務である

❷ 係数の活用

①「元になる金額×係数」により、知りたい金額を算出できる

終価係数	現在の額（元本）が将来いくらになるかを求める
現価係数	将来の目標額から現在の額（元本）を求める
年金終価係数	毎年の積立額から将来いくらになるかを求める
減債基金係数	将来の目標額から毎年の積立額を求める
年金現価係数	希望する毎年の年金額から現在の額（元本）を求める
資本回収係数	・現在の額（元本）から毎年の受取額（取崩額）を求める ・借入額から毎年の返済額を求める

②「元になる金額÷逆数となる係数」により、知りたい金額を算出できる

〈逆数となる係数の組み合わせ〉

終価係数	⇔	現価係数
年金終価係数	⇔	減債基金係数
年金現価係数	⇔	資本回収係数

❸ 健康保険

①傷病手当金

病気やケガで療養のため休業し、報酬が受けられない場合、1日につき［支給開始日以前の継続した12カ月間の各月の標準報酬月額を平均した額］÷［30日］の3分の2相当額が休業4日目から支給される。支給期間は、支給開始日から通算して1年6カ月が限度

②任意継続被保険者

退職して被保険者の資格を失っても、希望により2年間、健康保険の被保険者を継続できる。保険料は全額自己負担

（要件）・継続して2カ月以上の被保険者期間があること
・資格喪失日から20日以内に保険者に届け出ること

（保険料）

原則として、退職時の標準報酬月額に所定の保険料率を乗じた額となり、全額自己負担。被扶養者の保険料負担なし。保険料を納付期日までに納付しなかったときは資格を喪失する。2024年度の全国健康保険協会における任意継続被保険者の標準報酬月額の上限は30万円

（保険給付）

原則として、在職中の被保険者が受けられる保険給付と同様の給付を受けることができる。ただし、傷病手当金および出産手当金は支給されない。資格喪失後の継続給付に該当する場合は、傷病手当金および出産手当金を受けることができる

❹ 労災保険

①適用労働者は、アルバイト、在宅勤務、外国人労働者などすべての労働者

②派遣労働者は、派遣元が適用事業となる

③出張中のケガは業務災害

70　71

本試験まで使える頻出ポイント

科目別過去問題で弱点を補強したら、「頻出ポイント」で試験に出やすいポイントについて、本試験まで知識を確認して、キープしましょう。

STEP 3

予想問題で本試験対応力をつける！

最新の試験傾向を反映した予想問題

最新の試験傾向や法改正情報をもとにした予想問題1回分を解いて、本試験対応力をつけていきます。時間をきちんと計って解き、試験時間内に解ききれたかを確認しましょう。

また、採点をして、どこが間違ったかを把握し、復習に役立てていきましょう。

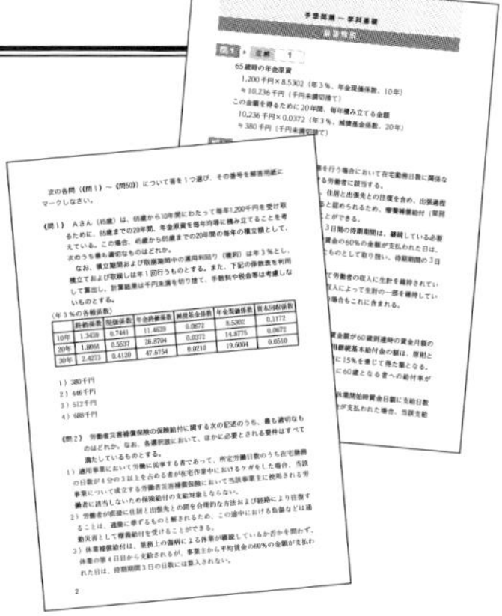
予想問題 ～ 学科基礎

65歳時の年金原資

1,200千円×8.5302（年3％、年金現価係数、10年）

≒10,236千円（千円未満切捨て）

この金額を得るために20年間、毎年積み立てる金額

10,236千円×0.0372（年3％、減債基金係数、20年）

≒380千円（千円未満切捨て）

次の各問（《問1》～《問60》）について答を1つ選び、その番号を解答用紙にマークしなさい。

《問1》 Aさん（45歳）は、65歳から10年間にわたって毎年1,200千円を受け取るために、65歳までの20年間、年金原資を毎年均等に積み立てることを考えている。この場合、45歳から65歳までの20年間の毎年の積立額として、次のうち最も適切なものはどれか。

	終価係数	現価係数	年金終価係数	減債基金係数	年金現価係数	資本回収係数
10年	1.3439	0.7441	11.4639	0.0872	8.5302	0.1172
20年	1.8061	0.5537	26.8704	0.0372	14.8775	0.0672
30年	2.4273	0.4120	47.5754	0.0210	19.6004	0.0510

1）380千円
2）446千円
3）512千円
4）600千円

《問2》 労働者災害補償保険の保険給付に関する次の記述のうち、最も適切なものはどれか。

2

(07)

1 級試験について

試験は「学科試験」と「実技試験」の２種類あり、

両方に合格することでＦＰ技能士として認定されます。

学科試験	「学科試験」は金財のみ実施しています。
実　技	「実技試験」は金財・日本 FP 協会が実施しています。

学科試験に合格した後は、
実技試験は、学科試験の合格から翌々年度の末日までに合格する必要があります。

1級　学科　試験概要

受検資格 (右記のいずれかに該当するもの)	・２級 FP 技能検定合格者で、FP 業務に関し１年以上の実務経験を有する者 ・FP 業務に関し５年以上の実務経験を有する者 ・厚生労働省認定金融渉外技能審査２級の合格者で、１年以上の実務経験を有する者
実施月	9月、1月、5月
受検料	8,900 円
試験実施団体	金融財政事情研究会（金財）
出題形式	【基礎編】 マークシート方式による筆記試験 四答択一式　50 問 【応用編】 記述式による筆記試験 ５題（15 問）
試験時間	【基礎編】 10：00 ～ 12：30 【応用編】 13：30 ～ 16：00
合格基準	200 点満点で 120 点以上

1級　実技　試験概要

<table>
<tr><th></th><th>金財</th><th>日本FP協会</th></tr>
<tr><td>受検資格
（右記のいずれかに該当するもの）</td><td colspan="2">金財の１級学科試験の合格者（注１）
日本FP協会のCFP® 認定者
日本FP協会のCFP® 資格審査試験の合格者（注１）
金財のFP養成コース修了者（注２）でFP業務に関し１年以上の実務経験を有する者
（注１）合格日が実技試験の行われる日の前々年度以降のものに限る
（注２）修了日が実技試験の行われる日の前々年度以降のものに限る</td></tr>
<tr><td>実施月</td><td>6月、9月～10月、2月</td><td>9月</td></tr>
<tr><td>受検料</td><td>28,000円</td><td>20,000円</td></tr>
<tr><td>試験形式</td><td>口頭試問形式（面接）</td><td>筆記試験（記述式）</td></tr>
<tr><td>出題数</td><td>異なる設例に基づき、２回面接を行う</td><td>2題（各10問、計20問）</td></tr>
<tr><td>合格基準</td><td>200点満点で120点以上
（１回目・２回目の面接がそれぞれ100点満点）</td><td>100点満点で60点以上</td></tr>
</table>

2024年度　1級学科試験日程（予定）

	2024年 9月	2025年 1月	2025年 5月
試験日	2024年 9月8日	2025年 1月26日	2025年 5月下旬
受検申請書 請求期間	2024年 6月3日～ 7月16日	2024年 10月1日～ 11月26日	2025年 2月上旬～ 3月下旬
受検申請 受付期間	2024年 7月2日～ 7月23日	2024年 11月13日～ 12月3日	2025年 3月中旬～ 4月上旬
受検票 発送日	2024年 8月22日	2025年 1月8日	2025年 5月上旬
合格発表日 （予定）	2024年 10月21日	2025年 3月7日	2025年 6月下旬～ 7月上旬

法令基準日

問題文にとくに断りのない限り、以下の基準日現在の法令等に基づいて出題されます。

（ただし、試験範囲に含まれる時事的問題など、FPとして当然知っておくべき事項については、基準日にかかわらず出題される可能性もあります）

試験日	2024年9月8日	2025年1月26日	2025年5月下旬
	↑	↑	↑
法令基準日	2024年4月1日	2024年10月1日	2024年10月1日

試験情報は変更する可能性があります。最新の試験情報の確認や受検手続は、以下の試験団体のHP等を参照しましょう。

一般社団法人　金融財政事情研究会（金財）
URL https://www.kinzai.or.jp/fp　TEL 03-3358-0771

NPO法人　日本ファイナンシャル・プランナーズ協会（日本FP協会）
URL https://www.jafp.or.jp/　TEL 03-5403-9890

CONTENTS

過去問題編

第1章 ライフプランニングと資金計画

第2章 リスク管理

第3章 金融資産運用

第4章 タックスプランニング

第5章 不動産

スッキリとける

過去問題編

１級学科試験は基礎編と応用編を合計して60％の得点があれば合格できる試験です。しかも基礎編では難易度の高い問題も多いため、100％の得点を狙った学習は必要ありません。

本試験では、「基本的な問題」「繰り返し出題されている問題」をクリアできることが重要です。特に、応用編における定番の計算問題は、計算過程の記述も含めて確実に得点すべきです。

ここでは、過去問の中から良問を厳選して科目別に掲載しました。まずはこれらの問題を何度も演習し、基礎力を養成してください。

第1章

ライフプランニングと資金計画

出題傾向

基礎 ＋ 応用

基礎編

頻出ポイントは以下のとおりです。

ＦＰの関連法規／係数／社会保険（健康保険、介護保険、労災保険、雇用保険）／公的年金／私的年金（確定拠出年金等）

関連法規や係数は比較的難易度が低いといえますが、それ以外の論点は細かい点が出題される傾向にあり、難易度が高い問題も多いといえます。

応用編

毎回、年金の計算問題が計算過程の記述も含めて出題されます。老齢年金・遺族年金などは与えられた計算式に当てはめて記述・計算できるように演習してください。そのほかには、社会保険や私的年金について穴埋め問題が出題されています。

四答択一式問題 次の各問について答えを1つ選び、その番号を答えなさい。

1 ファイナンシャル・プランニングを業として行ううえでの関連法規に関する次の記述のうち、関連法規に抵触するものはいくつあるか。なお、各関連法規において別段の定めがある場合等は考慮しないものとする。

(2023年5月問1)

(a) ファイナンシャル・プランナーのAさんは、官公庁が作成した転載を禁止する旨の表示がない広報資料をインターネットで入手し、その許諾を得ることなく、自身が開催した資産運用に関するセミナーのレジュメで出典を明記して使用した。

(b) 税理士の登録を受けていないファイナンシャル・プランナーのBさんは、顧客から配偶者控除と配偶者特別控除の適用要件を聞かれ、無償で所得税法の条文等を示しながら一般的な解説をした。

(c) 弁護士の登録を受けていないファイナンシャル・プランナーのCさんは、ひとり暮らしの高齢の顧客からの依頼により、任意後見契約を公正証書で締結した。

1) 1つ
2) 2つ
3) 3つ
4) 0(なし)

解答解説

1 ▸ **正解　4**

（a）　**抵触しない。**官公庁の広報資料で転載が禁止されていないものを出典を明記して使用する場合、当該官公庁の許諾を得てなくても、著作権法に抵触しない。

（b）　**抵触しない。**税理士の登録を受けていない者が、税法の条文等を示しながら一般的な解説をすることは、税理士法に抵触しない。

（c）　**抵触しない。**任意後見契約の締結をするための特別な資格は不要である。したがって、弁護士の登録を受けていない者が、任意後見契約を締結することは弁護士法に抵触しない。

以上より、関連法規に抵触するものは0（なし）である。

頻出 **2**

□
□

Aさん（45歳）は、65歳から10年間にわたって毎年1,000千円を受け取るために、65歳までの20年間、年金原資を毎年均等に積み立てることを考えている。この場合、45歳から65歳までの20年間の毎年の積立額として、次のうち最も適切なものはどれか。

なお、積立期間および取崩期間中の運用利回り（複利）は年３％とし、積立ておよび取崩しは年１回行うものとする。また、下記の係数表を利用して算出し、計算結果は千円未満を切り捨て、手数料や税金等は考慮しないものとする。

（2022年１月問１）

〈年３％の各種係数〉

	終価係数	現価係数	年金終価係数	減債基金係数	年金現価係数	資本回収係数
10年	1.3439	0.7441	11.4639	0.0872	8.5302	0.1172
20年	1.8061	0.5537	26.8704	0.0372	14.8775	0.0672
30年	2.4273	0.4120	47.5754	0.0210	19.6004	0.0510

1）317千円
2）372千円
3）412千円
4）435千円

2 ▶ 正解　1

- 年３％で複利運用しながら10年間にわたって毎年1,000千円ずつ受け取るのに必要な金額

  1,000千円×8.5302(年金現価係数)＝8,530,200円

- この金額を得るために20年間、毎年積み立てる金額

  8,530,200円×0.0372(減債基金係数)＝317,323.44円→317千円

  (千円未満切り捨て)

頻出 **3**

□
□

フラット35およびフラット35借換融資に関する次の記述のうち、最も適切なものはどれか。 (2023年9月問7)

1）一戸建て住宅は、原則として、敷地面積が70㎡以上で、かつ、敷地が一般の交通の用に供する道に２ｍ以上接していなければ、フラット35の融資対象とならない。

2）70歳以上の者は、フラット35借換融資を申し込むことができない。

3）フラット35借換融資の申込者が所有し、かつ、申込者が利用するセカンドハウス（単身赴任先の住宅、週末を過ごすための住宅などで賃貸していないもの）を購入した際の借入金は、フラット35借換融資の対象とならない。

4）フラット35借換融資の申込者は、借換対象となる住宅に係る借入金の債務者と同一である必要があるが、借換融資の申込みにおいて債務者を追加して２人にすることができる。

3 ▶ 正解 4

1）**不適切**。敷地面積の要件はない。なお、一戸建て住宅の床面積は70㎡以上が要件となっている。

2）**不適切**。フラット35借換融資は、申込時の年齢が70歳未満でなければならないが、親子リレー返済を利用する場合、70歳以上でも申し込むことができる。

3）**不適切**。フラット35借換融資はセカンドハウス（単身赴任先の住宅、週末等を過ごすための住宅等で賃貸をしていないもの）も対象である。

4）**適　切**。フラット35借換融資の申込者は、借換対象となる住宅ローン債務者と同一であることが必要であるが、借換えに伴い、債務者を追加することができる。ただし、申込者は連帯債務者を含めて２人までである。

4
□
□

日本政策金融公庫の教育一般貸付（国の教育ローン）等に関する次の記述のうち、最も不適切なものはどれか。 (2023年1月問8改)

1）教育一般貸付の申込みにあたって、申込者の世帯で扶養している子が1人の場合、原則として世帯年収が790万円以下であることが要件となるが、資金使途が海外留学資金であるときは、世帯年収の上限額は990万円となる。

2）教育一般貸付の対象となる学校は、原則として、修業年限が6カ月以上の大学、大学院、専修学校、高等学校、高等専門学校等であるが、インターナショナルスクール等の各種学校や職業能力開発校は対象とならない。

3）教育一般貸付の資金使途は、対象となる学校の入学金、授業料だけでなく、受験料や受験時の交通費・宿泊費、在学のために必要となる住居費用、学生の国民年金保険料等が認められている。

4）国の高等教育の修学支援新制度は、給付型奨学金の支給と授業料・入学金の免除または減額（授業料等減免）の2つの支援からなり、2024年度から、学生本人を含め扶養される子が3人以上いる多子世帯の学生（世帯収入の要件あり）および私立学校の理工農系学部学科に進学する学生においても一定額の支援が受けられる。

4 ▶ **正解　2**

1）適　切。なお、世帯年収の上限額が990万円に緩和されるのは、扶養している子の人数が２人までである。

2）**不適切**。外国の高等学校、語学学校、予備校、デザイン学校や職業能力開発校などの教育施設も、教育一般貸付（国の教育ローン）の対象となる。

3）適　切。なお、受験費用（大学などの受験料、受験のための交通費・宿泊費）は、合格前でも利用できる。

4）適　切。なお、日本学生支援機構の貸与型奨学金と、国の高等教育の修学支援新制度の給付型奨学金および入学金・授業料の減免を併せて受けることができる。

5
□
□

都道府県および市町村（特別区を含む）が保険者となる国民健康保険の保険料（保険税）と全国健康保険協会が管掌する健康保険の保険料に関する次の記述のうち、最も不適切なものはどれか。　(2023年5月問2)

1）国民健康保険の保険料（保険税）は、基礎賦課額、後期高齢者支援金等賦課額および介護納付金賦課額の合算額であり、都道府県ごとにその算出方法や料率（税率）が定められている。

2）国民健康保険において、世帯主が被保険者ではない場合であっても、同じ世帯のなかに被保険者がいる場合、市町村（特別区を含む）は原則として当該世帯主から保険料（保険税）を徴収する。

3）健康保険の被保険者に関する一般保険料率は、1,000分の30から1,000分の130までの範囲内において、全国健康保険協会の各支部の都道府県に所在する適用事業所に使用される被保険者および当該都道府県の区域内に住所または居所を有する任意継続被保険者を単位として全国健康保険協会が決定する。

4）産前産後休業を開始した健康保険の被保険者を使用している事業所の事業主が、保険者等に申し出たときは、その産前産後休業を開始した月から産前産後休業が終了する日の翌日が属する月の前月までの期間、事業主負担分と被保険者負担分の健康保険の保険料が免除される。

5 ▶ **正解　1**

1）**不適切**。国民健康保険料（保険税）の算出方法や料率（税率）は、市区町村ごとに定められており、都道府県ごとではない。

2）**適　切**。保険料（保険税）は世帯単位で計算されるため、世帯主が支払うこととされている。

3）**適　切**。全国健康保険協会が管掌する健康保険の被保険者に関する一般保険料率は、1,000分の30から1,000分の130までの範囲内において、被保険者および任意継続被保険者を単位として全国健康保険協会が決定する。

4）**適　切**。産前産後休業・育児休業中の健康保険料は、申請により、本人負担分・事業主負担分ともに免除される。なお、厚生年金保険料も同様に免除される。

6
□
□

自営業者であるＡさん（39歳）は、2024年５月31日に勤めていた会社を退職し、現在、全国健康保険協会管掌健康保険の任意継続被保険者である。また、Ａさんには、2025年２月中に出産予定の妻がおり、妻はＡさんが加入する健康保険の被扶養者である。健康保険の任意継続被保険者に関する次の記述のうち、最も不適切なものはどれか。

（2022年１月問２改）

1）任意継続被保険者の保険料の基準となる標準報酬月額は、被保険者資格喪失時の標準報酬月額と、全国健康保険協会の全被保険者の標準報酬月額を平均した額を報酬月額とみなしたときの標準報酬月額のいずれか多い額となる。
2）Ａさんは、退職日の翌日から最長で２年間、全国健康保険協会管掌健康保険に任意継続被保険者として加入することができるが、任意継続被保険者の保険料は、在職時とは異なり、その全額を被保険者本人が負担する。
3）Ａさんの妻が産科医療補償制度に加入している医療機関で予定日に出産した場合、Ａさんは、所定の手続により、家族出産育児一時金として一児につき50万円を受け取ることができる。
4）任意継続被保険者であるＡさんは、原則として、在職中と同様の保険給付を受けることができるが、退職後の傷病による傷病手当金の支給を受けることはできない。

6 ▶ **正解　1**

1）不適切。保険料を計算する際の標準報酬月額は、本人の退職時の標準報酬月額と前年の９月30日時点における全被保険者の標準報酬月額の平均とを比べて、いずれか低い額となる。

2）適　切。任意継続被保険者の保険料は、全額自己負担である。

3）適　切。任意継続被保険者であっても、出産育児一時金または家族出産育児一時金を受け取ることができる。

4）適　切。なお、１年以上被保険者期間があった者で、資格喪失時に傷病手当金または出産手当金の支給を受けている場合は、引き続き給付を受けることができる。

頻出 **7**

□
□

全国健康保険協会管掌健康保険の保険給付に関する次の記述のうち、最も適切なものはどれか。 (2022年9月問2)

1）傷病手当金は、私傷病の療養のために労務に服することができない健康保険の被保険者に対して、継続した３日間の待期期間の後、休業４日目から支給されるが、有給休暇を取得した日は待期期間とは認められない。

2）健康保険の被保険者が傷病手当金と出産手当金の支給要件をいずれも満たした場合、傷病手当金が優先して支給され、傷病手当金の額が出産手当金の額よりも少ないときは、その差額が出産手当金として支給される。

3）傷病手当金の支給期間は、支給開始日後に傷病が一時的に回復して就労したために傷病手当金が支給されない期間がある場合であっても、同一の傷病について支給開始日から１年６カ月が限度となる。

4）出産手当金の支給を受けている健康保険の被保険者が退職した場合、退職日までに継続して１年以上の被保険者期間があるときは、被保険者として受けることができるはずであった期間、退職後も出産手当金の支給を受けることができる。

7 ▶ **正解　4**

1）**不適切**。待期期間には有給休暇、土日・祝日などの公休日のいずれも含む。

2）**不適切**。傷病手当金と出産手当金の支給要件をいずれも満たしている場合、出産手当金が優先して支給される。ただし、出産手当金の額が傷病手当金の額よりも少ない場合、その差額が傷病手当金として支給される。

3）**不適切**。支給期間は支給開始日から通算1年6カ月となる。したがって、支給開始後に傷病が一時的に回復して就労したために傷病手当金が支給されない期間がある場合には、支給開始日から1年6カ月を超えても、支給可能である。

4）**適　切**。被保険者の資格を喪失した日（任意継続被保険者の資格を喪失した者は、その資格を取得した日）の前日まで引き続き1年以上被保険者（任意継続被保険者または共済組合の組合員である被保険者を除く）であった者で、その資格を喪失した際に傷病手当金または出産手当金の支給を受けている者は、被保険者として受けることができるはずであった期間、継続して同一の保険者からその給付を受けることができる。

8
□
□

全国健康保険協会管掌健康保険の高額療養費に関する次の記述のうち、最も不適切なものはどれか。なお、各選択肢において、被保険者および被扶養者は、いずれも70歳未満であるものとする。　(2020年1月問2)

1) 高額療養費の算定上、合算することができる医療費の一部負担金等は、被保険者または被扶養者が同一月内にそれぞれ医療機関等に支払ったもので、所定の基準により算出された金額が2万1,000円以上のものとされている。

2) 高額療養費の算定上、合算する医療費の一部負担金等の額は、支払った医療機関等が同一であっても、医科診療と歯科診療に分けて、かつ、入院診療と外来診療に分けて、別個に算出する。

3) 入院時の食事療養および生活療養に係る費用、差額ベッド代や保険外診療に係る費用、医療機関等から交付された院外処方せんにより調剤薬局で支払った費用は、高額療養費の算定上、いずれも対象とならない。

4) 高額療養費の支給を受ける場合において、当該療養があった月以前の12カ月以内に既に3カ月以上、同一の保険者から高額療養費の支給を受けているときは、高額療養費の算定上、自己負担限度額（高額療養費算定基準額）が軽減される。

8 ▶ 正解 3

1）適　切。高額療養費の算定では、70歳未満の被保険者または被扶養者が同一月内に医療機関等に支払った医療費の一部負担金等は、21,000円以上のものを合算する。

2）適　切。高額療養費の算定は、同一月ごと、同一診療ごと、同一の医療機関ごと（外来・入院別、医科・歯科別）に行う。

3）不適切。高額療養費の算定においては、入院時食事療養費や入院時生活療養費の自己負担額、保険外併用療養費の差額部分（先進医療費や差額ベッド代など）は対象外であるが、医療機関等から交付された院外処方せんにより調剤薬局で支払った費用は療養の給付に該当するため対象となる。

4）適　切。同一世帯で直前の1年間（12カ月間）に、3回以上高額療養費の支給を受けた場合、4回目以降からはさらに自己負担限度額が軽減される。

9

□
□

全国健康保険協会管掌健康保険の被扶養者に関する次の記述のうち、最も適切なものはどれか。 (2021年5月問2)

1）被扶養者とすることができる被保険者の配偶者には、婚姻の届出をしていないが事実上婚姻関係と同様の事情にある内縁関係の者も含まれる。

2）被保険者の配偶者の父母は、被保険者と同一の世帯に属していなくても、主としてその被保険者により生計を維持されていれば、被扶養者として認定される。

3）被保険者の兄弟姉妹は、主としてその被保険者により生計を維持されていても、その被保険者と同一の世帯に属していなければ、被扶養者として認定されない。

4）収入がある者を被扶養者とする場合に、被保険者との生計維持関係の判定における認定対象者の年間収入には、公的年金制度の障害給付や遺族給付による年金収入は含まれない。

9 ▶ **正解　1**

1）**適　切**。被扶養者にできる被保険者の配偶者は、婚姻届を出している者のほか、内縁関係にある者でもよい。

2）**不適切**。被扶養者とは、主として被保険者の収入で生活をしている者をいい、別居していてもよい者や同居が条件となる者がいる。配偶者の父母は、下記「左記以外の３親等内の親族」に該当するため、同一世帯に属していなければならない。

被保険者と別居していてもよい者	被保険者と同居が条件となる者
・配偶者（内縁も含む） ・子、孫、兄弟姉妹 ・直系尊属	・左記以外の３親等内の親族 ・被保険者の内縁の配偶者の父母および子 ・内縁の配偶者死亡後の父母、連れ子

3）**不適切**。兄弟姉妹は、主としてその被保険者により生計を維持されていれば、同一世帯に属していなくてもよい（上記の表参照）。

4）**不適切**。認定対象者の年間収入は、すべての収入を対象とするため、公的年金制度の給付や雇用保険の失業等給付なども含まれる。

10 □□

公的介護保険（以下、「介護保険」という）に関する次の記述のうち、最も適切なものはどれか。 (2022年5月問2)

1）組合管掌健康保険に加入する介護保険の第1号被保険者の介護保険料は、健康保険料とあわせて給与天引きにて徴収される。
2）介護保険の被保険者が初めて要支援認定を受けた場合、その申請のあった日に遡ってその効力を生じ、原則として、その有効期間は12カ月であるが、市町村（特別区を含む）が介護認定審査会の意見に基づき特に必要と認める場合にあっては、その期間を3カ月から48カ月までの範囲内で定めることができる。
3）介護保険の第2号被保険者が保険給付を受けた場合、原則として、実際にかかった費用（食費、居住費等を除く）の1割を自己負担する必要があるが、所得金額が一定額以上である場合は、自己負担割合が2割または3割となる。
4）課税所得金額が500万円の単身の第1号被保険者が介護サービスを利用した場合、高額介護サービス費の算定上の自己負担限度額は、月額93,000円である。

10 ▶ **正解　4**

1）**不適切**。第１号被保険者の介護保険料は、市区町村が直接保険料を徴収する普通徴収または年金からの特別徴収である。

2）**不適切**。介護保険の被保険者が初めて要支援認定を受けた場合、原則として、その有効期間は６カ月であるが、市区町村が介護認定審査会の意見に基づき特に必要と認める場合にあっては、その期間を３カ月から12カ月までの範囲内で定めることができる。

3）**不適切**。自己負担割合が１割、２割または３割となるのは、第１号被保険者である。第２号被保険者の自己負担割合は、１割である。

4）**適　切**。課税所得金額が380万円以上690万円未満の単身の第１号被保険者が介護サービスを利用した場合、高額介護サービス費の算定上の自己負担限度額は、月額93,000円である。

11 □□ 事業主が同一でない複数の事業所において雇用される労働者に係る労働保険に関する次の記述のうち、最も不適切なものはどれか。

（2022年9月問3）

1）1つの事業所の業務上の負荷（労働時間やストレス等）で労災認定できない場合であっても、複数の事業所の業務上の負荷を総合的に評価して労災認定できる場合、労働者災害補償保険から保険給付が行われる。

2）複数の事業所で雇用される労働者が、そのうち1つの事業所において業務上の事由により負傷した場合、労働者災害補償保険の給付基礎日額は、当該労働者を雇用する事業所ごとに算定した給付基礎日額に相当する額を合算した額を基礎として算定される。

3）2つの事業所で雇用される65歳以上の労働者において、各事業所では1週間の所定労働時間は5時間以上20時間未満であるが、2つの事業所の1週間の所定労働時間を合計すると20時間以上となる場合、所定の要件を満たせば、雇用保険の高年齢被保険者となることができる。

4）2つの事業所に雇用されることで雇用保険の加入要件を満たし、雇用保険の高年齢被保険者となった65歳以上の労働者は、そのうち1つの事業所を離職しても、他方の事業所を離職するまでは、高年齢被保険者の資格を喪失しない。

11 ▶ **正解　4**

1）**適　切**。1つの事業所のみの業務上の負荷（労働時間やストレス等）を評価して業務災害に該当しない場合であっても、複数事業所等の業務上の負荷を総合的に評価して労災認定を判断する。

2）**適　切**。複数事業労働者に保険給付を行う際の給付基礎日額は、当該複数事業労働者を使用する事業所ごとに算定した給付基礎日額に相当する額を合算した額を基礎とする。

3）**適　切**。2022年1月から、次の要件を満たす者自身が申出をすることにより、特例高年齢被保険者（マルチ高年齢被保険者）になることができるようになった。

①複数の事業主に雇用される65歳以上の労働者であること。

②2つの事業所の1週間の所定労働時間がそれぞれ5時間以上20時間未満であり、その労働時間を合計すると1週間の所定労働時間が20時間以上となること。

③2つの事業所のそれぞれの雇用見込みが31日以上であること。

4）**不適切**。2つの事業所に雇用されるマルチ高年齢被保険者が、そのうちの1つの事業所を離職した場合、マルチ高年齢被保険者資格を喪失する。なお、所定の要件を満たした場合、高年齢求職者給付金を受給することができる。

頻出 **12**

□
□

労働者災害補償保険の保険給付等に関する次の記述のうち、最も不適切なものはどれか。なお、本問における労働者は、複数事業労働者ではないものとし、記載のない事項については考慮しないものとする。

(2023年5月問3)

1）労働者が業務上の傷病による療養のために欠勤し、賃金を受けられない場合、休業4日目から1日につき、休業補償給付として休業給付基礎日額の60%相当額が支給され、休業特別支給金として休業給付基礎日額の20%相当額が支給される。

2）休業補償給付の支給を受けている労働者について、療養の開始後1年6カ月を経過しても当該傷病が治らず、その傷病の程度が傷病等級1級から3級に該当する場合は、休業補償給付の支給に代えて傷病補償年金が支給されるが、傷病等級1級から3級に該当しない場合は、引き続き休業補償給付が支給される。

3）業務上の傷病が治った労働者に障害が残り、その障害の程度が障害等級1級から7級に該当する場合は、障害補償年金、障害特別支給金、障害特別年金が支給され、8級から14級に該当する場合は、障害補償一時金、障害特別支給金、障害特別一時金が支給される。

4）遺族補償年金の支給を受けることができる遺族の範囲は、労働者の死亡の当時、その収入によって生計を維持していた配偶者、子、父母、孫、祖父母および兄弟姉妹であるが、配偶者は年齢または障害の要件は問われない。

12 ▶ **正解　4**

1）**適　切**。なお、休業補償給付が支給されない待期3日間は、労働基準法に基づき、事業主が平均賃金の60％の休業補償を行う。

2）**適　切**。休業補償給付の支給日数に上限はないため、傷病等級1級から3級に該当しない場合、引き続き休業補償給付が支給される。

3）**適　切**。病気やケガが治った後に障害が残った場合、次の給付を受けることができる。

障害等級	1級～7級	8級～14級
給付内容	障害補償年金 障害特別支給金 障害特別年金	障害補償一時金 障害特別支給金 障害特別一時金

4）**不適切**。妻が遺族補償年金の支給を受けるためには、年齢または障害の要件は不要である。一方、夫が遺族補償年金の支給を受けるためには、年齢要件（死亡当時55歳以上）または障害要件（一定の障害状態にあること）を満たすことが必要である。

頻出 **13**
□
□

労働者災害補償保険に関する次の記述のうち、最も適切なものはどれか。 (2023年1月問2)

1）労働者が勤務先から帰宅途中に通勤経路から逸脱し、スーパーで日用品を購入後、通勤経路に戻ってから負傷した場合、その逸脱・中断が日常生活上必要な行為をやむを得ない事由により行うための最小限度のものである場合、その負傷は通勤災害に該当する。

2）労働者が出張先から帰宅途中に負傷した場合、出張の過程全般について事業主の支配下にあり、積極的に私的行為を行うなど特段の事情がない限り、その負傷は通勤災害に該当する。

3）派遣労働者が、派遣先で生じた業務災害により療養補償給付を受けようとする場合、派遣先の事業を労働者災害補償保険の適用事業として、療養補償給付に係る請求書に派遣先事業主の証明を受ける必要がある。

4）複数の会社に勤務する複数事業労働者の休業補償給付の額は、原則として、業務災害が発生した勤務先の賃金に基づいて計算した給付基礎日額の100分の60に相当する額となる。

13 ▶ 正解 1

1）適　切。逸脱・中断の間およびその後は通勤とは認められない。ただし、通勤途中に逸脱・中断があっても、それが日常生活上必要な行為をやむを得ない理由で行う最小限度のものであるときは、逸脱・中断の間を除き、通勤と認められる。

2）不適切。出張は、事業主の支配下にあるため、その負傷は業務災害となる。

3）不適切。派遣労働者は、派遣元の事業を労働者災害補償保険の適用事業とする。

4）不適切。複数事業労働者の給付基礎日額は、当該複数事業労働者を使用する事業ごとに算定した給付基礎日額に相当する額を合算した額を基礎とする。

頻出 **14**

□
□

育児休業、介護休業等育児又は家族介護を行う労働者の福祉に関する法律（育児・介護休業法）の育児休業、出生時育児休業（以下、「産後パパ育休」という）および雇用保険法の育児休業給付に関する次の記述のうち、最も不適切なものはどれか。なお、各選択肢において、ほかに必要とされる要件等はすべて満たしているものとする。　(2023年9月問3)

1）子を養育する母が産前産後休業に引き続き育児休業を取得している場合であっても、当該子の父は子の出生日から子が1歳に達する日の前日まで育児休業を取得することができる。

2）子を養育する父は、当該子の出生日後8週間以内に4週間の産後パパ育休を2回に分けて取得することができる。

3）育児休業給付金の受給者が、保育所等における保育の利用を希望して申込みを行っているが、養育する子が1歳に達する日後の期間について、当面その実施が行われないなどの事情があるため、子が1歳6カ月に達する日まで育児休業を申し出た場合、子が1歳6カ月に達する日の前日まで育児休業給付金を受給することができる。

4）子を養育する父が産後パパ育休期間中に7日を超えて就業した場合、出生時育児休業給付金は受給することができない。

14 ▸ 正解　4

1）**適　切**。育児休業は、原則として、子が１歳に達する日の前日まで取得することができる（育児・介護休業法５条１項本文）。

2）**適　切**。出生時育児休業（産後パパ育休）は、子の出生日から８週間を経過する日の翌日までの期間内に、４週間以内の期間を定め、２回まで分割して取得することができる。

3）**適　切**。育児休業は、保育所に入れないなどの事情がある場合、子が１歳６カ月に達する日までの延長および子が２歳に達する日までの再延長が認められるため、育児休業給付金もその期間に対応して給付される。

4）**不適切**。子を養育する父が産後パパ育休期間中に10日を超えて就業した場合、出生時育児休業給付金を受給することができない。なお、就業時間が80時間を超えた場合も、出生時育児休業給付金を受給することができない。

頻出 **15**
□
□

雇用保険の基本手当に関する次の記述のうち、最も適切なものはどれか。(2020年1月問3)

1）基本手当を受給するためには、特定理由離職者等に該当する場合を除き、離職の日以前2年間に被保険者期間が継続して12カ月以上なければならない。

2）基本手当は失業の認定を受けている日について支給され、その認定は、求職の申込みを受けた公共職業安定所において、原則として、受給資格者が離職後最初に出頭した日から2週間に1回ずつ行われる。

3）基本手当の受給期間は、原則として離職の日の翌日から1年間であるが、離職が60歳以上の定年退職によるものである場合、離職の日の翌日から2カ月以内に申し出ることにより、最長3年間まで延長される。

4）特定受給資格者・特定理由離職者以外の受給資格者（就職困難者を除く）の所定給付日数は、受給資格者の離職の日における年齢にかかわらず、算定基礎期間が10年未満の場合は90日、10年以上20年未満の場合は120日、20年以上の場合は150日である。

頻出 **16**
□
□

国民年金に関する次の記述のうち、最も不適切なものはどれか。なお、記載のない事項については考慮しないものとする。(2021年9月問4改)

1）第1号被保険者が出産する場合、当該被保険者の国民年金の保険料は、所定の届出により、出産の予定日の属する月の前月（多胎妊娠の場合は3カ月前）から出産予定月の翌々月までの期間に係る保険料の納付が免除される。

2）産前産後期間の保険料免除の規定により国民年金の保険料の納付が免除された期間は、保険料納付済期間として老齢基礎年金の年金額に反映される。

3）振替加算が加算された老齢基礎年金を受給している妻が夫と離婚した場合、離婚を事由として振替加算は加算されなくなる。

4）65歳到達時に老齢基礎年金の受給権を有していた者は、75歳まで繰下げ支給の申出をすることができるが、1952年4月2日以降に生まれた者が対象となる。

15 ▶ 正解 4

1）不適切。基本手当は、原則として、離職の日以前2年間に、賃金の支払基礎となる日数が11日以上の月（被保険者期間）が通算して12カ月以上あることが要件となる。「継続して12カ月以上」ではない。

2）不適切。失業の認定は、原則として4週間に1回ずつ行われる。

3）不適切。基本手当の受給期間は、原則として離職した日の翌日から1年間であるが、60歳以上の定年退職により離職した場合は、最長1年間受給期間を延長できる。

4）適　切。自己都合により退職した者や定年退職した者など、特定受給資格者・特定理由離職者以外の受給資格者（就職困難者を除く）の所定給付日数は、以下のとおり。

離職時の年齢	被保険者であった期間		
全年齢共通	10年未満	10年以上20年未満	20年以上
	90日	120日	150日

16 ▶ 正解 3

1）適　切。第1号被保険者が出産する場合、産前産後期間（出産予定日または出産日が属する月の前月から4カ月間（多胎妊娠の場合は、出産予定日または出産日が属する月の3カ月前から6カ月間））の保険料が免除される（任意加入被保険者は除く）。

2）適　切。産前産後期間で保険料が免除された期間は保険料納付済期間となるため、老齢基礎年金の額に反映される。

3）不適切。振替加算が加算された老齢基礎年金を受給している者が配偶者と離婚しても、振替加算は継続して加算される。

4）適　切。2022年4月から、年金受給開始時期について、その上限が75歳に引き上げられた。ただし、1952（昭和27）年4月2日以降に生まれた者が対象となる。

17

□
□

自営業者（国民年金の第1号被保険者）の公的年金に関する次の記述のうち、最も適切なものはどれか。なお、記載のない事項については考慮しないものとする。 （2023年9月問4）

1）寡婦年金を受給している者が婚姻した場合、当該寡婦年金の支給は停止されるが、婚姻後、65歳に達するまでの間に離婚した場合は、支給が再開される。

2）寡婦年金の額は、夫の死亡日の属する月の前月までの第1号被保険者としての被保険者期間に係る死亡日の前日における保険料納付済期間および保険料免除期間を基に計算した老齢基礎年金の額の4分の3相当額であり、夫に第2号被保険者としての被保険者期間があっても、その期間は年金額に反映されない。

3）死亡一時金は、死亡日の前日において、第1号被保険者としての被保険者期間に係る保険料納付済期間の月数、保険料4分の1免除期間の月数、保険料半額免除期間の月数および保険料4分の3免除期間の月数を合算した月数が36月以上ある者が死亡した場合に支給される。

4）死亡一時金の支給を受けることができる遺族の範囲は、死亡した者の配偶者、子、父母、孫、祖父母であって、その者の死亡の当時その者と生計を同じくしていた者である。

17 ▶ **正解 2**

1）**不適切**。寡婦年金の受給権は、寡婦年金の受給権者が婚姻することによって失権する。失権した受給権は、離婚によっても復活しない。よって、65歳に達するまでの間に離婚した場合でも、支給は再開されない。

2）**適　切**。寡婦年金の年金額は、死亡した夫の第1号被保険者（任意加入被保険者を含む）としての被保険者期間に基づいて計算した老齢基礎年金の額の4分の3相当額である。

3）**不適切**。死亡一時金の支給を受けるためには、死亡日の前日において、死亡日の属する月の前月までの第1号被保険者期間について、次の期間の月数を合算した月数が36月以上必要である。

・保険料納付済期間の月数
・保険料4分の1免除期間の月数の4分の3
・保険料半額免除期間の月数の2分の1
・保険料4分の3免除期間の月数の4分の1

4）**不適切**。死亡一時金の支給を受けることができる遺族の範囲は、死亡した者の配偶者、子、父母、孫、祖父母、兄弟姉妹であって、その者の死亡の当時その者と生計を同じくしていた者である。

頻出 **18** □□

厚生年金保険の被保険者に関する次の記述のうち、最も適切なものはどれか。 (2023年5月問4)

1）常時従業員を使用する法人事業所は、業種にかかわらず、厚生年金保険の適用事業所となり、原則として、その法人の70歳未満の代表者は被保険者となる。

2）常時5人以上の従業員を使用する法定業種の個人事業所は、厚生年金保険の適用事業所となり、原則として、その個人事業所の70歳未満の事業主は被保険者となる。

3）2カ月以内の期間を定めて適用事業所に使用される者であって、その定めた期間を超えて使用されることが見込まれないものは被保険者とならないが、定めた期間を超えて引き続き使用されることが見込まれるようになった場合、当初使用された日に遡って被保険者となる。

4）特定適用事業所以外の適用事業所において、1週間の所定労働時間が同一の適用事業所に使用される通常の労働者の4分の3未満であっても1カ月の所定労働日数が4分の3以上ある労働者は被保険者となる。

頻出 **19** □□

老齢基礎年金に関する次の記述のうち、最も適切なものはどれか。 (2022年9月問4)

1）20歳未満や60歳以上の国民年金の第2号被保険者であった期間は、老齢基礎年金の年金額の計算上、保険料納付済期間とされる。

2）老齢基礎年金に振替加算が加算される要件を満たしている者が、老齢基礎年金を繰り下げて受給する場合、老齢基礎年金の支給開始と同時に振替加算が加算されるが、振替加算の額は繰下げによって増額されない。

3）寡婦年金を受給していた者は、老齢基礎年金の繰下げ支給の申出をすることはできない。

4）2022年4月1日以前から繰上げ支給の老齢基礎年金を受給している者は、2022年4月2日以降、当該年金に係る繰上げ支給の減額率が改定され、繰上げ1カ月当たり0.4%の減額率で計算された老齢基礎年金を受給することができる。

18 ▶ **正解　1**

1）適　切。常時1人以上の従業員を使用する法人の事業所（代表者のみの法人の事業所も含む）は強制適用事業所となる。なお、その法人の代表者であっても70歳未満の場合は、厚生年金保険の被保険者となる。

2）不適切。個人事業所の事業主は、70歳未満であっても厚生年金保険の被保険者とならない。

3）不適切。定めた期間を超えて引き続き使用されることが見込まれるようになった場合、その超えた日から被保険者となる。

4）不適切。被保険者となるためには、通常の労働者の1週間の所定労働時間および1カ月の所定労働日数のいずれも4分の3以上必要である。

19 ▶ **正解　2**

1）不適切。国民年金の第2号被保険者であった期間のうち、20歳未満の期間および60歳以上の期間は、老齢基礎年金の計算上、保険料納付済期間とされない。

2）適　切。老齢基礎年金の繰下げ支給の請求をした場合、振替加算は、繰下げ支給の開始月から増額されずに支給される。

3）不適切。寡婦年金を受給していた場合でも、老齢基礎年金の繰下げ支給を請求できる。

4）不適切。2022年4月1日以前から繰上げ支給の老齢基礎年金を受給している者（1962年4月1日以前生まれの者）は、繰上げ1カ月当たりの減額率は改定前の0.5%である。

頻出 **20**

□
□

公的年金制度の障害給付に関する次の記述のうち、最も不適切なものはどれか。 (2021年5月問5)

1）障害厚生年金の支給を受けるためには、傷病に係る初診日および障害認定日において厚生年金保険の被保険者であり、かつ、その障害認定日において障害等級１級、２級または３級に該当する程度の障害の状態でなければならない。

2）障害認定日とは、原則として傷病に係る初診日から１年６カ月を経過した日とされるが、その期間内に症状が固定して治療の効果が期待できない状態に至った場合は、その状態に至った日とされる。

3）障害等級２級に該当して障害厚生年金の支給を受けている者が婚姻し、所定の要件を満たす配偶者を有するに至った場合は、所定の手続により、その至った日の属する月の翌月分から当該受給権者の障害厚生年金に加給年金額が加算される。

4）障害等級３級に該当する者に支給される障害厚生年金の額は、障害等級２級に該当する者に支給される障害基礎年金の額（子に係る加算額を除く）の４分の３相当額が最低保障される。

20 ▶ **正解 1**

1）**不適切**。初診日において厚生年金保険の被保険者であればよく、障害認定日において厚生年金保険の被保険者でなくてもよい。

2）**適　切**。障害認定日は障害の程度を認定する日のことである。初診日から起算して１年６カ月を経過した日、または１年６カ月以内に治った（＝症状が固定した）場合にはその治った日である。

3）**適　切**。障害厚生年金の受給権が発生した後に婚姻等により要件を満たした場合、配偶者加給年金額が加算される。なお、障害基礎年金においては、受給権が発生した後に子と生計維持関係ができた場合、子の加算額が加算される。

4）**適　切**。障害等級３級の障害厚生年金には最低保障額があり、障害等級２級の障害基礎年金の額（子の加算額を除く）の４分の３相当額である。

頻出 **21**

□
□

厚生年金保険の被保険者が死亡した場合の遺族厚生年金に関する次の記述のうち、最も不適切なものはどれか。なお、各被保険者は遺族厚生年金の保険料納付要件を満たしているものとし、記載のない事項については考慮しないものとする。 (2022年1月問5)

1）被保険者であるAさん（35歳）と同居して生計維持関係にあった者が妹（30歳）のみである場合、妹は遺族厚生年金の受給権を取得することはできない。

2）被保険者であるBさん（40歳）と同居して生計維持関係にあった者が妻（28歳）と長女（3歳）である場合、妻が取得する遺族厚生年金の受給権は、当該遺族厚生年金の受給権を取得した日から起算して5年を経過したときに消滅する。

3）被保険者であるCさん（45歳）と同居して生計維持関係にあった者が夫（50歳）と長女（21歳）である場合、夫および長女は遺族厚生年金の受給権を取得することはできない。

4）被保険者であるDさん（50歳）と同居して生計維持関係にあった者が父（75歳）と母（75歳）である場合、双方が遺族厚生年金の受給権を取得し、それぞれに支給される遺族厚生年金の額は、受給権者が1人である場合に算定される額を2で除して得た額となる。

21 ▶ **正解　2**

1）**適　切**。遺族厚生年金の遺族の範囲は、死亡時に死亡した者との間に生計維持関係がある配偶者、子、父母、孫、祖父母である。兄弟姉妹は、遺族厚生年金の支給を受けることができない。

2）**不適切**。30歳未満の妻が支給を受ける遺族厚生年金が５年までとされるのは、年金法上の子を有しないとき（遺族基礎年金の支給を受けることができないとき）である。Ｂさんは３歳の長女を有しており、遺族基礎年金の支給を受けることができるため、遺族厚生年金の受給権を取得した日から起算して５年を経過しても支給を受けることができる。

3）**適　切**。夫が遺族厚生年金の支給を受けるためには、妻の死亡当時、夫の年齢が55歳以上でなければならない。また、子が遺族厚生年金の支給を受けるためには、子が18歳到達年度末日までにある者、または障害等級１級・２級の障害状態にある20歳未満の者で、かつ、未婚の者でなければならない。

4）**適　切**。遺族厚生年金の受給権者が２人以上いる場合、受給権者の人数で除した額を各人が受給できる。

頻出 **22**
□
□

公的年金の課税関係に関する次の記述のうち、最も不適切なものはどれか。なお、各選択肢において、公的年金等に非課税となるものは含まれないものとする。 (2023年1月問7)

1）その年の12月31日において65歳以上の者がその年中に支払を受けるべき公的年金等の収入金額が180万円である場合、その支払の際、所得税および復興特別所得税は源泉徴収されない。

2）公的年金等の支払者に対して「公的年金等の受給者の扶養親族等申告書」を提出することができない確定給付企業年金等の公的年金に係る源泉徴収税率（所得税および復興特別所得税の合計）は、10.21％である。

3）公的年金等に係る雑所得を有する居住者で、その年中の公的年金等の収入金額が400万円以下であり、かつ、その年分の公的年金等に係る雑所得以外の所得金額が20万円以下である場合には、原則として確定申告の必要はない。

4）公的年金等から介護保険料等の保険料が特別徴収されている場合、その公的年金等の金額に相当する金額から当該保険料の金額を控除した残額に相当する金額の公的年金等の支払があったものとみなして、源泉徴収税額の計算をする。

22 ▶ 正解 **1**

1）**不適切**。その年の12月31日において65歳以上の者がその年中に支払いを受けるべき公的年金等の収入金額が158万円以上である場合、その支払いの際、所得税および復興特別所得税が源泉徴収される。

2）**適　切**。確定給付企業年金、中小企業退職金共済の分割退職金、小規模企業共済の分割共済金、確定拠出年金（企業型または個人型）の老齢給付金として支給される年金等を受給する者は、「公的年金等の受給者の扶養親族等申告書」を提出することができない。この者が受給する年金等から源泉徴収される税額は、次のとおりである。

源泉徴収税額＝(年金支給額－年金支給額×25%)×10.21%

3）**適　切**。公的年金等の収入金額の合計額が400万円以下であり、その全部が源泉徴収となる場合において、公的年金等に係る雑所得以外の所得金額が20万円以下であるときは、確定申告は不要である。

4）**適　切**。介護保険料、国民年金保険料、後期高齢者医療保険料などの社会保険料が年金等から特別徴収されている場合、この額を控除した残額をもとにして源泉徴収税額を計算する。

頻出 **23**

□
□

国民年金基金に関する次の記述のうち、最も不適切なものはどれか。

（2023年５月問７）

1）国民年金基金の加入員が、保険料納付猶予制度により国民年金の保険料を納付することを要しない者とされた場合、国民年金基金の加入員資格を喪失する。

2）国民年金基金の加入員が、４月から翌年３月までの１年分の掛金を前納した場合、0.1カ月分の掛金が割引される。

3）国民年金基金の終身年金Ａ型または確定年金Ⅰ型、Ⅱ型、Ⅲ型、Ⅳ型、Ｖ型の加入者が年金受給前に死亡した場合、掛金納付期間の長短にかかわらず、遺族一時金として12万円が支払われる。

4）国民年金基金の加入員が追納することができる国民年金の保険料の全部につき追納を行った場合、当該加入員の掛金の額は、当該追納が行われた日の属する月以後の特定追納期間に相当する期間（60月を上限）に限り、１月につき10万2,000円以下とすることができる。

23 ▶ **正解　3**

1）**適　切**。国民年金保険料の納付が免除される者（法定免除・産前産後期間の免除を除く）となった場合は、国民年金基金の加入資格を喪失する。

2）**適　切**。4月から翌年3月までの1年分の掛金を前納した場合、0.1カ月分割引される。

3）**不適切**。終身年金A型、確定年金Ⅰ型、Ⅱ型、Ⅲ型、Ⅳ型、Ⅴ型の加入者が、年金受給前または保証期間中に死亡した場合、遺族一時金が支給される。年金受給前に死亡した場合には、加入時の年齢、死亡時の年齢、死亡時までの掛金納付期間に応じた遺族一時金が支給される。なお、保証期間中に死亡した場合は、残りの保証期間に応じた遺族一時金が支給される。

4）**適　切**。国民年金基金の加入員が国民年金保険料の追納を全部行った場合または国民年金保険料の追納を全部行った者が国民年金基金の加入員となった場合、当該追納された日の属する月以後の特定追納期間（上限60月）に限り、掛金月額の上限を102,000円とすることができる。

24 □□

確定給付企業年金に関する次の記述のうち、最も適切なものはどれか。

（2022年9月問6）

1）私立学校教職員共済制度の加入者（第4号厚生年金被保険者）は、確定給付企業年金の加入者となることができない。

2）確定給付企業年金の加入者は、実施事業所に使用されるすべての厚生年金保険の被保険者であり、一部の従業員を加入者から除外することはできない。

3）確定給付企業年金は、規約の定めと加入者の同意があれば、掛金総額の2分の1を超えない範囲内で加入者が掛金を負担することができる。

4）確定給付企業年金の老齢給付金は、60歳以上70歳以下の規約で定める年齢に達したとき、または40歳以上70歳未満の規約で定める年齢に達した日以後に退職したときに支給が開始される。

24 ▶ **正解　3**

1）**不適切**。一般の会社員など（第１号厚生年金被保険者）および私立学校教職員共済制度の加入者（第４号厚生年金被保険者）は、確定給付企業年金の加入者となることができる。

2）**不適切**。厚生年金保険の第１号および第４号被保険者は、原則として全員加入者とする必要があるが、①特定の者について不当な差別がなく、②加入者が資格喪失を任意に選択できるものではない、という要件を満たせば、規約において一定の資格（職種、勤続期間や年齢など）を定め、当該資格のない者を加入者としないことができる。

3）**適　切**。掛金は年１回以上、定期的に事業主が拠出しなければならないが、規約の定めと加入者本人の同意があれば、加入者本人がその一部（掛金の額の２分の１を超えない範囲）を負担することができる。

4）**不適切**。老齢給付金の支給要件を規約で定める場合、次の条件を満たさなければならない。

①60歳以上70歳以下の年齢に達したときに支給するもの

②50歳以上①の規約で定める年齢未満の年齢に達した日以後に退職したときに支給するもの

例えば、①の年齢を「65歳」と定めた場合、②では「50歳以上65歳未満で退職した場合」も支給対象にできるということである。

頻出 **25**

□
□

転職時における確定拠出年金に係る個人別管理資産の移換に関する次の記述のうち、最も適切なものはどれか。なお、各選択肢において、転職者は個人別管理資産があるものとする。 (2023年5月問6)

1）企業型年金加入者が転職し、転職先の企業型年金加入者となった場合は、転職前の個人別管理資産を転職後の企業型年金に移換しなければならない。

2）個人型年金加入者が転職により企業型年金加入者となった場合は、個人型年金の個人別管理資産を転職後の企業型年金に移換しなければならない。

3）企業型年金加入者が転職により公務員となった場合は、転職前の企業型年金の個人別管理資産は、転職した月の翌月に国民年金基金連合会に自動移換される。

4）企業型年金加入者が確定給付企業年金のみを実施している企業へ転職した場合は、確定給付企業年金規約で定められているときは、転職前の企業型年金の個人別管理資産を確定給付企業年金に移換することができる。

25 ▶ **正解　4**

1）**不適切**。企業型年金加入者が申出をすることにより、個人別管理資産を移換することができるが、転職後の企業型年金に移換することは義務ではない。

2）**不適切**。個人型年金加入者が企業型年金加入者となった場合、申出をすることにより、個人別管理資産を移換することができるが、移換することは義務ではない。

3）**不適切**。企業型年金加入者が公務員に転職した場合、個人別管理資産を国民年金基金連合会に移換する手続きをしなければならず、転職した月の翌月に自動移換されるわけではない。

4）**適　切**。個人別管理資産がある企業型年金加入者であった者が、確定給付企業年金の加入者資格を取得した場合において、当該確定給付企業年金の規約において、あらかじめ、当該企業型年金の資産管理機関からその個人別管理資産の移換を受けることができる旨が定められているときは、当該企業型年金の資産管理機関にその個人別管理資産の移換を申し出ることができる。

学科応用問題

1 次の設例に基づいて、下記の各問（《問１》～《問３》）に答えなさい。
□□
（2021年５月第１問・問51～53改）

《設　例》

Ｘ株式会社（以下、「Ｘ社」という）に勤務するＡさん（55歳）は、妻Ｂさん（53歳）との２人暮らしである。Ｘ社は、65歳の定年制を採用しているが、再雇用制度が設けられており、その制度を利用して同社に再雇用された場合、最長で70歳まで勤務することができる。Ａさんは、定年退職後の働き方を検討する前提として、公的年金制度からの老齢給付や雇用保険からの給付について知りたいと思っている。

また、Ａさんは、現在入院中の母Ｃさん（78歳）が退院後に介護が必要となることから、介護休業を取得した場合の雇用保険からの給付についても知りたいと思っている。

そこで、Ａさんは、ファイナンシャル・プランナーのＭさんに相談することにした。Ａさんの家族に関する資料は、以下のとおりである。

〈Ａさんの家族に関する資料〉

(1)　Ａさん（本人）
- 1968年11月５日生まれ
- 公的年金の加入歴
  1988年11月から1991年３月までの大学生であった期間（29月）は国民年金に任意加入していない。
  1991年４月から現在に至るまで厚生年金保険の被保険者である（過去に厚生年金基金の加入期間はない）。
- 全国健康保険協会管掌健康保険の被保険者である。
- 1991年４月から現在に至るまで雇用保険の一般被保険者である。

(2)　Ｂさん（妻）
- 1971年６月21日生まれ
- 公的年金の加入歴
  1990年４月から1995年４月まで厚生年金保険の被保険者である。
  1995年５月から現在に至るまで国民年金の第３号被保険者である。
- Ａさんが加入する健康保険の被扶養者である。

(3)　Ｃさん（母）
- 1946年７月３日生まれ

・後期高齢者医療制度の被保険者である。
・老齢基礎年金および遺族厚生年金を受給している。
・Ａさんとは住居を別にしており、今後もＡさんと同居する予定はない。

※妻Ｂさんは、Ａさんと同居し、現在および将来においても、Ａさんと生計維持関係にあるものとする。
※Ａさんと妻Ｂさんは、現在および将来においても、公的年金制度における障害等級に該当する障害の状態にないものとする。

※上記以外の条件は考慮せず、各問に従うこと。

《問1》 Aさんが、X社を定年退職して再就職しない場合、Aさんが原則として65歳から受給することができる公的年金の老齢給付について、次の①および②に答えなさい。〔計算過程〕を示し、〈答〉は円単位とすること。また、年金額の端数処理は、円未満を四捨五入すること。

なお、計算にあたっては、下記の〈条件〉に基づき、年金額は、2024年度価額に基づいて計算するものとする。

① 老齢基礎年金の年金額はいくらか。

② 老齢厚生年金の年金額（本来水準による価額）はいくらか。

〈条件〉

⑴ 厚生年金保険の被保険者期間
- 総報酬制導入前の被保険者期間 ： 144月
- 総報酬制導入後の被保険者期間 ： 367月（65歳到達時点）

⑵ 平均標準報酬月額および平均標準報酬額
（65歳到達時点、2024年度再評価率による額）
- 総報酬制導入前の平均標準報酬月額 ： 36万円
- 総報酬制導入後の平均標準報酬額 ： 55万円

⑶ 報酬比例部分の給付乗率
- 総報酬制導入前の乗率 ： 1,000分の7.125
- 総報酬制導入後の乗率 ： 1,000分の5.481

⑷ 経過的加算額

$$1{,}701\text{円}\times\text{被保険者期間の月数} - \square\square\square\text{円}\times\frac{\text{1961年4月以後で20歳以上60歳未満の厚生年金保険の被保険者期間の月数}}{\text{加入可能年数}\times 12}$$

※「□□□」は、問題の性質上、伏せてある。

⑸ 加給年金額

40万8,100円（要件を満たしている場合のみ加算すること）

《問２》　Ｍさんは、Ａさんに対して、65歳以後の在職老齢年金および雇用保険の高年齢求職者給付金について説明した。Ｍさんが説明した以下の文章の空欄①～⑧に入る最も適切な語句または数値を、解答用紙に記入しなさい。

〈在職老齢年金〉

Ⅰ「65歳以上の厚生年金保険の被保険者に支給される老齢厚生年金は、その受給権者の老齢厚生年金の報酬比例部分の額に基づく基本月額と総報酬月額相当額との合計額が（　①　）円（支給停止調整額、2024年度価額）を超える場合、報酬比例部分の額の一部または全部が支給停止となります。総報酬月額相当額とは、受給権者である被保険者の標準報酬月額とその月以前１年間の（　②　）の総額を12で除して得た額との合計額です。

仮に、Ａさんが65歳以後も厚生年金保険の被保険者としてＸ社に勤務した場合に、Ａさんの老齢厚生年金の報酬比例部分の額に基づいて計算した基本月額が15万5,000円、総報酬月額相当額が37万円であるとすると、支給される老齢厚生年金の報酬比例部分の額（月額）は（　③　）円となります。

なお、老齢厚生年金は、その支給を繰り下げることによって年金額を増額することができ、70歳到達月に繰下げ支給の申出をした場合の増額率は（　④　）％になります。ただし、老齢厚生年金の年金額のうち、在職支給停止の仕組みにより支給停止される部分の金額は、増額の対象となりません」

〈高年齢求職者給付金〉

Ⅱ「Ａさんが65歳以後にＸ社を退職して再就職を希望する場合、Ａさんは、所定の手続により、雇用保険の高年齢求職者給付金を受給することができます。

高年齢求職者給付金は一時金で支給されます。その額は、原則として、算定基礎期間が１年未満の場合は基本手当日額に（　⑤　）日を乗じて得た額となり、算定基礎期間が１年以上の場合は基本手当日額に（　⑥　）日を乗じて得た額となります。基本手当日額は、原則として、被保険者期間として計算された最後の（　⑦　）カ月間に支払われた賃金（賞与等を除く）の総額を基に算出した賃金日額に、当該賃金日額に応じた給付率を乗じて得た額となります。

高年齢求職者給付金の支給を受けようとする場合は、公共職業安定所に出頭し、求職の申込みをしたうえ、失業していることについての認定を受ける必要があり、その受給期限は離職の日の翌日から（　⑧　）年となっています」

《問3》 Mさんは、Aさんに対して、雇用保険の介護休業給付金について説明した。Mさんが説明した以下の文章の空欄①～⑥に入る最も適切な数値を、解答用紙に記入しなさい。

「介護休業給付金は、原則として、雇用保険の一般被保険者や高年齢被保険者（以下、『被保険者』という）が、配偶者や父母などの対象家族に係る所定の介護休業を取得し、かつ、介護休業開始日前2年間にみなし被保険者期間が通算して12カ月以上ある場合に支給されます。また、被保険者が同一の対象家族について介護休業を分割して取得する場合、介護休業を開始した日から通算して（　①　）日を限度に（　②　）回までに限り支給されます。

介護休業給付金の額は、介護休業期間中に事業主から賃金の支払がない場合、一支給単位期間当たり『休業開始時賃金日額×支給日数×（　③　）%』の算式で算出されます。事業主から賃金の支払がある場合は、その支給単位期間における介護休業給付金は、賃金の額が『休業開始時賃金日額×支給日数』の13%相当額超（　④　）%相当額未満であるときは減額支給となり、（　④　）%相当額以上であるときは支給されません。なお、介護休業給付金には支給限度額があり、この額は毎年（　⑤　）月1日に改定されます。

介護休業給付金の支給申請は、原則として、1回の介護休業終了後、その終了日の翌日から（　⑥　）カ月を経過する日の属する月の末日までに行う必要があります」

2 次の設例に基づいて、下記の各問（《問１》～《問３》）に答えなさい。
□□
（2021年１月第１問・問51～53改）

《設　例》

Ｘ株式会社に勤務するＡさん（42歳）は、妻Ｂさん（38歳）、長男Ｃさん（12歳）および二男Ｄさん（10歳）との４人暮らしである。Ａさんは、大学時代から親交のあった友人が大病を患って入院したこともあり、健康保険の傷病手当金について知りたいと思っている。また、公的年金制度からの障害給付や遺族給付についても理解したいと考えている。

そこで、Ａさんは、ファイナンシャル・プランナーのＭさんに相談することにした。Ａさんの家族に関する資料は、以下のとおりである。

〈Ａさんの家族に関する資料〉

⑴　Ａさん（本人）
・1982年７月20日生まれ
・公的年金の加入歴
2002年７月から2005年３月までの大学生であった期間（33月）は、国民年金の第１号被保険者として保険料を納付している。
・2005年４月から現在に至るまで厚生年金保険の被保険者である（過去に厚生年金基金の加入期間はない）。
・全国健康保険協会管掌健康保険の被保険者である。
・2005年４月から現在に至るまで雇用保険の一般被保険者である。

⑵　Ｂさん（妻）
・1986年５月15日生まれ
・公的年金の加入歴
2005年４月から2010年３月まで厚生年金保険の被保険者である。
2010年４月から現在に至るまで国民年金の第３号被保険者である。
・Ａさんが加入する健康保険の被扶養者である。

⑶　Ｃさん（長男）
・2012年６月５日生まれ

⑷　Ｄさん（二男）
・2014年３月17日生まれ

※妻Ｂさん、長男Ｃさんおよび二男Ｄさんは、Ａさんと同居し、Ａさんと生計維持関係にあるものとする。
※家族全員、現在および将来においても、公的年金制度における障害等級に該

当する障害の状態にないものとする。

※上記以外の条件は考慮せず、各問に従うこと。

《問１》 Ｍさんは、Ａさんに対して、健康保険の傷病手当金について説明した。Ｍさんが説明した以下の文章の空欄①～④に入る最も適切な語句または数値を、解答用紙に記入しなさい。

「Ａさんが私傷病による療養のために連続して長期間労務に服することができず、その期間について事業主から給与が支払われない場合、Ａさんは、（　①　）日目以降の労務に服することができない日について、全国健康保険協会の都道府県支部に対し、傷病手当金を請求することができます。

仮に、傷病手当金の支給開始日の属する月以前の直近の継続した12カ月間のＡさんの各月の標準報酬月額の平均額が36万円であり、傷病手当金の支給対象となる日について事業主から給与が支払われないとした場合、Ａさんが受給することができる傷病手当金の額は、１日につき（　②　）円となります。傷病手当金の支給期間は、同一の疾病または負傷およびこれにより発した疾病に関しては、その支給開始日から通算して最長（　③　）です。

なお、傷病手当金の支給対象となる日について事業主から給与が支払われる場合であっても、その支払われる給与の額が傷病手当金の額よりも少ないときには、その差額が傷病手当金として支給されます。また、同一の疾病または負傷およびこれにより発した疾病によって傷病手当金と障害厚生年金のいずれの支給要件も満たすときには、そのうち（　④　）は支給されません。ただし、受けることができる金額が（　④　）の額よりも少ないときには、その差額が（　④　）として支給されます」

《問２》　Ｍさんは、Ａさんに対して、障害厚生年金および障害手当金について説明した。Ｍさんが説明した以下の文章の空欄①～⑧に入る最も適切な語句または数値を、解答用紙に記入しなさい。

「厚生年金保険の被保険者期間中に初診日のある傷病によって、（　①　）において厚生年金保険法に規定される障害等級１級から３級までのいずれかに該当する程度の障害の状態にあり、保険料納付要件を満たしている者は、障害厚生年金を請求することができます。保険料納付要件とは、『初診日の前日において初診日の属する月の前々月までに国民年金の被保険者期間があり、かつ、当該被保険者期間に係る保険料納付済期間と保険料免除期間とを合算した期間が当該被保険者期間の（　②　）以上あること』または『初診日に65歳未満の者で、初診日の前日において初診日の属する月の前々月までの（　③　）年間が保険料納付済期間または保険料免除期間であり、保険料を滞納した期間がないこと』です。

障害厚生年金の額は、原則として、受給権者の厚生年金保険の被保険者記録を基に計算された報酬比例の額となります。ただし、障害等級１級に該当する者に支給される障害厚生年金の額は、報酬比例の額の（　④　）倍相当額となります。また、障害等級１級または２級に該当する者によって生計を維持している所定の要件を満たす（　⑤　）がいるときは、加給年金額が加算されます。

障害等級３級に該当する者に支給される障害厚生年金の額には最低保障額が設けられています。その額は、国民年金法に規定される障害等級２級に該当する者に支給される障害基礎年金の額の（　⑥　）相当額となっています。

なお、厚生年金保険の被保険者期間中に初診日のある傷病が初診日から（　⑦　）年以内に治り、治った日に障害厚生年金を受け取ることができる障害の程度より軽度の障害の状態にあり、保険料納付要件を満たしている者は、障害手当金を請求することができます。障害手当金は一時金として支給され、その額は、障害厚生年金の報酬比例の額の（　⑧　）倍相当額で、所定の最低保障額が設けられています」

《問３》 仮に、Ａさんが現時点（2024年９月３日）で死亡し、妻Ｂさんが遺族基礎年金、遺族厚生年金および遺族年金生活者支援給付金の受給権を取得した場合、Ａさんの死亡時における妻Ｂさんに係る遺族給付について、下記の〈条件〉に基づき、次の①～③に答えなさい。〔計算過程〕を示し、〈答〉は円単位とすること。また、年金額の端数処理は、円未満を四捨五入すること。

なお、年金額および給付金の額は年額とし、2024年度価額に基づいて計算するものとする。

① 遺族基礎年金の年金額はいくらか。
② 遺族厚生年金の年金額（本来水準による価額）はいくらか。
③ 遺族年金生活者支援給付金の額（年額）はいくらか。

〈条件〉
(1) 厚生年金保険の被保険者期間
・総報酬制導入後の被保険者期間　：　233月
（注）要件を満たしている場合、300月のみなし計算を適用すること。
(2) 平均標準報酬月額・平均標準報酬額（2024年度再評価率による額）
・総報酬制導入後の平均標準報酬額　：　32万3,000円
(3) 報酬比例部分の給付乗率
・総報酬制導入後の乗率　：　1,000分の5.481
(4) 中高齢寡婦加算額
61万2,000円（要件を満たしている場合のみ加算すること）

3 □□ 次の設例に基づいて、下記の各問（《問１》～《問３》）に答えなさい。

（2023年５月第１問・問51～53改）

《設　例》

Ｘ株式会社（以下、「Ｘ社」という）に勤務するＡさん（59歳）は、妻Ｂさん（55歳）との２人暮らしである。Ｘ社は、満60歳の定年制（60歳到達月の末日が退職日）を採用し、再雇用制度が設けられているが、Ａさんは、定年退職して時間にゆとりを持てる会社に再就職するか、完全に引退することを考えている。

Ａさんは、定年退職後の過ごし方を検討するために、雇用保険からの保険給付や公的年金制度からの老齢給付について知りたいと思っている。

そこで、Ａさんは、ファイナンシャル・プランナーのＭさんに相談することにした。Ａさんの家族に関する資料は、以下のとおりである。

〈Ａさんの家族に関する資料〉

(1)　Ａさん（本人）

・1964年11月25日生まれ

・公的年金の加入歴

1984年11月から1987年３月までの大学生であった期間（29月）は国民年金に任意加入し、保険料を納付している（付加保険料は納付していない）。

1987年４月から現在に至るまで厚生年金保険の被保険者である（厚生年金基金の加入期間はない）。

・全国健康保険協会管掌健康保険の被保険者である。

・1987年４月から現在に至るまで雇用保険の一般被保険者である。

(2)　Ｂさん（妻）

・1969年８月16日生まれ

・公的年金の加入歴

1989年８月から1992年３月までの大学生であった期間（32月）は国民年金に任意加入していない。

1992年４月から現在に至るまで厚生年金保険の被保険者である（厚生年金基金の加入期間はない）。

・全国健康保険協会管掌健康保険の被保険者である。

・1992年４月から現在に至るまで雇用保険の一般被保険者である。

※妻Ｂさんは、Ａさんと同居し、現在および将来においても、Ａさんと生計維持関係にあるものとする。

※Aさんと妻Bさんは、現在および将来においても、公的年金制度における障害等級に該当する障害の状態にないものとする。

※上記以外の条件は考慮せず、各問に従うこと。

《問1》　Mさんは、Aさんに対して、雇用保険の基本手当と高年齢再就職給付金について説明した。Mさんが説明した以下の文章の空欄①～④に入る最も適切な数値を、解答用紙に記入しなさい。

「Aさんが X 社を定年退職して再就職を希望する場合、公共職業安定所で求職の申込みを行って失業の認定を受けると、失業している日について基本手当を受給することができます。Aさんが基本手当を受給することができる日数（所定給付日数）は（　①　）日となり、その支給期間は、原則として離職日の翌日から1年間となります。

また、Aさんが定年退職後、安定した職業に就いて雇用保険の一般被保険者となり、再就職した日の前日における基本手当の支給残日数が一定以上あり、再就職後の支給対象月に支払われた賃金額が、基本手当日額の算定の基礎となった賃金日額に30を乗じて得た額（以下、「基本手当日額算定時の賃金月額」という）の75％未満であるなどの要件を満たした場合、高年齢再就職給付金を受給することができます。

高年齢再就職給付金の支給期間は、Aさんの場合、（　②　）年となります。支給額は、原則として、再就職後の支給対象月に支払われた賃金額が基本手当日額算定時の賃金月額の61％未満の場合、支給対象月の賃金額の（　③　）％相当額です。

高年齢再就職給付金の支給申請は、再就職後の支給対象月の初日から（　④　）カ月以内に行う必要があります」

《問2》　Mさんは、Aさんに対して、雇用保険の再就職手当と就業促進定着手当について説明した。Mさんが説明した以下の文章の空欄①～⑥に入る最も適切な数値を、解答用紙に記入しなさい。なお、問題の性質上、明らかにできない部分は「□□□」で示してある。

「Aさんが、定年退職後、（　①　）年を超えて引き続き雇用されることが確実であると認められる安定した職業に就き、再就職した日の前日における基本手当の支給残日数が所定給付日数の３分の１以上あるなどの要件を満たした場合、再就職手当を受給することができます。ただし、同一の就職につき、再就職手当と高年齢再就職給付金の支給を受けることができる場合、どちらか一方を受給すると、もう一方については受給できなくなりますので、慎重に選択する必要があります。

再就職手当の支給額は、『基本手当日額×支給残日数×給付率』の式で算出されます。給付率は、再就職日前日における基本手当の支給残日数が所定給付日数の３分の２以上ある場合は（　②　）％となり、３分の１以上３分の２未満である場合は□□□％となります。

再就職手当の支給申請は、再就職した日の翌日から（　③　）カ月以内に行う必要があります。

また、再就職手当の支給に係る同一の事業主の事業所において、（　④　）カ月以上雇用され、再就職した日から（　④　）カ月間に支払われた賃金の１日分に相当する金額（以下、「みなし賃金日額」という）が、再就職手当の支給に係る離職前の賃金日額を下回ったときは、就業促進定着手当を受給することができます。

就業促進定着手当の支給額は、『（離職前の賃金日額－みなし賃金日額）×再就職後（　④　）カ月間における賃金の支払の基礎となった日数』の式で算出されますが、『基本手当日額×再就職日前日における支給残日数×（　⑤　）％（再就職手当の給付率が（　②　）％の場合は□□□％）』の式で算出された金額が限度となります。

就業促進定着手当の支給申請は、再就職した日から（　④　）カ月目に当たる日の翌日から（　⑥　）カ月以内に行う必要があります」

《問３》 Ａさんが、Ｘ社を定年退職し、再就職せずに2024年12月に公的年金の老齢給付の繰上げ支給を請求した場合、繰上げ請求時におけるＡさんの老齢給付について、次の①および②に答えなさい。〔計算過程〕を示し、〈答〉は円単位とすること。また、年金額の端数処理は、円未満を四捨五入すること。

なお、計算にあたっては、下記の〈条件〉に基づき、年金額は、2024年度価額に基づいて計算するものとする。

① 繰上げ支給の老齢基礎年金の年金額はいくらか。

② 繰上げ支給の老齢厚生年金の年金額（本来水準による価額）はいくらか。

〈条件〉

(1) 厚生年金保険の被保険者期間
- 総報酬制導入前の被保険者期間：192月
- 総報酬制導入後の被保険者期間：260月

(2) 平均標準報酬月額および平均標準報酬額（2024年度再評価率による額）
- 総報酬制導入前の平均標準報酬月額：36万円
- 総報酬制導入後の平均標準報酬額　：58万円

(3) 報酬比例部分の給付乗率
- 総報酬制導入前の乗率：1,000分の7.125
- 総報酬制導入後の乗率：1,000分の5.481

(4) 経過的加算額

$$1{,}701\text{円}\times\frac{\text{被保険者期間の月数}}{}-\square\square\square\text{円}\times\frac{\text{1961年4月以後で20歳以上60歳未満の厚生年金保険の被保険者期間の月数}}{480}$$

※「□□□」は、問題の性質上、伏せてある。

(5) 加給年金額

408,100円（要件を満たしている場合のみ加算すること）

解答解説

1《問1》▸ 正解 ①766,700円 ②1,933,580円

① 老齢基礎年金の年金額

$$816{,}000円\times\frac{451月}{480月}=\underline{766{,}700円}$$

② 老齢厚生年金の年金額

$$360{,}000円\times\frac{7.125}{1{,}000}\times144月+550{,}000円\times\frac{5.481}{1{,}000}\times367月$$

≒1,475,700円（円未満四捨五入）

$$1{,}701円\times480月-816{,}000円\times\frac{451月}{480月}=49{,}780円（円未満四捨五入）$$

1,475,700円＋49,780円＝1,525,480円

1,525,480円＋408,100円＝<u>1,933,580円</u>

〈解説〉

① 老齢基礎年金の年金額の計算における保険料納付済期間には、第２号被保険者の期間のうち20歳以上60歳未満の期間が含まれる。また、Ａさんは、大学生であった期間（29月）は国民年金に任意加入していないため、この期間を除く。

480月－29月＝451月

② 厚生年金保険の被保険者期間は511月（144月＋367月）であるが、経過的加算額の計算式の被保険者期間の月数の上限は480月である。また、1961年４月以後で20歳以上60歳未満の期間は、①同様451月である。さらに、「□□□」には、老齢基礎年金の満額（816,000円）を当てはめる。

Ａさんの厚生年金保険の被保険者期間は240月以上あり、Ａさんの65歳時に妻Ｂさんは63歳である。また、妻Ｂさんの厚生年金保険の加入歴は61月（1990年４月から1995年４月まで）であり240月未満である。したがって、Ａさんと妻Ｂさんは生計維持関係にあるため、Ａさんに加給年金額が加算される。

《問2》▶ 正解 **①500,000（円） ②標準賞与額 ③142,500（円） ④42（%） ⑤30（日） ⑥50（日） ⑦6（カ月間） ⑧1（年）**

〈解説〉

③ 老齢厚生年金の報酬比例部分の額に基づく基本月額と総報酬月額相当額との合計額が50万円を超える場合、50万円を超える額の２分の１が支給停止となる。

支給停止額：(37万円＋155,000円－50万円)×$\frac{1}{2}$＝12,500円

支給される報酬比例部分の額：155,000円－12,500円＝142,500円

④ 70歳到達月に繰下げ支給の申出をした場合、繰り下げた月数は60月（５年）となる。繰り下げた月数１月あたり0.7％増額されるため、70歳到達月に繰下げ支給の申出をした場合の増額率は42％（0.7％×60月）となる。

《問3》▶ 正解 **①93（日） ②3（回） ③67（%） ④80（%） ⑤8（月） ⑥2（カ月）**

〈解説〉

介護休業給付金の支給額は、「休業開始時賃金日額」をA、「支給日数」をBとした場合、次のとおりである。

「A×B」に対する事業主の支払賃金額の割合	支給額
13％以下	A×B×67％
13％超80％未満	A×B×80％－支払賃金額
80％以上	不支給

2 《問1》▶ 正解 **①4（日） ②8,000（円） ③1年6カ月 ④傷病手当金**

〈解説〉

② 傷病手当金の額は、休業１日につき「支給開始日以前の継続した12カ

月間の各月の標準報酬月額を平均した額を30で除した額」の３分の２相当額である。

36万円÷30×$\frac{2}{3}$＝<u>8,000円</u>

④　傷病手当金の支給を受けている者が、同一の疾病または負傷で障害厚生年金の支給を受けることができる場合、傷病手当金は全額支給停止となる。ただし、障害厚生年金の額（障害基礎年金の支給を同時に受けることができるときは合計額）を360で割った額が傷病手当金の日額より低い場合、その差額が支給される。

《問２》▶ 正解　**①障害認定日　②３分の２　③１（年）　④1.25（倍）　⑤配偶者　⑥４分の３　⑦５（年）　⑧２（倍）**

〈解説〉

障害厚生年金の支給を受けるための要件は、次のとおりである。

⑴　厚生年金保険の被保険者期間中に初診日があること。 ⑵　障害認定日において、障害等級１級、２級または３級に該当する障害の状態にあること。なお、障害認定日においては厚生年金保険の被保険者でなくてもよい。 ⑶　保険料納付要件を満たしていること。

障害手当金の支給を受けるための要件は、上記⑵が「初診日から起算して５年を経過する日までの間に傷病が治り、かつ、一定の障害の状態にあること」に代わる。

１級と２級の障害厚生年金には配偶者の加給年金額が加算され、３級には最低保障額（障害等級２級の障害基礎年金の４分の３相当額）がある。また、障害手当金の最低保障額は障害厚生年金の最低保障額の２倍相当額である。

《問３》▶ 正解　**①1,285,600円　②398,332円　③63,720円**

①　遺族基礎年金の年金額

816,000円＋234,800円＋234,800円＝<u>1,285,600円</u>

② 遺族厚生年金の年金額

$$\left(323{,}000円\times\frac{5.481}{1{,}000}\times 233月\right)\times\frac{300月}{233月}\times\frac{3}{4}$$

≒ 398,332円（円未満四捨五入）

③ 遺族年金生活者支援給付金の額

5,310円×12月＝63,720円

〈解説〉

① Cさん（長男）およびDさん（二男）が18歳到達年度末日までの子に該当するため、Bさん（妻）は遺族基礎年金を受給することができる。したがって、基本年金額816,000円（2024年度価額）に２人分の子の加算額（第１子および第２子とも234,800円）が加算される。

② Aさんは死亡当時、厚生年金保険の被保険者であり、被保険者期間が233月であるため短期要件に該当する。したがって、300月のみなし計算が適用される。また、遺族厚生年金の年金額は老齢厚生年金の報酬比例部分の４分の３相当額であり、遺族基礎年金を受給できるため中高齢寡婦加算額は加算されない。

③ 一定の所得要件を満たし、遺族基礎年金を受給している者は、月額5,310円の遺族年金生活者支援給付金を受給することができる。

3《問１》▶ 正解 ①150（日） ②1（年） ③15（%） ④4（カ月）

〈解説〉

Ⅰ 基本手当について

Aさんは、1987年４月から雇用保険の一般被保険者であるため、算定基礎期間が20年以上ある。したがって、所定給付日数は150日である。

Ⅱ 高年齢再就職給付金について

高年齢再就職給付金は、基本手当を受給後、就職日の前日における基本手当の支給残日数が100日以上ある者が再就職したときに支給される。また、支給期間は、基本手当の支給残日数が100日以上で１年間、200日以上で２年間となる。したがって、Aさんの基本手当の所定給付日数は150日であり、支給残日数は200日以上とならないため、支給期間は１年間となる。

高年齢再就職給付金の支給申請は、再就職後の支給対象月の初日から4カ月以内に、事業主を経由して行う。なお、高年齢雇用継続基本給付金の支給申請は、支給対象月の初日から4カ月以内に、事業主を経由して行う。なお、2025年4月から新たに60歳となる者への給付率は、15%から10%に縮小される。

《問2》▶ **正解** ①1（年） ②70（%） ③1（カ月） ④6（カ月） ⑤40（%） ⑥2（カ月）

〈解説〉

Ⅰ　再就職手当について

再就職手当は、基本手当の支給残日数が所定給付日数の3分の1以上ある受給資格者が、1年を超えて引き続き雇用されることが確実であると認められる職業に就いた場合（離職前の事業主に再雇用された場合を除く）や、一定の条件を備えて独立開業した場合に支給される。

再就職手当の支給額は支給残日数により、次のとおりとなる。

支給残日数	支給額
所定給付日数の3分の2以上	基本手当日額×支給残日数×70%
所定給付日数の3分の1以上3分の2未満	基本手当日額×支給残日数×60%

再就職手当の支給申請は、再就職した日の翌日から1カ月以内に、受給資格者が管轄公共職業安定所長に対して行う。

Ⅱ　就業促進定着手当について

就業促進定着手当は、再就職手当の支給を受けた者が、引き続きその再就職先に6カ月以上雇用され、かつ再就職で6カ月の間に支払われた賃金の1日分の額が雇用保険の給付を受ける離職前の賃金の1日分の額（賃金日額）に比べて低下している場合に支給される。

就業促進定着手当の支給額は、次のとおりである。

（賃金日額 － 再就職の日から6カ月間に支払われた賃金額の1日分の額）×（再就職の日から6ヵ月間における賃金の支払いの基礎となった日数）

※上限額＝基本手当日額×支給残日数×40%（再就職手当の給付率70%の者は30%）

就業促進定着手当の支給申請は、再就職した日から6カ月目に当たる日の翌日から２カ月以内に、受給資格者が管轄公共職業安定所長に対して行う。

《問３》▶ 正解　①623,424円　②1,009,372円

①繰上げ支給の老齢基礎年金の年金額

$816{,}000\text{円} \times \dfrac{480\text{月}}{480\text{月}} = 816{,}000\text{円}$

816,000円×0.004×59月＝192,576円（円未満四捨五入）

816,000円－192,576円＝<u>623,424円</u>

②繰上げ支給の老齢厚生年金の年金額

$360{,}000\text{円} \times \dfrac{7.125}{1{,}000} \times 192\text{月} + 580{,}000\text{円} \times \dfrac{5.481}{1{,}000} \times 260\text{月}$

≒1,319,015円（円未満四捨五入）

$1{,}701\text{円} \times 452\text{月} - 816{,}000\text{円} \times \dfrac{451\text{月}}{480\text{月}} = 2{,}152\text{円}$（円未満四捨五入）

（1,319,014.8円＋2,152円）×0.004×59月

≒311,795円（円未満四捨五入）

1,319,015円＋2,152円－311,795円＝<u>1,009,372円</u>

〈解説〉

①　保険料納付済期間には、第２号被保険者の期間のうち20歳以上60歳未満の期間（最大480月）が含まれる。Ａさんは大学生であった期間（29月）は国民年金に任意加入しており、保険料を納付しているため、保険料納付済期間となる。したがって、保険料納付済は20歳以上60歳未満の40年（480月）である。

老齢基礎年金は、原則として65歳から支給を受けることができるが、60歳から65歳に達するまでの間に繰上げ請求をすることができる。Ａさんの場合、2024年11月（誕生月）以後に繰上げ支給の請求をすることができるが、2024年12月に繰上げ支給を請求するため、繰上げ月数は４年11カ月（59月）となる。

1962年４月２日以降生まれの者が繰上げ支給の請求をする場合、繰上げ減額率は１カ月あたり0.4％である。

②　経過的加算額の計算式における被保険者期間の月数は、452月（192月＋260月）である。また、退職日は「60歳到達月の末日」（2024年10月

31日、誕生月の前月）となっており、被保険者の資格喪失日は「翌日」であるため、2024年11月1日が資格喪失日である。被保険者期間は月で計算するため、資格を喪失した月は2024年11月となる。したがって、「1961年4月以後で20歳以上60歳未満の厚生年金保険の被保険者期間の月数」は、452月から「2024年11月」の1カ月を除いた451月である。なお、「□□□」には、老齢基礎年金の満額（816,000円、2024年度価額）を当てはめる。

繰上げ月数および繰上げ減額率は老齢基礎年金と同様である。なお、経過的加算の減額分は報酬比例部分から減額され、経過的加算そのものは減額されずに加算される。

加給年金額は65歳から加算されるため、繰上げ支給の請求をする場合、加算されない。

❶ ＦＰと関連法規

①税理士でない者は、「税務代理行為」「税務書類の作成」「税務相談」を行うことはできない

②他人の求めに応じて報酬を得て業として行う事務であって、労働社会保険諸法令に基づく「申請書等の作成、その提出に関する手続きの代行」「申請等の代理」「帳簿書類の作成」は、社会保険労務士の独占業務である

③他人の求めに応じて報酬を得て業として行う「不動産の鑑定評価」は、不動産鑑定士の独占業務である

④「筆界特定の手続きの代理申請」や、不動産の表示に関する登記について、他人の依頼を受けて業として行う「登記に関する手続きの代理」「法務局に提出する書類の作成」は、有償・無償を問わず、土地家屋調査士の独占業務である

❷ 係数の活用

①「元になる金額×係数」により、知りたい金額を算出できる

終価係数	現在の額（元本）が将来いくらになるかを求める
現価係数	将来の目標額から現在の額（元本）を求める
年金終価係数	毎年の積立額から将来いくらになるかを求める
減債基金係数	将来の目標額から毎年の積立額を求める
年金現価係数	希望する毎年の年金額から現在の額（元本）を求める
資本回収係数	・現在の額（元本）から毎年の受取額（取崩額）を求める ・借入額から毎年の返済額を求める

②「元になる金額÷逆数となる係数」により、知りたい金額を算出できる

〈逆数となる係数の組み合わせ〉

終 価 係 数	⇔	現 価 係 数
年金終価係数	⇔	減債基金係数
年金現価係数	⇔	資本回収係数

❸ 健康保険

①傷病手当金

病気やケガで療養のため休業し、報酬が受けられない場合、1日につき［支給開始日以前の継続した12カ月間の各月の標準報酬月額を平均した額］÷［30日］の3分の2相当額が休業4日目から支給される。支給期間は、支給開始日から通算して1年6カ月が限度

②任意継続被保険者

退職して被保険者の資格を失っても、希望により2年間、健康保険の被保険者を継続できる。保険料は全額自己負担

（要件）・継続して2カ月以上の被保険者期間があること

・資格喪失日から20日以内に保険者に届け出ること

（保険料）

原則として、退職時の標準報酬月額に所定の保険料率を乗じた額となり、全額自己負担。被扶養者の保険料負担なし。保険料を納付期日までに納付しなかったときは資格を喪失する。2024年度の全国健康保険協会における任意継続被保険者の標準報酬月額の上限は30万円

（保険給付）

原則として、在職中の被保険者が受けられる保険給付と同様の給付を受けることができる。ただし、傷病手当金および出産手当金は支給されない。資格喪失後の継続給付に該当する場合は、傷病手当金および出産手当金を受けることができる

❹ 労災保険

①適用労働者は、アルバイト、在宅勤務、外国人労働者などすべての労働者

②派遣労働者は、派遣元が適用事業となる

③出張中のケガは業務災害

④通勤途中に逸脱・中断があっても、それが日常生活上必要な行為をやむを得ない理由で行う最小限度のものであるときは、逸脱・中断の間を除き、通勤と認められる

⑤複数事業労働者の給付基礎日額は、当該複数事業労働者を使用する事業ごとに算定した給付基礎日額に相当する額を合算した額を基礎とする

⑥業務上の負傷・疾病で賃金を受けられない場合、休業3日目までは、事業主が労働基準法により平均賃金の60%の休業補償を行う

⑦療養開始後1年6カ月を経過した日以後において、傷病が治癒せず、当該傷病による障害の程度が所定の傷病等級の第1級から第3級に該当する場合には、休業補償給付の支給に代えて、傷病補償年金が支給される

⑧病気やケガが治った後に障害が残った場合、313日分（1級）~131日分（7級）の年金または503日分（8級）~56日分（14級）の一時金の障害補償給付が支給される

⑨同一の事由により、障害補償年金と障害基礎年金および障害厚生年金が支給される場合、障害基礎年金および障害厚生年金は全額支給され、障害補償年金は減額調整される

❺ 雇用保険

①基本手当（65歳未満の被保険者が対象）

・支給要件

原則として、離職日以前2年間に被保険者期間が通算12カ月以上あること。なお、倒産・解雇等、雇止めによる離職者は離職日以前1年間に被保険者期間が通算6カ月以上あること

・所定給付日数

基本手当の支給を受けられる日数。離職理由や被保険者期間（算定基礎期間）、年齢により異なる

〈自己都合・定年退職等による離職者〉

離職時の年齢	算定基礎期間		
全年齢共通（65歳未満）	10年未満	10年以上20年未満	20年以上
	90日	120日	150日

〈特定受給資格者・特定理由離職者〉

離職時の年齢	算定基礎期間				
	1年未満	1年以上 5年未満	5年以上 10年未満	10年以上 20年未満	20年以上
30歳未満	90日	90日	120日	180日	—
30歳以上35歳未満		120日	180日	210日	240日
35歳以上45歳未満		150日		240日	270日
45歳以上60歳未満		180日	240日	270日	330日
60歳以上65歳未満		150日	180日	210日	240日

②高年齢求職者給付金（**65歳以上**の被保険者が対象。**一時金**として支給）

・支給要件

離職日以前**1年間**に被保険者期間が**通算6カ月以上**あること

・支給額

被保険者期間（算定基礎期間）に応じた基本手当日額の日数分となる

算定基礎期間	1年未満	1年以上
支給額	30日分	50日分

③再就職手当（基本手当の受給中に職業に就いた場合や独立開業した場合に支給）

・支給要件

○離職日前日における基本手当の支給残日数が所定給付日数の**3分の1以上**あること

○**1年を超えて引き続き雇用されることが確実**であると認められる職業に就くことまたは一定の事業を開始すること

※離職前の事業主に**再び雇用された場合**は除かれる

・支給額

基本手当の支給残日数により異なる

支給残日数	所定給付日数	
	3分の2以上	3分の1以上3分の2未満
支給額	基本手当日額×支給残日数×70%	基本手当日額×支給残日数×60%

※安定した職業に就いた日前3年以内の就職について再就職手当の支給を受けたことがあるときは、支給されない

④高年齢雇用継続給付（60歳以上65歳未満の被保険者が対象）

・支給要件

被保険者期間5年以上で、60歳到達時の賃金額の75%未満の賃金月額で勤務していること

・支給額

60歳到達時の賃金月額と比較した賃金額の低下率に応じた支給率を、支給対象月に支払われた賃金月額に乗ずることにより計算される。最高で賃金月額の15%（2025年4月以降10%に引下げ予定）が支給される。支給限度額および最低限度額が設けられており、原則として毎年8月1日に改定される

・高年齢雇用継続基本給付金

基本手当を受給せずに、60歳以後も継続して雇用されている被保険者に対して支給される

・高年齢再就職給付金

基本手当受給後、安定した職業に再就職し、離職日前日における基本手当の支給残日数が100日以上ある者に対して支給される

〈高年齢再就職給付金の支給期間〉

支給残日数	100日以上200日未満	200日以上
支給期間	1年間	2年間

※同一の就職について再就職手当の支給を受けたときは、支給されない

⑤介護休業給付金

「休業開始時賃金日額」をA、「支給日数」をBとした場合、支給額は次のとおりである

「A×B」に対する 事業主の支払賃金額の割合	支給額
13%以下	A×B×67%
13%超80%未満	A×B×80%－支払賃金額
80%以上	不支給

注：支給対象となる同じ家族について通算93日を限度に3回を上限として分割取得できる

❻ 公的年金（老齢給付の繰上げ支給・繰下げ支給）

①共通事項

・繰上げ（60～64歳）:「0.4%×繰上げ月数」が減額される（最大24%減額）
※1962年4月1日以前生まれの者は「0.5%」

・繰下げ（66～75歳）:「0.7%×繰下げ月数」が増額される（最大84%増額）
※1952年4月1日以前生まれの者は「70歳まで」

②繰上げ支給の留意点

・老齢基礎年金と老齢厚生年金は、同時に繰上げ支給を請求しなければならない

・付加年金額は同率で減額される

・振替加算額は65歳まで支給されず、また、減額されない

・経過的加算額は同率で減額される

③繰下げ支給の留意点

・老齢基礎年金と老齢厚生年金は、同時に繰下げ支給を請求する必要はない

・付加年金額は同率で増額される

・加給年金額および振替加算額は繰下げ待機期間中は支給されず、また、増額されない。加給年金額の対象者である配偶者が老齢基礎年金の支給を繰り上げても、加給年金額や振替加算額には影響しない

・経過的加算額は同率で増額される

・65歳以上の厚生年金保険の被保険者が老齢厚生年金の繰下げ支給の申出をした場合、在職老齢年金の仕組みによる支給停止額は、増額の対象とならない

❼ 公的年金（在職老齢年金）

60歳以上の老齢年金の受給者は、基本月額と総報酬月額相当額の合計額が50

万円（2024年度価額）を超えた場合、超えた額の２分の１が支給停止となる。在職支給停止の仕組みにより全額支給停止されない限り、**加給年金額は全額支給される**

①65歳未満の在職老齢年金の留意点

・在職老齢年金と**高年齢雇用継続基本給付金**を同時に受給する場合、在職老齢年金による支給停止に加え、毎月、最大で**標準報酬月額の６％（2025年４月以降４％に引下げ予定）相当額**が支給停止となる

②65歳以上の在職老齢年金の留意点

・**老齢基礎年金および経過的加算額は支給停止されない**

③在職老齢年金の計算式

基本月額＝老齢厚生年金（加給年金額を除く）÷12
総報酬月額相当額＝標準報酬月額
＋(その月以前１年間の標準賞与額の合計額÷12)

・基本月額＋総報酬月額相当額＝**50**万円以下 → 全額支給
・基本月額＋総報酬月額相当額＝**50**万円超 → 超えた額の**２分の１**が支給停止

※70歳以上の者は厚生年金保険の被保険者とならないが、在職老齢年金の仕組みが適用される

❽ 公的年金（障害給付）

初診日とは、障害の原因となった病気やケガで初めて医師の診療を受けた日をいう。また、**障害認定日**とは、原則として、**初診日から１年６カ月を経過した日**、または１年６カ月以内に治った場合はその**治った日**とされる。治った日には、**症状が固定し治療の効果が期待できない状態に至った日**も含まれる

①障害基礎年金

〇受給要件

・**国民年金の被保険者期間中**に初診日があること

・**障害認定日**において、**障害等級１級または２級**に該当する障害の状態にあること

※**初診日または障害認定日**において**20歳未満**であり、国民年金の被保

険者でなかった者が、**20歳に達した日**において障害等級１級または２級に該当する障害の状態にあるときは、障害基礎年金を受給することができる

○年金額（2024年度、新規裁定者）

障害等級１級	1,020,000円（２級の1.25倍）＋子の加算
障害等級２級	816,000＋子の加算

※２人目までは１人につき234,800円、３人目から１人につき78,300円

②障害厚生年金

○受給要件

・**厚生年金保険の被保険者期間中**に初診日があること

・**障害認定日**において、**障害等級１級、２級または３級**に該当する障害の状態にあること

※障害認定日において厚生年金保険の被保険者でなくても、初診日において厚生年金保険の被保険者であった者は、障害厚生年金を受給することができる

※障害手当金は、受給要件の２つ目が「初診日から５年以内に治り、治った日に障害厚生年金を受けることができる障害より軽度の障害の状態にあること」に代わる

○年金額（2024年度）

支給事由となった障害に係る障害認定日の属する月**後における厚生年金保険の被保険者期間**は、**計算に含まれない**。なお、障害手当金は**一時金**として支給される

障害等級１級	老齢厚生年金の報酬比例部分相当額×1.25（＋配偶者加給年金額※）
障害等級２級	老齢厚生年金の報酬比例部分相当額（＋配偶者加給年金額※）
障害等級３級	障害基礎年金２級の**４分の３相当額**（最低保障額）
３級未満の障害	障害基礎年金２級の**４分の３相当額×２**（最低保障額）

※生計維持関係にある**65歳未満の配偶者**がいる場合に加算される。受給者が婚姻した場合は、婚姻した月の**翌月分から加算**される

❾ 公的年金（遺族給付）

死亡した年金受給権者の受給資格期間は25年以上必要

①遺族基礎年金

○遺族の範囲

子または子のある配偶者であり、死亡時に死亡した者との間に生計維持関係があること。生計維持関係は、前年の年収850万円（所得金額655.5万円）未満であるときに認められる。なお、受給開始後は年収が850万円以上になった場合でも、年金の支給は停止されない

・配偶者：内縁関係の者も含まれる

・子：18歳到達年度末日までにある者、または障害等級１級・２級の障害状態にある20歳未満の者で、かつ、未婚の者

②遺族厚生年金

○遺族の範囲

死亡時に死亡した者との間に生計維持関係がある配偶者、子、父母、孫、祖父母で、この順に支給される。生計維持関係は、前年の年収850万円未満であるときに認められる。なお、受給開始後は年収が850万円以上になった場合でも、年金の支給は停止されない

・配偶者および子

妻：内縁関係の者も含まれる。年齢要件なし。ただし、30歳未満の子のない妻の場合は５年間の有期年金となる

夫：内縁関係の者も含まれる。妻の死亡当時55歳以上。60歳に達するまで支給停止。ただし、遺族基礎年金を受給中の場合は、合わせて受給できる

子：18歳到達年度末日までにある者、または障害等級１級・２級の障害状態にある20歳未満の者で、かつ、未婚の者

・父母：55歳以上。60歳に達するまで支給停止

・孫：子と同じ

・祖父母：55歳以上。60歳に達するまで支給停止

③寡婦年金と死亡一時金（いずれか一方を選択）

○寡婦年金

第１号被保険者期間に係る受給資格期間が10年以上ある夫の死亡当時、

夫と生計維持関係にあり、かつ、夫との婚姻関係が10年以上である65歳未満の妻に支給される。支給期間は、妻が60歳から65歳になるまでの最長5年間。老齢基礎年金を繰上げ請求すると、寡婦年金の受給権が消滅する

○死亡一時金

第1号被保険者期間に係る受給資格期間が36月以上ある者の死亡当時、その者と生計同一関係にある遺族に支給される。配偶者、子、父母、孫、祖父母、兄弟姉妹の順に支給される。遺族厚生年金と死亡一時金は同時に支給を受けることができるが、遺族基礎年金と死亡一時金は同時に支給を受けることができない

⑩ 公的年金の併給

給付原因が同じであれば、基礎年金と厚生年金は併給できる。給付原因を異にする組合せは、「障害基礎＋老齢厚生」「障害基礎＋遺族厚生」「老齢基礎＋遺族厚生」の３パターン

	老齢厚生年金	障害厚生年金	遺族厚生年金
老齢基礎年金	○	×	○※
障害基礎年金	○※	○	○※
遺族基礎年金	×	×	○

※は65歳以上のみ

傷病手当金と障害厚生年金の受給要件をいずれも満たしている場合、傷病手当金は全額支給停止となる。ただし、障害厚生年金の額（障害基礎年金を同時に受給できるときは合計額）を360で割った額が傷病手当金の日額より低い場合、その差額が支給される

⑪ 公的年金等と税金

①未支給年金

相続人が受け取った未支給年金は、相続人の一時所得として所得税の課税対象となる

②確定申告

公的年金等の収入金額の合計額が400万円以下であり、その全部が源

徴収となる場合において、公的年金等に係る雑所得以外の所得金額が20万円以下であるときは、確定申告は不要

③源泉徴収

源泉徴収制度の内容は、年金受給者の年齢や「公的年金等の受給者の扶養親族等申告書」の提出の有無により異なる

・公的年金等の受給者の扶養親族等申告書の提出ができない者

確定給付企業年金、中小企業退職金共済の分割退職金、小規模企業共済の分割共済金、確定拠出年金（企業型または個人型）の老齢給付金として支給される年金等を受給する者は、申告書を提出することができない

源泉徴収税額＝(年金支給額－年金支給額×25%)×10.21%

※年金支給額の多寡にかかわらず源泉徴収される

・公的年金等の受給者の扶養親族等申告書の提出ができる者

上記以外の年金を受給する者は申告書を提出することができるが、提出した者と提出しない者では源泉徴収税額の計算が異なる

年齢		65歳未満	65歳以上
源泉徴収の対象となる年金額		108万円以上	158万円以上
申告書の提出	あり	源泉徴収税額＝(年金支給額－A－B－配偶者控除など)×5.105%	
	なし	源泉徴収税額＝(年金支給額－A－B)×5.105%	

注：Aは年金から特別徴収された社会保険料、Bは公的年金等控除・基礎控除相当

⑫ 確定拠出年金（個人型年金）

実施主体である国民年金基金連合会が、個人型年金規約の作成、加入者の資格の確認、掛金の収納等の業務を行っている

①加入対象者

原則として、65歳未満の公的年金加入者

・障害基礎年金の受給権者は、国民年金保険料の納付が免除されている者でも、加入することができる

・厚生年金保険の被保険者は、20歳未満でも加入することができる

②掛金

加入者の種別に応じて定められた拠出限度額の範囲内であれば、**5,000円以上1,000円単位**で加入者が自由に設定することができ、年1回変更することもできる。税法上、**小規模企業共済等掛金控除**として所得控除の対象となる。**前納することはできない**

③運用

運用商品の配分比率の変更や預替え（スイッチング）は、少なくとも**3カ月**に1回行うことができる。運営管理機関は、リスク・リターン特性の異なる3つ以上の運用商品を加入者に選定・提示する義務がある

④給付

老齢給付金、障害給付金、死亡一時金がある

○支給要件

老齢給付金を60歳から受け取るためには、通算加入者等期間（60歳までの期間）が**10年以上**必要。**75歳**までには受給を開始しなければならない

○支給方法

老齢給付金を年金で受け取る場合は、**5年以上20年以下**の期間で、運営管理機関が定める方法で支給される

○税法上の取扱い

老齢給付金：年金受取りは**雑所得**（公的年金等控除額の適用）として所得税の課税対象。一時金受取りは**退職所得**（退職所得控除額の適用）として所得税の課税対象。退職所得控除額は**掛金払込期間**を勤続年数とみなして計算する

障害給付金：非課税

死亡一時金：みなし相続財産として相続税の課税対象

⑬ 国民年金基金

①概要

国民年金の第1号被保険者を対象に、老齢基礎年金に上乗せする年金を支給する任意加入の年金制度。**全国**国民年金基金と**職能型**国民年金基金があるが、同時に加入することはできない

②掛金

加入員が選択した給付（年金）の型、加入口数、加入時の年齢、性別によって決まり、その拠出限度額は**月額68,000円**。４月から翌年３月までの１年分の掛金を前納した場合、**0.1カ月分**の掛金が割引される。支払った掛金は、税法上、**社会保険料控除**として所得控除の対象となる

○国民年金基金に加入した場合、**付加年金**の保険料を納付することができなくなる

○国民年金保険料の**免除**および猶予対象者（障害基礎年金受給者や産前産後期間中の保険料免除者を除く）となった場合、加入員資格を**喪失**する

○国民年金の免除期間について追納を行った場合、加入後一定期間、掛金の上限が**102,000円**になる特例がある

③年金の種類

加入は口数制。１口目は、２種類の**終身年金**（Ａ型・Ｂ型）のいずれかを選択し、２口目以降は、２種類の終身年金と**５種類**の確定年金（Ⅰ型～Ⅴ型）の中から選択することができる

④給付

老齢年金と**遺族一時金**があり、**障害給付**はない。老齢年金は、終身年金の場合、原則として、**65歳**から支給が開始され、老齢年金の年金額が12万円以上の場合、**年６回**に分けて受け取る（一括で受け取ることはできない）

○老齢基礎年金の繰上げ支給を請求した場合、国民年金から**付加年金**相当分の年金が減額されて支給される

○終身年金**Ａ型**または確定年金**Ⅰ型～Ⅴ型**の加入者が年金受給前に死亡した場合、加入時の**年齢**、死亡時の**年齢**、死亡時までの**掛金納付期間**に応じた額の遺族一時金が支払われる。終身年金**Ｂ型**の加入者が年金受給前に死亡した場合、**１万円**の遺族一時金が支払われる

⑭ 老齢年金の計算式（2024年度価額、新規裁定者）

①老齢基礎年金の計算式（保険料免除期間を有しない場合）

$$\text{老齢基礎年金の額} = 816{,}000\text{円} \times \frac{\text{保険料納付済月数}}{480}$$

付加年金の年金額＝**200円**×付加保険料納付月数

②老齢厚生年金の計算式（本来水準の価額）

老齢厚生年金の年金額＝(ⓐ報酬比例部分の額＋ⓑ経過的加算額)
＋加給年金額※1

ⓐ＝(A＋B)

A＝平均標準報酬月額※2×新乗率×総報酬制導入前の被保険者期間の月数

B＝平均標準報酬額※2×新乗率×総報酬制導入後の被保険者期間の月数

ⓑ経過的加算額＝1,701円×被保険者期間の月数※3

$$-816{,}000\text{円}\times\frac{\text{1961年4月以後で20歳以上60歳未満の厚生年金保険の被保険者期間の月数}}{\text{加入可能年数}\times 12}$$

※1　加給年金額は、老齢厚生年金の受給権者の厚生年金保険の被保険者期間が20年以上ある場合など、要件を満たした場合のみ加算

※2　2024年度再評価率による額

※3　被保険者期間の月数には、480月の上限がある

⑮　遺族年金の計算式（2024年度価額）

①遺族基礎年金の計算式（新規裁定者）

子のある配偶者が受給する場合：遺族基礎年金の額＝816,000円＋子の加算

※子の加算：２人目までは１人につき234,800円、３人目からは１人につき78,300円

②遺族厚生年金の計算式

遺族厚生年金の年金額＝老齢厚生年金の報酬比例部分の額×$\frac{3}{4}$

※短期要件の遺族厚生年金では、加入期間が300月に満たない場合は、被保険者期間の月数を300月として計算する

遺族厚生年金の年金額＝老齢厚生年金の報酬比例部分の額

$$\times\frac{300}{\text{被保険者期間の総月数}}\times\frac{3}{4}$$

③65歳以後の老齢厚生年金と遺族厚生年金

65歳以上の者が、自分自身の老齢厚生年金と遺族厚生年金を同時に受け

られる場合には、ａが優先されて、その額がｂ・ｃより低い場合には、差額が遺族厚生年金として支給される

ａ．自分の老齢厚生年金（全額） ｂ．遺族厚生年金（全額） ｃ．遺族厚生年金×$\frac{2}{3}$＋自分の老齢厚生年金×$\frac{1}{2}$

④遺族年金生活者支援給付金

一定の所得要件を満たし、遺族基礎年金を受給している者は、**月額5,310円**（2024年度価額）の遺族年金生活者支援給付金を受給することができる

第2章

リスク管理

出題傾向

基礎 ＋ 応用

基礎編

頻出ポイントは以下のとおりです。

保険業法／保険契約者保護機構／保険法／契約手続と保険約款／自賠法と自賠責保険／地震保険／保険料控除／保険金等の税務／法人契約の経理処理

生命保険料控除は頻出ですから細かい点まで押さえておきましょう。法人契約の経理処理では、保険料や保険金等の処理について問われます。

応用編

この科目では、応用編の出題はありません。

四答択一式問題　次の各問について答えを1つ選び、その番号を答えなさい。

頻出 **1** □□

生命保険会社の健全性・収益性に関する指標等に関する次の記述のうち、最も不適切なものはどれか。　(2021年1月問9)

1）基礎利益は、保険会社の基礎的な期間損益の状況を表す指標であり、経常利益から有価証券売却損益などの「キャピタル損益」と危険準備金繰入額などの「臨時損益」を除いて算出される。

2）ＥＶ（エンベディッド・バリュー）は、保険会社の企業価値を表す指標であり、保険会社の本業の利益を表す「基礎利益」と保有契約から将来的にもたらされる利益を表す「保有契約価値」を合計して算出される。

3）ソルベンシー・マージン比率は、保険会社が有する保険金等の支払余力を表す指標であり、この値が200％を下回った場合には、金融庁による業務改善命令などの早期是正措置の対象となることがある。

4）実質純資産額は、有価証券や有形固定資産の含み損益などを反映した時価ベースの資産の合計から、価格変動準備金や危険準備金などの資本性の高い負債を除いた負債の合計を差し引いて算出され、この値がマイナスとなった場合には、金融庁による業務停止命令の対象となることがある。

解答解説

1 ▶ **正解 2**

1）適　切。基礎利益とは、保険料収入や保険金・事業費支払等の保険関係の収支と、利益および配当金等収入を中心とした運用関係の収支からなる。基礎利益は、次のように計算する。

> 基礎利益＝経常利益－キャピタル損益－臨時損益
> 　キャピタル損益＝キャピタル収益－キャピタル費用
> 　　キャピタル収益…有価証券売却益、為替差益など
> 　　キャピタル費用…有価証券売却損、為替差損など
> 　臨時損益＝臨時収益－臨時費用
> 　　臨時収益…危険準備金戻入額、個別貸倒引当金戻入額など
> 　　臨時費用…危険準備金繰入額、個別貸倒引当金繰入額など

2）不適切。EV（エンベディッド・バリュー）＝「修正純資産」＋「保有契約価値」で表される。なお、「修正純資産」とは、貸借対照表上の純資産の部の金額に負債計上された資本性のある内部留保、資産の含み損益等を加え修正したものである。

3）適　切。なお、ソルベンシー・マージン比率は、ソルベンシー・マージン総額を、リスクの合計額の２分の１相当額で除して算出される。

4）適　切。

頻出 **2**

□
□

生命保険契約の各種手続等に関する次の記述のうち、最も適切なものはどれか。 (2023年9月問11)

1）被保険者が死亡し、死亡保険金受取人が死亡保険金の請求をした場合、一般に、保険会社に請求書類が到着した日の翌日から10営業日以内に死亡保険金が支払われることとされている。

2）契約者（＝保険料負担者）は、遺言によって死亡保険金受取人を変更することができるが、その変更を保険会社に対抗するためには、相続発生後、契約者（＝保険料負担者）の相続人が保険会社にその旨を通知する必要がある。

3）個人年金保険料税制適格特約が付加されていない定額個人年金保険において、基本年金年額の減額を行い返戻金が発生した場合、返戻金は払い戻されず、所定の利息をつけて積み立てられ、年金開始日に増額年金の買い増しに充てられる。

4）加入している生命保険契約を払済保険に変更する場合、被保険者は改めて健康状態等についての告知または医師の診査を受ける必要がある。

2 ▸ **正解 2**

1）**不適切**。保険金や給付金の支払期限は、一般に、保険会社に請求書類が到着した日の翌日から5営業日以内とされている。

2）**適　切**。遺言による保険金受取人の変更は、その遺言が効力を生じた後、保険契約者の相続人がその旨を保険者に通知することで、保険者に対抗することができる。

3）**不適切**。個人年金保険料税制適格特約が付加されている個人年金保険の基本年金額を減額した場合、返戻金を受け取ることはできないが、所定の利息が付されて積み立てられ、年金支払開始日に増額年金の買増しに充てられる。個人年金保険料税制適格特約が付加されていない個人年金保険では、このような取り扱いはない。

4）**不適切**。払済保険に変更する場合、被保険者は改めて健康状態等についての告知または医師の診査を受ける必要はない。

頻出 **3**

□
□

保険業法に定める保険契約の申込みの撤回等（クーリング・オフ制度）に関する次の記述のうち、最も適切なものはどれか。なお、各選択肢において、ほかに必要とされる要件等はすべて満たしているものとする。

（2021年9月問9）

1）個人が、生命保険契約の申込みの場所として自らの居宅を指定し、保険募集人の訪問を受けて、当該居宅内において申込みをした場合、その者は、クーリング・オフ制度により当該生命保険契約の申込みの撤回等をすることができる。

2）個人が、団体信用生命保険に加入の申込みをした場合、その者は、クーリング・オフ制度により当該生命保険契約の申込みの撤回等をすることができる。

3）個人が、既に加入している生命保険契約を更新した場合、その者は、クーリング・オフ制度により当該生命保険契約の更新の申込みの撤回等をすることができる。

4）法人が、契約者（＝保険料負担者）および死亡保険金受取人を法人、被保険者を役員とする保険期間10年の定期保険契約の申込みをした場合、その法人は、生命保険会社が指定した医師の診査が終了する前であれば、クーリング・オフ制度により当該生命保険契約の申込みの撤回等をすることができる。

3 ▶ 正解 **1**

1）**適　切**。申込者が自ら指定した場所で申込みをした場合、原則として、クーリング・オフ制度は適用されないが、指定した場所が保険会社等の営業所や自宅の場合は、クーリング・オフ制度が適用される。

2）**不適切**。団体信用生命保険は、金融機関が契約者となるため、クーリング・オフ制度は適用されない。

3）**不適切**。既契約の特約の中途付加・更新・保険金額の中途増額については、クーリング・オフ制度は適用されない。

4）**不適切**。法人が契約者である場合は、クーリング・オフ制度は適用されない。

頻出 **4** □□

保険契約者保護機構に関する次の記述のうち、最も適切なものはどれか。
(2023年5月問10)

1）国内で事業を行うＪＡ共済等の各種共済、少額短期保険業者は、募集する共済等の種類に応じて生命保険契約者保護機構または損害保険契約者保護機構に加入しなければならない。

2）生命保険契約者保護機構による補償の対象となる生命保険契約のうち、年金原資が保証されている変額個人年金保険については、高予定利率契約を除き、生命保険会社破綻時の年金原資保証額の90％まで補償される。

3）損害保険契約者保護機構による補償の対象となる損害保険契約のうち、任意加入の自動車保険については、損害保険会社破綻後３カ月以内に保険事故が発生した場合、支払われるべき保険金の全額が補償される。

4）損害保険契約者保護機構による補償の対象となる損害保険契約のうち、傷害保険や所得補償保険は、高予定利率契約を除き、損害保険会社破綻時の責任準備金等の80％まで補償される。

5 □□

各種共済に関する次の記述のうち、最も不適切なものはどれか。
(2022年9月問10)

1）全国労働者共済生活協同組合連合会（こくみん共済coop）が行うこくみん共済の総合保障タイプの掛金は、加入口数、加入時の年齢により異なるが、性別による差異はない。

2）全国生活協同組合連合会が行う都道府県民共済の生命共済は、共済事業の年度ごとの決算において剰余金が生じた場合、割戻金を受け取ることができる。

3）全国共済農業協同組合連合会が行うＪＡ共済は、農家である正組合員以外の者であっても、出資金を支払い、准組合員になって利用することができるほか、准組合員にならずに利用することもできる。

4）全国共済農業協同組合連合会が行うＪＡ共済の建物更生共済は、火災のほか、台風や地震などの自然災害による損害も保障の対象となり、保障期間満了時には満期共済金を受け取ることができる。

4 ▶ 正解 **3**

1）不適切。各種共済、少額短期保険業者は、保険契約者保護機構の加入の対象外である。

2）不適切。生命保険会社が破綻した場合、原則として、破綻時点の責任準備金等の90％まで補償される（高予定利率契約等を除く）。

3）適　切。個人が締結した火災保険・賠償責任保険や、任意加入の自動車保険（契約者が個人であると法人であるとを問わない）などについては、損害保険会社破綻後３カ月以内に保険事故が発生した場合、支払われるべき保険金の全額が補償される。

4）不適切。傷害保険や所得補償保険（契約者が個人であると法人であるとを問わない）については、高予定利率契約を除き、損害保険会社破綻時の責任準備金等の90％まで補償される。なお、高予定利率契約の場合、補償割合は90％から追加で引き下げられる。

5 ▶ 正解 **1**

1）不適切。こくみん共済の毎月の掛金は、加入口数により異なるが、年齢および性別による差異はない。

2）適　切。都道府県民共済の生命共済は、共済事業の年度ごとの決算において剰余金が生じた場合、共済金の支払いの有無にかかわらず、割戻金を受け取ることができる。

3）適　切。なお、組合員にならない「員外利用」の場合、ＪＡごとに組合員の利用高の２割まで、出資金を支払わずに利用できる。

4）適　切。建物更生共済は火災だけでなく、地震や台風、豪雨などの自然災害も保障し、満期時には満期共済金が支払われる。なお、火災共済は建物や動産を保障の対象とするが、支払事由は火災等に限定され、自然災害は対象外となる掛け捨て型の共済である。

6

□
□

生命保険の各種特約の一般的な商品性に関する次の記述のうち、最も不適切なものはどれか。　(2022年5月問11)

1）災害割増特約は、被保険者が不慮の事故により傷害が原因で事故の日から180日以内に死亡した場合や所定の感染症が原因で死亡した場合には災害死亡保険金が支払われ、所定の身体障害状態に該当した場合には障害の程度に応じて障害給付金が支払われる特約である。

2）特定損傷特約では、被保険者が不慮の事故により事故の日から180日以内に骨折、関節脱臼または腱の断裂に対する治療を受けた場合、入院の有無を問わず、特定損傷給付金が支払われる。

3）先進医療特約では、契約日時点において先進医療に該当した治療であっても、その後に厚生労働大臣が定める医療技術・適応症等が見直され、療養を受けた時点で先進医療に該当しない場合は、先進医療給付金の支払対象外となる。

4）総合医療特約では、創傷処理やデブリードマンなどの手術は、手術給付金の支払対象外となる。

6 ▶ **正解 1**

1）**不適切**。災害割増特約では、障害給付金は支払われない。障害給付金が支払われる特約は、傷害特約である。

2）**適　切**。特定損傷特約では、不慮の事故により180日以内に「骨折」「関節脱臼」「腱の断裂」の場合に一定の金額が支払われる。一般に、通算10回を限度に特定損傷給付金が支払われる。

3）**適　切**。先進医療特約は、病気やケガにより、療養時に厚生労働大臣に承認されている先進医療や施設規準に適合する病院または診療所で治療を受けた場合、その技術料に応じた給付金が支払われる。

4）**適　切**。創傷処理とは、切り傷、刺し傷などに対して、切除、縫合などの手術をすることをいう。また、デブリードマンとは、老化・壊死した組織、異物を除去し、傷を清浄化する治療行為をいう。総合医療特約では、創傷処理、デブリードマン、皮膚切開術など一定の手術は、手術給付金の支払対象外となっている。

7
□
□

終身保険の一般的な特徴に関する次の記述のうち、最も適切なものはどれか。 (2021年9月問10)

1）低解約返戻金型終身保険は、保険料払込期間中の一定期間における解約返戻金額および死亡保険金額が通常の終身保険に比べて低く抑えられているため、割安な保険料が設定されているが、低解約返戻金期間満了後は通常の終身保険の解約返戻金額および死亡保険金額と同じ水準になる。

2）積立利率変動型終身保険は、払込保険料に付利する積立利率が一定期間ごとに見直されるが、通常、積立利率には最低保証がある。

3）契約者（＝保険料負担者）および被保険者を被相続人、死亡保険金受取人を被相続人の子とする米ドル建て終身保険において、死亡保険金を米ドルで受け取った場合、当該相続人は死亡保険金の非課税金額の規定の適用を受けることはできない。

4）市場価格調整（ＭＶＡ）機能を有する終身保険の解約返戻金は、解約時の市場金利が契約時と比較して上昇した場合には減少し、下落した場合には増加することがある。

7 ▶ **正解 4**

1）**不適切**。低解約返戻金型終身保険は、保険料払込期間中の解約返戻金が通常の終身保険に比べて低く抑えられている。死亡保険金額は、保険料払込期間中であるかどうかにかかわらず一定である。

2）**不適切**。積立利率は積立金に付利する利率である。積立金は、将来の受け取る保険金のために、払込保険料の中から積み立てた部分である。

3）**不適切**。契約者（＝保険料負担者）および被保険者が被相続人、死亡保険金受取人が相続人である場合、相続人が受け取った死亡保険金はみなし相続財産に該当し、非課税金額の規定の適用を受けることができる。なお、外貨で受け取った死亡保険金は、支払事由該当日におけるＴＴＢにより邦貨換算する。

4）**適　切**。なお、市場価格調整（ＭＶＡ）を利用した保険では、中途解約時に積立金額に所定の市場価格調整率を用いて、解約時の運用資産の価値を解約返戻金に反映（控除・加算）させる。

8
□
□

外貨建終身保険に関する次の記述のうち、最も適切なものはどれか。

(2021年5月問10)

1）外貨建終身保険の積立利率は、支払保険料に対する外貨ベースの運用利回りを表したものであり、積立利率に最低保証利率を設定しているものもある。

2）市場価格調整（MVA）機能を有する外貨建終身保険は、市場金利に応じた運用資産の価格変動が解約返戻金額等に反映され、契約時と比較した解約時の市場金利の上昇は、解約返戻金額の減少要因となる。

3）外貨建終身保険（平準払い）の保険料は、毎回一定額の外貨を保険料に充当する払込方法を選択することにより、ドルコスト平均法によって、為替変動リスクを軽減する効果が期待できる。

4）外貨建終身保険（平準払い）の保険金は、外貨による受取りとなり、受取時の為替相場により保険金の円換算額は影響を受けるが、円換算支払特約を付加することにより、為替変動リスクを回避することができる。

8 ▶ 正解 **2**

1）**不適切**。外貨建終身保険の積立利率は、支払保険料ではなく、付加保険料を控除した純保険料に対する外貨ベースの運用利回りを表したものである。支払保険料の全額が運用されるわけではない。なお、積立利率の最低保証率を設定している商品も存在する。

2）**適　切**。市場価格調整（ＭＶＡ）機能を有する保険において、解約時の市場金利が契約時と比較して上昇した場合、解約返戻金額は減少する。

3）**不適切**。毎回一定額の外貨を保険料に充当しても、保険金受取時の円換算額が、保険料払込時の円換算額の累計を下回ることがあるため、損失が発生する可能性がある。為替変動リスクを軽減することが期待できるとは限らない。

4）**不適切**。円換算支払特約を付加した場合、受取時の為替相場で円貨により支払われるため、保険金額に為替差損益が生じる可能性がある。円換算支払特約を付加することにより、為替変動リスクを回避することができるわけではない。

頻出 **9**

□
□

各種生命保険の一般的な商品性に関する次の記述のうち、最も不適切なものはどれか。 (2021年9月問12)

1）認知症保険は、医師によりアルツハイマー病の認知症や血管性認知症等に該当する器質性認知症と診断された場合に保険金・給付金が支払われる保険であるが、認知症の前段階である軽度認知障害（ＭＣＩ）を保障するタイプの保険はない。

2）就業不能保険は、入院や在宅療養が一定日数以上継続して所定の就業不能状態に該当した場合に、所定の保険金・給付金が支払われる保険であり、うつ病などの精神疾患による就業不能を保障するタイプの保険もある。

3）特約組立型保険（組立総合保障保険）は、終身保険等の主契約に特約を付加するタイプではなく、加入者のニーズに応じて、死亡保障、医療保障、介護保障など、必要な特約（保険）を選択し、保障を組み立てることができる保険である。

4）医療保険の最近の動向として、入院の短期化、治療費の高額化に対応し、入院日数の長短にかかわらず、入院１日目（日帰り入院）から相応の一時金が支払われるタイプの保険が販売されている。

9 ▶ **正解　1**

1）**不適切**。認知症保険には、認知症の前段階である軽度認知障害（MCI）を保障するタイプもある。

2）**適　切**。うつ病などの精神疾患が原因で就業不能になった場合を保障する就業不能保険もある。

3）**適　切**。特約組立型保険は、主契約のない特約のみの保険である。定期保険特約や収入保障特約を付加した場合は死亡保障があるが、医療特約や介護特約といった死亡保障のない特約だけで組み立てることもできる。

4）**適　切**。日帰り入院でも、5日分や10日分といった一時金で入院給付金を受け取ることができる医療保険も販売されている。

10
□
□

総合福祉団体定期保険の一般的な特徴に関する次の記述のうち、適切なものはいくつあるか。 (2023年5月問12)

（a） 総合福祉団体定期保険の保険期間は1年から5年であり、保険期間が長いほど、毎年の保険料は割安となる。

（b） 総合福祉団体定期保険の保険料率は、被保険者の年齢に応じて保険料が算出される「年齢群団別保険料率」が適用されるため、被保険者の年齢に関係なく同一の保険料となる「平均保険料率」に比べて割安となる。

（c） ヒューマン・ヴァリュー特約を付加するためには、被保険者になる者の署名、押印のある個々の同意書および医師の診査が必要となる。

1） 1つ
2） 2つ
3） 3つ
4） 0（なし）

10 ▶ **正解 4**

（a） **不適切**。総合福祉団体定期保険の保険期間は1年である。

（b） **不適切**。平均保険料率に比べて年齢群団別保険料率のほうが割安になるとは限らない。若年者の保険料は、年齢群団別保険料率のほうが割安となるが、平均保険料率では割高となる。一方、中高年者の保険料は、平均保険料率のほうが割安となるが、年齢群団別保険料率では割高となる。

（c） **不適切**。ヒューマン・ヴァリュー特約の付加にあたり、被保険者になる者についての医師の診査は不要である。

以上より、適切なものは0（なし）である。

11
□
□

個人年金保険の一般的な商品性に関する次の記述のうち、最も不適切なものはどれか。 (2020年9月問10)

1）個人年金保険（終身年金）の保険料を被保険者の性別で比較した場合、被保険者の年齢や基本年金額等の他の契約内容が同一であるとすると、被保険者が男性よりも女性のほうが保険料は高くなる。

2）個人年金保険（10年確定年金）の年金支払期間中に被保険者が死亡した場合、被保険者の遺族に対し、既払込保険料総額から既払年金合計額を差し引いた額が死亡給付金として支払われる。

3）一時払個人年金保険は、契約者、被保険者および年金受取人の関係、年金支払期間の長短などにかかわらず、個人年金保険料税制適格特約を付加することはできない。

4）保険会社等が変額個人年金保険の契約締結をしようとするときは、原則として、あらかじめ、顧客に対し、損失が生じるおそれがあることなどを記載した書面を交付するほか、当該契約の内容その他保険契約者等に参考となるべき情報の提供を行わなければならない。

11 ▶ **正解　2**

1）**適　切**。終身年金は、生存している限り年金が受け取れるため、被保険者（＝年金受取人）の年齢や基本年金額等、他の条件が同一である場合、統計上で男性より長寿の傾向にある女性のほうが保険料は高くなる。

2）**不適切**。確定年金の年金支払期間中に被保険者が死亡した場合、被保険者の遺族に対し、残存期間に対応する年金または一時金が支払われる。

3）**適　切**。個人年金保険料税制適格特約を付加するための要件の1つに「保険料または掛金の払込みは、年金支払開始日前10年以上にわたって定期に行うものであること」がある。保険料の一時払ではこの要件を満たさないため、個人年金保険料税制適格特約を付加することはできない。

4）**適　切**。保険募集に際して、保険契約の内容その他保険契約者等に参考となるべき情報の提供を行わなければならない（情報提供義務）。さらに、変額保険や外貨建て保険など金融商品取引法が一部準用される契約（特定保険契約）を締結する際には、契約概要と注意喚起情報に分類の上、契約締結前交付書面の作成・交付が必要となる。なお、「契約概要」とは、商品内容を理解する上で欠かせない基本的な情報であり、「注意喚起情報」とは、契約者に不利益となるような商品の短所である。

頻出 **12**

□
□

自動車損害賠償責任保険（以下、「自賠責保険」という）に関する次の記述のうち、最も不適切なものはどれか。 (2022年5月問13)

1）原動機付自転車（原付）は、自動車損害賠償保障法に基づき、自賠責保険の契約が締結されているものでなければ、運行の用に供してはならない。

2）自賠責保険の保険料は、車種や保険期間に応じて定められており、加入する損害保険会社、運転者の年齢、走行距離等による差異はない。

3）自賠責保険では、加害者の過失割合が７割未満である場合、重過失減額制度により、原則として、自賠責保険により支払われるべき保険金等が加害者の過失割合に応じて減額される。

4）自賠責保険における被害者１人当たりの保険金の支払限度額は、死亡の場合で3,000万円、傷害の場合で120万円、後遺障害の場合は障害の程度に応じて75万円から最高4,000万円である。

12 ▶ **正解　3**

1）適　切。自動車損害賠償保障法により、原則としてすべての自動車と原動機付自転車は、自賠責保険の契約が締結されているものでなければ、運行の用に供してはならない。

2）適　切。自賠責保険の保険料は、保険会社で異なることはなく、自動車の用途車種と保険期間によって定められている。

3）不適切。重過失減額制度は、被害者の過失割合が7割以上である場合に適用される。

4）適　切。自賠責保険の保険金は、次のように被害者1名ごとに支払限度額が定められているが、1事故当たりの限度額はない。

・傷害　　　最高120万円
・後遺障害　最高4,000万円
・死亡　　　最高3,000万円

頻出 **13**

□
□

個人が契約する任意の自動車保険の一般的な商品性に関する次の記述のうち、最も不適切なものはどれか。なお、記載のない事項については考慮しないものとする。 (2023年1月問14)

1）自動車保険におけるテレマティクス保険とは、走行距離や運転者の運転の特性（アクセルやブレーキの操作状況などの安全運転指向等）の情報を取得・評価して保険料に反映させる保険である。

2）記名被保険者が運転する被保険自動車の事故により、同乗していた記名被保険者の配偶者がケガをした場合、その治療費等は、対人賠償保険により補償される。

3）ノンフリート等級別料率制度では、前年度契約において対人・対物賠償保険から保険金が支払われた場合、保険契約の更新時に等級が３つ下がり、前年度契約において盗難・台風・落書き等により車両保険から保険金が支払われた場合、保険契約の更新時に等級が１つ下がる。

4）ノンフリート等級別料率制度では、自動車を譲渡して自動車保険契約を解約する際に中断証明書を取得した場合、中断後に新たに契約する自動車保険の契約始期日が解約日から10年以内であれば、中断前の契約の等級を引き継ぐことができる。

13 ▶ **正解　2**

1）**適　切**。テレマティクス（Telematics）とは、自動車等の移動体に通信システムを組み合わせることにより、情報サービスをリアルタイムで提供することをいう。このテレマティクスを利用し、運転者ごとの走行距離や運転特定の情報を取得・分析し、保険料を算定する保険がテレマティクス保険である。走行距離連動型（PAYD:Pay As You Drive）と運転行動連動型（PAYD:Pay How You Drive）に分類され、細分化したリスクに基づき保険料設定を行うことにより、自動車事故を減少させる効果や安全運転を促進させる効果があるとされる。

2）**不適切**。対人賠償責任保険における他人とは、「記名被保険者、車を運転中の者およびその父母（義理は除く）・配偶者・子、記名被保険者の父母・配偶者・子」以外を指す。したがって、記名被保険者の配偶者がケガをしても、補償対象とならない。

3）**適　切**。対人・対物事故により自動車保険を使用した場合、3等級ダウン事故として更新後の等級は3等級下がる。また、車両保険のみを使用した場合は、1等級ダウン事故として更新後の等級は1等級下がる。

4）**適　切**。自動車を廃棄・譲渡した場合や海外渡航した場合など一時的に被保険自動車を所有または使用しなくなった場合には、保険契約の中断制度が利用できる。この制度が利用できる期間は10年間である。

頻出 **14**
□
□

住宅建物および家財を対象とする火災保険の一般的な商品性に関する次の記述のうち、最も適切なものはどれか。　(2021年9月問13)

1）火災保険の対象となる住宅建物は、その構造により、M構造、T構造、H構造に区分され、構造級別による保険料率は、M構造が最も高い。

2）火災保険から支払われる損害保険金の額は、損害の程度を「全損」「大半損」「小半損」「一部損」に区分し、再調達価額にその区分に応じた割合を乗じ、その金額から免責金額を控除して算出される。

3）住宅建物および家財を対象として火災保険を契約する場合、被保険者が所有する自動車に生じた火災等による損害は、当該自動車がその敷地内にある車庫に収容されている場合に限り、補償の対象となる。

4）火災保険では、風災等により建物等の外側の破損がない場合、風・雨・雹（ひょう）・雪・砂塵等の建物内部への吹込みや浸込み等により生じた損害は、補償の対象とならない。

頻出 **15**
□
□

地震保険に関する次の記述のうち、最も不適切なものはどれか。

(2023年9月問14)

1）地震保険では、72時間以内に生じた２以上の地震等は、被災地域がまったく重複しない場合を除き、一括して１回の地震等とみなされる。

2）地震保険は、火災保険に原則自動付帯となっているが、契約者が地震保険を付帯しないことの意思表示をした場合は、付帯しないことができる。

3）地震保険では、１回の地震等により支払われる保険金の額にかかわらず、支払われる保険金の総額の２分の１を民間（各損害保険会社および日本地震再保険株式会社）が負担し、残りの２分の１を政府が負担する。

4）地震を原因とする地盤液状化により、地震保険の対象である木造建物が傾斜した場合、傾斜の角度または沈下の深さにより一定の損害が認定されれば、保険金が支払われる。

14 ▶ 正解 **4**

1）**不適切**。構造等級別による保険料率は、H構造が最も高く、M構造が最も低い。

2）**不適切**。火災保険では、保険の対象となっている建物や家財の損害に応じた保険金が支払われる。

3）**不適切**。自動車が住宅建物の敷地内にある車庫に収容されている場合でも、火災保険の補償対象とならない。

4）**適　切**。火災保険において、風・雨・雹・雪・砂塵等の建物内部への吹込みや浸込み等により生じた損害は、風災等により建物等の外側（外壁、屋根等）の破損がある場合に限り、補償の対象となる。

15 ▶ 正解 **3**

1）**適　切**。地震保険では、72時間以内に生じた2以上の地震等は、1回の地震等とみなされる。ただし、被災地域が全く重複していない場合は除かれる。

2）**適　切**。地震保険は原則自動付帯となるため、主契約である火災保険を締結する際に、保険契約者から地震保険を付帯しない旨の申し出がない限り、地震保険が付帯される。

3）**不適切**。民間と政府の負担割合は、1回の地震等により支払われる保険金額により異なる。

4）**適　切**。木造建物、共同住宅を除く鉄骨造建物の場合、地盤液状化による建物の傾斜または最大沈下量により、全損、大半損、小半損、一部損の認定を行う。

16
□
□

各種損害保険に付帯することができる個人賠償責任（補償）特約（以下、「本特約」という）の一般的な商品性に関する次の記述のうち、最も適切なものはどれか。なお、記載のない事項については考慮しないものとする。 (2023年9月問13)

1）民法第709条に規定する不法行為による損害について、本特約では、被保険者の故意による損害は補償の対象とならない。

2）本特約における被保険者には、保険契約締結時における記名被保険者の配偶者や同居の親族等が含まれるが、保険契約締結後に婚姻により配偶者となった者や同居した親族は被保険者とならない。

3）本特約では、別荘等の被保険者が一時的に居住の用に供する住宅の管理に起因して発生した偶然な事故は補償の対象とならない。

4）本特約が付帯された自動車保険のノンフリート契約において、本特約の保険金が支払われた場合、「1等級ダウン事故」に該当し、契約更新後の等級は1等級下がる。

頻出 **17**
□
□

生命保険契約および損害保険契約の課税関係に関する次の記述のうち、最も不適切なものはどれか。なお、契約者（＝保険料負担者）および被保険者は同一人であり、契約者は個人であるものとする。また、記載のない事項については考慮しないものとする。 (2022年1月問11)

1）保険料を全期前納により払い込んだ養老保険（10年満期）を契約から4年後に解約した場合、当該解約返戻金は一時所得の収入金額として総合課税の対象となる。

2）一時払終身保険を契約から4年後に解約した場合、当該解約返戻金は一時所得の収入金額として総合課税の対象となる。

3）一時払変額個人年金保険（10年確定年金）を契約から4年後に解約し、解約差益が生じた場合、その解約差益は源泉分離課税の対象となる。

4）保険料を年払いにより払い込んでいる年金払積立傷害保険（給付金支払期間5年）を契約から10年後に解約した場合、当該解約返戻金は一時所得の収入金額として総合課税の対象となる。

16 ▶ **正解　1**

1）適　切。契約者・被保険者の故意による不法行為の損害は、補償対象ではない。

2）不適切。個人賠償責任保険の被保険者は、本人、本人の配偶者、本人または配偶者と生計をともにする同居の親族、本人または配偶者と生計をともにする別居の未婚の子である。これらの者の続柄は保険事故発生時点で判断する。

3）不適切。別荘等の被保険者が一時的に居住の用に供する住宅の管理に起因して発生した偶然な事故は補償対象である。

4）不適切。自動車保険のノンフリート契約において、人身傷害保険や搭乗者傷害保険、個人賠償責任特約、無保険車傷害特約、弁護士費用特約など特約保険金のみが支払われた場合は「ノーカウント事故」に該当する。

17 ▶ **正解　1**

1）不適切。保険料を全期前納により払い込んだ養老保険（10年満期）を契約から４年後に解約した場合、当該養老保険は金融類似商品となるため、その解約返戻金の差益は20.315％の源泉分離課税の対象となる。

2）適　切。一時払終身保険は金融類似商品に該当しないため、契約から４年後に解約した場合でも、解約返戻金は一時所得の収入金額として総合課税の対象となる。

3）適　切。一時払変額個人年金保険（10年確定年金）を契約から４年後に解約した場合、当該一時払変額個人年金保険は金融類似商品となるため、その解約差益は20.315％の源泉分離課税の対象となる。

4）適　切。保険料を年払いにより払い込んでいる年金払積立傷害保険（給付金支払期間５年）を契約から10年後に解約した場合、当該年金払積立傷害保険は金融類似商品に該当しないため、その解約返戻金は一時所得の収入金額として総合課税の対象となる。

頻出 **18**

□
□

個人が契約する損害保険の課税関係に関する次の記述のうち、最も不適切なものはどれか。 (2022年9月問14)

1）Ａさんが自家用車の運転中に交通事故により死亡し、Ａさんの遺族が、Ａさんが加入する自動車保険の人身傷害補償保険から保険金を受け取った場合、当該保険金のうち事故の相手方の過失割合に相当する金額は非課税となる。

2）Ｂさんの自家用車が盗難に遭い、Ｂさんが加入する自動車保険の車両保険から保険金を受け取った場合、当該保険金は非課税となる。

3）Ｃさんが所有する居住用建物が火災により全焼し、Ｃさんが加入する火災保険から保険金を受け取った場合に、当該損失について雑損控除の適用を受けるときは、損失額から受け取った保険金の額を差し引く必要がある。

4）Ｄさんが病気により入院し、Ｄさんが加入する所得補償保険から保険金を受け取った場合に、当該入院に係る医療費について医療費控除の適用を受けるときは、支払った医療費の金額から受け取った保険金の額を差し引く必要がある。

18 ▶ **正解 4**

1）**適　切**。人身傷害補償保険において、遺族が受け取る死亡保険金のうち、相手方の過失割合に相当する金額は非課税となる。

2）**適　切**。車両保険の保険金は非課税である。

3）**適　切**。雑損控除の控除額は、災害関連支出がない場合、損害金額（保険金等により補てんされる金額を除く）から総所得金額等の合計額の10％相当額を差し引いて計算する。

4）**不適切**。医療費控除額の計算において、医療費の額から医療費を補てんする保険金等の額を控除しなければならないが、所得補償保険金は療養のため労務に服することができなくなったことに基因して支払いを受けるものであるため、医療費の額から控除する保険金等に該当しない。

19

□
□

個人年金保険に係る税金に関する次の記述のうち、最も適切なものはどれか。 (2023年1月問11)

1）契約者（＝保険料負担者）と年金受取人が同一人である個人年金保険において、当該個人年金保険から受け取る年金に係る雑所得の金額が25万円以上である場合、その受取時に雑所得の金額の20.315％が源泉徴収される。

2）個人年金保険（保証期間付終身年金）において、年金支払開始時に保証期間分の年金額を一括で受け取った場合、雑所得として総合課税の対象となる。

3）個人年金保険料税制適格特約が付加された定額個人年金保険において、自動振替貸付により保険料の払込みに充当された金額は、個人年金保険料控除の対象とならない。

4）個人年金保険料税制適格特約が付加された定額個人年金保険において、年金年額の減額を行い返戻金が発生した場合、返戻金を払い戻すか、所定の利息をつけて積み立てて、年金支払開始日に増額年金の買い増しに充てるかを選択することができる。

19 ▶ 正解　2

1）**不適切**。年金が支払われる際、下記により計算した所得税および復興特別所得税が源泉徴収される。

> （年金の額－その年金の額に対応する保険料または掛金の額）
> ×10.21％

　ただし、保険会社が支払う年金額からその年金額に対応する払込保険料を控除した金額が25万円未満の場合には、源泉徴収されない。

2）**適　切**。年金支払開始日後に保証期間分の年金額を一括して受け取った場合、その一時金は雑所得として所得税の課税対象になる。

3）**不適切**。自動振替貸付がその年中に行われた場合、その年の生命保険料控除の対象となる。

4）**不適切**。個人年金保険料税制適格特約が付加された定額個人年金保険において、年金年額の減額を行い返戻金が発生した場合、所定の利息をつけて積み立てて、年金支払開始日に増額年金の買増しに充てることはできるが、返戻金を払い戻すことはできない。

頻出 **20**
□
□

会社員のＡさんが2024年中に払い込んだ生命保険の保険料が下記のとおりである場合、Ａさんの2024年分の所得税における生命保険料控除の最大控除額として、次のうち最も適切なものはどれか。なお、配当はないものとし、記載のない事項については考慮しないものとする。

(2022年５月問12改)

	変額個人年金保険（一時払）	医療保険（10年更新型）	個人年金保険（税制適格特約付加）
契約年月日	2024年10月１日	2009年２月１日	2010年12月１日
契約者（＝保険料負担者）	Ａさん	Ａさん	Ａさん
被保険者	Ａさん	Ａさん	Ａさん
死亡給付金受取人	Ａさんの配偶者	—	Ａさんの配偶者
年金受取人	Ａさん	—	Ａさん
２０２３年分の払込保険料	1,000万円	12万円	36万円
保障内容	特約付加なし	死亡保障なし	税制適格特約以外の特約付加なし

1）　9万円
2）10万円
3）12万円
4）13万円

20 ▶ **正解　3**

生命保険料控除は、2011年12月31日以前に契約を締結した保険料等に係る生命保険料控除（以下「旧制度」という）と、2012年1月1日以降に契約を締結した保険料等に係る生命保険料控除（以下「新制度」という）に区分されている。所得税において、旧制度では、年間払込保険料が10万円を超える場合、控除額は一律5万円であり、新制度では、年間払込保険料が8万円を超える場合、控除額は一律4万円である。また、新制度と旧制度の両制度を適用する場合の所得税の控除額は、合計12万円が限度である。なお、2012年以降の更新契約は、更新月までは旧制度、更新月から保険契約全体が新制度の対象となる。

	変額個人年金保険（一時払）	医療保険（10年更新型）	個人年金保険（税制適格特約付加）
契約年月日	2024年10月1日	2009年2月1日	2010年12月1日
控除額	新制度（一般の生命保険料控除）	新制度（介護医療保険料控除）	旧制度（個人年金保険料控除）
	払込保険料1,000万円＞8万円 ∴　控除額4万円	払込保険料12万円＞8万円 ∴　控除額4万円	払込保険料36万円＞10万円 ∴　控除額5万円

4万円＋4万円＋5万円＝13万円＞12万円　　∴　12万円

21
□
□

各種損害保険の保険料等の課税関係に関する次の記述のうち、最も不適切なものはどれか。なお、各選択肢において、いずれも契約者（＝保険料負担者）は個人事業主であるものとする。 (2023年9月問15)

1）業務の用に供する自動車を対象とする自動車保険について、個人事業主であるＡさんが支払った保険料は、事業所得の金額の計算上、必要経費に算入される。

2）店舗併用住宅である建物を対象とする火災保険について、個人事業主であるＢさんが支払った保険料のうち、店舗部分に対応する部分の保険料は、事業所得の金額の計算上、必要経費に算入される。

3）個人事業主であるＣさんを被保険者とする傷害保険について、Ｃさんが支払った保険料は、事業所得の金額の計算上、必要経費に算入される。

4）従業員を被保険者とする傷害保険について、被保険者である従業員が死亡したことにより、個人事業主であるＤさんが受け取った死亡保険金は、事業所得の金額の計算上、収入金額に算入される。

21 ▶ 正解　3

1）適　切。事業用自動車に対する自動車保険の保険料は、全額必要経費となる。

2）適　切。店舗併用住宅を対象とする火災保険の保険料は、店舗部分の割合に応じた額が必要経費の対象となる。

3）不適切。個人事業主自身または生計を一にする親族を被保険者として加入する傷害保険の保険料は、従業員と同時に加入していても個人の契約として取り扱うことになるため、必要経費にならない。

4）適　切。傷害保険の死亡保険金を個人事業主が受け取った場合、受け取った保険金は事業収入となる。

頻出 **22**

□
□

株式会社X社では、X社を契約者（＝保険料負担者）および死亡保険金受取人、代表取締役社長Aさん（40歳）を被保険者とする保険期間10年以上の定期保険の加入を検討している。X社が支払う定期保険の保険料の取扱いに関する次の記述のうち、最も不適切なものはどれか。なお、X社はAさんを被保険者とする他の生命保険には加入していない。

（2022年1月問12）

1）最高解約返戻率が50％以下である場合、支払保険料の全額を期間の経過に応じて、損金の額に算入する。

2）最高解約返戻率が50％超70％以下で、かつ、年換算保険料相当額が30万円以下の保険に係る保険料を支払った場合、支払保険料の全額を期間の経過に応じて、損金の額に算入する。

3）最高解約返戻率が70％超85％以下である場合、保険期間の開始から4割相当期間においては、当期分支払保険料に6割を乗じた金額は資産に計上し、残額は損金の額に算入する。

4）最高解約返戻率が85％超である場合、保険期間の開始から解約返戻金相当額が最も高い金額となる期間の終了の日までは、当期分支払保険料に7割（保険期間の開始から10年目までは9割）を乗じた金額は資産に計上し、残額は損金の額に算入する。

22 ▶ **正解　4**

2019年6月の税制改正により、一定の保険契約については、最高解約返戻率に応じて、保険料の経理処理の方法が次の4つに区分されている。該当する保険契約は、2019年7月8日以後に締結した長期平準定期保険契約および逓増定期保険契約、2019年10月8日以後に締結した第三分野の短期払いのがん保険契約等である。ただし、最高解約返戻率が70％以下で、かつ、年換算保険料相当額が30万円以下の保険に係る保険料を支払った場合、支払保険料の全額を期間の経過に応じて損金の額に算入する。

最高解約返戻率	保険期間		
	当初４割期間	次の3.5割期間	最後の2.5割期間
50%以下	資産計上不要（全額損金算入）		
50%超 70%以下	40%資産計上 60%損金算入	全額損金算入	全額損金算入するとともに、資産計上額を均等に取り崩し、損金算入
70%超 85%以下	60%資産計上 40%損金算入		
85%超	（当初10年）保険料×最高解約返戻率×90%資産計上、残額を損金算入 （11年目以降※）保険料×最高解約返戻率×70%資産計上、残額を損金算入 （資産計上期間と資産取崩期間の間の期間）全額損金算入 （資産取崩期間）解約返戻金額が最も高くなる時期（解約返戻金額ピーク）から資産計上額を均等に取り崩し、損金算入		

※11年目以降は、「最高解約返戻率となる期間（解約返戻率ピーク）」または「年間の解約返戻金増加額÷年間保険料（解約返戻金増加率）≦70%になる年」のいずれか遅いほうまでの期間

1）適　切。最高解約返戻率50%である場合、支払保険料は全額損金算入する。

2）適　切。最高解約返戻率70%以下、かつ、年換算保険料相当額が30万円以下であるため、支払保険料は全額損金算入する。

3）適　切。最高解約返戻率が70%超85%以下である場合、資産計上期間は保険期間の当初40%（４割）相当の期間、資産計上額は、年間の支払保険料の60%（６割）相当額となる。

4）不適切。最高解約返戻率が85%超である場合、保険期間の開始から解約返戻金相当額が最も高い金額となる期間の終了の日までは、上記表のとおり、原則として「当初10年」「11年目以降」「資産計上期間と資産取崩期間の間の期間」に分けて、それぞれ資産計上額を算出する。また、資産計上額は、「当初10年」は保険料に最高解約返戻率の90%を乗じ、「11年目以降」は保険料に最高解約返戻率の70%を乗じて算出する。

頻出 **23**

□
□

X株式会社（以下、「X社」という）は、Y生命保険会社から提案された以下の養老保険への加入を検討している。当該養老保険に関する次の記述のうち、最も不適切なものはどれか。 （2022年9月問12）

保険の種類	：5年ごと利差配当付養老保険（特約付加なし）
契約者（＝保険料負担者）	：X社
被保険者	：すべての役員・従業員
満期保険金受取人	：X社
死亡保険金受取人	：被保険者の遺族
保険期間・保険料払込期間	：60歳満了
死亡保険金額	：500万円（1人当たり）
年払保険料（合計）	：900万円

1）役員・従業員を一律の保険金額で加入させなくとも、職種・年齢・勤続年数等に応ずる合理的な基準により、普遍的に設けられた格差であると認められるときは、支払保険料の2分の1相当額を福利厚生費として損金の額に算入することができる。

2）役員・従業員の全部が同族関係者である場合、すべての役員・従業員を被保険者として加入しても、支払保険料の2分の1相当額は、当該被保険者に対する給与等として取り扱われる。

3）当該養老保険の満期保険金受取人をX社ではなく被保険者として加入した場合、支払保険料の全額が当該被保険者に対する給与等として取り扱われる。

4）保険期間中に被保険者である従業員が死亡し、死亡保険金が被保険者の遺族に支払われた場合、X社では、それまで資産に計上していた当該契約に係る保険料積立金および配当金積立金を取り崩し、死亡保険金との差額を雑収入として益金の額に算入する。

23 ▶ **正解　4**

1）**適　切**。契約者（＝保険料負担者）を法人、被保険者をすべての役員・従業員、満期保険金受取人を法人、死亡保険金受取人を被保険者の遺族として加入する養老保険の保険料は、２分の１相当額を福利厚生費として損金の額に算入し、残りの２分の１相当額を資産に計上する。これをハーフタックスプランという。被保険者である役員・従業員について、加入資格の有無、保険金額等に格差が設けられている場合であっても、それが職種、年齢、勤続年数等に応ずる合理的な基準により、普遍的に設けられた格差であると認められるときは、ハーフタックスプランを適用することができる。

2）**適　切**。役員・従業員の全部または大部分が同族関係者である法人については、その役員・従業員の全部を対象として保険に加入する場合であっても、ハーフタックスプランを適用することができない。この場合、支払保険料の２分の１相当額は、当該被保険者に対する給与等として取り扱われる。

3）**適　切**。満期保険金受取人を法人ではなく被保険者として加入した場合、ハーフタックスプランが適用される契約形態ではなくなる。この場合、支払保険料の全額が、当該被保険者に対する給与等として取り扱われる。

4）**不適切**。死亡保険金が被保険者の遺族に支払われた場合、法人は死亡保険金を受け取っていないため、それまでに資産に計上していた保険料積立金および配当金積立金を取り崩し、全額を雑損失として損金の額に算入する。

頻出 **24**

□
□

事業活動に係る各種損害保険の一般的な商品性に関する次の記述のうち、適切なものはいくつあるか。 (2022年5月問15)

（ａ） 労働災害総合保険は、労働者災害補償保険（政府労災保険）等の上乗せ補償を目的とした「法定外補償保険」と、労働災害により使用者が法律上の損害賠償責任を負うことによって被る損害を補償する「使用者賠償責任保険」の２つの補償から構成されており、いずれか一方のみに加入することも可能である。

（ｂ） ビル改修工事の完了後、工事結果の不良により通行人が滑って転倒し、ケガをしたケースのように、工事の結果に起因して法律上の損害賠償責任を負うことによって被る損害は、生産物賠償責任保険（ＰＬ保険）の補償の対象となる。

（ｃ） 飲食店の従業員が自転車で弁当の配達中に誤って通行人に衝突して負傷させた場合に、通行人に対して法律上の損害賠償責任を負うことによって被る損害は、施設所有（管理）者賠償責任保険の補償の対象となる。

1）１つ
2）２つ
3）３つ
4）０（なし）

24 ▶ **正解 3**

（a） **適　切**。労働災害総合保険は、法定外補償保険と使用者賠償責任保険の２つを組み合わせた保険であるが、希望により、そのいずれか一方のみを契約することもできる。

（b） **適　切**。生産物賠償責任保険（ＰＬ保険）は、請負業務の完了後、工事の結果によって法律上の損害賠償責任を負った損害を補償する。なお、請負業務の遂行に起因する賠償責任、請負業務遂行のために所有・使用・管理する施設の欠陥、管理の不備に起因する賠償責任を補償する保険は請負業者賠償責任保険である。

（c） **適　切**。施設所有（管理）者賠償責任保険は、飲食店の従業員が自転車で料理を配達中に誤って通行人に衝突し、通行人が負傷した場合に、通行人に対して法律上の損害賠償責任を負担することによって生じた損害を補償する。

以上より、適切なものは３つである。

25
□
□

X株式会社（以下、「X社」という）の工場建物が火災により全焼し、後日、X社は、契約している損害保険会社から保険金を受け取り、その事業年度中に受け取った保険金によって工場建物を新築した。下記の〈資料〉に基づき、保険金で取得した固定資産の圧縮記帳をする場合の圧縮限度額として、次のうち最も適切なものはどれか。

なお、各損害保険の契約者（＝保険料負担者）・被保険者・保険金受取人は、いずれもX社とする。また、記載のない事項については考慮しないものとする。

（2023年1月問15）

〈資料〉

・滅失した工場建物の帳簿価額	：4,000万円
・工場建物の滅失によりX社が支出した経費	
焼跡の整理費（片づけ費用）	：200万円
類焼者に対する賠償金	：375万円
・損害保険会社から受け取った保険金	
火災保険（保険の対象：工場建物）の保険金	：6,200万円
企業費用・利益総合保険の保険金	：1,500万円
・新築した代替建物（工場建物）の取得価額	：4,500万円

1）500万円
2）1,300万円
3）1,500万円
4）2,100万円

25 ▶ 正解　3

- 保険差益＝保険金※1－（建物等の損失発生前の帳簿価額のうち被害部分相当額＋支出費用※2）
  ＝6,200万円－（4,000万円＋200万円）＝2,000万円

※1　企業費用・利益総合保険の保険金は収益の補償であるため考慮しない。

※2　支出費用には、固定資産の滅失等に直接関連して支出される経費が該当するため、焼跡の整理費（片づけ費用）は該当するが、類焼者に対する賠償金は該当しない。

- 圧縮限度額

$$＝保険差益\times\frac{代替資産の取得に充てた保険金（分母の金額が限度）}{保険金－支出費用}$$

$$＝2{,}000万円\times\frac{4{,}500万円}{6{,}200万円-200万円}=\underline{1{,}500万円}$$

❶ 生命保険会社の健全性・収益性に関する指標

①ソルベンシー・マージン比率

保険会社が、通常の予測を超えて発生するリスクに対して、保険金支払能力をどの程度有しているかを示す指標で、200％を下回ると金融庁の早期是正措置の対象となる

$$ソルベンシー・マージン比率=\frac{ソルベンシー・マージン総額}{リスクの総額\times\frac{1}{2}}\times 100$$

②基礎利益

保険会社の基礎的な期間損益の状況を表す指標。経常利益からキャピタル損益（有価証券売却損益等）と臨時損益（危険準備金繰入額等）を除いて算出される

③実質純資産額

有価証券や有形固定資産の含み損益などを反映した時価ベースの資産の合計から、価格変動準備金や危険準備金などの資本性の高い負債を除いた負債の合計を差し引いて算出される

❷ 保険の見直し

①減額

個人年金保険料税制適格特約が付加された個人年金保険の減額を行い返戻金が発生した場合、返戻金は所定の利息を付けて積み立てられ、年金支払開始日に増額年金の買増しに充てられる

②払済保険

予定利率は、もとの契約の予定利率がそのまま引き継がれる

❸ 保険契約者保護機構

保険契約者保護機構の財源は、保険会社からの負担金により賄われるが、負担金および政府からの借入れでは資金援助等の対応ができない場合は、国から機構に対して補助金を交付することが可能とされている

①生命保険契約者保護機構の補償

国内の元受保険契約で、運用実績連動型保険契約の特定特別勘定部分以外

について、破綻時点の責任準備金等の90％（高予定利率契約等を除く）

②損害保険契約者保護機構の補償

保険の種類	保険金支払い	満期返戻金・解約返戻金など
自賠責保険・家計地震保険	100％	
自動車保険、火災保険、賠償責任保険、１年以内の傷害保険、海外旅行傷害保険など	破綻後３カ月間　　：100％ 破綻後３カ月経過後：80％	80％
年金払積立傷害保険	90％	90％
疾病・傷害・介護に関する保険		90％※

※積立型保険の積立部分は80％

❹ 保険法

①**保険契約者と被保険者が異なる死亡保険契約**は、保険契約を締結する場合や契約締結後に**保険金受取人を変更**する場合、**被保険者の同意がない**ときは無効

②損害保険契約の締結後に保険価額が著しく減少して保険金額を下回った場合、保険契約者は、保険者に対して、**将来に向かって**、保険金額・保険料の減額請求ができる

③損害保険契約における保険者は、保険事故による損害が生じた場合、その目的物が当該損害の発生後に**保険事故によらずに**滅失したときでも、その損害をてん補しなければならない

④**告知義務違反**による保険者の**解除権**は、保険者が解除の原因があることを知った時から**１カ月**間行使しないとき、または、損害保険契約の締結の時から**５年**を経過したときに**消滅**する

❺ 生命保険の種類と商品

①**市場価格調整**（ＭＶＡ）がある終身保険は、解約時の市場金利が契約時と比較して**上昇**した場合には**解約返戻金額は減少**し、**下落**した場合には**増加**することがある

②平準払いの外貨建終身保険で、毎回一定額の**円貨**を保険料に充当する払込方法を選択すると、**ドルコスト平均法**による為替変動リスクの軽減効果が期待

できる

③円換算支払特約を付加することで、為替変動リスクを回避できるわけではない

④組立型総合保険は、主契約を限定することなく保険会社が定める所定の各種保険や第３分野の保険を自由に組み合わせて加入することができる保険

⑤就業不能保険には、うつ病などの精神疾患が原因で就業不能になった場合を保障するものもある

❻ 自動車事故と損害保険

①自賠責保険

・保険料は車種や保険期間に応じて定められる

・支払限度額（被害者１名ごと、加害車両が複数の場合、加害車両台数分）は、傷害で最高120万円、後遺障害で最高4,000万円、死亡で最高3,000万円

・被害者の過失割合が７割以上である場合、保険金額が減額される（重過失減額）

②任意の自動車保険

・ノンフリート契約において、対人・対物事故は３等級ダウン事故、車両保険のみ使用した場合は１等級ダウン事故

・自動車を廃棄・譲渡した場合や海外渡航した場合など一時的に被保険自動車を所有または使用しなくなった場合には、保険契約の中断制度が利用できる。この制度が利用できる期間は10年間である

❼ 火災保険と地震保険

①火災保険

・構造等級別による保険料率は、H構造が最も高く、M構造が最も低い

②地震保険

・保険期間

火災保険の保険期間が２年以上５年以下である場合、地震保険の保険期間も同じ期間または１年の自動継続のいずれかを選択

・損害の認定

木造建物（在来軸組工法、枠組壁工法）、共同住宅を除く鉄骨造建物（鉄骨系プレハブ造建物等の戸建住宅）の**地盤液状化**による損害の認定基準は、地盤液状化による建物の**傾斜**または**最大沈下量**に着目して認定する

・割引制度

免震建築物割引の割引率は**50%**

耐震診断割引の割引率は**10%**

❽ 賠償責任保険

①ＰＬ保険

・飲食店が販売した弁当が原因で顧客が食中毒を起こし、法律上の損害賠償責任を負うことによって被る損害を補償する

・ビル改修工事の**完了後**、工事結果の不良により通行人が滑って転倒してケガをし、法律上の損害賠償責任を負うことによって被る損害を補償する

②施設所有（管理）者賠償責任保険

・飲食店の従業員が自転車で商品の配達中に誤って通行人に衝突してケガをさせ、法律上の損害賠償責任を負うことによって被る損害を補償する

③労働災害総合保険

・労働災害総合保険は、法定外補償保険と使用者賠償責任保険の２つの補償から構成されており、**いずれか一方のみ**に加入することも可能

・法定外補償保険は、労働者災害補償保険の**給付対象となる労働災害**について、事業主が労働者災害補償保険に**上乗せして**給付する災害補償金を補償する

・使用者賠償責任保険は、**事業主に責任がある**労働者災害補償保険の給付対象となる労働災害について、労働者災害補償保険等の給付や法定外補償規定に基づく支払いを**超える**法律上の損害賠償責任を負担することによって支払う損害賠償金等を補償する

❾ 個人契約の保険と税金

①個人年金保険料控除の対象

- 年金受取人が保険契約者または配偶者であること
- 年金受取人と被保険者が同一であること
- 保険料払込期間が10年以上（一時払は除く）であること
- 年金種類が確定年金・有期年金の場合、年金受取開始年齢が60歳以上で、かつ年金支払期間が10年以上であること（終身年金の場合は年金受取開始年齢要件はない）

②生命保険料控除制度

2012年1月1日以後に締結した契約（更新・中途付加含む）は、「一般の生命保険料控除」「個人年金保険料控除」および「介護医療保険料控除」に区分され、次の控除額が適用される

所得税	各適用限度額はそれぞれ4万円、合計適用限度額は12万円
住民税	各適用限度額はそれぞれ28,000円、合計適用限度額は7万円

※新制度、旧制度ともに適用がある場合、適用の最高限度額は、所得税12万円、住民税7万円となる

自動振替貸付により保険料の払込みに充当された金額は、生命保険料控除の対象となる

少額短期保険の保険料は生命保険料控除および地震保険料控除の対象とならない

③傷害保険金と税金

死亡保険金受取人が個人事業主である場合、受け取った保険金は事業収入となる。ただし、死亡退職金、弔慰金として支払う場合は必要経費となる

⑩ 法人契約と経理処理

①保険料の経理処理

保険期間３年以上の定期保険の保険料

<table>
<tr><th>区　分</th><th>資産計上期間</th><th>資産計上額
（残額は損金算入）</th><th>取崩期間</th></tr>
<tr><td>最高解約返戻率50%超70%以下</td><td rowspan="2">保険期間の前半40%</td><td>当期分支払保険料の40%</td><td rowspan="2">保険期間の75%経過後から保険期間終了日まで</td></tr>
<tr><td>最高解約返戻率70%超85%以下</td><td>当期分支払保険料の60%</td></tr>
<tr><td>最高解約返戻率85%超</td><td>原則、保険期間開始日から最高解約返戻率となる期間の終了日まで</td><td>保険期間開始日から10年間：当期分支払保険料に最高解約返戻率の90%を乗じた額
11年目以降：当期分支払保険料に最高解約返戻率の70%を乗じた額</td><td>解約返戻金相当額が最も高い金額となる期間</td></tr>
</table>

※最高解約返戻率が70%以下で、かつ、年換算保険料相当額が30万円以下の場合は、原則として、期間の経過に応じて損金算入する

②保険金等の経理処理

法人が受け取った保険金等が、資産計上額より多い場合には、**差額**を雑収入として益金算入する。差額がマイナスとなる場合には、雑損失として損金算入する

③払済保険への変更時の経理処理（洗替処理）

解約返戻金額を保険料積立金として資産に計上し、変更前の資産計上額（前払保険料など）と解約返戻金額との**差額**を益金算入（雑収入）または損金算入（雑損失）する

・変更前の資産計上額＜解約返戻金額→益金算入（雑収入）

・変更前の資産計上額＞解約返戻金額→損金算入（雑損失）

借方		貸方	
保険料積立金	×××	前払保険料	×××
		雑収入	×××

借方		貸方	
保険料積立金	×××	前払保険料	×××
雑損失	×××		

⑪　保険金と圧縮記帳

工場など事業用固定資産が全焼し、法人が受け取った火災保険金で新しい工場を代替取得する場合、一定要件を満たせば保険差益の課税が繰り延べられる

- 保険金で購入する代替資産が被災した資産と同種であること
- 固定資産が被災した日から3年以内に保険金が支払われることが確定していること
- 法人所有の固定資産に限定（個人所有不可、棚卸資産不可）
- 保険金等の額が確定する前に代替資産を取得した場合には、保険金等の額が確定した日の属する事業年度において圧縮記帳の適用対象となる
- 車両保険の保険金で代替車を取得した場合も圧縮記帳が認められる

〈計算式〉

$$\text{保険差益}=\text{保険金}-\left(\begin{array}{l}\text{建物等の損害発生直前の}\\\text{帳簿価額のうち被災部分相当額}\end{array}+\text{支出した経費}\right)$$

$$\text{圧縮限度額}=\text{保険差益}\times\frac{\text{代替建物等（資産）に使った保険金（分母の金額が限度）}}{\text{保険金等の額}-\text{支出した経費}}$$

第3章

金融資産運用

出題傾向

基礎 + 応用

基礎編

頻出ポイントは以下のとおりです。

経済指標等／投資信託／債券（利回り計算等）／株式（投資指標の計算・税金）／外貨預金の利回り計算／オプション取引／ポートフォリオ理論／預貯金の保護／関連法規

定番の計算問題が多数ありますので、正確に計算できるように演習することが重要です。

応用編

会社の財務データが与えられ、投資指標についての穴埋め問題や計算問題が出題されます。投資指標はたくさんありますが、これまでに出題されているものについては、公式を確実にマスターしておきましょう。

四答択一式問題 次の各問について答えを1つ選び、その番号を答えなさい。

頻出

1 □□ わが国の物価指標に関する次の記述のうち、最も不適切なものはどれか。 (2023年5月問16)

1）消費者物価指数（ＣＰＩ）が算出の対象としている財には、原油などの原材料、電気部品などの中間財、建設機械などの設備機械は含まれない。

2）消費者物価指数（ＣＰＩ）では、季節変動を除去した季節調整値を、「総合」「生鮮食品を除く総合」「生鮮食品及びエネルギーを除く総合」などの８系列について公表している。

3）企業物価指数（ＣＧＰＩ）は、企業間で取引される財の価格について基準時点の年平均価格を100とした指数であり、公表対象月が2022年５月以後のものは2020年が基準時点となっている。

4）原油価格などの輸入品価格の上昇は、その上昇分が国内の製品価格にすべて転嫁されなかった場合、すべて転嫁された場合と比べ、転嫁されなかった相当分だけＧＤＰデフレーターは高くなる。

解答解説

1 ▶ 正解 4

1）適　切。原油などの原材料、電気部品などの中間財、建設機械などの設備機械は、企業が購入するものであり、消費者物価指数が算出の対象としている財には含まれていない。消費者物価指数は、全国の世帯が購入する家計にかかる財とサービスの価格等を総合した物価の変動を時系列的に測定するものをいう。

2）適　切。季節による特有の物価変動を除くため、次の８系列の指数について、全国および東京都区部の季節調整済指数を作成している。

基本分類指数	財・サービス分類指数	ラスパイレス連鎖基準方式による指数（全国のみ）
・総合 ・生鮮食品を除く総合 ・生鮮食品及びエネルギーを除く総合	・財 ・サービス	・総合 ・生鮮食品を除く総合 ・生鮮食品及びエネルギーを除く総合

3）適　切。なお、企業物価指数は消費者物価指数と異なり、サービス価格は反映されていない。

4）不適切。輸入品価格が上昇し、その上昇分が国内の製品価格にすべて転嫁された場合、製品コストが上昇すると同時に製品価格も上昇しているため、付加価値は不変である。したがって、輸入品価格の上昇前後でＧＤＰデフレーターは不変である。一方、輸入品価格が上昇し、その上昇分が国内の製品価格にすべて転嫁されなかった場合、製品コストは上昇するが製品価格は上昇しないため、付加価値は下落する。したがって、輸入品価格の上昇前後でＧＤＰデフレーターは下落する。以上より、輸入品価格の上昇が国内の製品価格に転嫁されなかった相当分だけ、ＧＤＰデフレーターは低くなる。

頻出 **2** □□

景気動向指数に関する次の記述のうち、最も適切なものはどれか。

(2022年5月問16)

1）景気動向指数のＤＩ（ディフュージョン・インデックス）は、主として景気拡張の動きの各経済部門への波及度合いを測定することを目的としており、基準年の2015年を100として、３カ月以上連続して、３カ月後方移動平均が下降していれば、景気後退の可能性が高いと判断される。

2）日本銀行が公表するマネーストック統計は、金融機関および中央政府以外の経済主体が保有する通貨量の残高を集計した統計であり、最も容易に決済手段として用いることができる現金通貨と預金通貨から構成される「Ｍ１」が景気動向指数の先行系列に採用されている。

3）先行系列には、東証株価指数、実質機械受注（製造業)、新設住宅着工床面積など、11系列が採用されている。

4）厚生労働省が公表する有効求人倍率（除学卒）は先行系列に採用され、総務省が公表する完全失業率は遅行系列に採用されている。

2 ▶ **正解 3**

1）不適切。基準年の2015年を100として、３カ月以上連続して、３カ月後方移動平均が下降していれば、景気後退の可能性が高いとする判断で用いるものは、ＣＩ（コンポジット・インデックス）である。

2）不適切。景気動向指数の先行系列に採用されているのは、Ｍ２である。Ｍ２は、現金通貨および国内銀行（ゆうちょ銀行等除く）等に預けられた預金通貨で構成される。

3）適　切。東証株価指数、実質機械受注（製造業)、新設住宅着工床面積のほか、消費者態度指数、新規求人数（除学卒）なども先行系列に採用されている。

4）不適切。有効求人倍率（除学卒）は、一致系列に採用されている。なお、完全失業率（逆サイクル）は、遅行系列に採用されている。

●景気動向指数の採用系列

	指標名
先行系列（11指標）	①　最終需要財在庫率指数（逆）※
	②　鉱工業用生産財在庫率指数（逆）※
	③　新規求人数（除学卒）
	④　実質機械受注（製造業）
	⑤　新設住宅着工床面積
	⑥　消費者態度指数
	⑦　日経商品指数（42種総合）
	⑧　マネーストック（M２）
	⑨　東証株価指数
	⑩　投資環境指数（製造業）
	⑪　中小企業売上げ見通しＤＩ
一致系列（10指標）	①　生産指数（鉱工業）
	②　鉱工業用生産財出荷指数
	③　耐久消費財出荷指数
	④　労働投入量指数（調査産業計）
	⑤　投資財出荷指数（除輸送機械）
	⑥　商業販売額（小売業）
	⑦　商業販売額（卸売業）
	⑧　営業利益（全産業）
	⑨　有効求人倍率（除学卒）
	⑩　輸出数量指数
遅行系列（9指標）	①　第３次産業活動指数（対事業所サービス業）
	②　常用雇用指数（調査産業計）
	③　実質法人企業設備投資（全産業）
	④　家計消費支出（勤労者世帯、名目）
	⑤　法人税収入
	⑥　完全失業率（逆）※
	⑦　きまって支給する給与（製造業、名目）
	⑧　消費者物価指数（生鮮食品を除く総合）
	⑨　最終需要財在庫指数

※　（逆）：逆サイクル（上昇と下降が景気局面と逆になること）

（出典：内閣府）

3 □□

投資信託の一般的な商品性に関する次の記述のうち、最も不適切なものはどれか。 (2022年5月問18)

1）ＭＲＦは、格付けの高い公社債やコマーシャルペーパー等を投資対象としたオープン型の公社債投資信託であり、主に証券会社で行う有価証券の売買その他の取引に係る金銭の授受の用に供することを目的とした投資信託である。

2）ロング・ショート型ファンドは、株価の相対的な上昇が予想される株式を購入すると同時に、株価の相対的な下落が予想される株式を空売りすることで、株式市場の上昇・下落にかかわらず、収益の獲得を目指す投資信託である。

3）インバース型ファンドは、先物やオプションなどを利用して、基準となる指数の値動きを上回る投資成果を目指す投資信託であり、相場の上昇局面において、より高い収益率が期待できる。

4）ベア型ファンドは、原指標の変動率に一定の負の倍数を乗じて算出される指標に連動する運用成果を目指して運用される投資信託である。

4 □□

投資信託のディスクロージャーに関する次の記述のうち、最も不適切なものはどれか。 (2023年1月問17)

1）交付目論見書は、投資者が直接的または間接的に負担することとなる費用について、購入時手数料の上限金額または上限料率、運用管理費用（信託報酬）の金額または料率に関する事項に加え、当該費用を対価とする役務の内容等を記載しなければならない。

2）交付運用報告書は、日々決算型投資信託を除き、投資信託の決算期ごとに作成し、投資家に交付しなければならない。

3）交付運用報告書は、運用経過の説明や今後の運用方針などのほか、一定の期間における当該投資信託の騰落率と代表的な資産クラスの騰落率を比較して記載することとされている。

4）投資信託委託会社または販売会社は、運用報告書（全体版）について、投資信託約款に定められた電磁的方法により提供することができるが、投資者から当該運用報告書の交付の請求があった場合には、これを交付しなければならない。

3 ▶ **正解　3**

1）**適　切**。ＭＲＦは、証券総合口座専用の追加型公社債投資信託であり、高格付の公社債のほか、ＣＤ、ＣＰなど短期金融商品で運用されている。

2）**適　切**。ロング・ショート型は、割安と判断される銘柄を買い建て（ロング・ポジション）、同時に割高と判断される銘柄を売り建てる（ショート・ポジション）手法である。

3）**不適切**。インバース型ファンドは、相場の下落局面において、より高い収益率が期待できる。

4）**適　切**。なお、ブル型ファンドは、原指標の変動率に一定の正の倍数を乗じて算出される指標に連動する運用成果を目指して運用される投資信託である。

4 ▶ **正解　2**

1）**適　切**。なお、交付目論見書は、投資信託の販売前または販売と同時に、投資家に必ず交付しなければならない。

2）**不適切**。交付運用報告書は、原則として、決算期ごとに作成・交付されるが、日々決算型ファンドや毎月決算型の計算期間が６カ月未満の投資信託は、６カ月に１度、作成・公布すればよい。

3）**適　切**。運用報告書は、交付運用報告書と運用報告書（全体版）の２段階で発行することが義務づけられており、交付運用報告書には、運用状況に関する重要な事項（運用経過の説明、今後の運用方針など）が記載される。

4）**適　切**。なお、交付目論見書は、事前に投資家の同意を得た上で、ホームページ、電子メール等の方法により電子交付することができる。

頻出 5 □□

各種信託商品の一般的な特徴に関する次の記述のうち、最も不適切なものはどれか。 (2023年5月問17)

1）後見制度支援信託は、被後見人の生活の安定に資すること等を目的に設定される信託であり、信託契約の締結、信託の変更・解約等の手続があらかじめ家庭裁判所が発行する指示書に基づいて行われ、信託財産は金銭に限定されている。

2）暦年贈与信託は、委託者が拠出した信託財産のうち毎年一定額を受益者に給付する旨の贈与契約書を作成して設定される信託であり、年間給付額は贈与税の基礎控除額である110万円が上限となる。

3）生命保険信託は、委託者が保険会社と締結した生命保険契約に基づく保険金請求権を信託銀行等に信託し、委託者の相続が開始した際には、信託銀行等が保険金を受け取り、受益者に対してあらかじめ定められた方法により給付する信託である。

4）遺言代用信託は、委託者の生存中は委託者が受益者となり、委託者の死亡後は委託者があらかじめ指定した者が受益者となる信託であり、あらかじめ指定した者に対しては、一時金による給付のほか、定期的に一定額を給付することも可能である。

5 ▶ 正解 2

1）適　切。なお、後見制度支援信託は、成年後見（法定後見）と未成年後見において利用することができるが、保佐、補助、任意後見では利用することができない。

2）不適切。暦年贈与信託の贈与税の年間基礎控除額は110万円であるが、贈与額（年間給付額）に上限はなく、110万円を超える金額でも贈与できる。

3）適　切。生命保険信託は、遺族のうちに障害者、認知症の者、未成年者などがおり、死亡保険金の管理を十分に行えない状況に対応するために利用できる。

4）適　切。遺言代用信託は遺言を不要とする信託であり、まだ誕生していない孫や曽孫を委託者死亡後の受益者に指定することができる。

頻出 **6** □□

金投資に関する次の記述のうち、最も不適切なものはどれか。

（2023年1月問16）

1）金ＥＴＦ（上場投資信託）は、上場株式のように成行注文や指値注文による売買や信用取引による信用売り、信用買いもできる投資信託であり、一定の受益権口数以上で金地金の現物と交換することができるものもある。

2）金先物取引は、東京商品取引所で取引が行われており、標準取引のほか、取引単位が標準取引の10分の１となるミニ取引や、先物取引を行う権利を売買する先物オプション取引などがある。

3）金の国内小売価格は、通常、国際表示価格である１トロイオンス当たりの米ドル価格を円貨換算した１グラム当たりの金額を基礎にして、取扱会社の諸費用と消費税を上乗せして算出される。

4）個人が金地金や金貨を譲渡した場合、原則として、譲渡益は譲渡所得として総合課税の対象となり、譲渡損失は譲渡所得以外の所得と損益通算することはできない。

6 ▶ **正解　2**

1）**適　切**。ＥＴＦ（上場投資信託）は取引所の立会時間中いつでも、どの証券会社でも注文ができ、指値注文・成行注文いずれも可能である。また、信用取引の対象としても認められている。金ＥＴＦの中には、現物の金を裏付けとして受益権を発行しているものもあり、この金ＥＴＦでは一定の受益権口数以上で金地金の現物と交換することができる。

2）**不適切**。金の先物取引は、2020年７月に東京商品取引所から大阪取引所に移管された。なお、金先物取引には、標準取引（取引単位１kg）、ミニ取引（取引単位100g）、オプション取引（取引対象は先物価格）などがある。

3）**適　切**。金の国際価格は、１トロイオンス当たりの価格が米ドル建てで表示されている。一方、日本国内では、円換算された１グラム当たりの価格で取引されている。

4）**適　切**。金地金の売却による所得は総合課税の譲渡所得となり、所有期間が５年以内の場合は総合短期譲渡所得、５年を超える場合は総合長期譲渡所得とされる。いずれの場合も、特別控除（最高50万円）の適用を受けることができる。また、金地金は生活に通常必要でない資産であるため、売却による譲渡損失は損益通算の対象外である。

7

□
□

各種債券の一般的な商品性に関する次の記述のうち、最も適切なものはどれか。 (2023年9月問17)

1）他社株転換可能債（ＥＢ）は、満期償還前の判定日に債券の発行者とは異なる会社の株式（対象株式）の株価が発行時に決められた価格を下回ると、金銭での償還ではなく、対象株式が交付される債券であり、投資家が償還方法を任意に選択することはできない。

2）早期償還条項が付いている株価指数連動債（リンク債）は、参照する株価指数の変動によって満期償還日よりも前に償還されることがあるが、償還金額が額面金額を下回ることはない。

3）ストリップス債は、金利スワップを組み込むことでクーポンが市場金利と逆方向に変動するように設計された債券であり、市場金利が上昇すると受け取る金利が減少する。

4）一般に、払込みと償還が円貨で行われ、利払いが米ドル等の外貨で行われる債券はデュアルカレンシー債と呼ばれ、払込みと利払いが円貨で行われ、償還が米ドル等の外貨で行われる債券はリバース・デュアルカレンシー債と呼ばれる。

7 ▶ **正解　1**

1）**適　切**。他社株転換可能債（ＥＢ債）は、満期償還前の判定日に債券の発行者とは異なる別の会社の株式（対象株式）の株価が発行時に決められた価格を上回ると、額面金額の金銭で償還され、対象株式の株価が発行時に決められた価格を下回ると、金銭での償還ではなく、対象株式が交付される債券である。

2）**不適切**。早期償還条項が付いている株価指数連動債（リンク債）は、参照する株価指数の変動によって償還金額などが変動し、満期償還日よりも前に償還されたり償還金額が額面金額を下回ったりする可能性がある債券である。

3）**不適切**。本肢は、リバースフローター債の記述である。リバースフローター債とは、金利スワップを組み込むことでクーポンが市場金利と逆方向に変動するように設計された債券のことであり、市場金利が上昇すると受け取る金利が減少する。なお、ストリップス債とは、固定利付債の元本部分と利子部分を分離し、元本部分は利付債の償還日を満期とする割引債、利子部分はそれぞれの支払期日を満期とする割引債として販売される債券のことである。

4）**不適切**。デュアルカレンシー債は、払込みと利払いの通貨が同一（円建て）で、償還の通貨が異なる（外貨建て）タイプである。一方、リバース・デュアルカレンシー債は、払込みと償還の通貨が同一（円建て）で、利払いの通貨が異なる（外貨建て）タイプである。

8
□
□

個人向け国債に関する次の記述のうち、最も不適切なものはどれか。

(2021年1月問18)

1）個人向け国債には、「固定金利型３年満期」「固定金利型５年満期」「変動金利型10年満期」の３種類があり、いずれも毎月発行されている。

2）変動金利型の個人向け国債の各利払期における適用利率（年率）は、基準金利に0.66を掛けた値であるが、0.05%が下限とされ、その利払日は、原則として毎年の発行月および発行月の半年後の15日である。

3）個人向け国債の利子は、原則として、支払時に20.315%の税率により源泉（特別）徴収され、申告分離課税の対象とされているが、確定申告不要制度を選択することもできる。

4）個人向け国債は、原則として発行から１年経過後、１万円単位で中途換金することができ、その換金金額は、額面金額に経過利子相当額を加えた金額から換金手数料および中途換金調整額を差し引いた金額となる。

8 ▶ **正解　4**

1）**適　切**。なお、金利設定方法は、「固定金利型３年満期」は「基準金利－0.03％」、「固定金利型５年満期」は「基準金利－0.05％」、「変動金利型10年満期」は「基準金利×0.66」である。

2）**適　切**。個人向け国債の利払日は、原則として、毎年の発行月および発行月の半年後の15日である。

3）**適　切**。個人向け国債の利子（利子所得）は、申告分離課税（申告不要とすることもできる）の対象となり、上場株式等の譲渡損失および特定公社債等の譲渡損失との損益通算が可能である。

4）**不適切**。中途換金は、原則として、第２期利子支払日（発行後１年）以降可能であるが、「直前２回分の各利子（税引前）相当額×0.79685」が中途換金調整額として差し引かれる。ただし、換金手数料は差し引かれない。

9

□
□

債券のリスク指標に関する次の記述のうち、最も適切なものはどれか。

(2022年9月問18)

1）他の条件が同じであれば、債券の表面利率が低いほど、また残存期間が長いほど、デュレーションは長くなる。

2）残存期間が同じであれば、利付債よりも、割引債のほうがデュレーションは短くなる。

3）デュレーションが同じであれば、コンベクシティが大きい債券のほうが、小さい債券よりも、金利の低下局面において債券価格の上昇率は小さくなる。

4）修正デュレーションとは、デュレーションの精度不足を補うためのものであり、金利の変化に対するデュレーションの変化の割合で表される。

9 ▶ 正解　1

1）**適　切**。デュレーションは、金利の変動による債券の価格変動リスクの指標である。デュレーションと表面利率および残存期間との関係は、次のとおりである。

・表面利率が低い債券ほど、デュレーションが長い（金利変動の影響を受けやすい）

・残存期間が長い債券ほど、デュレーションが長い（金利変動の影響を受けやすい）

2）**不適切**。利付債のデュレーションは残存期間よりも短くなるのに対し、割引債のデュレーションは残存期間と等しくなる。したがって、残存期間が同じであれば、割引債よりも、利付債のほうがデュレーションは短くなる。

3）**不適切**。コンベクシティとは、金利の変化に対するデュレーションの変化の割合である。「コンベクシティが大きい」ということは、デュレーションの変動率が高いことを意味するため、金利変動に対して債券価格の変動も大きくなる。したがって、金利低下局面において、コンベクシティの大きい債券のほうが、小さい債券よりも、価格上昇率が大きくなる。

4）**不適切**。修正デュレーションは、デュレーションを「1＋最終利回り」で除した値である。利回り変化に対する債券の価格変化を計算する場合に用いる。例えば、修正デュレーションが1の場合、最終利回りが1％変化すると、債券価格も1％変化することを示す。なお、金利の変化に対するデュレーションの変化の割合を表しているのは、コンベクシティである（選択肢3の解説参照）。

10 □□

株式累積投資および株式ミニ投資に関する次の記述のうち、最も適切なものはどれか。

(2023年9月問18)

1）株式累積投資は、一般に、毎月1万円以上200万円未満で設定した一定の金額（1,000円単位）で同一銘柄の株式を継続的に買い付ける投資方法である。

2）株式累積投資を利用して買い付けた株式が単元未満株であっても、当該株式の名義人は当該株式を購入した投資家となる。

3）株式ミニ投資に係る約定価格は、約定日におけるあらかじめ定められた取引所の市場価格に基づき決定され、当該取引所の一定時における最良気配の範囲内の価格または売買高加重平均価格となる。

4）株式ミニ投資は、投資家から注文を受託した日が約定日となり、受渡日は原則として約定日から起算して3営業日目となる。

頻出 **11** □□

株式等の信用取引に関する次の記述のうち、最も適切なものはどれか。

(2022年9月問20)

1）制度信用取引において、品貸料（逆日歩）が発生した銘柄について、売り方は品貸料（逆日歩）を受け取ることができる。

2）信用取引による売買が成立した後に相場の変動による評価損が発生し、金融商品取引業者が定める最低委託保証金維持率を下回った場合、追加保証金（追証）を差し入れるなどの方法により、委託保証金の不足を解消しなければならない。

3）信用取引の決済は、反対売買による差金決済によって行わなければならない。

4）上場投資信託（ＥＴＦ）は、現物取引による売買に限られており、信用取引による売買はできない。

10 ▶ 正解 **3**

1）**不適切**。株式累積投資は、一般に、毎月１万円以上100万円未満で設定した一定の金額（1,000円単位）で同一銘柄の株式を継続的に買い付ける投資方法である。

2）**不適切**。単元未満株の場合、当該株式の名義人は取扱証券会社である。

3）**適　切**。なお、株式ミニ投資は、単元株の10分の１単位で株式の売買が行える制度であり、単元株が100株であれば10株単位で売買できる。

4）**不適切**。株式ミニ投資の約定日は注文日の翌営業日となり、受渡日は通常の株式と同様、原則として約定日から３営業日目となる。したがって、注文日を含めて４営業日目が受渡日になる。

11 ▶ 正解 **2**

1）**不適切**。制度信用取引において、品貸料（逆日歩）が発生した銘柄について、売り方は品貸料（逆日歩）を支払うことになる。

2）**適　切**。なお、委託保証金維持率は30％以上（最低30万円）となっている。

3）**不適切**。信用取引の決済は、反対売買による差金決済または現引き・現渡しによる受渡決済のいずれかで行えばよい。

4）**不適切**。上場投資信託（ＥＴＦ）は信用取引による売買ができる。

頻出 **12**

□
□

株価指数等に関する次の記述のうち、最も適切なものはどれか。

(2023年5月問19)

1）日経平均株価は、構成銘柄の株価を株価換算係数で調整した合計金額を除数で割って算出した修正平均型の株価指標であり、株式分割や構成銘柄の入替え等があった場合、除数の値を修正することで連続性・継続性を維持している。

2）ＴＯＰＩＸ（東証株価指数）については、フロア調整に係るウエイト基準日における浮動株時価総額ウエイトが下限を下回る銘柄は、ウエイトを調整するためのフロア調整係数が設定される。

3）ＪＰＸ日経インデックス400は、東京証券取引所のプライム市場に上場する内国普通株式銘柄のうち、時価総額、売買代金、ＲＯＥ等を基に選定された400銘柄を対象とし、基準値を10,000とした時価総額加重型の株価指数である。

4）東証ＲＥＩＴ指数は、東京証券取引所に上場しているＲＥＩＴおよびインフラファンドを対象とし、基準値を1,000とした時価総額加重型の指数である。

12 ▶ **正解　1**

1）**適　切**。日経平均株価は、次の算式で求める。なお、除数とは市況変動によらない価格変動を調整し、連続性を維持するための値である。

$$日経平均株価=\frac{株価換算係数で調整した構成銘柄の株価の合計金額}{除数}$$

2）**不適切**。ＴＯＰＩＸについては、キャップ調整に係るウエイト基準日における浮動株時価総額ウエイトが上限を超える銘柄については、ウエイトを調整するためのキャップ調整係数が設定される。

3）**不適切**。ＪＰＸ日経インデックス400は、プライム市場、スタンダード市場、グロース市場に上場されている銘柄を対象とする。

4）**不適切**。東証ＲＥＩＴ指数は、東京証券取引所に上場しているＲＥＩＴ全銘柄が対象である。インフラファンドは対象となっていない。なお、東京証券取引所に上場しているインフラファンド全銘柄を対象とした東証インフラファンド指数がある。

頻出 13 □□

外貨建商品等に関する次の記述のうち、最も適切なものはどれか。

(2023年1月問19)

1）外国為替証拠金取引において、投資家の建玉に係る評価損の額が、外国為替証拠金取引を取り扱う金融商品取引業者の定めた水準に達した場合、建玉は強制的に決済されて取引が終了するため、証拠金の額を上回る損失が生じることはない。

2）外貨建MMFは、一般に外貨預金と比べて為替手数料が安く、購入時手数料および解約手数料は不要であるが、買付後30日以内に解約する場合、所定の信託財産留保額が差し引かれる。

3）外国株式の海外委託取引（外国取引）は、国外の株式市場に上場している外国株式について、投資家の注文を国内の証券会社が国外の証券取引所に取り次いで売買する取引であり、指値注文をすることができる。

4）米国株式信用取引は、米国の株式市場に上場している株式を対象としており、品貸料、返済期限等は、証券取引所の規則で定められている制度信用取引である。

頻出 14 □□

株価が1,200円で期待利子率（割引率）が7.0％、1株当たりの予想配当が30円の場合、定率で配当が成長して支払われる配当割引モデルにより計算した当該株式の予想配当に対する期待成長率として、次のうち最も適切なものはどれか。なお、計算結果は表示単位の小数点以下第3位を四捨五入すること。

(2019年9月問20)

1）2.34％

2）4.33％

3）4.50％

4）9.50％

13 ▶ **正解 3**

1）**不適切**。投資家の建玉に係る評価損の額が金融商品取引業者の定めた水準に達した場合、建玉を強制的に決済して取引を終了させることをロスカットという。流動性の低下などにより決済注文が約定せず、金融商品取引業者の定めた水準でロスカットされなければ、さらに損失が拡大してしまうため、証拠金を上回る損失が発生する可能性がある。

2）**不適切**。外貨建てMMFは、購入日の翌営業日以降、ペナルティなしで換金でき、信託財産留保額は徴収されない。

3）**適　切**。海外委託取引（外国取引）は、投資家の注文を国内の証券会社が取り次ぎ、海外の証券会社を通じて海外市場に直接注文を発注する方法である。外国株式の約定価格は現地の通貨による表示となるほか、手数料は国内の証券会社と現地の証券会社の両方に支払う。成行注文と指値注文ができる。

4）**不適切**。米国株式信用取引は、米国の株式市場に上場している株式を対象としており、品貸料、返済期限等は、証券会社のルールで定められている一般信用取引である。

14 ▶ **正解 3**

株式の価値は、将来支払われる配当の現在価値の総合計であるとの考え方を、配当割引モデルという。将来にわたって定率で配当が成長して支払われると予想する場合、以下の計算式が成り立つ。

$$株式の内在価値 = \frac{1株当たりの予想配当}{期待利子率 - 期待成長率}$$

株式の内在価値（株価）＝1,200円、1株当たりの予想配当＝30円、期待利子率＝7.0%を当てはめて、期待成長率をxとして計算する。

$$\frac{30円}{7.0\% - x} = 1,200円$$

$$1,200円 \times (7.0\% - x) = 30円$$

$$x \times 1,200円 = 54円$$

$$x = 54円 \div 1,200円 = 0.045 \rightarrow \underline{4.50\%}$$

15 □ □

米国の株価指標等に関する次の記述のうち、最も不適切なものはどれか。 (2021年9月問20)

1）ダウ・ジョーンズ工業株価平均（ニューヨーク・ダウ）は、ニューヨーク証券取引所およびＮＡＳＤＡＱ市場に上場している30銘柄を対象として、連続性を持たせる形でこれらの平均株価を算出し、公表される修正平均株価の指標である。

2）Ｓ＆Ｐ500種株価指数は、ニューヨーク証券取引所およびＮＡＳＤＡＱ市場に上場している500銘柄を対象として、連続性を持たせる形でこれらの平均株価を算出し、公表される修正平均株価の指標である。

3）ナスダック総合指数は、ＮＡＳＤＡＱ市場で取引されている全銘柄を対象とする時価総額加重平均型の株価指数である。

4）ＶＩＸ指数は、Ｓ＆Ｐ500種株価指数を対象としたオプション取引のボラティリティをもとに算出・公表されている指数であり、一般に、数値が高いほど、投資家が相場の先行きに対して警戒感を示しているとされている。

頻出 **16** □ □

オプション取引による一般的なリスクヘッジに関する次の記述のうち、最も不適切なものはどれか。 (2022年5月問22)

1）東証株価指数（ＴＯＰＩＸ）を原資産とするプット・オプションの購入は、東証株価指数（ＴＯＰＩＸ）が下落することに対するヘッジとなる。

2）ドル・コール／円・プットの購入は、ドルの対円相場が上昇するドル高／円安に対するヘッジとなる。

3）キャップの購入は、対象となる金利が上昇することに対するヘッジとなる。

4）ペイヤーズ・スワップションの購入は、固定金利が低下することに対するヘッジとなる。

15 ▶ **正解 2**

1）適　切。ダウ工業株30種平均はニューヨーク証券取引所およびＮＡＳＤＡＱ市場に上場している30銘柄を対象とする修正平均株価である。

2）不適切。Ｓ＆Ｐ500種株価指数は、時価総額加重平均型の指数である。

3）適　切。なお、ナスダック総合指数は、ハイテク株やインターネット関連株の株価動向に影響されやすい傾向がある。

4）適　切。ＶＩＸ指数（恐怖指数）は、株式市場に対する投資家心理を表す指数であり、この数値が高まると、投資家が将来の先行きに対して不安を持っている状態であるとされる。

16 ▶ **正解 4**

1）適　切。現物の値下がりリスクに備えるのが、売りヘッジである。オプション取引では、プット・オプションの購入が、原資産価格の下落に対するヘッジとなる。

2）適　切。例えば、ドル支払いがある輸入企業が、将来のドルに対するドル高／円安をヘッジするために、ドル・コール／円・プットを購入することがある。

3）適　切。キャップとは、変動金利の上限のことであり、資金調達者の金利上昇リスクのヘッジに利用される。

4）不適切。ペイヤーズ・スワップションとは、買い手が固定金利を支払い、変動金利を受け取る金利スワップであり、金利上昇リスクのヘッジとなる。

17 □□

わが国の先物取引に関する次の記述のうち、最も不適切なものはどれか。 (2023年5月問21)

1）先物取引の立会時間は、日中立会と夜間立会（ナイト・セッション）があり、どちらの立会時間も、板寄せ方式やザラバ方式による取引が行われている。

2）ＴＯＰＩＸ先物（ラージ）は、ＴＯＰＩＸ（東証株価指数）の１万倍の金額が最低取引単位（１枚）とされ、日経225先物（ラージ）は、日経平均株価の1,000倍の金額が最低取引単位（１枚）とされている。

3）株価指数先物取引には、ＴＯＰＩＸ先物や日経225先物のほか、ＪＰＸ日経インデックス400先物、ＮＹダウ先物があり、いずれも大阪取引所に上場している。

4）株価指数先物取引の取引最終日は、原則として、各限月の第１金曜日（ＳＱ日）の前営業日となり、取引最終日までに反対売買で決済されなかった建玉は、最終清算数値（ＳＱ値）により決済される。

17 ▶ **正解 4**

1）**適　切**。なお、板寄せ方式とは立会時間の最初と最後で用いられる売買締結方法であり、ザラバ方式とは立会時間中に用いられる売買締結方法である。

2）**適　切**。ＴＯＰＩＸ先物は、ＴＯＰＩＸを10,000倍した金額が最低取引単位（１枚）となっている。また、日経225先物は、日経225を1,000倍した金額が最低取引単位（１枚）となっている。

3）**適　切**。国内株価指数や海外株価指数を対象とした先物取引は、大阪取引所で行われている。なお、エネルギーおよび中京石油を対象とした先物取引は、東京商品取引所で行われている。

4）**不適切**。株価指数先物取引の期限月を限月（げんげつ）という。各限月の満期日（ＳＱ日という）は第２金曜日であり、その前営業日が最終取引日である。最終取引日までに反対売買されなかった場合、最終清算数値（ＳＱ値）により最終決済される。

頻出 18 □□

ポートフォリオ理論に関する次の記述のうち、最も適切なものはどれか。 (2023年5月問22)

1）ポートフォリオのリスクには、アンシステマティックリスク（非市場リスク）とシステマティックリスク（市場リスク）があり、最適ポートフォリオにおいては、システマティックリスク（市場リスク）がゼロとなる。

2）資産Ａと資産Ｂの共分散は、資産Ａと資産Ｂの相関係数を、資産Ａの標準偏差および資産Ｂの標準偏差で除して算出することができる。

3）効率的フロンティア上のポートフォリオは、同じリスクのポートフォリオのなかで最も期待収益率が高くなる。

4）収益率の散らばりが正規分布していると仮定すると、期待収益率が年率10％、標準偏差が年率20％の場合、約99.7％の確率で将来の収益率が年率－30％から50％の範囲に収まるとされる。

18 ▶ **正解　3**

1）**不適切**。システマティックリスクは、金利、為替、死生学的な事件の発生などによるリスクであるため、分散投資によってもリスクをゼロにすることはできない。なお、最適ポートフォリオは、リスク回避的な投資家の効用無差別曲線と効率的フロンティアの接点である。

2）**不適切**。資産Aと資産Bの相関係数は、次の算式で求めることができる。

$$相関係数=\frac{資産Aと資産Bの共分散}{資産Aの標準偏差\times 資産Bの標準偏差}$$

∴　資産Aと資産Bの共分散＝相関係数×資産Aの標準偏差×資産Bの標準偏差

したがって、資産Aと資産Bの共分散は、資産Aと資産Bの相関係数に資産Aの標準偏差および資産Bの標準偏差を乗じることにより算出することができる。

3）**適　切**。効率的フロンティアは、同じリスク（標準偏差）の中でリターン（期待収益率）が最大となる投資機会の集合である。

4）**不適切**。収益率の散らばりが正規分布していると仮定すると、次のことがいえる。

・約68％の確率で「期待収益率±標準偏差」の範囲に収まる。
・約95％の確率で「期待収益率±２×標準偏差」の範囲に収まる。
・約99.7％の確率で「期待収益率±３×標準偏差」の範囲に収まる。

期待収益率が年率10％、標準偏差が年率20％の場合、将来の収益率は次のとおりとなる。

・約68％の確率で－10％～30％の範囲に収まる。
・約95％の確率で－30％～50％の範囲に収まる。
・約99.7％の確率で－50％～70％の範囲に収まる。

19

□
□

行動ファイナンスの基礎となる意思決定理論に関する一般的な次の記述のうち、最も不適切なものはどれか。 (2020年1月問22)

1）投資家は、利益が出ている局面ではリスク回避的になるのに対し、損失が出ている局面ではリスク追求的になる反転効果の傾向があるとされている。

2）投資家は、ある選択をしたことによって実際に支出した費用に比べて、他の選択をしていれば得られたであろう利益（機会費用）を軽く捉える傾向があるとされている。

3）投資家は、ある選択をする場合、これから支出する費用と得られる便益を考慮し、選択前に既に支払っていた費用はその選択には影響を及ぼさない傾向があるとされている。

4）投資家は、価値を判断するにあたって、価値の絶対的な水準よりも利益と損失の判断を分ける基準点からの変化の大きさによって価値を決定する傾向があるとされている。

19 ▶ **正解　3**

1）適　切。行動ファイナンスの基礎理論として、ダニエル・カーネマンが提唱した「プロスペクト理論」によると、投資家は、利益が出ている局面では、「これが上限かもしれない」と判断して売り急ぐ、つまりリスク回避的になるとされる。反対に、損失が出ている局面では、「この損失を挽回しよう」と判断して売りそびれる、つまりリスク追求的になるとされている。

2）適　切。選択肢1と同様に、費用（損失）は利益よりも過大評価される傾向にある。

3）不適切。選択肢1と同様に、既に支払っていた費用（既に発生している損失）がある場合、これを挽回しよう（取り戻そう）と判断することになるため、次の行動に影響をおよぼす。

4）適　切。「プロスペクト理論」では「価値関数」を提示している。これによると、最終的な資産額ではなく、何らかの基準点（レファレンス・ポイント）からの変化を基準に評価する。例えば、購入時の株価が1,000円であり、株価が上昇した場合、初めは強い幸せを感じる（価値の上昇が急激）が、株価の上昇が継続すると、幸せの度合いは緩やか（価値の上昇は緩やか）になる。

〈価値関数〉

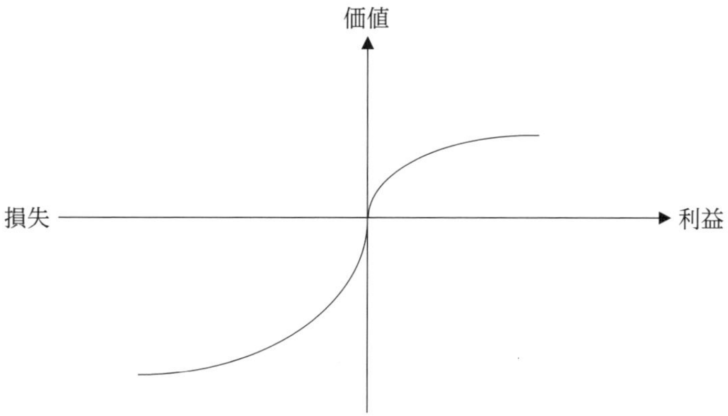

20
□
□

以下の表におけるA資産とB資産をそれぞれ6：4の割合で購入した場合のポートフォリオの標準偏差として、次のうち最も適切なものはどれか。なお、計算結果は小数点以下第3位を四捨五入すること。

(2022年9月問21)

〈A資産とB資産の期待収益率・標準偏差・共分散〉

	期待収益率	標準偏差	A資産とB資産の共分散
A資産	5.00%	10.00%	72.00
B資産	11.00%	25.00%	

1） 6.51%
2） 8.46%
3）11.82%
4）13.06%

20 ▶ 正解 4

Ａ資産とＢ資産のポートフォリオの標準偏差を求める算式は、次のとおりである。

> 分散＝(Ａの組入比率)^2×(Ａの標準偏差)^2＋(Ｂの組入比率)^2
> ×(Ｂの標準偏差)^2＋２×Ａの組入比率×Ｂの組入比率
> ×ＡとＢの相関係数×Ａの標準偏差×Ｂの標準偏差
> 標準偏差＝$\sqrt{分散}$

また、Ａ資産とＢ資産の相関係数と共分散との関係式は、次のとおりである。

> $相関係数＝\dfrac{ＡとＢの共分散}{Ａの標準偏差×Ｂの標準偏差}$
> ∴　ＡとＢの共分散＝ＡとＢの相関係数×Ａの標準偏差×Ｂの標準偏差

・ポートフォリオの分散

$0.6^2 \times 10.00^2 + 0.4^2 \times 25.00^2 + 2 \times 0.6 \times 0.4 \times 72.00 = 170.56$

・ポートフォリオの標準偏差

$\sqrt{170.56} = 13.059\cdots$ → $\underline{13.06\%}$（小数点以下第３位四捨五入）

21

□
□

以下の表におけるポートフォリオXのジェンセンのα（ジェンセンの測度）として、次のうち最も適切なものはどれか。なお、計算結果は小数点以下第2位を四捨五入すること。 (2024年1月問22)

	収益率	標準偏差	β（ベータ）
安全資産	1.0%	－	－
市場全体のポートフォリオ	10.0%	10.0%	1.0
ポートフォリオX	16.0%	20.0%	1.5

1）0.0%
2）1.5%
3）2.5%
4）6.0%

21 ▶ **正解　2**

ジェンセンのα（ジェンセンの測度）は、ＣＡＰＭ（資本資産評価モデル）による収益率（均衡収益率）を上回った超過収益率を測るものである。

ＣＡＰＭによる収益率＝安全資産利子率 ＋(市場の期待収益率－安全資産利子率)×β

＝1.0%＋(10.0%－1.0%)×1.5

＝14.5%

ジェンセンのα(ジェンセンの測度)＝ポートフォリオの収益率 －ＣＡＰＭによる収益率

＝16.0%－14.5%

＝1.5%

22

□
□

当初時価総額が100万円のポートフォリオにおいて、２期分の期末時価総額が下記のとおりである場合、当該ポートフォリオの第２期末までの時間加重収益率（厳密法による年率換算）として、次のうち最も適切なものはどれか。なお、第１期末の時価総額に新たに20万円の資金流入があったものとし、記載のない事項については考慮しないものとする。また、計算結果は表示単位の小数点以下第３位を四捨五入すること。

（2020年９月問22）

	当　初	第１期末	第２期末
時価総額	100万円	120万円	160万円
資金流入額	―	20万円	―

1） 8.01％
2）17.11％
3）26.49％
4）34.29％

22 ▶ 正解 2

時間加重収益率とは、期中のキャッシュフローが発生するたびにポートフォリオの市場価値を計算し、それに基づいて算出した幾何平均収益率のことをいう。時間加重収益率は、キャッシュフローや単位期間の収益率の順序の影響を中立化させており、運用者の運用成績を測定するのに適している。時間加重収益率（厳密法）を求める算式は、以下のとおり。

$$時間加重収益率 = \sqrt[t_n]{\frac{V_1}{V_0} \times \frac{V_2}{V_1 + C_1} \times \cdots \times \frac{V_n}{V_{n-1} + C_{n-1}}} - 1$$

V_0：測定期間における期首のファンドの時価
V_n：測定期間における期末のファンドの時価
V_i：測定期間中i回目のキャッシュフロー発生直後のファンドの時価
t_n ：測定期間
C_i：測定期間中i回目のキャッシュフロー

本問では、$V_0 = 100$万円、$V_1 = 120$万円、$C_1 = 20$万円、$V_n = 160$万円、$t_n = 2$期を算式に当てはめて計算する。

$$時間加重収益率 = \sqrt[2]{\frac{120}{100} \times \frac{160}{120 + 20}} - 1 = \sqrt{\frac{48}{35}} - 1$$

$$\fallingdotseq 0.17108 \cdots \rightarrow \underline{17.11\%}$$

※$\sqrt[2]{\ }$は、通常$\sqrt{\ }$と表す。

23

□
□

特定口座に関する次の記述のうち、最も適切なものはどれか。なお、本問における簡易申告口座とは、特定口座のうち、源泉徴収がされない口座をいう。 (2021年5月問23)

1）簡易申告口座には、上場株式等の配当等や特定公社債等の利子等を受け入れることはできない。

2）簡易申告口座は、源泉徴収選択口座と異なり、その年中における口座内の取引内容が記載された「特定口座年間取引報告書」は作成されない。

3）源泉徴収選択口座は、開設が投資家１人当たり１口座までとされており、複数の金融機関にそれぞれ源泉徴収選択口座を開設することはできない。

4）源泉徴収選択口座に上場株式等の配当等を受け入れた場合、その支払の都度、当該口座内の上場株式等の譲渡損失の金額と損益通算される。

23 ▶ **正解　1**

1）**適　切**。なお、簡易申告口座には、上場株式等の配当等や特定公社債等の利子等を受け入れることができないため、上場株式等や特定公社債等の譲渡損失と上場株式等の配当等や特定公社債等の利子等と損益通算するためには、確定申告が必要となる。

2）**不適切**。特定口座で取引を行った場合、原則として、「特定口座年間取引報告書」が２通作成され、金融機関の営業所の所轄税務署長および特定口座の開設者にそれぞれ交付される。

3）**不適切**。源泉徴収の有無にかかわらず、特定口座は１金融機関につき１口座開設することができる。

4）**不適切**。源泉徴収選択口座内の上場株式等の配当等と上場株式等の譲渡損失の金額との損益通算は、年間の譲渡損失の金額が確定した後に年１回行われる。

24
□
□

2024年から始まった新しいＮＩＳＡに関する次の記述のうち、最も不適切なものはどれか。なお、記載のない事項については考慮しないものとする。

(2024年1月問23)

1）ある年の年末の非課税保有額が、つみたて投資枠1,200万円、成長投資枠400万円であった場合、その翌年中に、つみたて投資枠を利用して新たに購入することができる金額の上限は120万円である。

2）ある年の年末の非課税保有額が、つみたて投資枠600万円、成長投資枠1,200万円であり、その翌年中に、つみたて投資枠の商品を簿価残高で600万円分売却した場合、同年中に、つみたて投資枠を利用して新たに購入することができる金額の上限は120万円である。

3）ある年の年末の非課税保有額が、つみたて投資枠300万円、成長投資枠700万円であった場合、その翌年中に、成長投資枠を利用して新たに購入することができる金額の上限は240万円である。

4）ある年の年末の非課税保有額が、つみたて投資枠500万円、成長投資枠1,000万円であり、その翌年中に、成長投資枠の商品を簿価残高で700万円分売却した場合、同年中に、成長投資枠を利用して新たに購入することができる金額の上限は200万円である。

24 ▶ 正解　**2**

	つみたて投資枠 （特定累積投資勘定）	成長投資枠 （特定非課税管理勘定）
年間非課税投資額	120万円	240万円
非課税限度額（総枠）	1,800万円 ※簿価残高（買付残高）方式で管理 ※売却部分の枠の再利用は、売却した年の翌年以降可能	
		1,200万円（内数）

1）適　切。前年末における非課税保有額は1,600万円（1,200万円＋400万円）であるため、総枠および成長投資枠の限度額を超えておらず、また、総枠の利用可能残額は200万円（1,800万円－1,600万円）ある。したがって、翌年中は、つみたて投資枠を利用して120万円の新規投資が可能である。なお、成長投資枠を利用した場合、200万円の新規投資が可能である。

2）不適切。前年末における非課税保有額は1,800万円（600万円＋1,200万円）であるため、総枠の利用可能残額はない。したがって、翌年中は、つみたて投資枠を利用した購入も成長投資枠を利用した購入もできない。なお、非課税枠が復活するのは、売却した翌年となる。

3）適　切。前年末における非課税保有額は1,000万円（300万円＋700万円）であるため、総枠および成長投資枠の限度額を超えておらず、また、総枠の利用可能残額は800万円（1,800万円－1,000万円）ある。したがって、翌年中は、成長投資枠を利用して240万円の新規投資が可能である。なお、つみたて投資枠を利用した場合、120万円の新規投資が可能である。

4）適　切。前年末における非課税保有額は1,500万円（500万円＋1,000万円）であるため、総枠および成長投資枠の限度額を超えておらず、また、総枠の利用可能残額は300万円（1,800万円－1,500万円）ある。翌年中に、成長投資枠の商品を簿価残高で700万円売却した場合、この枠の再利用は売却した翌年以降となるため、同年中に成長投資枠を利用していた新規投資は200万円（1,200万円－1,000万円）まで可能である。

頻出 **25**

□
□

わが国の預金保険制度に関する次の記述のうち、最も適切なものはどれか。 (2023年5月問23)

1）預金保険制度で保護される預金等の額の算定にあたり、単に名義を借りたにすぎない他人名義預金については、名義の借主が破綻金融機関に有する他の預金等と合算される。

2）同一の預金者が、破綻金融機関に、担保権の目的となっている定期預金と担保権の目的となっていない定期預金の口座を有し、その元本の合計額が1,000万円を超える場合、付保預金の特定にあたっては、担保権の目的となっていないものが優先される。

3）破綻金融機関に預け入れられていた普通預金については、当該預金者への払戻金が確定する前に、暫定的に1口座当たり200万円を上限に仮払金が支払われることがある。

4）預金者が破綻金融機関に対して借入金を有しているときは、借入金について借入約定等の特約により相殺が禁止されている場合を除き、預金者の意思にかかわらず、預金の債権と借入金の債務が相殺される。

25 ▶ **正解　2**

1）**不適切**。他人名義預金は預金保険制度の保護の対象ではない。したがって、名義の借主が破綻金融機関に有する他の預金等と合算（名寄せ）されない。

2）**適　切**。1預金者の預金等を合算した結果、一般預金等が元本1,000万円を超え、かつ、複数の預金等が存在する場合、次の優先順位で元本1,000万円を特定する。

①担保権の目的となっていないもの

②満期の早いもの（満期がないものが最優先）

③満期が同じ預金等が複数ある場合は金利の低いもの

3）**不適切**。仮払金は、1口座につき60万円が上限となっている。

4）**不適切**。預金者が相殺を行うためには、民法および預金規定・借入約定等に基づいて、預金者側から破綻金融機関に対して、所定の手続きにより相殺をする旨の意思表示が必要である。

学科応用問題

1 次の設例に基づいて、下記の各問（《問１》～《問３》）に答えなさい。

□□

（2021年９月第２問・問54～56改）

《設　例》

Ａさん（50歳）は、上場株式への投資を行いたいと考えている。Ａさんは、同業種の国内企業であり、東京証券取引所プライム市場に上場しているＸ社およびＹ社に興味を持ち、連結財務諸表などから作成した財務データ等を参考にして投資判断を行いたいと考えている。

そこで、Ａさんは、ファイナンシャル・プランナーのＭさんに相談することにした。

〈Ｘ社とＹ社の財務データ〉　（単位：百万円）

		Ｘ社	Ｙ社
資産の部合計		3,600,000	830,000
負債の部合計		1,700,000	480,000
純資産の部合計		1,900,000	350,000
内訳	株主資本合計	1,800,000	300,000
	その他の包括利益累計額合計	30,000	23,000
	新株予約権	4,000	—
	非支配株主持分	66,000	27,000
売上高		3,500,000	780,000
売上総利益		1,015,000	320,000
営業利益		380,000	95,000
営業外収益		25,000	4,000
内訳	受取利息	6,000	1,200
	受取配当金	4,000	1,000
	その他	15,000	1,800
営業外費用		35,000	6,000
内訳	支払利息	9,000	2,000
	その他	26,000	4,000
経常利益		370,000	93,000
親会社株主に帰属する当期純利益		188,000	42,500
配当金総額		76,000	8,500

〈X社とY社の株式に関するデータ〉

X社：株価3,600円、発行済株式総数8億株、1株当たり配当金95円（年間）

Y社：株価1,200円、発行済株式総数2億5,000万株、1株当たり配当金34円（年間）

※上記以外の条件は考慮せず、各問に従うこと。

《問1》《設例》の〈X社とY社の財務データ〉および〈X社とY社の株式に関するデータ〉に基づいて、Mさんが、Aさんに対して説明した以下の文章の空欄①～⑤に入る最も適切な語句または数値を、解答用紙に記入しなさい。なお、計算結果は表示単位の小数点以下第3位を四捨五入し、小数点以下第2位までを解答すること。また、問題の性質上、明らかにできない部分は「□□□」で示してある。

Ⅰ「株式投資の代表的な評価指標である（　①　）は、売上高当期純利益率、使用総資本回転率、財務レバレッジの3指標に分解して、要因分析を行うことができます。X社とY社の（　①　）の値を比較すると、（　②　）社の値のほうが上回っています。（　②　）社の値が上回る主な要因は、3指標のうち、（　③　）によるものであると考えられます」

Ⅱ「X社とY社を財務的な安定性を測る指標であるインタレスト・カバレッジ・レシオで比較すると、X社の値が（　④　）倍、Y社の値が□□□倍です。両社ともに財務的な余裕があるといえます」

Ⅲ「X社とY社を株主への利益還元の度合いを測る指標である配当性向で比較すると、X社の値が（　⑤　）％、Y社の値が□□□％であり、X社の値がY社の値を上回っています」

《問2》《設例》の〈X社とY社の財務データ〉に基づいて、①Y社のサスティナブル成長率と②Y社の使用総資本事業利益率をそれぞれ求めなさい。〔計算過程〕を示し、〈答〉は表示単位の小数点以下第3位を四捨五入し、小数点以下第2位までを解答すること。

《問3》《設例》の〈X社とY社の財務データ〉に基づいて、X社の損益分岐点比率を求めなさい。〔計算過程〕を示すこと。なお、計算過程においては端数処理せず、〈答〉は表示単位の小数点以下第3位を四捨五入し、小数点以下第2位までを解答すること。また、変動費は売上原価に等しく、固定費は販売費及び一般管理費に等しいものとする。

2 次の設例に基づいて、下記の各問（《問１》～《問３》）に答えなさい。

□□

（2023年９月第２問・問54～56改）

《設　例》

Ａさん（46歳）は、これまで投資信託Ｙで資産運用を行ってきたが、余裕資金が生じたため、投資額を増やしたいと考えている。現在、Ｘ社株式（東京証券取引所上場銘柄）と投資信託Ｚに興味があり、下記の資料を参考にして、投資判断を行いたいと考えている。また、Ａさんは、保有している投資信託の運用結果について、どのように評価すればよいのか知りたいと思っている。

そこで、Ａさんは、ファイナンシャル・プランナーのＭさんに相談することにした。

〈Ｘ社の財務データ等〉　（単位：百万円）

		2024年３月期
資産の部合計		320,000
内訳	流動資産	210,000
	固定資産	110,000
負債の部合計		66,000
内訳	流動負債	49,000
	固定負債	17,000
純資産の部合計		254,000
内訳	株主資本合計	224,000
	その他の包括利益累計額合計	14,000
	非支配株主持分	16,000
売上高		289,000
売上総利益		205,000
営業利益		22,000
営業外収益		7,000
内訳	受取利息	600
	受取配当金	200
	為替差益	4,300
	その他	1,900
営業外費用		400
内訳	支払利息	170
	その他	230
経常利益		28,600
親会社株主に帰属する当期純利益		19,000
配当金総額		15,000
発行済株式総数		60百万株

〈投資信託Y・投資信託Zの実績収益率・標準偏差・相関係数〉

	実績収益率	標準偏差	投資信託Yと投資信託Zの相関係数
投資信託Y	4.20%	12.50%	0.70
投資信託Z	7.00%	15.00%	

※上記以外の条件は考慮せず、各問に従うこと。

《問1》《設例》の〈X社の財務データ等〉に基づいて、Mさんが、Aさんに対して説明した以下の文章の空欄①～④に入る最も適切な語句または数値を、解答用紙に記入しなさい。なお、計算結果は表示単位の小数点以下第3位を四捨五入し、小数点以下第2位までを解答すること。また、問題の性質上、明らかにできない部分は「□□□」で示してある。

〈固定比率、固定長期適合率〉

Ⅰ 「X社の固定比率は□□□%、固定長期適合率は（ ① ）%です。固定比率は100%以下が理想とされますが、固定長期適合率が100%以下であれば、通常、財務の健全性において大きな問題があるとは考えません。なお、固定長期適合率が100%を大きく超えるようであれば、財務の健全性に問題があると判断しますが、設備投資額が大きい製造業などは、水準が高めになる傾向があります」

〈インタレスト・カバレッジ・レシオ〉

Ⅱ 「X社のインタレスト・カバレッジ・レシオは（ ② ）倍です。この数値が高いほど金利負担の支払能力が高く、財務に余裕があることを示しますが、同業他社と比較することをお勧めします。また、単年の数値だけではなく、過去のトレンドを把握することで、財務体質が悪化しているか否かを判断することが大切です」

〈負債比率〉

Ⅲ 「X社の負債比率は（ ③ ）%です。この数値が低いほど企業の安全性は高くなり、負債比率が100%以下であれば、財務状態は良好と判断されます。負債比率が高いほど、（ ④ ）レバレッジが大きくなります。負債比率は業種によりその平均値が大きく異なっており、多額の設備投資が必要な業種では負債比率は高くなる傾向があります」

《問２》　Ｍさんは、Ａさんに対して、投資信託のパフォーマンス評価および収益率について説明した。Ｍさんが説明した以下の文章の空欄①～⑥に入る最も適切な語句または数値を、解答用紙に記入しなさい。なお、計算結果は表示単位の小数点以下第３位を四捨五入し、小数点以下第２位までを解答すること。また、問題の性質上、明らかにできない部分は「□□□」で示してある。

〈パフォーマンス評価〉

Ⅰ「主に国内株式を組み入れた投資信託の収益率が10％であるときに、東証株価指数（ＴＯＰＩＸ）が15％上昇していた場合、その運用が必ずしも良好であったとはいえません。このように投資信託のパフォーマンス評価をする際に、比較対象となる指標を一般に（　①　）と呼びます。

投資信託のパフォーマンスは、単に収益率が高ければよいということではありません。高い収益率は、高いリスクをとった結果であるかもしれないからです。ポートフォリオ運用において、（　①　）の収益率とポートフォリオの収益率との乖離度合いは、トラッキングエラーで表されます。トラッキングエラーは、ポートフォリオの収益率と（　①　）の収益率との差（超過収益率）の（　②　）であり、この数値が大きいほど、ポートフォリオの収益率の変動が（　①　）の収益率から乖離していたことを表します。

リスク調整後収益率の１つである（　③　）・レシオは、ポートフォリオの収益率から安全資産利子率を差し引いた超過収益率を、ポートフォリオの収益率の（　②　）で除して求めます。また、（　④　）・レシオは、（　①　）の収益率に対するポートフォリオの超過収益率をトラッキングエラーで除したものにより、ポートフォリオの運用成果を評価する手法であり、主にアクティブ運用の成果を測る際に用いられます」

〈収益率〉

Ⅱ「収益率の測定方法には、さまざまな概念がありますが、代表的なものとして（　⑤　）加重収益率と□□□加重収益率があります。（　⑤　）加重収益率は、ポートフォリオへの資金の流入・流出を含めた収益率であるため、投資するタイミングの巧拙を含めたポートフォリオ全体のパフォーマンス評価に適しているといわれます。一方、□□□加重収益率は、ポートフォリオへの資金の流入・流出の影響を取り除いた収益率であるため、資金の流入・流出をコントロールできない投資信託等のファンドマネジャーのパフォーマンス評価に適しているといわれます。仮に、年初の時価総額が10億円である投資信託において、1年目の収益率（年率）が10%となり、1年目の年末に資金が5億円追加されて、2年目の収益率（年率）が12.5%であった場合、時間加重収益率（年率）は（　⑥　）%となります」

《問3》《設例》の〈投資信託Y・投資信託Zの実績収益率・標準偏差・相関係数〉に基づいて、次の①および②に答えなさい。〔計算過程〕を示し、〈答〉は表示単位の小数点以下第3位を四捨五入し、小数点以下第2位までを解答すること。

①　投資信託Yと投資信託Zの共分散はいくらか。

②　投資信託Yと投資信託Zを6：4の割合で組み入れたポートフォリオの標準偏差はいくらか。

3 次の設例に基づいて、下記の各問（《問１》～《問３》）に答えなさい。

□□

(2020年1月第2問・問54～56)

《設　例》

Ａさん（40歳）は、上場株式と投資信託への投資を行いたいと考えている。Ａさんは、上場株式については同業種のＷ社とＸ社に興味を持ち、下記の財務データ等を入手した。投資信託については、ＹファンドとＺファンドの購入を考えている。

そこで、Ａさんは、ファイナンシャル・プランナーのＭさんに相談することにした。

〈Ｗ社・Ｘ社の財務データ等〉（単位：百万円）

		Ｗ社	Ｘ社
資産の部合計		1,900,000	1,300,000
負債の部合計		1,500,000	900,000
純資産の部合計		400,000	400,000
内訳	株主資本合計	290,000	350,000
	その他の包括利益累計額合計	88,000	36,000
	新株予約権	—	—
	非支配株主持分	22,000	14,000
売上高		1,250,000	520,000
売上総利益		430,000	160,000
営業利益		68,000	55,000
営業外収益		8,000	5,000
内訳	受取利息	500	200
	受取配当金	1,000	1,800
	その他	6,500	3,000
営業外費用		12,000	7,500
内訳	支払利息	8,000	5,800
	その他	4,000	1,700
経常利益		64,000	52,500
親会社株主に帰属する当期純利益		35,000	32,000
配当金総額		9,500	7,600
発行済株式総数		200百万株	320百万株
株価		5,600円	2,500円

〈Yファンド・Zファンドの予想収益率〉

	生起確率	Yファンドの予想収益率	Zファンドの予想収益率
シナリオ1	40%	15%	△5%
シナリオ2	40%	10%	15%
シナリオ3	20%	△5%	10%

(注)「△」はマイナスを表している。

※上記以外の条件は考慮せず、各問に従うこと。

《問1》《設例》の〈W社・X社の財務データ等〉に基づき、Mさんが、Aさんに対して説明した以下の文章の空欄①～⑧に入る最も適切な語句または数値を、解答用紙に記入しなさい。なお、計算結果は表示単位の小数点以下第3位を四捨五入し、小数点以下第2位までを解答すること。また、問題の性質上、明らかにできない部分は「□□□」で示してある。

Ⅰ「W社とX社を自己資本当期純利益率で比較すると、W社の値が（ ① ）%、X社の値が□□□%であり、W社の値のほうが上回っています。この自己資本当期純利益率について、売上高当期純利益率、使用総資本回転率、（ ② ）の3指標に分解して、その要因分析を行うと、W社の使用総資本回転率は（ ③ ）回、（ ② ）は（ ④ ）倍で、いずれもX社の値を上回っており、W社のほうが資本効率性が高いと評価することができます」

Ⅱ「W社とX社を財務的な安定性を測る指標であるインタレスト・カバレッジ・レシオで比較すると、W社の値が□□□倍、X社の値が（ ⑤ ）倍であり、X社のほうが財務的な余裕があるといえます」

Ⅲ「W社とX社を代表的な投資指標であるＰＥＲとＰＢＲで比較すると、W社のＰＥＲは（ ⑥ ）倍、ＰＢＲは（ ⑦ ）倍で、いずれもX社の値を上回っており、W社株式のほうが相対的に割高であるといえます。また、配当性向で比較すると、W社の値が（ ⑧ ）%、X社の値が□□□%であり、W社のほうが株主への利益還元の度合いが高いといえます」

《問2》《設例》の〈W社・X社の財務データ等〉に基づき、X社の使用総資本

事業利益率を求めなさい。〔計算過程〕を示し、〈答〉は表示単位の小数点以下第３位を四捨五入し、小数点以下第２位までを解答すること。

《問３》《設例》の〈Ｙファンド・Ｚファンドの予想収益率〉に基づいて、Ｙファンドとファンドをそれぞれ６：４の割合で購入した場合の①ポートフォリオの期待収益率と②ポートフォリオの標準偏差を、それぞれ求めなさい。〔計算過程〕を示し、〈答〉は表示単位の小数点以下第３位を四捨五入し、小数点以下第２位までを解答すること。

解答解説

1 《問1》 正解 ①ROE ②Y ③財務レバレッジ ④43.33（倍） ⑤40.43（%）

〈解説〉

① ROE（自己資本当期純利益率）は、3指標に分解することができる。

$$自己資本当期純利益率 = \frac{当期純利益}{自己資本}$$

$$= \frac{当期純利益}{売上高} \times \frac{売上高}{使用総資本} \times \frac{使用総資本}{自己資本}$$

＝売上高当期純利益率×使用総資本回転率×財務レバレッジ

② ROE（自己資本当期純利益率）

（X社）$\frac{188,000百万円}{1,800,000百万円 + 30,000百万円} \times 100 = 10.273\cdots$

→≒10.27%

（Y社）$\frac{42,500百万円}{300,000百万円 + 23,000百万円} \times 100 = 13.157\cdots$

→≒13.16%

∴Y社の値が上回る

（注）自己資本＝純資産－新株予約権－非支配株主持分＝株主資本＋その他の包括利益累計額

③ ROEの3指標分解

（X社）売上高当期純利益率(%) $= \frac{188,000百万円}{3,500,000百万円} \times 100 = 5.371\cdots$

→≒5.37%

（Y社）売上高当期純利益率(%) $= \frac{42,500百万円}{780,000百万円} \times 100 = 5.448\cdots$

→≒5.45%

使用総資本回転率

（X社）使用総資本回転率 $= \frac{3,500,000百万円}{3,600,000百万円} = 0.972\cdots$ →≒0.97回

（Y社）使用総資本回転率 $= \frac{780,000百万円}{830,000百万円} = 0.939\cdots$ →≒0.94回

財務レバレッジ

（X社）財務レバレッジ＝$\frac{3,600,000\text{百万円}}{1,800,000\text{百万円}+30,000\text{百万円}}$＝1.967…

→≒1.97倍

（Y社）財務レバレッジ＝$\frac{830,000\text{百万円}}{300,000\text{百万円}+23,000\text{百万円}}$＝2.569…

→≒2.57倍

以上より、財務レバレッジだけY社に優位性が認められるため、ROEについてY社の値が上回る主な要因は**財務レバレッジ**である。

④　インタレスト・カバレッジ・レシオは次の算式で求める。

インタレスト・カバレッジ・レシオ(倍)＝$\frac{\text{事業利益}}{\text{金融費用}}$

（注）事業利益＝営業利益＋受取利息および受取配当＋有価証券利息
　　　金融費用＝支払利息および割引料＋社債利息

（X社）インタレスト・カバレッジ・レシオ

＝$\frac{380,000\text{百万円}+6,000\text{百万円}+4,000\text{百万円}}{9,000\text{百万円}}$＝43.333…

→≒43.33倍

⑤　X社の配当性向

配当性向＝$\frac{\text{配当金総額}}{\text{当期純利益}}\times 100=\frac{76,000\text{百万円}}{188,000\text{百万円}}\times 100=40.425\cdots$

→≒40.43%

《問2》▶ 正解　①10.53%　②11.71%

①　Y社のサスティナブル成長率

$$\frac{42,500\text{百万円}}{350,000\text{百万円}-27,000\text{百万円}}\times 100\times\left(1-\frac{8,500\text{百万円}}{42,500\text{百万円}}\right)$$

＝10.53%（小数点以下第3位四捨五入）

②　Y社の使用総資本事業利益率

$$\frac{95,000\text{百万円}+1,200\text{百万円}+1,000\text{百万円}}{830,000\text{百万円}}\times 100=11.71\%$$

（小数点以下第3位四捨五入）

〈解説〉

① サスティナブル成長率は次の算式で求める。

サスティナブル成長率(%)＝ROE×(1－配当性向)

$$=\frac{当期純利益}{自己資本}\times 100\times\left(1-\frac{配当金総額}{当期純利益}\right)$$

(注) 自己資本＝純資産－新株予約権－非支配株主持分

② 使用総資本事業利益率は次の算式で求める。

$$使用総資本事業利益率=\frac{事業利益}{総資本(総資産)}\times 100$$

(注) 事業利益＝営業利益＋受取利息および受取配当＋有価証券利息

《問3》 ▶ 正解 62.56%

限界利益＝売上高－変動費＝売上高－売上原価＝売上総利益

＝1,015,000百万円

売上総利益－販売費及び一般管理費＝営業利益　より

販売費及び一般管理費＝売上総利益－営業利益

＝1,015,000百万円－380,000百万円＝635,000百万円

損益分岐点比率(%)＝損益分岐点売上高÷売上高×100

$$=(固定費\div 限界利益率)\times\frac{1}{売上高}\times 100$$

$$=\left(販売費及び一般管理費\div\frac{限界利益}{売上高}\right)\times\frac{1}{売上高}\times 100$$

$$=\left(635{,}000百万円\div\frac{1{,}015{,}000百万円}{3{,}500{,}000百万円}\right)\times\frac{1}{3{,}500{,}000百万円}\times 100$$

$$=635{,}000百万円\times\frac{3{,}500{,}000百万円}{1{,}015{,}000百万円}\times\frac{1}{3{,}500{,}000百万円}\times 100$$

＝62.561…→≒62.56%

〈解説〉

変動費は売上原価と等しいため、限界利益は売上総利益と等しくなる。また、固定費は販売費及び一般管理費と等しいため、固定費は売上総利益から営業利益を差し引いて求める。

2《問1》 正解 ①43.14（%） ②134.12（倍） ③27.73（%） ④財務（レバレッジ）

〈解説〉

① 固定長期適合率

$$固定長期適合率（\%）=\frac{固定資産}{自己資本+固定負債}\times 100$$

$$=\frac{110{,}000百万円}{224{,}000百万円+14{,}000百万円+17{,}000百万円}\times 100$$

＝43.137…→43.14%

② インタレスト・カバレッジ・レシオ

$$インタレスト・カバレッジ・レシオ（倍）=\frac{事業利益}{金融費用}$$

$$=\frac{22{,}000百万円+600百万円+200百万円}{170百万円}=134.117\cdots$$

→134.12倍

※事業利益には為替差益を含めない。

③ 負債比率

$$負債比率（\%）=\frac{負債}{自己資本}\times 100$$

$$=\frac{66{,}000百万円}{224{,}000百万円+14{,}000百万円}\times 100=27.731\cdots\rightarrow 27.73\%$$

④ 負債比率が高い場合、負債が大きいことになる。負債が大きい場合、負債と純資産の合計である資産の額が大きくなるため、財務レバレッジも大きくなる。

資産＝負債＋純資産

$$財務レバレッジ（倍）=\frac{使用総資本（総資産）}{自己資本}$$

《問2》▶ **正解**　**①ベンチマーク　②標準偏差**
③シャープ（・レシオ）
④インフォメーション（・レシオ）
⑤金額（加重収益率）　⑥11.24（%）

Ⅰ　パフォーマンス評価

$$\text{シャープ・レシオ}=\frac{\text{ポートフォリオの収益率}-\text{安全資産利子率}}{\text{ポートフォリオの標準偏差}}$$

インフォメーション・レシオ

$$=\frac{\text{ポートフォリオの収益率}-\text{ベンチマークの収益率}}{\text{トラッキングエラー}}$$

※トラッキングエラーは、ベンチマークの収益率に対する超過収益率の標準偏差である。

Ⅱ　金額加重収益率は内部収益率とも呼ばれ、ポートフォリオへの資金の流入・流出（キャッシュフロー）を含めた収益率である。期初の元本と期中に追加されたキャッシュフローが運用され期末の時価総額となる場合の収益率が、金額加重収益率である。

時間加重収益率とは、期中のキャッシュフローが発生するたびにポートフォリオの市場価値を計算し、それに基づいて算出した幾何平均収益率のことをいう。時間加重収益率は、キャッシュフローや単位期間の収益率の順序の影響を中立化させており、ファンドマネジャーの運用成績を測定するのに適している。時間加重収益率（厳密法）を求める算式は、次のとおりである。

$$\text{時間加重収益率}=\sqrt[t_n]{\frac{V_1}{V_0}\times\frac{V_2}{V_1+C_1}\times\cdots\times\frac{V_n}{V_{n-1}+C_{n-1}}}-1$$

V_0：測定期間における期首のファンドの時価
V_n：測定期間における期末のファンドの時価
V_i：測定期間中i回目のキャッシュフロー発生直後のファンドの時価
t_n　：測定期間
C_i：測定期間中i回目のキャッシュフロー

本問では、

V_0＝10億円
V_1＝10億円×（1＋10%）＝11億円

$C_1 = 5$ 億円

$V_2 =$ (11億円＋5億円)×(1＋12.5%)＝18億円

$t_n = 2$ 年

を算式に当てはめて計算する。

$$時間加重収益率 = \sqrt[2]{\frac{11}{10} \times \frac{18}{11+5}} - 1 = \sqrt{\frac{198}{160}} - 1 = 0.11242\cdots$$

→ 11.24%

※ $\sqrt[2]{\ }$ は、通常 $\sqrt{\ }$ と表す。

《問3》▶ 正解　①131.25　②12.46%

① 投資信託Yと投資信託Zの共分散

0.70 × 12.50 × 15.00 ＝ 131.25

② 投資信託Yと投資信託Zを6：4の割合で組み入れたポートフォリオの標準偏差

$0.6^2 \times 12.50^2 + 0.4^2 \times 15.00^2 + 2 \times 0.6 \times 0.4 \times 0.70 \times 12.50 \times 15.00 = 155.25$

$\sqrt{155.25} = 12.459\cdots$ → 12.46%（小数点以下第3位四捨五入）

〈解説〉

① 投資信託Yと投資信託Zの相関係数と共分散との関係式は、次のとおりである。

> 相関係数＝$\dfrac{\text{YとZの共分散}}{\text{Yの標準偏差}\times\text{Zの標準偏差}}$
>
> ∴　YとZの共分散＝YとZの相関係数×Yの標準偏差×Zの標準偏差

② 投資信託Yと投資信託Zのポートフォリオの標準偏差を求める算式は、次のとおりである。

> 分散＝(Yの組入比率)^2×(Yの標準偏差)^2＋(Zの組入比率)^2×(Zの標準偏差)^2＋2×Yの組入比率×Zの組入比率×YとZの相関係数×Yの標準偏差×Zの標準偏差
>
> 標準偏差＝$\sqrt{\text{分散}}$

3《問1》▶ 正解

①9.26（%） ②財務レバレッジ
③0.66（回） ④5.03（倍） ⑤9.83（倍）
⑥32.00（倍） ⑦2.80または2.96（倍）
⑧27.14（%）

〈解説〉

① W社の自己資本当期純利益率

$$自己資本当期純利益率(\%)=\frac{当期純利益}{自己資本}\times 100$$

$$=\frac{35{,}000百万円}{400{,}000百万円-22{,}000百万円}\times 100$$

$$=9.259\cdots \rightarrow \underline{9.26\%}$$

（注）自己資本＝純資産－新株予約権－非支配株主持分

② 自己資本当期純利益率は、3指標に分解することができる。

$$自己資本当期純利益率=\frac{当期純利益}{売上高}\times\frac{売上高}{使用総資本}\times\frac{使用総資本}{自己資本}$$

＝売上高当期純利益率×使用総資本回転率×**財務レバレッジ**

③ W社の使用総資本回転率

$$使用総資本回転率(回)=\frac{売上高}{使用総資本}=\frac{1{,}250{,}000百万円}{1{,}900{,}000百万円}$$

$$=0.657\cdots \rightarrow \underline{0.66回}$$

④ W社の財務レバレッジ

$$財務レバレッジ(倍)=\frac{使用総資本}{自己資本}=\frac{1{,}900{,}000百万円}{400{,}000百万円-22{,}000百万円}$$

$$=5.026\cdots \rightarrow \underline{5.03倍}$$

⑤ X社のインタレスト・カバレッジ・レシオ

$$インタレスト・カバレッジ・レシオ（倍）=\frac{事業利益}{金融費用}$$

$$=\frac{55{,}000百万円+200百万円+1{,}800百万円}{5{,}800百万円}=9.827\cdots \rightarrow \underline{9.83倍}$$

（注）事業利益＝営業利益＋受取利息および受取配当＋有価証券利息
　　　金融費用＝支払利息および割引料＋社債利息

⑥ W社のＰＥＲ

$$\text{PER(倍)}=\frac{\text{株価}}{\text{1株当たり純利益}}=\frac{\text{5,600円}}{\text{35,000百万円}\div\text{200百万株}}$$

$=\underline{32.00\text{倍}}$

⑦　W社のＰＢＲ

$$\text{PBR(倍)}=\frac{\text{株価}}{\text{1株当たり純資産}}=\frac{\text{5,600円}}{\text{400,000百万円}\div\text{200百万株}}$$

$=\underline{2.80\text{倍}}$

非支配株主持分を考慮したＰＢＲは、以下のとおり。

$$\text{PBR(倍)}=\frac{\text{株価}}{\text{1株当たり純資産}}$$

$$=\frac{\text{5,600円}}{(\text{400,000百万円}-\text{22,000百万円})\div\text{200百万株}}$$

$=2.962\cdots\rightarrow\underline{2.96\text{倍}}$

⑧　W社の配当性向

$$\text{配当性向(\%)}=\frac{\text{配当金総額}}{\text{当期純利益}}\times100=\frac{\text{9,500百万円}}{\text{35,000百万円}}\times100$$

$=27.142\cdots\rightarrow\underline{27.14\%}$

《問２》▶ 正解　4.38%

$$\frac{\text{55,000百万円}+\text{200百万円}+\text{1,800百万円}}{\text{1,300,000百万円}}\times100=4.384\cdots\rightarrow\underline{4.38\%}$$

〈解説〉

$$\text{使用総資本事業利益率}=\frac{\text{事業利益}}{\text{総資本（総資産）}}\times100$$

※事業利益＝営業利益＋受取利息および受取配当＋有価証券利息

《問３》▶ 正解　①7.80%　②4.07%

①　ポートフォリオの期待収益率

Ｙファンド　$15\%\times0.4+10\%\times0.4+(-5\%)\times0.2=9\%$

Ｚファンド　$(-5\%)\times0.4+15\%\times0.4+10\%\times0.2=6\%$

期待収益率　$9\%\times0.6+6\%\times0.4=\underline{7.80\%}$

〈別解〉

シナリオ1　15%×0.6＋(－5%)×0.4＝7%

シナリオ2　10%×0.6＋15%×0.4＝12%

シナリオ3　(－5%)×0.6＋10%×0.4＝1%

期待収益率　7%×0.4＋12%×0.4＋1%×0.2＝7.80%

② ポートフォリオの標準偏差

シナリオ1　15%×0.6＋(－5%)×0.4＝7%

シナリオ2　10%×0.6＋15%×0.4＝12%

シナリオ3　(－5%)×0.6＋10%×0.4＝1%

分散　$(7\% - 7.8\%)^2 \times 0.4 + (12\% - 7.8\%)^2 \times 0.4 + (1\% - 7.8\%)^2 \times 0.2$
$= 16.56$

標準偏差　$\sqrt{\text{分散}} = \sqrt{16.56} = 4.069\cdots$ → 4.07%

〈解説〉

標準偏差は分散の正の平方根である。また、分散は各シナリオの予想収益率から期待収益率を差し引き、その差を2乗した値に各シナリオの生起確率を乗じ、これらの数値を合計したものである。

❶ 信託商品

①遺言代用信託

委託者の生存中は**委託者**が受益者となり、委託者の死亡後は委託者が**あらかじめ指定した者**が受益者となる信託。あらかじめ指定した者に対して、一**時金**による給付のほか、**定期的**に一定額を給付することも可能

②後見制度支援信託

被後見人の生活の安定に資すること等を目的に設定される信託。信託契約の締結、信託の変更・解約等の手続きがあらかじめ**家庭裁判所**が発行する**指示書**に基づいて行われる。信託財産は**金銭のみ**

③特定贈与信託

特定障害者の生活の安定を図ることを目的に、その親族等が委託者となり、受託者に金銭等の財産を信託し、受益者（特定障害者）へ定期的かつ必要に応じて金銭を交付する信託。受益者が**特別障害者**の場合は**6,000万円**、特別障害者以外の**特定障害者**の場合は**3,000万円**を限度として、贈与税が非課税となる

④暦年贈与信託

委託者（贈与者）と受益者（受贈者）の間で贈与契約の意思確認が**毎年**行われ、原則として年1回、受託者が受益者の口座に一定額を振込送金する信託。**定期贈与ではない**。贈与税の暦年贈与における基礎控除額110万円を**超える**振込送金も可能

❷ 債券の商品性

①他社株転換可能債（ＥＢ債）

満期償還前の判定日に債券の**発行者とは異なる別の会社**の株式(対象株式)の株価が発行時に決められた価格を**上回る**と、額面金額の**金銭で償還**され、対象株式の株価が発行時に決められた価格を**下回る**と、金銭での償還ではなく、**対象株式が交付**される債券

②二重通貨建て外債

デュアルカレンシー債は、払込みと**利払い**の通貨が同一で、**償還**の通貨が異なるタイプである。一方、リバース・デュアルカレンシー債は、払込みと**償還**の通貨が同一で、**利払い**の通貨が異なるタイプである

❸　債券の利回り計算

①利付債券の最終利回り（単利）

$$利付債券の最終利回り(\%)=\frac{表面利率+\dfrac{100-単価}{残存年数}}{単価}\times100$$

②割引債券の最終利回り（1年複利）

$$割引債券の最終利回り(\%)=\left(\sqrt[残存年数]{\frac{100}{単価}}-1\right)\times100$$

※√￣（2乗根）は、電卓で☑を1回押すと√￣が外れ、∜￣（4乗根）は、☑を2回押すと√￣が外れる

③割引債券の単価

$$割引債券の単価(円)=\frac{100}{(1+利回り)^{残存期間}}$$

❹　株式取引の仕組み

普通取引における決済日（受渡日）は、売買成立日（約定日）を含めて3営業日目である

❺　株式投資指標

①ＰＥＲ（株価収益率）とＰＢＲ（株価純資産倍率）

$$PER(倍)=\frac{株価}{1株当たり純利益}\qquad PBR(倍)=\frac{株価}{1株当たり純資産}$$

※④のＲＯＥとの関係から「ＰＢＲ＝ＲＯＥ×ＰＥＲ」の式が成り立つ

②配当性向と内部留保率

配当性向は利益の株主還元状況を示す指標。内部留保率とは表裏の関係にある

$$配当性向(\%)=\frac{配当金総額}{当期純利益}\times100\qquad 内部留保率(\%)=1-配当性向$$

③使用総資本事業利益率（ROA）

$$使用総資本事業利益率(ROA)(\%)=\frac{事業利益}{使用総資本(資産)}\times 100$$

【2指標分解】＝売上高事業利益率 × 総資本（資産）回転率

$$\left(\frac{事業利益}{売上高}\right) \quad \left(\frac{売上高}{総資本(総資産)}\right)$$

※事業利益＝営業利益＋受取利息および受取配当＋有価証券利息

※分子の利益を経常利益とした指標を、総資本経常利益率という

④自己資本当期純利益率（ROE）

$$自己資本当期純利益率(ROE)(\%)=\frac{当期純利益}{自己資本}\times 100$$

【3指標分解】＝売上高当期純利益率 × 総資本回転率 × 財務レバレッジ

$$\left(\frac{当期純利益}{売上高}\right) \quad \left(\frac{売上高}{総資本(総資産)}\right)\left(\frac{総資本(総資産)}{自己資本}\right)$$

$$=売上高当期純利益率\times総資本回転率\times\frac{1}{自己資本比率}$$

※自己資本＝純資産－新株予約権－非支配株主持分

＝株主資本＋その他の包括利益累計額

$$※自己資本比率(\%)=\frac{自己資本}{総資本}\times 100$$

⑤サスティナブル成長率（内部成長率）

企業の内部留保を事業に再投資して得られる理論成長率である

サスティナブル成長率（%）＝ROE×内部留保率

＝ROE×（1－配当性向）

⑥インタレスト・カバレッジ・レシオ

安全性を測る指標の1つで、金融費用の支払原資が、事業利益でまかなわれている程度を示す。数値が大きいほど、安全性が優れている

$$\text{インタレスト・カバレッジ・レシオ(倍)} = \frac{\text{事業利益}}{\text{金融費用}}$$

※事業利益＝営業利益＋受取利息および受取配当＋有価証券利息

※金融費用＝支払利息および割引料＋社債利息

⑦配当利回り

$$\text{配当利回り(\%)} = \frac{\text{1株当たり配当金}}{\text{株価}} \times 100$$

⑧配当割引モデル

株式の価値は、将来支払われる配当の現在価値の合計であるとの考え方。将来にわたって一定（定額）の配当が支払われると予想する場合と、将来にわたって定率で配当が成長して支払われると予想する場合がある

$$\text{定　　額：株式の内在価値} = \frac{\text{1株当たり（予想）配当金}}{\text{期待利子率}}$$

$$\text{定率成長：株式の内在価値} = \frac{\text{1株当たり（予想）配当金}}{\text{期待利子率} - \text{期待成長率}}$$

※分子を将来得られる（予想）利益にすると、「利益割引モデル」となる

❻ 外貨預金の利回り計算

預入時為替レートはＴＴＳを適用し、満期時為替レートはＴＴＢを適用する

❼ デリバティブを用いたリスクヘッジ

・外貨建債券を発行する国内会社が、円安をヘッジするためには、外貨買い／円売りの為替予約が効果的

・外貨で決済する輸出業者が円高をヘッジするためには、外貨売り／円買いの為替予約が効果的

・保有している国内上場株式（現物）の値下がりをヘッジするためには、ＴＯＰＩＸ先物の売建てが効果的

・金利上昇リスクをヘッジするためには、長期国債先物の売建てが効果的である

・外貨で決済する輸入業者が**円安**をヘッジするためには、**外貨コール／円プットのオプション**購入が効果的
・外貨の支払いがある輸入企業が、**円安**をヘッジするためには、**円の固定金額支払い／外貨の固定金額受取り**となる**クーポンスワップ**が効果的
・ＴＩＢＯＲに連動する変動金利の借入れをしている企業が**短期金利の上昇**をヘッジするためには、ＴＩＢＯＲを対象とする**キャップの購入**が効果的

❽ 金投資

・**金ＥＴＦ**（上場投資信託）は、**成行注文・指値注文**による売買や**信用取引**もできる投資信託であり、金地金の現物と交換することができるものもある
・金先物取引は**大阪取引所**で行われている
・金先物取引には**標準取引**、取引単位が標準取引の10分の１となる**ミニ取引**、先物取引を行う権利を売買する**先物オプション取引**などがある
・金の国内小売価格は、通常、**１トロイオンス**当たりの米ドル価格を円貨換算した１グラム当たりの金額に、取扱会社の**諸費用**と**消費税**を加算して算出する
・純金積立における金の**購入**では**消費税を支払い**、**売却**では**消費税を受け取る**ことになる
・純金積立による金の保管方法には、一般に、**消費寄託**と**特定保管**がある
・純金積立は、一定の**月間投資額**を金融機関の営業日数で除し、その金額で金を**毎日購入**する仕組みが一般的
・個人が**金地金**や**金貨**を譲渡した場合、原則として、譲渡益は**譲渡所得**として**総合課税**の対象となる。**譲渡損失**は**損益通算**できない

❾ 証券Ａと証券Ｂの相関係数と標準偏差

①相関係数

$$\text{相関係数} = \frac{\text{証券Aと証券Bの共分散}}{\text{証券Aの標準偏差} \times \text{証券Bの標準偏差}}$$

②分散と標準偏差

> 分散＝(証券Ａの組入比率)^2×(証券Ａの標準偏差)^2
> 　＋(証券Ｂの組入比率)^2×(証券Ｂの標準偏差)^2
> 　＋２×証券Ａの組入比率×証券Ｂの組入比率
> 　×証券Ａと証券Ｂの共分散
> 標準偏差＝$\sqrt{分散}$

⑩ ポートフォリオのパフォーマンス評価

①シャープ・レシオ

$$シャープ・レシオ＝\frac{ポートフォリオの収益率－安全資産利子率}{ポートフォリオの標準偏差}$$

②トレイナーの測度

$$トレイナーの測度（トレイナー・レシオ）＝\frac{ポートフォリオの収益率－安全資産利子率}{ポートフォリオの\beta（ベータ）}$$

③インフォメーション・レシオ

$$インフォメーション・レシオ＝\frac{ポートフォリオの収益率－ベンチマークの収益率}{トラッキングエラー}$$

⑪ 預金保険制度

①外貨預金は、預金保険制度の保護の対象とならない
②ゆうちょ銀行に預け入れた貯金は、預金保険制度の保護の対象となる
③決済用預金（無利息、要求払い、決済サービスの提供の３条件を満たす預金）は、全額保護される
④決済用預金以外の一般預金は、元本1,000万円までとその利息が保護される
⑤農業協同組合等に預け入れた貯金は、預金保険制度ではなく貯金保険制度の保護の対象となる

⑫ 株式等の配当課税

①上場株式等の配当等（支払の都度、源泉徴収）

・確定申告不要制度を適用するかどうかは、１回に支払を受ける**配当ごとに選択**することができる

・確定申告をする場合は、その申告をする配当所得の**すべて**について、総合課税または申告分離課税のいずれかを選択しなければならない

・Ｊ－ＲＥＩＴの分配金や**上場外国株式**の配当は、配当控除の適用を受けることができない

・**非上場株式**を譲渡したことにより生じた損失の金額と上場株式等の配当等の金額を損益通算することはできない

〈上場株式等の配当等の課税関係〉

	税率		源泉徴収税額の精算	配当控除	上場株式等の譲渡損失との損益通算
	所得税	住民税			
確定申告不要制度	15.315％	５％	×	×	×
総合課税	超過累進税率	10％	○	○	×
申告分離課税	15.315％	５％	○	×	○

②非上場株式および大口株主等の配当等

・申告分離課税を選択することは**できない**

・原則として、受け取った株主が有する当該株式の**保有割合にかかわらず**、その支払いの際に、**20.42％**の所得税および復興特別所得税が源泉徴収され、**住民税は課されない**

・**１銘柄**につき１回の配当金額が**10万円**(１年換算)以下であれば､受け取った株主が有する当該株式の保有割合にかかわらず、**確定申告不要制度**を選択することができる

・総合課税を選択した場合は、**配当控除**の適用を受けることができる

〈配当控除率〉

	課税総所得金額等	
	1,000万円以下	1,000万円超
所得税	10%	5%
住民税	2.8%	1.4%

※控除額を計算する際の配当所得の金額は、損益通算前の配当所得の金額による

⓭ 株式等の譲渡課税（申告分離課税）

・同一銘柄の上場株式を２回以上にわたって購入した場合は、総平均法に準ずる方法（移動平均法）により算出した１株当たりの金額に譲渡株数を乗じて得た金額が取得費となる

・上場株式等の譲渡損失は、上場株式等の配当所得ならびに特定公社債等の利子所得および譲渡所得と損益通算することができる。非上場株式の配当所得や譲渡所得と通算することはできない

・損益通算してもなお控除しきれない譲渡損失の金額については、翌年以後３年間にわたり、確定申告により、上場株式等の配当所得および譲渡所得ならびに特定公社債等の利子所得および譲渡所得から繰越控除することができる

・年末調整の対象となる給与所得者は、上場株式に係る譲渡所得の金額が20万円以下で、その他の所得がない場合、原則として、当該譲渡所得の金額について確定申告は不要

⓮ 特定口座

・１金融機関につき１口座を開設することができる

・源泉徴収選択口座と簡易申告口座の選択は、年の最初の取引までに行う必要があり、年の途中で変更することはできない

①源泉徴収選択口座

・譲渡の都度、譲渡益は税額が源泉徴収され、譲渡損失は譲渡益と通算されて、譲渡益から源泉徴収された税額の超過分が還付される

・上場株式等の配当等（大口株主等の配当等を除く）や特定公社債等の利子等を受け入れることができ、同一口座内に譲渡損失があるときは、当該配当等や利子等と年末に一括して損益通算され、翌年の最初の営業日に配当

等や利子等から源泉徴収された税額の超過分が還付される

②簡易申告口座

・上場株式等の配当等や特定公社債等の利子等を受け入れることができない

⑮ NISA

・債券および公社債投資信託や一般口座・特定口座で保有する有価証券は受け入れることができない

・配当等を非課税とするには、受取方法を株式数比例配分方式とする必要がある

・口座内で生じた譲渡損失をNISA口座や一般口座・特定口座で生じた譲渡益等と損益通算することはできない。また、翌年以後に譲渡損失を繰越控除することもできない

・ジュニアNISAは2023年12月31日で廃止され、ロールオーバーすることはできないが、移管専用の非課税枠として設けられる継続管理勘定に移管することにより、1月1日において18歳である年の前年12月31日まで非課税保有を続けることができる

・2024年から新しいNISA制度が導入された

〈新NISAの概要〉

	つみたて投資枠 (特定累積投資勘定)	成長投資枠 (特定非課税管理勘定)
対象者	18歳以上の居住者等	
投資対象	長期の積立・分散投資に適した一定の公募株式投資信託・ETF	上場株式・投資信託等
非課税限度額	年間120万円	年間240万円
	投資枠の総額は1,800万円が上限 (成長投資枠については1,200万円が上限)	
非課税期間	無期限	

第4章

タックスプランニング

出題傾向

基礎＋応用

基礎編

頻出ポイントは以下のとおりです。
各種所得／所得控除／所得税の申告／
法人税における所得計算／消費税

法人税、消費税については難易度が高い問題も見られますが、過去問で傾向をつかんでおきましょう。

応用編

法人税における「別表四」の穴埋め問題と、「別表四」に基づいた納付すべき法人税額の計算問題が頻繁に出題されます。与えられた資料に基づき、損金不算入となる額などを正確に計算できるようにしてください。

四答択一式問題 次の各問について答えを1つ選び、その番号を答えなさい。

頻出 **1**

□
□

居住者に係る所得税の収入金額と必要経費に関する次の記述のうち、最も不適切なものはどれか。 (2022年9月問25)

1）個人事業主が、事業所得を生ずべき事業の遂行上、取引先に対して貸し付けた貸付金の利子は、事業所得の金額の計算上、総収入金額に算入する。

2）個人事業主が、事業所得を生ずべき事業の用に供している取得価額200万円の車両を売却した場合、事業所得の金額の計算上、当該車両の売却価額を総収入金額に算入し、当該車両の未償却残高を必要経費に算入する。

3）所有する土地に他者の建物の所有を目的とする借地権を設定し、その対価として当該土地の時価の2分の1以下である権利金を受け取ったことによる収入は、不動産所得の金額の計算上、総収入金額に算入する。

4）所有する賃貸アパートを取り壊したことにより生じた損失の金額は、不動産の貸付が事業的規模に満たない場合、不動産所得の金額の計算上、その損失の金額を控除する前の不動産所得の金額を限度として必要経費に算入する。

解答解説

1 ▶ **正解　2**

1）適　切。個人事業主が、取引先や従業員に対して貸し付けた貸付金の利子は、事業所得の金額の計算上、総収入金額に算入する。なお、友人に対する貸付金の利子は、雑所得となる。

2）**不適切**。個人事業主が、事業の用に供している土地、建物、車両などの固定資産を売却した場合、当該売却価額は譲渡所得の総収入金額に算入する。

3）適　切。自己所有の土地に借地権を設定したことにより受け取った権利金は、原則として、不動産所得の金額の計算上、総収入金額に算入する。ただし、権利金の額が土地の時価の２分の１を超える場合、当該権利金の額は譲渡所得の総収入金額に算入する。

4）適　切。なお、不動産の貸付けが事業的規模である場合、取壊損失全額を必要経費に算入することができる。これにより不動産所得の金額がマイナスとなる場合は、損益通算も可能である。

頻出 **2**
□
□

居住者に係る所得税の不動産所得に関する次の記述のうち、最も不適切なものはどれか。なお、記載のない事項については考慮しないものとする。 (2021年1月問26)

1）貸間やアパート等について貸与することができる独立した室数が10室以上である場合や、貸与する独立家屋が５棟以上である場合には、特に反証がない限り、不動産所得を生ずべき当該建物の貸付は事業として行われているものとされる。

2）所有する土地に他者の建物の所有を目的とする借地権を設定し、その対価として当該土地の時価の２分の１以下である権利金を受け取ったことによる収入は、不動産所得の金額の計算上、総収入金額に算入する。

3）所有する賃貸アパートを取り壊したことにより生じた損失の金額は、当該貸付が事業的規模に満たない場合、不動産所得の金額の計算上、その損失の金額を控除する前の不動産所得の金額を限度として必要経費に算入することができる。

4）居住の用に供していた自宅の建物を取り壊して賃貸アパートを建築し、貸付の用に供した場合、自宅の取壊しに要した費用は、不動産所得の金額の計算上、必要経費とはならないが、賃貸アパートの取得価額に算入することができる。

2 ▶ **正解　4**

1）**適　切**。①貸間、アパート等については、貸与することのできる独立した室数がおおむね10室以上であること、②独立家屋の貸付については、おおむね５棟以上であること、のいずれかの基準に該当する場合、原則として、事業として行われているものとして取り扱う（５棟10室基準)。

2）**適　切**。なお、土地の時価の２分の１を超える権利金を受け取った場合は、譲渡所得の総収入金額に算入する。

3）**適　切**。なお、貸付が事業的規模に該当する場合、損失の金額を全額、その損失が生じた年分の必要経費に算入する。また、その結果、不動産所得が赤字となった場合には、損益通算をすることができる。

4）**不適切**。自宅の取壊しに要した費用は、不動産所得の金額の計算上、必要経費とならず、賃貸アパートの取得価額にも算入することができない。

頻出 **3**

□
□

居住者に係る所得税の事業所得に関する次の記述のうち、適切なものはいくつあるか。 (2022年5月問25)

（a） 青色申告者ではない個人事業主と生計を一にする配偶者が当該事業に従事している場合、「86万円」と「事業所得の金額を当該事業に係る事業専従者の数に1を加えた数で除して計算した金額」のいずれか高い金額を、事業所得の計算上、必要経費とみなすことができる。

（b） 青色申告者である個人事業主が青色事業専従者である長女に支払う退職金は、その額が一般の従業員と同様に退職給与規程に従って算出され、その労務の対価として適正な金額であれば、事業所得の必要経費に算入することができる。

（c） 青色申告者である個人事業主が生計を一にする父親名義の建物を賃借して事業の用に供している場合において、当該事業主が父親に支払った家賃は、その全額を事業所得の必要経費に算入することができる。

1） 1つ
2） 2つ
3） 3つ
4） 0（なし）

3 ▶ **正解　4**

（a）**不適切**。配偶者が事業に従事している場合における白色申告者の専従者控除額は、「86万円」と「事業所得の金額を当該事業に係る事業専従者の数に1を加えた数で除して計算した金額」のいずれか低い金額である。

（b）**不適切**。退職金は、青色事業専従者に支払った場合でも、事業所得の必要経費に算入することはできない。

（c）**不適切**。生計を一にする親族が所有する不動産を賃借した場合、その親族に支払った賃借料は、事業所得の必要経費に算入することはできない。

以上より、適切なものは0（なし）である。

頻出 **4**
□
□

所得税における各種所得に関する次の記述のうち、最も不適切なものはどれか。 (2023年1月問27)

1）生命保険契約の収入保障特約において、当該年金受給権を相続により取得した相続人が受け取る毎年の年金額は、課税部分と非課税部分に分けられ、課税部分は雑所得として総合課税の対象となる。

2）居住者の商品先物取引や外国為替証拠金取引の差金決済による所得の金額は、他の所得と区分し、先物取引に係る雑所得等として所得税および復興特別所得税15.315%、住民税５％の税率による申告分離課税となる。

3）勤続年数が４年10カ月で役員等に該当しない者が退職（障害者になったことが退職の直接の原因ではない）し、退職手当として600万円が支払われる場合、退職所得の金額は200万円である。

4）山林を取得してから５年経過後に伐採して譲渡したことによる所得は山林所得となり、５年以内に伐採して譲渡したことによる所得は事業所得または雑所得となる。

4 ▶ **正解　3**

1）**適　切**。毎年受け取る年金に係る所得税については、収入金額を非課税部分と課税部分（年金受給権に相当する部分とそれ以外の部分）に振り分けて計算する。なお、年金年額からそれに対応する保険料または掛金の額を控除した残額が25万円以上の場合、10.21％の税率で源泉徴収される。

2）**適　切**。居住者の商品先物取引の決済、オプション取引の決済、カバーワラントの差金等決済、外国為替証拠金取引の差金決済などによる所得は、他の所得と区分し、20.315％の税率による申告分離課税の対象となる。

3）**不適切**。役員等に該当しない者が５年以下の勤続年数で退職した場合、短期退職手当等に該当し、収入金額から退職所得控除額を控除した額が300万円を超えるときは、その超える部分について２分の１の適用はない。

退職所得の金額 ＝150万円＋{収入金額－(300万円＋退職所得控除額)}

勤続年数：４年10カ月→５年（１年未満の端数は１年に切り上げ）
退職所得控除額：40万円×５年＝200万円
収入金額－退職所得控除額：600万円－200万円
　＝400万円＞300万円
退職所得の金額：150万円＋{600万円－(300万円＋200万円)}
　＝250万円

4）**適　切**。山林所得は、山林の伐採または譲渡による所得をいう。ただし、保有期間が５年以下の場合は、事業所得または雑所得とされる。

5
□
□

居住者に係る所得税の譲渡所得の基因となる資産の「取得の日」に関する次の記述のうち、最も適切なものはどれか。 (2023年5月問27)

1）借地権者が、その借地権の設定されている土地の所有権（底地）を取得した場合、借地権の部分と底地の部分とに区分し、それぞれ「取得の日」を判定する。

2）配偶者居住権を有する居住者が、当該配偶者居住権の目的となっている家屋を取得した場合、その「取得の日」は、配偶者居住権を取得した日となる。

3）工務店に請け負わせて建築した家屋の「取得の日」は、当該家屋の建築が完了した日となる。

4）限定承認によって取得した資産の「取得の日」は、被相続人が当該資産を取得した日となる。

頻出

6
□
□

居住者に係る所得税の退職所得に関する次の記述のうち、最も不適切なものはどれか。 (2022年1月問26)

1）会社員のAさん（55歳）は、勤続25年3カ月で障害者になったことに直接基因して退職することとなり、退職金を受け取った。この場合、退職所得の金額の計算上、退職所得控除額は1,320万円となる。

2）会社員のBさん（65歳）は、退職金の支払を受ける時までに退職所得の受給に関する申告書を支払者に提出した。この場合、その支払われる退職手当等の金額に20.42％の税率を乗じて計算した金額に相当する税額が源泉徴収されるが、確定申告をすることにより、当該税額を精算することができる。

3）会社員のCさん（60歳）は、確定拠出年金の個人型年金の老齢給付金を一時金として一括で受け取った。この場合、老齢給付金として支給される一時金の額が退職所得の収入金額となる。

4）常勤監査役のDさん（64歳）は、上場企業を定年退職した後に入社した関連会社の常勤監査役を勤続4年3カ月で退職し、退職金を受け取った。この場合、特定役員退職手当等として退職所得の金額を計算する。

5 ▶ 正解　1

1）適　切。なお、底地の所有者（地主）が借地権を取得した場合、底地の部分と借地権の部分とに区分し、それぞれ取得の日を判定する。

2）不適切。配偶者居住権を有する居住者が、当該配偶者居住権の目的となっている建物または当該建物の敷地の用に供される土地等を取得し、当該建物または当該土地等を譲渡した場合における取得の日は、配偶者居住権等の取得の時期にかかわらず、当該建物または当該土地等の取得をした日となる。

3）不適切。他に請け負わせて建設等をした資産については、当該資産の引渡しを受けた日が取得をした日となる。

4）不適切。限定承認によって取得した資産の取得の日は、限定承認をした日である。

6 ▶ 正解　2

1）適　切。退職所得控除額の算出に際し、勤続年数に1年未満の端数がある場合は、1年に切り上げる。また、障害者になったことに直接基因して退職した場合は、100万円を加算する。

勤続年数：25年3カ月→26年

退職所得控除額：800万円＋70万円×（26年－20年）＋100万円

＝1,320万円

2）不適切。退職金の支払を受ける時までに退職所得の受給に関する申告書を支払者に提出していない場合、その支払われる退職手当等の金額に20.42％の税率を乗じて計算した金額に相当する税額が源泉徴収されるが、確定申告をすることにより、当該税額を精算することができる。

3）適　切。確定拠出年金の老齢給付金を一時金で受け取った場合、退職所得として所得税の課税対象となる。なお、年金で受け取った場合、公的年金等の雑所得として所得税の課税対象となる。

4）適　切。役員としての勤続年数が5年以下の者に対して支払われる退職手当等は、特定役員退職手当等となり、2分の1課税は適用されない。

頻出 **7** □□

所得税の非課税所得に関する次の記述のうち、最も適切なものはどれか。
(2023年5月問25)

1）有料道路を使用せずに自動車で通勤している給与所得者に対し、勤務先から通常の給与に加算して支払われる通勤手当は、1カ月当たり最大で15万円までが非課税とされる。
2）傷病手当金や出産手当金、出産育児一時金等の健康保険の保険給付として支給を受ける金銭は、その全額が非課税とされる。
3）生命保険契約の収入保障特約において、当該年金受給権を相続により取得した相続人が受け取る毎年の年金額は、その全額が非課税とされる。
4）地方公共団体に寄附（ふるさと納税）をした者が、寄附に対する謝礼として受け取った返礼品に係る経済的利益は、当該経済的利益が寄附金の額の3割以下であるときは非課税とされる。

8 □□

「特定居住用財産の譲渡損失の損益通算及び繰越控除」（以下、「本特例」という）に関する次の記述のうち、最も適切なものはどれか。
(2023年9月問26)

1）居住しなくなった家屋を譲渡する場合、居住しなくなった日以後3年を経過する日の属する年の12月31日までの間に譲渡しなければ、本特例の適用を受けることはできない。
2）居住しなくなった家屋を取り壊し、その敷地を譲渡する場合、取り壊した家屋およびその敷地の所有期間が、居住しなくなった日の属する年の1月1日において5年を超えていなければ、本特例の適用を受けることはできない。
3）合計所得金額が3,000万円を超える年分については、本特例による損益通算の適用を受けることはできない。
4）本特例の対象となる譲渡損失の金額は、譲渡に係る契約を締結した日の前日における当該譲渡資産に係る住宅借入金等の金額が限度となる。

7 ▶ 正解 **2**

1）**不適切**。自家用車、自転車などを利用して通勤している者に支給される通勤手当は、片道の通勤距離が55km以上の場合、1カ月当たり31,600円が上限であり、距離が短くなるに従い限度額が低下する。

2）**適　切**。社会保険から給付される金銭は、全額非課税である。

3）**不適切**。生命保険契約等に基づく年金は、公的年金等以外の雑所得として課税対象となる。

4）**不適切**。ふるさと納税による謝礼として受け取った経済的利益は、地方公共団体（法人）から贈与により取得したものであるため、一時所得として課税対象となる。

8 ▶ 正解 **1**

1）**適　切**。なお、居住しなくなった家屋が災害により滅失した場合は、居住しなくなった日から3年を経過する日の属する年の12月31日までの間に、当該家屋の敷地の用に供されていた土地等を譲渡したときは、居住用財産の譲渡に該当するものとして本特例の適用を受けることができる。

2）**不適切**。居住しなくなった家屋を取り壊し、その敷地を譲渡する場合、取り壊した家屋およびその敷地の所有期間が、取り壊した日の属する年の1月1日において5年を超えていなければ、本特例の適用を受けることはできない。

3）**不適切**。合計所得金額が3,000万円を超える年分については、本特例による繰越控除の適用を受けることはできない。

4）**不適切**。本特例の対象となる譲渡損失の金額は、譲渡に係る契約を締結した日の前日における当該譲渡資産に係る住宅借入金等の金額から譲渡価額を控除した残額が限度となる。

9

□
□

居住者であるＡさんが2024年中に支払った所得税の医療費控除の対象となる金額が下記のとおりであった場合、Ａさんが適用を受けることができる医療費控除の最大控除額として、次のうち最も適切なものはどれか。

なお、Ａさんの2024年分の総所得金額等の合計額は600万円であるものとし、「特定一般用医薬品等購入費を支払った場合の医療費控除の特例」の適用要件は満たしているものとする。また、保険金等で補塡される金額はなく、記載のない事項については考慮しないものとする。

(2021年1月問27改)

〈Ａさんが2024年中に支払った医療費等の金額〉

⑴　Ａさんの入院に伴って病院に支払った費用
　５万円
⑵　Ａさんの通院に伴って病院に支払った費用
　２万円
⑶　Ａさんの通院のための電車賃・バス賃（交通費）
　１万円
⑷　Ａさんが医薬品の購入のために薬局に支払った費用
　３万円（全額が特定一般用医薬品等購入費に該当する）

1）1万円
2）1万8,000円
3）2万8,000円
4）3万円

9 ▶ **正解　2**

・「通常の医療費控除」の金額は、次の式で計算した金額（最高で200万円）となる。

（実際に支払った医療費の合計額－保険金等で補てんされる金額）－10万円※

※　その年の総所得金額等が200万円未満の場合は、総所得金額等の５％の金額

本問の場合：(５万円＋２万円＋１万円＋３万円)－10万円＝１万円

・「特定一般用医薬品等購入費を支払った場合の医療費控除の特例」の金額は、実際に支払った特定一般用医薬品等購入費の合計額（保険金等で補てんされる金額は除く）から12,000円を差し引いた金額（上限88,000円）である。

本問の場合：30,000円－12,000円＝18,000円

したがって、両方を比較して控除額が大きい「特定一般用医薬品等購入費を支払った場合の医療費控除の特例」を適用し、医療費控除の最大控除額は、18,000円となる。

頻出 **10**

□
□

居住者に係る所得税の所得控除に関する次の記述のうち、最も不適切なものはどれか。なお、記載のない事項については考慮しないものとする。

(2022年5月問27)

1）納税者が、生計を一にする長男が未納にしていた過去2年分の国民年金保険料を支払った場合、納めた全額がその支払った年分の社会保険料控除の対象となる。

2）納税者と生計を一にする配偶者が受け取っている公的年金から特別徴収された介護保険料は、確定申告をすることにより、納税者の社会保険料控除の対象とすることができる。

3）契約者（＝保険料負担者）および被保険者を青色申告者である個人事業主、死亡保険金受取人を青色事業専従者である個人事業主の配偶者とする10年更新の定期保険に加入した場合、契約者が支払う保険料は、生命保険料控除の対象となる。

4）地震保険料控除に関する経過措置の対象となる年金払積立傷害保険の保険料（年間5万円）を支払っている納税者が、戸建て住宅を購入し、自己が所有する家屋を目的とした地震保険の保険料（年間3万円）を支払った場合、その支払った年分の地震保険料控除の額は45,000円となる。

10 ▶ **正解　2**

1）**適　切**。社会保険料控除は、納税者の社会保険料に限らず、同一生計の配偶者その他の親族の負担すべき社会保険料を支払った場合も適用を受けることができる。未納であった過去２年分の国民年金保険料を一括して納付した場合、支払った年分の社会保険料控除の対象となる。

2）**不適切**。公的年金から特別徴収された介護保険料は、公的年金受給者の社会保険料控除の対象となる。納税者の社会保険料控除の対象とすることはできない。

3）**適　切**。保険金等の受取人が自己またはその配偶者その他の親族である生命保険契約に係る保険料は、一般の生命保険料控除の対象となる。配偶者その他の親族が青色事業専従者であっても、適用を受けることができる。

4）**適　切**。地震保険料控除に関する経過措置の対象となる保険料と、地震保険料の両方がある場合、それぞれの方法で計算した金額の合計額（上限50,000円）が、地震保険料控除の額となる。

	年間支払保険料	控除額
経過措置の対象となる保険料	10,000円以下	支払保険料の全額
	10,000円超　20,000円以下	支払保険料×1/2＋5,000円
	20,000円超	一律15,000円
地震保険料	50,000円以下	支払保険料の全額
	50,000円超	一律50,000円

経過措置の対象となる保険料：50,000円＞20,000円

∴　15,000円

地震保険料：30,000円≦50,000円　∴　30,000円

地震保険料控除の額＝15,000円＋30,000円＝45,000円

11 □□

所得税の雑損控除および災害被害者に対する租税の減免、徴収猶予等に関する法律（以下、「災害減免法」という）に関する次の記述のうち、最も適切なものはどれか。なお、記載のない事項については考慮しないものとする。（2023年1月問28）

1）災害のうち、火災、風水害、雪害、干害などの異常気象による災害や、害虫、害獣などの生物による異常な災害によって被った損失は雑損控除の対象となるが、地震および噴火によって被った損失は雑損控除の対象とならない。

2）災害によって自己の所有する住宅について生じた損失の金額が400万円（うち災害関連支出の金額が100万円）である場合、被害を受けた年分の総所得金額等が700万円である居住者が雑損控除の適用を受けるときは、雑損控除の控除額は330万円である。

3）災害によって自己の所有する住宅（時価1,500万円）について生じた損害金額が1,000万円である場合、被害を受けた年分の合計所得金額が700万円である居住者が災害減免法の適用を受けるときは、当該年分の所得税額の全額が免除される。

4）雑損控除の控除額がその年分の所得金額から控除しきれない場合、所定の要件を満たす青色申告者については、控除しきれない額を前年分の所得に繰り戻して控除し、前年分の所得税額の還付を請求することができる。

11 ▶ **正解 2**

1）**不適切**。雑損控除の対象となる損害の原因は、①震災、風水害、冷害、雪害、落雷などの自然現象の異変による災害、②火災、火薬類の爆発などの人為による異常な災害、③害虫などの生物による異常な災害、④盗難および⑤横領である。したがって、地震および噴火によって被った損失は雑損控除の対象となる。

2）適　切。控除額は次の①または②のうちいずれか多いほうの金額である。

①差引損失額－総所得金額等×10% ②災害関連支出の金額－5万円

また、差引損失額は次の算式により計算する。

差引損失額＝損失金額＋災害関連支出－廃材等の処分価額 －保険金等で補填される金額

雑損控除の控除額は次のとおりである。

差引損失額：400万円

災害関連支出の金額：100万円

①＝400万円－700万円×10%＝330万円

②＝100万円－5万円＝95万円

①＞②より、控除額は330万円となる。

3）不適切。災害により住宅、家財に損害を受けた場合に、①合計所得金額が1,000万円以下であり、かつ②災害によって受けた損害額が住宅・家財の価額の時価の2分の1以上であるときは、災害減免法の適用により、次の所得税額の減免を受けることができる。なお、雑損控除と災害減免法の適用は、どちらか選択適用となる。

合計所得金額		軽減または免除される所得税の額
	500万円以下	所得税の額の全額
500万円超	750万円以下	所得税の額の2分の1
750万円超	1,000万円以下	所得税の額の4分の1

本肢では、合計所得金額が700万円、損害額が1,000万円であり時価1,500万円の2分の1以上であるため、災害減免法の適用を受けることができる。軽減される所得税の額は、上記表より所得税の額の2分の1である。

4）不適切。雑損控除について、繰戻還付の制度はない。なお、青色申告者については、所定の要件を満たすことにより、純損失の繰戻還付の適用を受けることができる。

頻出 **12**

□
□

居住者であるAさんの2024年分の各種所得の金額が下記のとおりであった場合の総所得金額として、次のうち最も適切なものはどれか。なお、記載のない事項については考慮しないものとし、▲が付された所得金額は、その所得に損失が発生していることを意味するものとする。

(2021年5月問27改)

	所得金額	備考
不動産所得	▲100万円	・不動産賃貸業を営むことによる所得 ・不動産所得の金額の計算上の必要経費に当該所得を生ずべき土地の取得に要した負債の利子20万円を含んだ金額
事業所得	50万円	・個人商店を営むことによる所得 ・青色申告特別控除後の金額
一時所得	180万円	・変額個人年金保険（終身年金）の解約返戻金を受け取ったことによる所得
雑所得	▲40万円	・外貨預金で為替差損が生じたことによる所得

1）50万円
2）55万円
3）60万円
4）75万円

12 ▶ **正解　4**

・損益通算

不動産所得の損失の金額は、まず経常所得の金額から控除する。

50万円(事業)－(100万円(不動産)－20万円)＝▲30万円(不動産)

※不動産所得の損失の金額のうち、土地取得のための借入金の利子からなる部分の金額は損益通算の対象とならない。

※雑所得の損失は損益通算できない。

経常所得から引ききれない不動産所得の損失の金額は、一時所得の金額から控除する。

180万円(一時)－30万円(不動産)＝150万円(一時)

・総所得金額

一時所得の金額の2分の1を総所得金額に算入する。

150万円$\times \frac{1}{2}$＝<u>75万円</u>

頻出 13

居住者であるＡさんの2024年分の各種所得の収入金額等が下記のとおりであった場合の総所得金額として、次のうち最も適切なものはどれか。なお、Ａさんは青色申告を行っていないものとし、記載のない事項については考慮しないものとする。（2020年9月問27改）

事業所得	個人商店を営むことによる所得
	総収入金額：750万円 必要経費：830万円
不動産所得	賃貸アパートの経営による所得
	総収入金額：680万円 必要経費：620万円（当該所得を生ずべき土地の取得に要した負債の利子20万円を含んだ金額）
譲渡所得	上場株式を譲渡したことによる所得
	総収入金額：290万円 取得費等：300万円
一時所得	変額個人年金保険（終身年金）の解約返戻金を受け取ったことによる所得
	総収入金額：320万円 収入を得るために支出した金額：200万円

1）15万円

2）20万円

3）25万円

4）35万円

13 ▶ **正解　3**

各種所得の金額

事業所得：750万円－830万円＝▲80万円

不動産所得：680万円－620万円＝60万円

譲渡所得：290万円－300万円＝▲10万円

一時所得：320万円－200万円－50万円(特別控除)＝70万円

事業所得の損失の金額は、まず経常所得の金額から控除する。

60万円(不動産)－80万円(事業)＝▲20万円（事業）

※上場株式を譲渡した場合の譲渡所得の損失は、申告分離課税を選択した配当所得以外の所得とは損益通算できない。

※不動産所得の損失の金額のうち、土地取得のための借入金の利子からなる部分の金額は損益通算の対象とならないが、不動産所得が損失にならない場合、土地取得のための借入金の利子からなる部分の金額は、全額必要経費に算入する。

経常所得から引ききれない事業所得の損失の金額は、一時所得の金額から控除する。

70万円(一時)－20万円(事業)＝50万円(一時)

一時所得は2分の1を総所得金額に算入する。

50万円×$\frac{1}{2}$＝<u>25万円</u>

14

□
□

居住者に係る所得税における減価償却に関する次の記述のうち、最も適切なものはどれか。 (2020年9月問25)

1）取得して業務の用に供した減価償却資産の使用可能期間が1年未満である場合、取得に要した金額の多寡にかかわらず、その取得価額の全額をその業務の用に供した年分の必要経費に算入する。

2）所定の要件を満たす青色申告者が、取得価額が10万円以上50万円未満の減価償却資産を取得して業務の用に供した場合、その業務の用に供した年分における少額減価償却資産の取得価額の合計額が300万円に達するまでは、その取得価額の全額をその年分の必要経費に算入することができる。

3）新たな種類の減価償却資産を取得し、「減価償却資産の償却方法の届出書」を納税地の所轄税務署長に提出しなかった場合、取得した減価償却資産が建物や建物の附属設備および構築物でない限り、その償却方法は定率法となる。

4）現に採用している償却方法を変更しようとする場合には、新たな償却方法を採用しようとする年の前年の12月31日までに、変更理由を記載した「減価償却資産の償却方法の変更承認申請書」を納税地の所轄税務署長に提出しなければならない。

14▶ 正解 1

1）**適　切**。使用可能期間が1年未満のもの、または取得価額が10万円未満のものについては、取得価額の全額を事業の用に供した年分の必要経費に算入する。

2）**不適切**。中小企業者（常時使用する従業員数が500人以下の個人をいう）である青色申告者は、取得価額30万円未満（年間300万円を限度）の資産については、取得価額の全額を事業の用に供した年分の必要経費に算入することができる。

3）**不適切**。「減価償却資産の償却方法の届出書」を提出しない場合は法定償却方法となるため、所得税では定額法となる。

4）**不適切**。現に採用している償却方法を変更しようとする場合、変更しようとする年の3月15日までに「減価償却資産の償却方法の変更承認申請書」を提出しなければならない。なお、当該申請書には、資産の種類、現在の償却方法、採用しようとする新たな償却方法、変更理由などを記載しなければならない。

頻出 **15**
□
□

居住者に係る所得税の確定申告に関する次の記述のうち、適切なものはいくつあるか。なお、記載のない事項については考慮しないものとする。

(2022年5月問29)

(a) 年末調整の対象となる給与所得者が給与所得以外に一時所得を有する場合、確定申告書の提出の要否は、一時所得の金額に2分の1を乗じる前の金額が20万円を超えるか否かにて判定する。

(b) 公的年金等に係る雑所得を有する納税者で、その年中の公的年金等の収入金額が400万円以下である者が、その年分の公的年金等に係る雑所得以外の所得金額が20万円以下である場合には、原則として、確定申告書を提出する必要はない。

(c) 年末調整の対象となる給与所得者が給与所得以外に5万円の雑所得の金額がある場合において、その者が医療費控除の適用を受けるために還付申告を行うときは、5万円の雑所得の金額についても申告する必要がある。

1) 1つ
2) 2つ
3) 3つ
4) 0(なし)

15 ▶ **正解　2**

（a）**不適切**。給与所得および退職所得以外の所得金額が20万円を超える給与所得者は、確定申告書を提出しなければならない。総合長期譲渡所得および一時所得の場合、２分の１を乗じた後の金額が20万円を超えるか否かを判定する。

（b）**適　切**。なお、医療費控除の適用を受ける場合には、確定申告書を提出する必要がある。

（c）**適　切**。１カ所から支払いを受けた給与等の金額が2,000万円以下である給与所得者が、その給与について源泉徴収や年末調整が行われる場合、給与所得および退職所得以外の所得金額の合計額が20万円以下であるときは、原則として確定申告を要しない。ただし、医療費控除の適用を受けるために還付申告を行う場合、20万円以下である所得も併せて申告しなければならない。

以上より、適切なものは２つである。

16
□
□

法人税の申告および納付に関する次の記述のうち、最も不適切なものはどれか。なお、各選択肢において、法人はいずれも内国法人（普通法人）であるものとする。 (2022年5月問30)

1）2020年4月1日以後に開始する事業年度から事業年度開始の時における資本金の額が1億円以下の法人は、原則として、法人税の申告を電子情報処理組織（ｅ-Ｔａｘ）により行わなければならない。

2）中間申告書を提出すべき法人がその申告書を期限までに提出しなかった場合には、前年度実績による中間申告（予定申告）があったものとみなされる。

3）法人は、原則として、各事業年度終了の日の翌日から2カ月以内に、納税地の所轄税務署長に対し、当該事業年度の貸借対照表、損益計算書その他の財務省令で定める書類を添付した確定申告書を提出しなければならない。

4）過去に行った確定申告について、計算に誤りがあったことにより、当該申告書の提出により納付すべき税額が過大であることや、当該申告書に記載した還付金の額に相当する税額が過少であることが判明した場合、原則として、法定申告期限から5年以内に限り、更正の請求をすることができる。

16 ▶ **正解　1**

1）**不適切**。2018年度税制改正で創設された「電子情報処理組織による申告の特例」により、一定の法人が行う法人税等の申告は、電子情報処理組織（e-Tax）により提出しなければならないとされた。概要は次のとおりである。

対象税目	法人税、地方法人税、消費税、法人住民税、法人事業税
対象法人	事業年度開始時の資本金の額または出資金の額が1億円超の法人等
対象手続き	確定申告書、中間（予定）申告書、仮決算の中間申告書、修正申告書、還付申告書
適用日	2020年4月1日以後に開始する事業年度から適用 ※電子申告の義務化の対象となる法人は、納税地の所轄税務署長に対し、適用開始事業年度等を記載した届出書（適用開始届）を提出する必要がある。

2）**適　切**。法人の事業年度が6カ月を超える場合、その事業年度開始の日から6カ月を経過した日から2カ月以内に中間申告書を提出しなければならない。この中間申告書を提出しなかった場合、前年度実績による中間申告（予定申告）があったものとみなされる。

3）**適　切**。法人税の確定申告書の提出期限は、事業年度終了の日の翌日から2カ月以内である。確定申告書には、所定の書類を添付しなければならない。なお、期限内に申告書を提出することができない場合、その法人の申請に基づき、提出期限を最大で4カ月延長することができる。

4）**適　切**。納税額が過大であった場合または還付金の額が過少であった場合、更正の請求をすることができるが、更正の請求は、原則として、法定申告期限から5年以内に限られる。

頻出 **17**

□
□

法人税における役員給与に関する次の記述のうち、最も適切なものはどれか。なお、各選択肢において、法人はいずれも内国法人（普通法人）であるものとする。 (2023年9月問31)

1）事業年度開始の日の属する会計期間開始の日から3カ月以内に給与改定された場合で、その改定前の各支給時期の支給額が同額で、改定後の各支給時期の支給額が同額であれば、原則として、定期同額給与として全額を損金の額に算入することができる。

2）事前確定届出給与の届出書は、株主総会等により役員の職務につき所定の時期に確定額を支給する旨の定めを決議した日から2カ月を経過する日までに提出しなければならない。

3）役員に対し、事前確定届出給与としてあらかじめ税務署長に届け出た金額よりも多い金額を役員賞与として支給した場合、原則として、当該役員賞与は事前確定届出給与として届け出た金額を限度として損金の額に算入することができる。

4）業績連動給与は、業務執行役員に対し、利益等の指標を基礎として算定される額を金銭等で支給する給与であり、その支給をする法人が同族会社以外の法人である場合に限り、その支給額を損金の額に算入することができる。

17 ▶ 正解 **1**

1）**適　切**。定期給与の改定が認められる場合は、次のケースに限られる。

通常改定	原則として、その事業年度開始の日から３カ月を経過する日までの改定
臨時改定	役員の職制上の地位の変更、職務の内容の重大な変更その他これらに類するやむを得ない事情によりされたその役員に係る改定
業績悪化改定	経営状況が著しく悪化したことその他これに類する理由によりされた改定（その定期給与の額を減額した改定に限る）

2）**不適切**。事前確定届出給与の届出書は、①株主総会等により役員の職務につき所定の時期に確定額を支給する旨の定めを決議した日から１カ月を経過する日、または②その事業年度開始の日から４カ月を経過する日のうち、いずれか早い日までに提出しなければならない。

3）**不適切**。実際支給額が、あらかじめ届け出た支給額と異なる場合、実際の支給額が増額支給・減額支給にかかわらず、その支給額全額が損金不算入となる。

4）**不適切**。同族会社も業績連動給与を支給することができる。ただし、当該同族会社は、同族会社以外の法人の100％子会社でなければならない。

18

□
□

青色申告法人の欠損金の繰越控除に関する次の記述のうち、最も不適切なものはどれか。なお、各選択肢において、法人は資本金の額が5億円以上の法人に完全支配されている法人等ではない中小法人等であるものとし、ほかに必要とされる要件等はすべて満たしているものとする。

(2022年1月問31改)

1）欠損金の繰越控除の適用を受けるためには、欠損金の生じた事業年度において青色申告書である確定申告書を提出し、かつ、その後において、連続して確定申告書を提出する必要がある。

2）繰り越された欠損金額が2以上の事業年度において生じたものからなる場合、そのうち最も古い事業年度において生じた欠損金額に相当する金額から順次損金の額に算入する。

3）2015年4月1日に開始した事業年度以後の各事業年度において生じた欠損金額は、2024年4月1日に開始する事業年度において損金の額に算入することができる。

4）資本金の額が1億円以下である普通法人が、2024年4月1日に開始する事業年度において欠損金額を損金の額に算入する場合、損金の額に算入することができる欠損金額は、当該事業年度の所得の金額の50%相当額が限度となる。

18 ▶ **正解　4**

1）**適　切**。なお、欠損金が生じた事業年度において青色申告書により確定申告をしていれば、その後の事業年度について白色申告書により確定申告をした場合であっても、適用を受けることができる。

2）**適　切**。2以上の事業年度において発生した欠損金は、最も古い事業年度において発生したものから順に、繰越控除をする必要がある。

3）**適　切**。2018年3月31日以前に開始する事業年度に生じた欠損金は、最高で9年間繰り越すことができる。したがって、2015年度以後の欠損金は、2024年度において損金の額に算入することができる。

4）**不適切**。資本金の額が1億円以下である普通法人（以下「中小法人」）は、各事業年度開始の日前10年以内に開始した事業年度において生じた欠損金額がある場合は、全額を損金に算入できる特例がある。一方、中小法人以外の法人の欠損金額は、事業年度の所得の金額の50％相当額が限度となる。ただし、中小法人であっても、資本金の額が5億円以上の法人に完全支配されている場合は、全額損金算入できる特定を適用することができない。

頻出 19
□
□

法人税における貸倒損失の取扱いに関する次の記述のうち、最も不適切なものはどれか。なお、各選択肢において、ほかに必要とされる要件等はすべて満たしているものとする。 (2022年1月問30)

1）取引先A社に対して、貸付金1,000万円を有している。A社について会社更生法の更生計画認可の決定により切り捨てられることとなった部分の金額は、貸倒損失としてその事業年度の損金の額に算入される。

2）取引先B社に対して、貸付金1,000万円を有しているが、B社の資産状況、支払能力等からその全額が回収できないことが明らかとなった。当該金銭債権については抵当権500万円が設定されているため、その抵当権が実行された後でなければ、貸倒損失として損金経理をすることはできない。

3）継続的な取引を行っていた取引先C社に対して、貸付金500万円を有しているが、C社の支払能力が悪化し、貸付金の弁済がなされないまま、取引を停止してから1年以上が経過した。この場合、貸付金の額から備忘価額を控除した残額が貸倒損失としてその事業年度の損金の額に算入される。

4）遠方のX市内に所在する取引先D社と取引先E社の売掛債権について、D社は5万円、E社は2万円の残高があるが、支払を督促しても弁済がなされず、取立てのために要する旅費等が10万円程度かかると見込まれる。この場合、取引先ごとの売掛債権の額から備忘価額を控除した残額を貸倒損失として損金経理することができる。

19 ▶ **正解　3**

1）**適　切**。会社更生法の更生計画の認可決定により金銭債権が切り捨てられた場合、その切り捨てられることとなった部分の金額については、損金経理の有無にかかわらず、貸倒損失としてその事業年度の損金の額に算入される。

2）**適　切**。債務者の資産状況、支払能力等からその全額が回収できないことが明らかとなった場合において、その金銭債権につき担保物があるときは、その担保物を処分した後に限り、損金経理により、回収不能となった金銭債権の額が貸倒損失として損金の額に算入される。

3）**不適切**。取引停止後、最後の弁済時から１年以上経過した場合において、損金経理により貸倒損失として損金の額に算入することができるのは、売掛金に限られる。本肢は貸付金であるため、貸倒損失として損金の額に算入することはできない。

4）**適　切**。同一地域の債務者に対する売掛債権の総額が取立費用より少なく、支払いを督促しても弁済がない場合、当該売掛債権の額から備忘価額（１円）を控除した残額を、損金経理により貸倒損失として損金の額に算入することができる。

頻出 **20**

□
□

法人の各種届等に関する次の記述のうち、最も不適切なものはどれか。

(2021年9月問30)

1）法人を設立した場合には、設立の日以後3カ月以内に、所定の書類を添付して、法人設立届出書を納税地の所轄税務署長に提出しなければならない。

2）内国法人である普通法人が設立第1期目から青色申告の承認を受けようとする場合、原則として、設立の日以後3カ月を経過した日と設立第1期の事業年度終了の日とのうちいずれか早い日の前日までに、青色申告承認申請書を納税地の所轄税務署長に提出することとされている。

3）内国法人である普通法人は、事業年度が6カ月を超える場合、原則として、納税地の所轄税務署長に対し、事業年度開始の日以後6カ月を経過した日から2カ月以内に法人税の中間申告書を提出し、事業年度終了の日の翌日から2カ月以内に法人税の確定申告書を提出することとされている。

4）過去に行った確定申告について、計算に誤りがあったことにより、納付した税額が過大であったことが判明した場合、原則として法定申告期限から5年以内に限り、更正の請求をすることができる。

20 ▶ **正解　1**

1）**不適切**。法人を設立した場合は、設立の日以後2カ月以内に、定款等の写しを添付した法人設立届出書を納税地の所轄税務署長に提出することとされている。

2）**適　切**。なお、個人が青色申告の承認を受けようとする場合、その承認を受けようとする年の3月15日まで（その年の1月16日以後新たに業務を開始した場合は、業務開始から2カ月以内）に青色申告承認申請書を納税地の所轄税務署長に提出することとされている。

3）**適　切**。なお、納税額が10万円以下である場合には、中間申告を必要としない。

4）**適　切**。既に行った申告に、次のような誤りがあった場合、更正の請求ができる。

・納付すべき税額が多すぎた場合

・申告書に記載した繰越欠損金または繰越連結欠損金が少なすぎた場合

・申告書に記載した還付税額が少なすぎた場合

21
□
□

期末の資本金の額が1億2,000万円であるX株式会社（1年決算法人。以下、「X社」という）は、2024年4月1日に開始する事業年度において下記の交際費等を損金経理により支出した。次のうち、X社の法人税の計算における交際費等の損金不算入額として、最も適切なものはどれか。なお、接待飲食費は、得意先との会食によるもので、専ら社内の者同士で行うものは含まれておらず、所定の事項を記載した書類も保存されているものとする。
(2023年1月問30改)

〈X社が支出した金額〉

接待飲食費の金額	1,300万円	参加者1人当たり10,000円以下の飲食費300万円を含む金額
接待飲食費以外の交際費等の金額	800万円	—

1）　900万円
2）1,000万円
3）1,150万円
4）1,300万円

21 ▶ 正解 4

・資本金の額等が1億円超100億円以下の場合、交際費等の額のうち、損金算入限度額は、「接待飲食費の額×50%」である。

・得意先等を接待して飲食するための飲食代（社内飲食費を除く）であって、その支出する金額を飲食等に参加した者の数で割って計算した金額が10,000円以下である費用は、交際費等から除かれる。

したがって、接待飲食費の金額1,300万円のうち300万円は、交際費等に該当しない。

1,300万円－300万円＝1,000万円

1,000万円×50%＝500万円（損金算入限度額）

1,000万円－500万円（損金算入限度額）

＝500万円（接待飲食費の損金不算入額）

500万円＋800万円（接待飲食費以外の交際費等の金額）

＝1,300万円（交際費等の損金不算入額）

22
□
□

消費税の課税事業者が国内において行う次の取引のうち、消費税の課税取引となるものはどれか。 (2023年1月問32)

1）個人事業者が棚卸資産を家事のために消費した場合
2）学校教育法に規定する学校を設置する者が当該学校で教育として行う役務の提供について授業料を受け取る場合
3）事業者が従業員の社宅として不動産業者から賃貸マンションを借り受ける契約に基づいて家賃を支払った場合
4）消費者がクレジットカードを利用して販売店から商品を購入（包括信用購入あっせん）したことに伴い、消費者から金額が明示されている利子に相当する手数料を信販会社等が受け取った場合

22 ▶ **正解　1**

1）**課税取引となる。**個人事業者が棚卸資産または棚卸資産以外の資産で事業の用に供していたものを家事のために消費または使用した場合、事業として対価を得て行われた資産の譲渡とみなされるため、消費税の課税取引となる。なお、法人が資産を役員に対して贈与した場合も課税取引となる。

2）**課税取引とならない。**学校教育法に規定する学校を設置する者が当該学校における教育として行う役務の提供について受け取る授業料、入学金、施設設備費その他の一定の料金は、非課税とされる。

3）**課税取引とならない。**貸付期間が1カ月以上の住宅の貸付けに係る家賃は非課税とされる。

4）**課税取引とならない。**割賦販売法に規定する割賦販売、ローン提携販売、包括信用購入あっせんまたは個別信用購入あっせんに係る手数料でその割賦販売、ローン提携販売、包括信用購入あっせんまたは個別信用購入あっせんに係る契約においてその額が明示されているものを対価とする役務の提供は非課税取引であるため、その手数料は非課税とされる。

頻出 **23** □□

消費税の簡易課税制度に関する次の記述のうち、最も不適切なものはどれか。なお、納付すべき消費税額（地方消費税額を含む）が最も低くなるようにみなし仕入率を適用するものとし、記載のない事項については考慮しないものとする。 (2021年5月問33)

〈簡易課税制度におけるみなし仕入率〉

事業区分	みなし仕入率
第1種事業	90%
第2種事業	80%
第3種事業	70%
第4種事業	60%
第5種事業	50%
第6種事業	40%

1）全体の課税売上高に占める第1種事業の割合が60%、第3種事業の割合が40%である場合、みなし仕入率は、第1種事業に係る消費税額に90%を適用し、第3種事業に係る消費税額に70%を適用する。

2）全体の課税売上高に占める第1種事業の割合が95%、第3種事業の割合が5%である場合、みなし仕入率は、第1種事業および第3種事業のいずれの消費税額にも90%を適用する。

3）全体の課税売上高に占める第1種事業の割合が20%、第3種事業の割合が80%である場合、みなし仕入率は、第1種事業および第3種事業のいずれの消費税額にも70%を適用する。

4）全体の課税売上高に占める第1種事業の割合が50%、第2種事業の割合が35%、第5種事業の割合が15%である場合、みなし仕入率は、第1種事業に係る消費税額に90%を適用し、第2種事業および第5種事業のいずれの消費税額にも80%を適用する。

23 ▶ **正解 3**

1）**適　切**。簡易課税制度適用事業者において、2種類の事業を営んでいる場合、原則として、事業ごとにみなし仕入率を用いる。したがって、みなし仕入率は、第1種事業については90%を適用し、第3種事業については70%を適用する。

2）**適　切**。２種類の事業を営んでいる場合、特定の１種類の課税売上高が全体の課税売上高の75%以上である場合には、特例として、すべての課税売上高について、そのみなし仕入率を適用することができる。本肢では、すべての課税売上高について、第１種事業のみなし仕入率を適用できる。

原則：95%×（１－90%）＋５%×（１－70%）＝11%

特例：100%×（１－90%）＝10%

※納税額を比較するため、「１－みなし仕入率」として計算する。以下同様。

したがって、納付すべき消費税額が最も低くなるのは、特例を適用した場合であるため、みなし仕入率は、第１種事業および第３種事業のいずれの消費税額にも90%を適用する。

3）**不適切**。選択肢２と同様に計算し、原則と特例を比較する。本肢では、すべての課税売上高について、第３種事業のみなし仕入率を適用できる。

原則：20%×（１－90%）＋80%×（１－70%）＝26%

特例：100%×（１－70%）＝30%

したがって、納付すべき消費税額が最も低くなるのは、原則を適用した場合であるため、みなし仕入率は、第１種事業については90%を適用し、第３種事業については70%を適用する。

4）**適　切**。３種類の事業を営んでいる場合には、特例として、特定の２種類の事業の課税売上高の合計額が、全体の課税売上高の75%以上を占めるとき、次のように分けてみなし仕入率を適用する。

①その２業種のうちみなし仕入率の高いほうの事業に係る課税売上高については、そのみなし仕入率を適用する。

②それ以外の課税売上高については、その２種類の事業のうち低いほうのみなし仕入率をその事業以外の課税売上げに対して適用する。

原則：50%×（1－90%）＋35%×（1－80%）＋15%×（1－50%）＝19.5%

特例：50%（第１種事業）＋35%（第２種事業）＝85%≧75%

∴　第１種事業にはみなし仕入率90%を適用し、第２種事業および第５種事業は第２種事業のみなし仕入率80%を適用

50%×（１－90%）＋（35%＋15%）×（１－80%）＝15%

したがって、納付すべき消費税額が最も低くなるのは、特例を適用した場合であるため、みなし仕入率は、第１種事業については90%を適用し、第２種事業および第５種事業については80%を適用する。

24 □□

内国法人に係る法人事業税および特別法人事業税に関する次の記述のうち、最も不適切なものはどれか。 (2021年1月問32)

1）期末の資本金の額が1億円を超える外形課税対象法人に課される法人事業税の額は、付加価値割額、資本割額および所得割額の合算額となる。

2）納付した法人事業税の額は、原則として、法人事業税の申告書を提出した日の属する事業年度の損金の額に算入することができる。

3）特別法人事業税は、法人の行う事業に対し、事務所または事業所が所在する都道府県が、その事業を行う法人に課する地方税である。

4）特別法人事業税の額は、標準税率により計算された法人事業税の所得割額または収入割額に所定の税率を乗じて算出される。

頻出 **25** □□

個人住民税に関する次の記述のうち、最も適切なものはどれか。なお、各選択肢において、ほかに必要とされる要件等はすべて満たしているものとする。 (2023年5月問30改)

1）X市に住所を有する個人事業主のAさん（46歳）が、Y市に所在する事務所で事業を行っている場合、X市では均等割額が課され、Y市では所得割額が課される。

2）40年間勤務した会社を退職した会社員のBさん（63歳）が、退職手当の支払を受けた場合、当該退職手当は、他の所得と区分し、退職手当の支払を受けた年の翌年に所得割額が課される。

3）ひとり親のCさん（28歳）が、2024年分の収入が給与収入のみで合計所得金額が135万円以下である場合、2025年度分の所得割額は課されず、均等割額のみが課される。

4）会社員のDさん（51歳）の2024年分の所得に給与所得以外の所得がある場合、Dさんが普通徴収を希望する場合を除き、当該給与所得以外の所得に係る所得割額は、2025年分の給与所得に係る所得割額および均等割額の合算額に加算して特別徴収が行われる。

24 ▶ **正解　3**

1）**適　切**。外形標準課税対象法人（期末の資本金等の額が1億円超の法人）の法人事業税の額は、付加価値割額、資本割額、所得割額の合計額となる。なお、期末の資本金等の金額が1億円以下の普通法人の法人事業税の額は、所得割額のみである。

2）**適　切**。法人事業税の損金算入時期は、納税申告書を提出した事業年度となる。

3）**不適切**。特別法人事業税は、**国税**である。なお、法人事業税を併せて納付された特別法人事業税は、都道府県から国に対して払い込まれ、各都道府県に再分配される。

4）**適　切**。特別法人事業税は、法人事業税のうち所得割額または収入割額の標準税率相当額に対して課される。

25 ▶ **正解　4**

1）**不適切**。住所を有するX市では均等割額および所得割額が課され、事務所はあるが住所を有しないY市では均等割額が課される。

2）**不適切**。個人住民税は、その年の1月1日に住所を有する者に対して前年の所得を基に計算された税額をその年度に納付するが、退職所得は、所得税と同様に、他の所得と分離して支払いを受ける際に徴収される。

3）**不適切**。前年の合計所得金額が135万円以下の障害者、未成年者またはひとり親には、均等割額および所得割額が課されない。

4）**適　切**。給与所得以外の所得について、確定申告の際に住民税の普通徴収を希望した場合、給与所得以外の所得に係る住民税は普通徴収となるが、給与所得に係る住民税は特別徴収となる。一方、給与所得以外の所得について、確定申告の際に住民税の普通徴収を希望しなかった場合、給与所得以外の所得に係る住民税は、給与所得に係る住民税と合算され、給与所得から特別徴収される。

学科応用問題

1 次の設例に基づいて、下記の各問（《問１》～《問３》）に答えなさい。
□□
（2023年５月第３問・問57～59改）

《設　例》

サービス業を営むＸ株式会社（資本金10,000千円、青色申告法人、同族会社かつ非上場会社で株主はすべて個人、租税特別措置法上の中小企業者等に該当し、適用除外事業者ではない。以下、「Ｘ社」という）の2025年３月期（2024年４月１日～2025年３月31日。以下、「当期」という）における法人税の確定申告に係る資料は、以下のとおりである。

〈Ｘ社の当期における法人税の確定申告に係る資料〉

1．役員給与に関する事項

当期において役員の所有する土地・建物を37,000千円で取得し、Ｘ社の所有する車両を1,000千円で同じ役員に譲渡した。この土地・建物の時価は25,000千円、車両の時価は3,000千円である。なお、Ｘ社は所轄税務署長に対して事前確定届出給与に関する届出書は提出していない。

2．交際費等に関する事項

当期における交際費等の金額は17,750千円で、全額を損金経理により支出している。このうち、参加者１人当たり10千円以下の飲食費が150千円含まれており、その飲食費を除いた接待飲食費が16,200千円含まれている（いずれも得意先との会食によるもので、専ら社内の者同士で行うものは含まれておらず、所定の事項を記載した書類も保存されている）。その他のものは、すべて税法上の交際費等に該当する。

3．退職給付引当金に関する事項

当期において従業員の退職金制度の一部として外部の企業年金基金に掛金として2,900千円を支払い、その際に退職給付引当金を同額取り崩している。また、決算時に退職給付費用5,000千円を損金経理するとともに、同額を退職給付引当金として負債に計上している。さらに、従業員の退職金の支払の際に退職給付引当金を3,000千円取り崩し、Ｘ社から同額を現金で支払っている。

4．税額控除に関する事項

当期における「中小企業者等が特定経営力向上設備等を取得した場合の法人税額の特別控除」に係る税額控除額が500千円ある。

5．「法人税、住民税及び事業税」等に関する事項

⑴ 損益計算書に表示されている「法人税、住民税及び事業税」は、預金の利子について源泉徴収された所得税額50千円・復興特別所得税額1,050円および当期確定申告分の見積納税額9,000千円の合計額9,051,050円である。なお、貸借対照表に表示されている「未払法人税等」の金額は9,000千円である。

⑵ 当期中に「未払法人税等」を取り崩して納付した前期確定申告分の事業税（特別法人事業税を含む）は1,270千円である。

⑶ 源泉徴収された所得税額および復興特別所得税額は、当期の法人税額から控除することを選択する。

⑷ 中間申告および中間納税については、考慮しないものとする。

※上記以外の条件は考慮せず、各問に従うこと。

《問１》《設例》のＸ社の当期の〈資料〉と下記の〈条件〉に基づき、同社に係る〈略式別表四（所得の金額の計算に関する明細書）〉の空欄①～⑦に入る最も適切な数値を、解答用紙に記入しなさい。なお、別表中の「＊＊＊」は、問題の性質上、伏せてある。

〈条件〉

・設例に示されている数値等以外の事項については考慮しないものとする。

・所得の金額の計算上、選択すべき複数の方法がある場合は、所得の金額が最も低くなる方法を選択すること。

〈略式別表四（所得の金額の計算に関する明細書）〉　(単位：円)

区分		総額
当期利益の額		5,618,950
加算	損金経理をした納税充当金	（ ① ）
	役員給与の損金不算入額	（ ② ）
	交際費等の損金不算入額	（ ③ ）
	退職給付費用の損金不算入額	（ ④ ）
	小計	＊＊＊
減算	納税充当金から支出した事業税等の金額	1,270,000
	退職給付引当金の当期認容額	（ ⑤ ）
	小計	＊＊＊
仮計		＊＊＊
法人税額から控除される所得税額（注）		（ ⑥ ）
合計		＊＊＊
欠損金又は災害損失金等の当期控除額		0
所得金額又は欠損金額		（ ⑦ ）

（注）法人税額から控除される復興特別所得税額を含む。

《問２》 前問《問１》を踏まえ、X社が当期の確定申告により納付すべき法人税額を求めなさい。〔計算過程〕を示し、〈答〉は100円未満を切り捨てて円単位とすること。

〈資料〉普通法人における法人税の税率表

	課税所得金額の区分	税率 2024年4月1日以後開始事業年度
資本金または出資金100,000千円超の法人および一定の法人	所得金額	23.2％
その他の法人	年8,000千円以下の所得金額からなる部分の金額	15％
	年8,000千円超の所得金額からなる部分の金額	23.2％

《問３》 法人税の申告に関する以下の文章の空欄①～⑥に入る最も適切な語句または数値を、解答用紙に記入しなさい。なお、問題の性質上、明らかにできない部分は「□□□」で示してある。

「法人税の申告には中間申告と確定申告があります。事業年度が（　①　）カ月を超える普通法人は、所轄税務署長に対し、原則として、事業年度開始の日以後□□□カ月を経過した日から２カ月以内に中間申告書を提出し、事業年度終了の日の翌日から２カ月以内に確定申告書を提出しなければなりません。

中間申告には、前事業年度の確定法人税額を前事業年度の月数で除した値に□□□を乗じて算出した金額を税額として申告する予定申告と、当該事業年度開始の日以後□□□カ月の期間を一事業年度とみなして仮決算を行い、それに基づいて申告する方法があります。ただし、原則として、仮決算による中間申告税額が予定申告税額を超える場合や、前年度実績による予定申告税額が（　②　）万円以下である場合には、仮決算による中間申告をすることはできません。

なお、納付すべき法人税額がない場合であっても、確定申告書の提出は必要です。また、事業年度開始時における資本金の額等が（　③　）億円を超える内国法人は、原則として、中間申告書および確定申告書をｅ-Ｔａｘ（国税電子申告・納税システム）で提出しなければなりません。

確定申告書を法定申告期限までに提出せず、期限後申告や税務調査後に決定があった場合は、原則として、納付すべき税額の（　④　）％（50万円を超える部分は□□□％を加算）の無申告加算税が課されます。ただし、法定申告期限から１カ月を経過する日までに確定申告書が提出され、かつ、納付税額の全額が法定申告期限から１カ月以内に納付されているなど、期限内申告をする意思があったと認められる場合は、無申告加算税は課されません。また、（　⑤　）事業年度連続して提出期限内に確定申告書の提出がない場合は、青色申告の承認の取消しの対象となります。

既に行った申告について、納付税額が少なかったり、欠損金が過大であったりした場合は、税務署長による（　⑥　）を受けるまでは、□□□をすることができます。また、納付税額が多かったり、還付税額が少なかったりした場合、所定の要件を満たせば、（　⑥　）の請求をすることができます」

2 次の設例に基づいて、下記の各問（《問１》～《問３》）に答えなさい。

□□

（2020年１月第３問・問57～59改）

《設　例》

個人事業主であるＡさんは、妻Ｂさんと小売業を営むとともに、所有する賃貸マンションから賃貸収入を得ている。Ａさんは、営んでいる事業が軌道に乗り、さらなる拡大を企図して、将来的に法人化することを検討している。

Ａさんは、2024年中に、非上場株式の配当金を受け取った。この配当金については、総合課税により配当控除の適用を受ける予定である。また、加入していた生命保険契約を解約し、解約返戻金を受け取った。

Ａさんの家族構成および2024年分の収入等に関する資料は、以下のとおりである。なお、Ａさんは、2024年は消費税について免税事業者であり、税込経理を行っている。

〈Ａさんとその家族に関する資料〉

Ａさん　（50歳）：青色申告者
妻Ｂさん　（50歳）：2024年中に青色事業専従者として給与収入80万円を得ている。
長女Ｃさん　（24歳）：大学院生。2024年中の収入はない。
長男Ｄさん　（20歳）：大学生。2024年中にアルバイトにより給与収入100万円を得ている。

〈Ａさんの2024年分の収入等に関する資料〉

Ⅰ．事業所得に関する事項

①2024年中における売上高、仕入高等

項　目	金　額
売上高	9,960万円
仕入高	7,500万円
売上値引および返品高	14万円
年初の商品棚卸高	710万円
年末の商品棚卸高	745万円
必要経費※	690万円

※上記の必要経費は税務上適正に計上されている。なお、当該必要経費には、青色事業専従者給与は含まれているが、売上原価および下記②の減価償却費は含まれていない。

②2024年中に取得した減価償却資産（上記①の必要経費には含まれていない）

減価償却資産	備　　考
車両１台※	７月12日に事業用として48万円で購入し、取得後直ちに事業の用に供している。 (耐用年数４年、償却率（定率法 0.5 ／ 定額法 0.25）)

※償却方法は法定償却方法とする。

Ⅱ．不動産所得に関する事項

項　　目	金　　額	備　　考
賃貸収入	720万円	
必要経費	750万円	賃貸用不動産の取得に要した負債の利子60万円（土地の取得に係るものが42万円、建物の取得に係るものが18万円）が含まれている。

Ⅲ．Aさんが2024年中に受け取った非上場株式の配当金に関する事項
配当金額：60万円（源泉所得税控除前）
※その支払の際に、所定の所得税および復興特別所得税が源泉徴収されている。
※当該非上場株式を取得するための負債の利子はない。

Ⅳ．Aさんが2024年中に解約した生命保険に関する事項
保険の種類　　　　　　：一時払変額個人年金保険（10年確定年金）
契約年月　　　　　　　：2017年８月
契約者（＝保険料負担者）：Aさん
被保険者　　　　　　　：Aさん
解約返戻金額　　　　　：370万円
正味払込済保険料　　　：300万円

※妻Bさん、長女Cさん、長男Dさんは、Aさんと同居し、生計を一にしている。
※Aさんとその家族は、いずれも障害者および特別障害者には該当しない。
※Aさんとその家族の年齢は、いずれも2024年12月31日現在のものである。

※上記以外の条件は考慮せず、各問に従うこと。

《問1》 個人事業の法人成りに関する以下の文章の空欄①～⑥に入る最も適切な数値を、解答用紙に記入しなさい。

Ⅰ　個人事業の場合、通常、利益は事業所得として他の所得と合算して最高45％の超過累進税率による所得税の課税対象となるが、法人に課される法人税は、会社の形態を問わず、原則として比例税率となる。2024年４月１日以後に開始する事業年度において、資本金の額が１億円以下の中小法人（一定の大法人に完全支配されている法人等を除く）に対する法人税の税率は、年800万円以下の所得金額からなる部分の金額については（　①　）％とされ、年800万円超の所得金額からなる部分の金額については（　②　）％とされる。また、法人成りは、法人と個人の所得分散により、税制面で有利となる場合がある。

他方、個人事業の場合、支出した交際費のうち、業務の遂行上直接必要と認められるものについては、事業所得の金額の計算上、その支出額の全額を必要経費に算入することができるが、法人税においては、損金の額に算入することができる限度額が設けられている。資本金の額が１億円以下の中小法人（一定の大法人に完全支配されている法人等を除く）の場合には、その事業年度において支出した交際費のうち、一定の接待飲食費の額の（　③　）％相当額または年（　④　）万円を限度として損金の額に算入することができる。

Ⅱ　株式会社（内国法人である普通法人）を設立する場合、設立の登記をして初めて法人格を得ることができる。また、設立の日以後（　⑤　）カ月以内に、定款等の写し等を添付した「法人設立届出書」を納税地の所轄税務署長に提出する必要があり、設立第１期目から青色申告の承認を受けようとする場合には、設立の日以後（　⑥　）カ月を経過した日と設立第１期の事業年度終了の日とのうちいずれか早い日の前日までに、「青色申告の承認申請書」を納税地の所轄税務署長に提出する必要がある。

《問2》 Ａさんの2024年分の事業所得の金額を求めなさい。〔計算過程〕を示し、〈答〉は円単位とすること。なお、Ａさんは、正規の簿記の原則（複式簿記）に従って記帳し、それに基づき作成した貸借対照表および損益計算書等を確定申告書に添付して、確定申告期限内に提出し、かつ、ｅ－Ｔａｘによる申告（電子申告）を行うものとし、事業所得の金額の計算上、青色申告特別控除額を控除すること。

《問３》 前問《問２》を踏まえ、Ａさんの2024年分の所得税および復興特別所得税の申告納税額を計算した下記の表の空欄①～⑥に入る最も適切な数値を求めなさい。空欄⑥については、100円未満を切り捨てること。

なお、Ａさんの2024年分の所得控除の合計額を400万円とし、配当控除の適用を受けるものとし、かつ、2024年度の所得税について定額による所得税の特別控除（定額減税）については考慮しないこと。また、記載のない事項については考慮しないものとし、問題の性質上、明らかにできない部分は「□□□」で示してある。

	事業所得の金額	□□□円
	不動産所得の金額	□□□円
	配当所得の金額	□□□円
	一時所得の金額	□□□円
(a)	総所得金額	（　①　）円
(b)	所得控除の額の合計額	4,000,000円
(c)	課税総所得金額（(a)－(b)）	□□□円
(d)	(c)に対する所得税額	（　②　）円
(e)	配当控除	（　③　）円
(f)	差引所得税額（基準所得税額）（(d)－(e)）	□□□円
(g)	復興特別所得税額（(f)×□□□%）	（　④　）円
(h)	所得税及び復興特別所得税の額（(f)＋(g)）	□□□円
(i)	所得税及び復興特別所得税の源泉徴収税額	（　⑤　）円
(j)	所得税及び復興特別所得税の申告納税額（(h)－(i)） ※100円未満切捨て	（　⑥　）円

〈資料〉所得税の速算表

課税総所得金額			税率	控除額
万円超		万円以下		
	～	195	5％	－
195	～	330	10％	97,500円
330	～	695	20％	427,500円
695	～	900	23％	636,000円
900	～	1,800	33％	1,536,000円
1,800	～	4,000	40％	2,796,000円
4,000	～		45％	4,796,000円

3 次の設例に基づいて、下記の各問（《問１》～《問３》）に答えなさい。
□□
（2021年5月第3問・問57～59改）

《設　例》

小売業を営むＸ株式会社（資本金10,000千円、青色申告法人、同族会社かつ非上場会社で株主はすべて個人、租税特別措置法上の中小企業者等に該当し、適用除外事業者ではない。以下、「Ｘ社」という）の2025年３月期（2024年４月１日～2025年３月31日。以下、「当期」という）における法人税の確定申告に係る資料は、以下のとおりである。

〈資料〉

１．減価償却費に関する事項

当期における減価償却費は、その全額について損金経理を行っている。このうち、建物の減価償却費は7,800千円であるが、その償却限度額は6,900千円であった。一方、器具備品の減価償却費は3,000千円で、その償却限度額は3,200千円であったが、この器具備品の前期からの繰越償却超過額が300千円ある。

２．交際費等に関する事項

当期における交際費等の金額は12,600千円で、全額を損金経理により支出している。このうち、参加者１人当たり10千円以下の飲食費が100千円含まれており、その飲食費を除いた接待飲食費に該当するものが9,000千円含まれている（いずれも得意先との会食によるもので、専ら社内の者同士で行うものは含まれておらず、所定の事項を記載した書類も保存されている）。その他のものは、すべて税法上の交際費等に該当する。

３．退職給付引当金に関する事項

当期において、決算時に退職給付費用3,900千円を損金経理するとともに、同額を退職給付引当金として負債に計上している。また、従業員の退職金支払の際に退職給付引当金を8,000千円取り崩し、同額を現金で支払っている。

４．税額控除に関する事項

当期における「給与等の支給額が増加した場合の法人税額の特別控除」に係る税額控除額が280千円ある。

５．「法人税、住民税及び事業税」等に関する事項

⑴　損益計算書に表示されている「法人税、住民税及び事業税」は、預金の利子について源泉徴収された所得税額40千円・復興特別所得税額840円および当期確定申告分の見積納税額9,700千円の合計額9,740,840円で

ある。なお、貸借対照表に表示されている「未払法人税等」の金額は9,700千円である。

(2) 当期中に「未払法人税等」を取り崩して納付した前期確定申告分の事業税（地方法人特別税を含む）は1,030千円である。

(3) 源泉徴収された所得税額および復興特別所得税額は、当期の法人税額から控除することを選択する。

(4) 中間申告および中間納税については、考慮しないものとする。

※上記以外の条件は考慮せず、各問に従うこと。

《問１》 Ｘ社の当期の〈資料〉と下記の〈条件〉に基づき、同社に係る〈略式別表四（所得の金額の計算に関する明細書）〉の空欄①～⑧に入る最も適切な数値を、解答用紙に記入しなさい。なお、別表中の「＊＊＊」は、問題の性質上、伏せてある。

〈条件〉

・設例に示されている数値等以外の事項については考慮しないものとする。

・所得の金額の計算上、選択すべき複数の方法がある場合は、所得の金額が最も低くなる方法を選択すること。

〈略式別表四（所得の金額の計算に関する明細書）〉 (単位：円)

区　分		総　額
当期利益の額		21,189,160
加算	損金経理をした納税充当金	（　①　）
	減価償却の償却超過額	（　②　）
	交際費等の損金不算入額	（　③　）
	退職給付費用の損金不算入額	（　④　）
	小　計	＊＊＊
減算	減価償却超過額の当期認容額	（　⑤　）
	納税充当金から支出した事業税等の金額	1,030,000
	退職給付引当金の当期認容額	（　⑥　）
	小　計	＊＊＊
仮　計		＊＊＊
法人税額から控除される所得税額（注）		（　⑦　）
合　計		＊＊＊
欠損金又は災害損失金等の当期控除額		0
所得金額又は欠損金額		（　⑧　）

（注）法人税額から控除される復興特別所得税額を含む。

《問２》 前問《問１》を踏まえ、Ｘ社が当期の確定申告により納付すべき法人税額を求めなさい。〔計算過程〕を示し、〈答〉は100円未満を切り捨てて円単位とすること。

〈資料〉普通法人における法人税の税率表

	課税所得金額の区分	税率 2024年4月1日以後開始事業年度
資本金または出資金100,000千円超の法人および一定の法人	所得金額	23.2%
その他の法人	年8,000千円以下の所得金額からなる部分の金額	15%
	年8,000千円超の所得金額からなる部分の金額	23.2%

《問３》 法人税に関する以下の文章ⅠおよびⅡの下線部①～③のうち、最も不適切なものをそれぞれ１つ選び、その適切な内容について簡潔に説明しなさい。

〈特別新事業開拓事業者に対し特定事業活動として出資をした場合の課税の特例〉

Ⅰ 「特別新事業開拓事業者に対し特定事業活動として出資をした場合の課税の特例」（オープンイノベーション促進税制。以下、「本特例」という）は、青色申告法人で一定の特定事業活動を行うものが、一定の特別新事業開拓事業者の株式を出資の払込みにより取得した場合に、所定の要件を満たせば、一定の金額を限度として、①その特定株式の取得価額の25%相当額以下の金額で特別勘定として経理した金額を法人税額から控除することができる特例である。

内国法人である特別新事業開拓事業者の新規株式を出資（現金）の払込みにより取得した中小企業者が本特例の適用を受けるためには、②その払込金額が1,000万円以上でなければならない。

なお、現金の払込みによる出資によって本特例の適用を受けた法人において、③その特定株式を取得した日から３年を経過する日までの間に、当該株式を譲渡した場合や当該株式に係る配当の支払を受けた場合には、特別勘定の金額のうちその対応する部分の金額を取り崩して益金の額に算入しなければならない。

〈法人税の確定申告・中間申告〉

Ⅱ　法人税の申告には中間申告と確定申告がある。事業年度が６カ月を超える普通法人は、所轄税務署長に対し、原則として、①事業年度開始の日から６カ月以内に中間申告書を提出し、事業年度終了の日の翌日から２カ月以内に確定申告書を提出しなければならない。

中間申告には、納付税額を、前事業年度の確定法人税額を前事業年度の月数で除した値に６を乗じて算出する方法（予定申告）と、当該事業年度開始の日以後６カ月の期間を一事業年度とみなして仮決算を行い、それに基づいて算出する方法がある。ただし、原則として、仮決算による中間申告税額が予定申告税額を超える場合や、②予定申告税額が10万円以下である場合には、仮決算による中間申告をすることはできない。

なお、納付すべき法人税の額がない場合であっても、確定申告書の提出は必要である。また、③事業年度開始時における資本金の額が１億円を超える内国法人は、原則として、中間申告書および確定申告書をｅ-Ｔａｘ（国税電子申告・納税システム）で提出しなければならない。

解答解説

1 《問1》 ▶ **正解** ①**9,000,000**（円） ②**14,000,000**（円） ③**9,500,000**（円） ④**5,000,000**（円） ⑤**5,900,000**（円） ⑥**51,050**（円） ⑦**36,000,000**（円）

〈略式別表四（所得の金額の計算に関する明細書）〉　（単位：円）

区　分		総　額
当期利益の額		5,618,950
加算	損金経理をした納税充当金	（① 9,000,000）
	役員給与の損金不算入額	（② 14,000,000）
	交際費等の損金不算入額	（③ 9,500,000）
	退職給付費用の損金不算入額	（④ 5,000,000）
	小　計	37,500,000
減算	納税充当金から支出した事業税等の金額	1,270,000
	退職給付引当金の当期認容額	（⑤ 5,900,000）
	小　計	7,170,000
仮　計		35,948,950
法人税額から控除される所得税額（注）		（⑥ 51,050）
合　計		36,000,000
欠損金又は災害損失金等の当期控除額		0
所得金額又は欠損金額		（⑦ 36,000,000）

（注）法人税額から控除される復興特別所得税額を含む。

〈解説〉

①損金経理をした納税充当金

見積納税額（未払法人税等の当期末残高）9,000,000円は、損益計算書上、費用とされているが、法人税では損金算入できないため、「損金経理をした納税充当金」として加算する。

②役員給与の損金不算入額

役員所有の土地・建物を時価より高額で買い取った場合、時価と譲受価額との差額が損金不算入となる。また、法人所有の車両を時価より低額で譲渡した場合、時価と譲渡価額との差額が損金不算入となる。

損金不算入額＝(37,000千円－25,000千円)＋(3,000千円－1,000千円)

＝14,000,000円

③交際費等の損金不算入額

中小企業者等は、交際費等の額のうち、ⓐ8,000千円とⓑ接待飲食費×50％とのいずれか大きいほうまで損金の額に算入することができる。

損金算入限度額：8,000千円＜16,200千円×50％＝8,100千円

∴8,100千円が有利

損金不算入額＝17,750千円－150千円－8,100千円＝9,500,000円

④退職給付費用の損金不算入額

税務上、引当経理は認められていないため、当期において退職給付引当金として計上した5,000,000円を加算する。

⑤退職給付引当金の当期認容額

当期において、外部の企業年金基金に掛金として支払った部分および実際に退職金を支払った部分に相当する退職給付引当金の取崩額5,900,000円（2,900千円＋3,000千円）は、損金の額に算入することができる。

⑥法人税額から控除される所得税額

所得税額および復興特別所得税額は、当期の法人税額から控除することを選択するため、合計額を加算する。

50千円＋1,050円＝51,050円

※所得税額および復興特別所得税額は、別表四では加算するが、この後《問58》の「納付すべき法人税額」の計算過程において控除される。

⑦所得金額又は欠損金額

所得金額＝5,618,950円（当期利益の額）＋37,500,000円（加算項目）
－7,170,000円（減算項目）
＋51,050円（所得税額・復興特別所得税額）
＝36,000,000円

《問2》 正解 7,144,900円

8,000,000円×15％＋（36,000,000円－8,000,000円）×23.2％
＝7,696,000円
7,696,000円－500,000円（中小企業経営強化税制）
－51,050円（所得税額・復興特別所得税）
＝7,144,900円（百円未満切捨て）

〈参考〉

「中小企業者等が特定経営力向上設備等を取得した場合の法人税額の特別控除」（中小企業経営強化税制）の税額控除額は、その事業年度の法人税額の20%が限度となる。

《問3》 正解 **①6（カ月） ②10（万円） ③1（億円） ④15（%） ⑤2（事業年度） ⑥更正**

〈解説〉

Ⅰ　中間申告

①予定申告（前期の実績による場合）

法人の事業年度が6カ月を超える場合には、その事業年度開始の日から6カ月を経過した日から2カ月以内に中間申告書を提出しなければならない。ただし、納付税額が10万円以下である場合、中間申告は不要である。

②仮決算

中間申告書を提出すべき法人が、その事業年度開始に日以後6カ月を1事業年度としてその期間の課税所得金額を計算した場合には、その計算に基づく中間申告書の提出が認められる。ただし、次の場合には、苅毛団による中間申告書を提出することができない。

・仮決算により計算した中間納税額が、前期実績により計算した予定申告税額を超える場合

・前期実績による予定申告税額が10万円以下の場合

Ⅱ「電子情報処理組織による申告の特例」により、一定の法人が行う法人税等の申告は、電子情報処理組織（e-Tax）により提出しなければならない。概要は次のとおりである。

対象税目	法人税、地方法人税、消費税、法人住民税、法人事業税
対象法人	事業年度開始時の資本金の額または出資金の額が1億円超の法人等
対象手続き	確定申告書、中間（予定）申告書、仮決算の中間申告書、修正申告書、還付申告書
適用日	2020年4月1日以後に開始する事業年度（課税期間）から適用 ※電子申告の義務化の対象となる法人は、納税地の所轄税務署長に対し、適用開始事業年度等を記載した届出書（適用開始届）を提出する必要がある。

Ⅲ 無申告加算税は、確定申告書を法定申告期限までに提出せず、期限後申告や税務調査後に決定があった場合、原則として、納付すべき税額の15％（50万円を超える部分は20％）を加算するものである。

Ⅳ 税務署長は、確定申告書に記載された課税標準等または税額等が調査したところと異なるときは、その申告の課税標準または税額を更正（増額または減額）する。一方、納税者は、過大申告をした場合、更正の請求をすることができる。なお、過少申告をした場合、修正申告をする。

2《問1》▸ 正解 ①**15.0（％）** ②**23.2（％）** ③**50（％）** ④**800（万円）** ⑤**2（カ月）** ⑥**3（カ月）**

〈解説〉

⑤ 内国法人である普通法人を設立した場合、設立の日（設立登記の日）以後2カ月以内に、定款、寄付行為、規則または規約の写しを添付して、法人設立届出書を納税地の所轄税務署長に提出しなければならない。

《問2》▸ 正解 17,200,000円

売上原価

7,100,000円＋75,000,000円－7,450,000円＝74,650,000円

減価償却費

$$480{,}000円 \times 0.25 \times \frac{6月}{12月} = 60{,}000円$$

事業所得の金額

（99,600,000円－140,000円）－（6,900,000円＋74,650,000円＋

60,000円）－650,000円
＝17,200,000円

〈解説〉

・総収入金額を算出する際には、売上高から売上値引および返品高を控除する。
・所得税において、減価償却の法定償却方法は定額法である。また、年の途中で業務の用に供した場合、年償却額を月割りするが、１月未満の端数は１月に切り上げて計算する。
・Ａさんは、正規の簿記の原則（複式簿記）に従って記帳し、それに基づき作成した貸借対照表および損益計算書等を確定申告書に添付して、確定申告期限内に提出し、かつ、ｅ－Ｔａｘによる申告（電子申告）を行うため、事業所得の金額の計算上、65万円の青色申告特別控除額を控除することができる。

《問３》▶ 正解 **①17,900,000（円） ②3,051,000（円） ③30,000（円） ④63,441（円） ⑤122,520（円） ⑥2,961,900（円）**

事業所得の金額	17,200,000円
不動産所得の金額	▲300,000円
配当所得の金額	600,000円
一時所得の金額	200,000円
(a) 総所得金額	（① 17,900,000）円
(b) 所得控除の額の合計額	4,000,000円
(c) 課税総所得金額（(a)－(b)）	13,900,000円
(d) (c) に対する所得税額	（② 3,051,000）円
(e) 配当控除	（③ 30,000）円
(f) 差引所得税額（基準所得税額）（(d)－(e)）	3,021,000円
(g) 復興特別所得税額（(f)×2.1％）	（④ 63,441）円
(h) 所得税及び復興特別所得税の額（(f)＋(g)）	3,084,441円
(i) 所得税及び復興特別所得税の源泉徴収税額	（⑤ 122,520）円
(j) 所得税及び復興特別所得税の申告納税額（(h)－(i)） ※100円未満切捨て	（⑥ 2,961,900）円

〈解説〉

・不動産所得の金額＝7,200,000円－7,500,000円＝▲300,000円

・一時所得の金額＝3,700,000円－3,000,000円－500,000円(特別控除額)＝200,000円

・総所得金額＝17,200,000円＋600,000円＋200,000円×$\frac{1}{2}$

＝17,900,000円（空欄①）

※不動産所得の金額の損失のうち、土地取得に係る負債の利子は損益通算の対象にならない。

不動産所得の金額の損失300,000円＜土地取得に係る負債の利子420,000円

∴　不動産所得の金額０円

・課税総所得金額に対する所得税額（所得税の速算表）

(a)－(b)＝17,900,000円－4,000,000円＝13,900,000円

13,900,000円×33%－1,536,000円＝3,051,000円（空欄②）

・配当控除の金額

600,000円×５％＝30,000円（空欄③）

※課税総所得金額が10,000,000円を超えているため、配当所得の金額の５％が配当控除の金額となる。

・復興特別所得税額

基準所得税額＝(d)－(e)＝3,021,000円

復興特別所得税額＝基準所得税額×2.1％＝63,441円（空欄④）

・所得税及び復興特別所得税の源泉徴収税額

600,000円×20.42%＝122,520円（空欄⑤）

※Ａさんの所得のうち、源泉徴収されているのは配当金である。非上場株式の配当金は、所得税のみ20.42%（所得税率20%、復興特別所得税率0.42%）が源泉徴収される。

・所得税及び復興特別所得税の申告納税額

(h)－(i)＝2,961,900円（100円未満切捨て、空欄⑥）

3《問1》▶ **正解** ①9,700,000（円） ②900,000（円） ③4,500,000（円） ④3,900,000（円） ⑤200,000（円） ⑥8,000,000（円） ⑦40,840（円） ⑧31,000,000（円）

〈略式別表四（所得の金額の計算に関する明細書）〉 （単位：円）

区　　分		総　額
当期利益の額		21,189,160
加算	損金経理をした納税充当金	（① 9,700,000）
	減価償却の償却超過額	（② 900,000）
	交際費等の損金不算入額	（③ 4,500,000）
	退職給付費用の損金不算入額	（④ 3,900,000）
	小　　計	19,000,000
減算	減価償却超過額の当期認容額	（⑤ 200,000）
	納税充当金から支出した事業税等の金額	1,030,000
	退職給付引当金の当期認容額	（⑥ 8,000,000）
	小　　計	9,230,000
仮　　計		30,959,160
法人税額から控除される所得税額（注）		（⑦ 40,840）
合　　計		31,000,000
欠損金又は災害損失金等の当期控除額		0
所得金額又は欠損金額		（⑧ 31,000,000）

（注）法人税額から控除される復興特別所得税額を含む。

〈解説〉

①損金経理をした納税充当金

見積納税額（未払法人税等の当期末残高）9,700,000円は、損益計算書上、費用とされているが、法人税では損金算入できないため、「損金経理をした納税充当金」として加算する。

②減価償却の償却超過額

建物の減価償却費は、償却限度額を超過した900,000円（7,800千円－6,900千円）が損金不算入となる。

③交際費等の損金不算入額

中小企業者等は、交際費等の額のうち、ⓐ8,000千円とⓑ接待飲食費×50%とのいずれか大きいほうまで損金の額に算入することができる。

損金算入限度額：8,000千円＞9,000千円×50％＝4,500千円

∴8,000千円が有利

損金不算入額＝12,600千円－100千円－8,000千円＝4,500,000円

④退職給付費用の損金不算入額

税務上、引当経理は認められていないため、当期において退職給付引当金として負債計上した3,900,000円を加算する。

⑤減価償却超過額の当期認容額

器具備品は当期が償却不足で、前期からの繰越償却超過額があるため、繰越償却超過額を限度として、償却不足額を認容（減算）する。

償却不足額＝3,200千円－3,000千円＝200千円＜繰越償却超過額300千円

∴　認容額　200,000円

⑥退職給付引当金の当期認容額

当期において、実際に退職金を支払った部分に相当する退職給付引当金の取崩額8,000,000円は、損金の額に算入することができる。

⑦法人税額から控除される所得税額

所得税額および復興特別所得税額は、当期の法人税額から控除することを選択するため、合計額を加算する。

40千円＋840円＝40,840円

※所得税額および復興特別所得税額は、別表四では加算するが、この後《問２》の「納付すべき法人税額」の計算過程において控除される。

⑧所得金額又は欠損金額

所得金額＝21,189,160円（当期利益の額）＋19,000,000円（加算項目）
－9,230,000円（減算項目）
＋40,840円（所得税額・復興特別所得税額）
＝31,000,000円

《問2》▶ 正解　6,215,100円

8,000,000円×15％＋（31,000,000円－8,000,000円）×23.2％
＝6,536,000円

6,536,000円－280,000円（給与等の支給額が増加した場合の法人税額の特別控除）－40,840円（所得税額・復興特別所得税）
＝6,215,100円（百円未満切捨て）

《問3》

	下線部の番号	適切な内容
Ⅰ	①	その特定株式の取得価額の25%相当額以下の金額で特別勘定として経理した金額を損金の額に算入することができる。
Ⅱ	①	中間申告書は、事業年度開始の日以後6カ月を経過した日から2カ月以内に提出しなければならない。

❶ 所得税の納税義務者

種類		課税所得の範囲
居住者 （国内に住所を有し、または、引き続いて1年以上居所を有する個人）	非永住者以外	すべての所得 （国内源泉所得・国外源泉所得）
	非永住者 （日本国籍を有しておらず、かつ、過去10年間のうち５年以下の期間国内に住所または居所を有する者）	国内源泉所得およびそれ以外の所得で国内で支払われまたは国外から送金されたもの
非居住者		国内源泉所得

❷ 不動産所得

・自己所有の土地に借地権を設定したことにより受け取った権利金は、原則として、不動産所得となる。ただし、権利金の額が土地の時価の２分の１を超える場合、当該権利金の額は譲渡所得となる

・所有する賃貸アパートの取壊損失の金額は、不動産の貸付けが事業的規模に満たない場合、その損失の金額を控除する前の不動産所得の金額を限度として必要経費に算入する

❸ 事業所得

・青色事業専従者給与の対象は月給または賞与であり、退職金は対象外

・同一生計親族に支払った賃借料は、必要経費に算入できない

・必要経費に算入することができる交際費に上限はない

❹ 給与所得

①子ども・特別障害者等を有する者等の場合

給与収入金額（年収）850万円超の居住者で、かつ、23歳未満の扶養親族を有する場合等、給与所得の金額の計算上、所得金額調整控除を控除することができる

所得金額調整控除額＝(給与収入金額※－850万円)×10%

※1,000万円超は、一律1,000万円で計算する

②給与所得と公的年金等に係る雑所得を有する者の場合

給与所得控除後の給与等の金額および公的年金等に係る雑所得の金額の合計額が10万円を超える場合に適用される

所得金額調整控除額 ＝ [給与所得控除後の給与等の金額(10万円超の場合は10万円)] ＋ [公的年金等に係る雑所得の金額(10万円超の場合は10万円)] －10万円

❺ 退職所得

退職手当、一時恩給など、退職により一時に受ける給与およびこれらの性質を有する給与や、社会保険制度・退職金共済制度に基づく一時金が該当

※解雇予告手当は、退職所得に該当

※年金として支払われる場合は、雑所得（公的年金等）

※死亡後3年以内に支給が確定した退職手当は相続税の対象

①原則

退職所得の金額＝(収入金額 － 退職所得控除額)×$\frac{1}{2}$

②特定役員退職手当等

役員等としての勤続年数が5年以下である者が支払いを受けるもの

退職所得の金額＝収入金額－退職所得控除額

③短期退職手当等

役員等以外の者で勤続年数が5年以下である者が支払いを受けるもの

・「収入金額－退職所得控除額」が300万円以下の場合：①原則の計算式と同じ

・「収入金額－退職所得控除額」が300万円を超える場合

退職所得の金額＝150万円＋{収入金額－(300万円＋退職所得控除額)}

④退職所得控除額

勤続年数	退職所得控除額
20年以下	40万円×勤続年数(最低80万円)
20年超	800万円+70万円×(勤続年数−20年)

※勤続年数の1年未満の端数は、1年に切上げ
※障害者になったことに直接基因して退職した場合は、上記金額に100万円を加算

❻ 一時所得

ふるさと納税による謝礼として受け取った経済的利益は､地方公共団体（法人）から贈与により取得したものであるため、一時所得として課税対象となる

❼ 医療費控除

納税者が自己または生計を一にする配偶者やその他の親族の医療費を支払った場合、その支払った医療費が一定額を超えるときに控除を受けることができる。配偶者やその他の親族の所得要件はない。また、事業専従者に該当する者も含まれる

①対象となる医療費（主なもの）

・医師や歯科医師による診療または治療の費用
　※原則として人間ドックや健康診断の費用は対象外であるが、重大な疾病が発見され、かつ、疾病の治療を行った場合は、健康診断等の費用も対象
・治療や療養のための医薬品の購入費用
　※特定一般用医薬品等購入費は、セルフメディケーション税制の対象
・病院や診療所などへの入院費用
・通院のための交通費、公共交通機関が利用できない場合のタクシー代
　※自家用車で通院する場合のガソリン代や駐車場料金などは対象外

②医療費控除の対象となる金額

その年の1月1日から12月31日までの間に支払った金額に限られる。通常の医療費控除とセルフメディケーション税制は選択適用

・通常の医療費控除（200万円限度）

支出した医療費の額－医療費を補てんする保険金等の金額 －（ⓐとⓑのいずれか低い金額）

ⓐ総所得金額等×５％　ⓑ10万円

・セルフメディケーション税制（88,000円限度）

特定一般用医薬品等購入費－補てんする保険金等の金額－12,000円

※未払医療費は、実際に支払った年の医療費控除の対象となる。また、医療費を補てんする保険金等は､対象とされる医療費の額を限度として控除し、確定申告時まで未確定の場合は、見込額に基づいて計算する

③留意点

・相続開始後に相続人が支払った被相続人の未払医療費は、その被相続人の準確定申告における医療費控除の対象とならない。ただし、相続人の確定申告における医療費控除の対象となり、かつ、被相続人に係る相続税の計算上、債務控除の対象となる

❽ 寄附金控除

・ワンストップ特例制度は、寄附先の長から納税者の住所地の長に申告特例通知書を送付することを、寄附先の長に求めることで、確定申告書を提出せずに寄附金税額控除の適用を受けることができる制度である

・ワンストップ特例制度の適用を受けた場合、所得税の寄附金控除は適用されず、すべて住民税の寄附金税額控除が適用される

❾ 障害者控除

居住者、同一生計配偶者または扶養親族が障害者である場合に適用を受けることができる

一般の障害者	27万円
特別障害者	40万円
同一生計配偶者または扶養親族が特別障害者に該当し、かつ、本人、本人の配偶者、本人と生計を一にするその他の親族のいずれかと同居している	75万円

⑩ ひとり親控除

合計所得金額が500万円以下の者で、次の①および②の要件を満たす場合、35万円を控除する。婚姻歴や性別を問わない

①現に婚姻をしていない者または配偶者の生死が不明の者

②生計を一にする子（総所得金額等の合計額が48万円以下であるものに限る）を有する者

⑪ 配偶者控除・配偶者特別控除

①いずれも合計所得金額が1,000万円以下である者が適用を受けることができる

②配偶者控除における配偶者の要件

- 民法の規定による配偶者で、居住者と生計を一にする者
- 合計所得金額が48万円以下である者
- 青色事業専従者または事業専従者でない者

⑫ 扶養控除

16歳以上の扶養親族を控除対象扶養親族という

0歳以上16歳未満	0円
16歳以上19歳未満・23歳以上70歳未満	38万円
19歳以上23歳未満（特定扶養親族）	63万円
70歳以上（老人扶養親族：同居老親等）	58万円
70歳以上（老人扶養親族：同居老親等以外）	48万円

⑬ 基礎控除

合計所得金額が2,500万円以下の者が適用を受けられる

⑭ 住宅借入金等特別控除

①認定住宅等の年末残高限度額および控除率

居住時期	控除期間	年末残高限度額			控除率
		認定住宅	ＺＥＨ水準省エネ住宅	省エネ基準適合住宅	
2022年1月～2023年12月	13年間	5,000万円	4,500万円	4,000万円	0.7%
2024年1月～2025年12月		4,500万円*	3,500万円*	3,000万円*	

※認定住宅とは、認定長期優良住宅および認定低炭素住宅をいう。

※新築または建築後使用されていないものの取得、もしくは宅地建物取引業者による一定の増改築等が行われたものの取得に限る。建築後使用されているものを取得した場合は、借入限度額3,000万円、控除期間10年となる

＊配偶者を有する40歳未満の者、40歳未満の配偶者を有する40歳以上の者または19歳未満の扶養親族を有する者（子育て特例対象個人）は、2024年中に入居した場合に限り、表上段の額を適用する

②認定住宅等以外の年末残高限度額および控除率

居住時期	控除期間	年末残高限度額	控除率
2022年1月～2023年12月	13年間	3,000万円	0.7%
2024年1月～2025年12月	10年間*	2,000万円*	

※新築または建築後使用されていないものの取得、もしくは宅地建物取引業者による一定の増改築等が行われた一定の居住用家屋の取得に限る。それ以外の場合（既存住宅の取得、住宅の増改築など）は、借入限度額2,000万円、控除期間10年となる

＊2023年12月31日までに建築確認を受けた床面積40㎡以上のもの、または2024年6月30日までに建築された床面積50㎡以上のものに限られる

③留意点

・所得税から控除しきれない場合には控除不足分を翌年度分の個人住民税から控除できる

・居住開始年の12月31日までの間に転勤により転居しても、翌年以降再び居住の用に供した場合には、残存期間について適用を受けることができる

・合計所得金額が1,000万円以下の者については、床面積40㎡以上50㎡未満の住宅も対象となる

⑮ 法人税

①所得の計算

法人税の課税ベースとなる課税所得は、「益金－損金」で計算するが、会計上の当期利益は「収益－費用」で計算するため、両者の金額は異なる。法人税の課税所得金額は、会計上の当期利益に、益金と収益、損金と費用に食い違いがあるものを申告調整（加算・減算）して計算する（実務上、法人税申告書「別表四」上で計算する）

課税所得金額 ＝ 会計上の当期利益 ＋ 加算項目 － 減算項目

- 加算項目：益金算入、損金不算入
- 減算項目：損金算入、益金不算入

②税率（2024年4月1日以後に開始する事業年度）

原　則		23.2%
中小法人（期末資本金1億円以下）	年800万円以下の部分	15%
	年800万円を超える部分	23.2%

③時価に比べて低額で資産の譲渡を受けた場合には、時価と実際の対価との差額を受贈益として益金算入する

④減価償却

・減価償却費について損金経理した金額のうち、償却限度額（損金算入限度額）を超過した額が損金不算入となる

・当期に減価償却費の償却不足が生じ、前期以前に償却超過額がある場合には、償却超過額を限度として、その償却不足額を認容（当期利益の額から減算）する

・使用可能期間が1年未満のもの、または取得価額が10万円未満のものは、事業の用に供した事業年度においてその取得価額の全額を、損金の額に算入することができる。ただし、2022年4月1日以後に取得した資産（使用可能期間が1年未満であるものを除く）のうち、貸付け（主要な事業と

して行われるものを除く）の用に供したものは対象外

- 中小企業者である**青色申告法人**は、取得価額**30万円未満**（年間**300万円**を限度）の資産については、取得価額の**全額**を事業の用に供した事業年度において、損金の額に算入することができる。ただし、常時使用する従業員の数が**500人**を超える法人は、適用対象から除かれる

⑤役員給与

- 役員給与のうち、役員退職給与、定期同額給与、事前確定届出給与等に該当するものは、原則として損金算入できるが、**不相当に高額な部分**の金額は**損金不算入**となる
- **定期同額給与**において、通常改定・臨時改定・業績悪化改定**以外**の改定は、その変更前の金額と変更後の金額の**差額**が**損金不算入**となる
- **事前確定届出給与**において、実際支給額があらかじめ届け出た支給額と異なる場合、実際の支給額が増額支給・減額支給のどちらであっても、その支給額**全額**が**損金不算入**となる

⑥交際費等

交際費等は、原則として損金不算入とされているが、次のものについて、損金算入が認められている。なお、1人当たり**10,000**円以下の飲食費（役職員間の飲食費を除く）は、交際費等の範囲から除外されている

⑴　資本金1億円超の法人（資本金100億円超の法人を除く）

飲食費（役職員間の飲食費を除く）の**50%**を損金算入できる（上限なし）

⑵　資本金1億円以下の中小法人

次の①②のいずれかの選択適用

①**800**万円以下の交際費等を**全額**損金算入できる

②飲食費（役職員間の飲食費を除く）の**50%**を損金算入できる（上限なし）

⑦租税公課

損金算入	損金不算入
・法人事業税　・固定資産税 など	・法人税　・法人住民税 ・源泉所得税　・利子割

⑧　貸倒損失

発生した事実	内容	処理
金銭債権が切り捨てられた（法律上の貸倒れ）	・会社更生法の更生計画の認可決定等 ・債務者へ書面による免除	損金経理の有無にかかわらず損金算入される
金銭債権の全額が回収不能となった	・債務者の資産状況、支払能力等からその全額が回収できないことが明らか	損金経理により損金算入が認められる（担保物がある場合には、その担保物を処分した後に限る）
一定期間取引停止後弁済がない	・債務者との取引の停止後（あるいは取引停止後に最後の弁済がある場合には最後の弁済時から）１年以上を経過した場合 ・同一地域の債務者に対する売掛債権の総額が取立費用より少なく、支払いを督促しても弁済がない場合	売掛債権の額から備忘価額を控除した額を、損金経理により損金算入が認められる

⑨申告

一定の法人が行う法人税等の申告は、電子情報処理組織（e-Tax）により提出しなければならない。概要は次のとおりである

対象税目	法人税、地方法人税、消費税、法人住民税、法人事業税
対象法人	事業年度開始時の資本金の額または出資金の額が１億円超の法人等
対象手続き	確定申告書、中間（予定）申告書、仮決算の中間申告書、修正申告書、還付申告書
適用日	2020年４月１日以後に開始する事業年度（課税期間）から適用 ※電子申告の義務化の対象となる法人は、納税地の所轄税務署長に対し、適用開始事業年度等を記載した届出書（適用開始届）を提出する必要がある

⑯　消費税

①課税取引・非課税取引

・電気通信回線（インターネット等）を介して、国内の事業者および消費者に対して行われる電子書籍・音楽・映像・広告の配信等のサービスの提供

（役務の提供）については、**提供を受ける者**の住所または本店の所在地で判定され、提供を受ける者の住所または所在地が**国内**にあれば、国内取引として、消費税の**課税取引**となる

・**居住の用**に供する家屋や土地の貸付は、貸付期間が**１カ月未満**である場合などを除き、消費税の**非課税取引**に該当する

②納税義務の免除

・**基準期間**の課税売上高（消費税抜きの金額）が**1,000万円以下**の事業者は、消費税の納税義務が免除される。ただし、**特定期間**の課税売上高が**1,000万円超**、かつ、特定期間の**給与等支払額**の合計額が**1,000万円超**の場合は、**課税事業者**となる

・**新たに開業**した個人事業者および新たに設立された法人は、**当初２年間**は基準期間が存在しないため、原則として**免税事業者**となる。ただし、当該法人の事業年度開始の日における**資本金の額**が**1,000万円以上**である法人は、当初２年間でも**課税事業者**となる

③簡易課税制度

・**基準期間**の課税売上高が**5,000万円以下**で、簡易課税制度の適用を受ける旨の届出書を事前に提出している事業者は、課税売上高から仕入控除税額の計算を行うことができる

・簡易課税制度の**適用を受けようとする課税期間の開始日の前日まで**に「消費税簡易課税制度選択届出書」を提出しなければならない。当該届出書を提出した事業者は、原則として、**２年間**は原則課税に**変更することができない**

・簡易課税制度選択届出書を提出している場合でも、**基準期間の課税売上高が5,000万円を超える課税期間**については、簡易課税制度の適用を受けることができない

・簡易課税制度を選択した事業者は、消費税額の**還付を受けることができない**

・**２種類以上**の事業を営む事業者で、１種類の事業の課税売上高が全体の課税売上高の**75％以上**を占める場合は、その事業のみなし仕入率を全体の課税売上高に対して適用することができる

④インボイス制度

・概要

2023年10月１日以後、原則として、仕入税額控除の適用を受けるためには、インボイス発行事業者から交付を受けた**インボイス（適格請求書）**等の保存が必要になる

・インボイス（適格請求書）

適用税率や消費税額等を伝えるために、従来の請求書（区分記載請求書）に加えて、インボイス発行事業者の**登録番号**や**税率ごとに区分**した消費税額等が記載された請求書や納品書などをいう

・インボイス発行事業者（適格請求書発行事業者）

インボイスを発行しようとする事業者は、税務署長から登録を受ける必要がある。なお、インボイス発行事業者となれるのは**課税事業者に限定される**ため、免税事業者は対象とならない

・免税事業者の取扱い

免税事業者はインボイス発行事業者にはなれないため、免税事業者からの仕入れ等については**インボイスが発行されず**、仕入税額控除を適用することが**できない**。なお、免税事業者が、インボイス発行事業者となる場合は、**課税事業者**を選択することになる

・中小・小規模事業者等の負担軽減・影響最小化のための措置

〇インボイス発行事業者となる免税事業者の負担軽減

免税事業者がインボイス発行事業者になった場合の納税額を**売上税額の２割**に軽減する**３年間**の負担軽減措置を講ずる

〇事業者の事務負担軽減

基準期間における課税売上高**１億円以下**または**特定期間**における課税売上高**5,000万円以下**の事業者の行う課税仕入に係る支払対価の額が１万円未満の取引につき、帳簿のみで仕入税額控除を可能とする６年間の事務負担軽減策を講ずる。また、１万円未満の値引きや返品等の返還インボイスについて交付義務を免除する

⑤確定申告および納付の期限

・個人事業者は**翌年３月31日**まで

・法人は、原則として、事業年度の終了の日の翌日から**２カ月以内**

第5章

不動産

出題傾向

基礎＋応用

基礎編

頻出ポイントは以下のとおりです。

不動産登記／売買取引の留意点（宅建業法等）／借地借家法／建築基準法／区分所有法／固定資産税／居住用財産の譲渡の特例／農地法および生産緑地法

どの論点も、比較的細かい点まで出題されています。固定資産税や居住用財産の譲渡の特例では、具体例をもとにした問題が頻出です。

応用編

建蔽率・容積率を使用した建築面積、延べ面積の計算問題や、複数の地域にまたがる場合の建蔽率・容積率の限度を求めさせる計算問題が頻出です。それぞれの規定を正確に覚え、計算過程も含めて記述できるようにしてください。また、譲渡所得金額の計算問題もよく出題されます。

四答択一式問題　次の各問について答えを１つ選び、その番号を答えなさい。

1

□
□

不動産の調査に係る都市計画図等に関する次の記述のうち、適切なものはいくつあるか。（2023年1月問34）

（a）都市計画図は、地方公共団体の都市計画に関する地図であり、通常、土地が所在する地域に指定された用途地域の種別や防火規制の有無、基準地標準価格等が表示されている。

（b）地積測量図は、土地の表題登記や地積更正登記等を申請する際に作成される一筆の土地の地積に関する測量の結果を明らかにする図面であり、すべての土地に備えられている。

（c）路線価図は、路線価が定められている地域の土地を評価するために用いられ、路線に「300 E」と表示されている場合、その路線に面する標準的な宅地の１坪（3.3㎡）当たりの価額が300千円で、借地権割合が50％であることを示している。

1）１つ
2）２つ
3）３つ
4）０（なし）

解答解説

1 ▶ 正解 **4**

（a） **不適切**。都市計画図は、行政区域内の都市計画の概要を示したもので、用途地域の種別や防火規制の有無等、都市計画の情報が表示されている。基準地標準価格は、表示されていない。

（b） **不適切**。地積測量図は、すべての土地に備え付けられているわけではない。

（c） **不適切**。路線価は、路線（道路）に面する標準的な宅地の1平方メートル（1㎡）当たりの価額（千円単位で表示）のことである。

以上より、適切なものは0（なし）である。

頻出 **2**
□
□

不動産登記の効力に関する次の記述のうち、最も適切なものはどれか。

(2022年9月問34)

1）不動産の売買契約の締結後、買主への所有権移転登記をする前に、売主が当該不動産を買主以外の第三者に譲渡し、第三者が所有権移転登記をした場合、当初の買主はその第三者に対して所有権の取得を対抗することができる。

2）不動産登記記録を信頼して売買契約を締結した善意かつ無過失の買主は、所有権移転登記により不動産を自己の名義にすれば、たとえ真実の権利者から所有権移転登記の抹消や不動産の返還を求められたとしても、登記の公信力によりこれを拒むことができる。

3）仮登記は、順位保全の効力および対抗力があるため、これをもって第三者に対抗することができる。

4）借地権は、その登記がなくても、当該土地の上に借地権者が登記されている建物を所有するときは、これをもって第三者に対抗することができる。

2 ▶ 正解　**4**

1）**不適切**。当初の買主よりも先に第三者が所有権移転登記をしているため、当初の買主はその第三者に対して所有権の取得を対抗することはできない。

2）**不適切**。登記には公信力がないため、真実の権利者から所有権移転登記の抹消や不動産の返還を求められた場合、拒むことができない。

3）**不適切**。仮登記には対抗力がないため、これをもって第三者に対抗することはできない。なお、仮登記には順位保全の効力がある。

4）**適　切**。借地権の対抗要件は、借地上の建物の登記である。

3
□
□

地価公示法に関する次の記述のうち、最も不適切なものはどれか。

(2023年9月問34)

1）土地収用法等によって土地を収用することができる事業を行う者が、公示区域内の土地を当該事業の用に供するために取得する場合、当該土地の取得価格は公示価格を規準とする。

2）不動産鑑定士が公示区域内の土地について鑑定評価を行う場合において、当該土地の正常な価格を求めるときは、公示価格を規準とする。

3）標準地は、都市計画区域内から選定するものとされ、都市計画区域外や国土利用計画法の規定により指定された規制区域内からは選定されない。

4）市町村長は、土地鑑定委員会が公示した標準地の価格等について、当該市町村が属する都道府県に存する標準地に係る部分を記載した書面および当該標準地の所在を表示する図面を当該市町村の事務所において一般の閲覧に供しなければならない。

3 ▶ **正解　3**

1）**適　切**。土地収用法その他の法律によって土地を収用することができる事業を行う者は、公示区域内の土地を当該事業の用に供するため取得する場合において、当該土地の取得価格を定めるときは、公示価格を規準としなければならない。

2）**適　切**。不動産鑑定士は、公示区域内の土地について鑑定評価を行う場合において、当該土地の正常な価格を求めるときは、公示価格を規準としなければならない。

3）**不適切**。標準地は、都市計画法４条２項に規定する都市計画区域その他の土地取引が相当程度見込まれる一定の区域（国土利用計画法12条１項の規定により指定された規制区域を除く）内から選定される。よって、都市計画区域外から選定される可能性はある。

4）**適　切**。土地鑑定委員会は、公示をしたときは、速やかに、関係市町村の長に対して、公示した事項のうち①当該市町村が属する都道府県に存する標準地に係る部分を記載した書面および②当該標準地の所在を表示する図面を送付しなければならない。関係市町村の長は、①および②を当該市町村の事務所において一般の閲覧に供しなければならない。

4
□
□

筆界特定制度に関する次の記述のうち、最も不適切なものはどれか。

(2019年9月問34)

1）筆界特定は、所有権の及ぶ範囲を特定するものではなく、一筆の土地とこれに隣接する他の土地との筆界の現地における位置またはその範囲を特定するものである。

2）筆界特定は、対象となる土地の所有権の登記名義人が複数いる場合であっても、共有登記名義人の1人が単独でその申請をすることができる。

3）筆界特定書の写しは、隣地所有者などの利害関係を有する者でなくても、対象となった土地を管轄する法務局または地方法務局においてその交付を受けることができる。

4）法務局に筆界特定の申請を行う場合、筆界特定の対象となる筆界で相互に隣接する土地の合計面積に応じて定められた申請手数料と測量費用を負担する必要がある。

4 ▶ **正解　4**

1）**適　切**。筆界とは、表題登記がある1筆の土地とこれに隣接する他の土地との間で、当該1筆の土地が登記されたときにその境を構成する2以上の点とこれらを結ぶ直線をいい、公法上の境界であるため、所有権の範囲を特定するものではない。

2）**適　切**。筆界特定の申請ができるのは、土地の所有権登記名義人である。共有の場合は、共有者が単独で申請できる。

3）**適　切**。筆界特定が行われた土地については、利害関係の有無にかかわらず、誰でも手数料を納付して筆界特定書の写しの交付を請求できる。

4）**不適切**。筆界特定の申請手数料は対象地の固定資産税評価額を基に計算する。なお、測量費については一律ではなく、各事案において、筆界特定に必要とされる内容に対する費用となっている。

頻出 **5**

□
□

宅地建物取引業法に関する次の記述のうち、最も不適切なものはどれか。

(2023年1月問36)

1）消費税の課税事業者である宅地建物取引業者が、宅地の売買の媒介に関して売主および買主の双方から報酬を受け取る場合、売主または買主の一方から受け取ることのできる報酬の額は、宅地の売買金額が400万円超の場合、「売買金額×3.3%＋6万6,000円」が限度となる。

2）消費税の課税事業者である宅地建物取引業者が、建物の賃借の媒介に関して貸主および借主の双方から報酬を受け取る場合、貸主または借主の一方から受け取ることのできる報酬の額は、借賃額（消費税を除く）の1カ月分の1.1倍が限度となる。

3）宅地建物取引業者は、自ら売主となる宅地の売買契約において、買主が宅地建物取引業者である場合、当該売買契約が成立するまでの間に、重要事項説明書を交付すれば、宅地建物取引士にその内容を説明させる必要はない。

4）宅地建物取引業者は、建築後、使用されたことのある建物の売買または交換の媒介の契約を締結したときは、遅滞なく、建物状況調査（インスペクション）を実施する者のあっせんに関する事項を記載した書面を契約の依頼者に交付しなければならない。

5 ▶ **正解　2**

1）**適　切**。売買または交換の媒介において、依頼者の一方から受けることができる報酬の額は、取引価格が400万円を超える場合、速算法では「取引価格×３％＋６万円」が限度となる。宅地建物取引業者が消費税の課税事業者である場合、速算法で算出された金額の1.1倍相当額が限度となるため、消費税を含めた限度額は「取引価格×3.3%＋６万6,000円」である。

2）**不適切**。貸借の媒介において、宅地建物取引業者が消費税の課税事業者である場合、依頼者の双方から受けることができる報酬の総額は、消費税を含め借賃の１カ月分の1.1倍が限度となる。なお、居住用建物の貸借の媒介の場合、依頼者の一方から受けることができる報酬の額は、消費税を含め借賃の１カ月分の0.55倍が限度となる。

3）**適　切**。宅地建物取引業者は、取引の相手方等に対して、その契約が成立するまでの間に、宅地建物取引士をして、必要事項を記載した書面を交付して説明をさせなければならない。ただし、取引の相手方等が宅地建物取引業者である場合、口頭による説明は不要である。なお、相手方の承諾を得て、重要事項説明書を電磁的方法により提供することができる。

4）**適　切**。なお、宅地建物取引業者は、依頼者の承諾を得て、媒介契約で交付すべき書面を電磁的方法による提供に代えることができる。

6
□
□

不動産の売買取引における手付金に関する次の記述のうち、適切なものはいくつあるか。
(2022年9月問35)

（a）宅地建物取引業者が自ら売主となる不動産の売買契約において、買主が宅地建物取引業者でない法人の場合、売主の宅地建物取引業者は、売買代金の額の２割を超える手付金を受領することができる。

（b）不動産の売買契約において買主が売主に手付金を交付した場合、買主が契約の履行に着手する前であれば、売主はその倍額を買主に対して現実に提供することで、契約を解除することができる。

（c）いわゆるローン特約（融資特約）が付された不動産売買契約において、買主が同特約によって契約を解除する場合、通常、売主に交付した手付金は放棄しなければならず、手付金の返還を受けることはできない。

1）1つ
2）2つ
3）3つ
4）0（なし）

6 ▶ 正解 1

（a） **不適切**。宅地建物取引業者が自ら売主となる不動産の売買契約において、買主が宅地建物取引業者でない場合、宅地建物取引業者は売買代金の２割を超える手付金を受領することができない。

（b） **適　切**。売買契約の相手方が契約の履行に着手する前であれば、手付による解除をすることができる。

（c） **不適切**。ローン特約により契約の解除をする場合、通常、売主に交付した手付金は買主に返還される。なお、ローン特約とは、不動産の購入に当たって、買主が金融機関などからの融資を利用することを前提に売買契約を締結し、その融資が得られなかった場合、売買契約を白紙に戻すことができる特約である。

以上より、適切なものは１つである。

7
□
□

民法における不動産の賃貸借に関する次の記述のうち、最も適切なものはどれか。 (2023年9月問35)

1）建物の賃貸借期間中に、賃借人から敷金を受け取っている賃貸人が建物を譲渡し、賃貸人たる地位が建物の譲受人に移転した場合、その敷金の返還に係る債務は建物の譲受人に承継される。

2）建物の賃貸人に敷金を支払っている賃借人は、賃貸借期間中に未払賃料がある場合、賃貸人に対し、その敷金を未払賃料の弁済に充てるよう請求することができる。

3）建物の賃借人から敷金を受け取っている賃貸人は、賃貸借が終了し、建物の返還を受ける前に、賃借人に対し、その敷金の額から未払賃料等の賃借人の賃貸人に対する債務額を控除した残額を返還しなければならない。

4）建物の賃借人が、当該建物に通常の使用および収益によって損耗を生じさせた場合、賃貸借の終了時、賃借人は当該損耗を原状に復する義務を負う。

7 ▶ **正解　1**

1）**適　切**。賃貸人たる地位が移転すると、譲受人は費用償還債務および敷金返還債務を承継する。

2）**不適切**。賃借人が賃料の支払を怠ったときは、賃貸人は、賃貸借の存続中であっても、敷金を賃料の支払に充当することができるが、賃借人側から敷金を充当するよう主張することはできない。

3）**不適切**。敷金返還請求権は、目的物の明渡しのときに、それまでに生じた賃借人の賃貸人に対する債務の額を控除した残額について発生する。よって、賃貸人は、賃貸物の返還を受けた後に、賃借人に対して当該残額を返還すればよい。

4）**不適切**。建物の賃借人は、賃貸借の終了時、原則として目的物を原状に復して（通常の使用を超える損傷などを復旧して）返還しなければならない。ただし、経年劣化（通常使用による自然的損耗）などの修繕費用は賃料に含まれるため、その損傷を賃借人が原状回復する必要はない。

頻出 **8**
□
□

借地借家法の定期借地権および定期建物賃貸借に関する次の記述のうち、最も適切なものはどれか。 (2022年1月問35)

1）存続期間を10年以上30年未満とする事業用借地権を設定する場合には、設定契約時に契約の更新および建物の築造による存続期間の延長がなく、建物の買取請求権を排除する旨を特約として定める必要がある。

2）借主側から、2010年に設定した存続期間15年の事業用借地権の存続期間を5年延長したいとの申出があった場合、貸主と借主の双方の合意があれば、存続期間を延長することができる。

3）定期建物賃貸借契約は、その契約期間の長短にかかわらず、賃借人に対して、期間の満了により建物の賃貸借が終了する旨の通知をする必要はなく、その期間が満了すれば、当然に建物の賃貸借は終了し、賃借人は退去しなければならない。

4）自己の居住の用に供するために賃借している建物（床面積が200㎡未満）の定期建物賃貸借契約において、親の介護により建物を自己の生活の本拠として使用することが困難となったときは、賃借人は、解約の申入れの日から3カ月後に当該賃貸借を終了させることができる。

8 ▶ **正解　2**

1）**不適切**。10年以上30年未満の事業用借地権には、契約更新、建物築造による存続期間の延長、建物買取請求権の３点が適用されないため、設定契約時に特約で３点を排除する旨を定める必要はない。

2）**適　切**。事業用借地権は契約の更新が排除されるが、当事者間の合意により存続期間を延長することはできる。

3）**不適切**。１年以上の期間を有する定期建物賃貸借において、賃貸人は、期間満了の１年前から６カ月前までの間（通知期間）に、賃借人に賃貸借が終了する旨の通知をしなければ、その終了を賃借人に対抗することができない。

4）**不適切**。床面積が200㎡未満の居住用建物の定期建物賃貸借契約において、転勤、療養、親族の介護その他やむを得ない事情により、建物を自己の生活の本拠として使用することが困難となったときは、賃借人は、解約の申入れから1カ月後に当該賃貸借を終了させることができる。

頻出 **9**

□
□

借地借家法に関する次の記述のうち、最も不適切なものはどれか。なお、本問においては、借地借家法における定期建物賃貸借契約を定期借家契約といい、それ以外の建物賃貸借契約を普通借家契約という。

(2021年9月問35)

1）期間の定めのない普通借家契約において、正当な事由に基づき、建物の賃貸人による賃貸借の解約の申入れが認められた場合、建物の賃貸借は、解約の申入れの日から6カ月を経過することによって終了する。

2）定期借家契約を締結する場合、建物の賃貸人は、あらかじめ、建物の賃借人に対し、建物の賃貸借は契約の更新がなく、期間の満了により当該建物の賃貸借は終了することについて、その旨を記載した書面を交付して説明しなければならない。

3）定期借家契約は、契約の更新がなく、期間の満了により建物の賃貸借は終了するが、賃貸借について当事者間で合意すれば、定期借家契約を再契約することができる。

4）2000年3月1日より前に締結した居住用建物の普通借家契約は、当事者間で当該契約を合意解約すれば、引き続き、新たに同一の建物を目的とする定期借家契約を締結することができる。

9 ▶ **正解　4**

1）適　切。なお、期間の定めのない普通借家契約において、建物の賃借人が解約の申入れを行う場合、正当事由は不要であり、建物の賃貸借は、解約の申入れの日から3カ月を経過することによって終了する。

2）適　切。なお、定期借家契約も、公正証書等の書面で行わなければならない。

3）適　切。定期借家契約の更新はできないが、当事者間の合意により、再契約することは可能である。

4）不適切。2000年3月1日より前に締結した居住用建物の普通借家契約を当事者間で合意解約しても、同一の建物を目的として定期借家契約を締結することはできない。

10

□
□

国土利用計画法第23条の届出（以下、「事後届出」という）に関する次の記述のうち、最も適切なものはどれか。なお、記載のない事項については考慮しないものとする。 (2023年9月問36)

1）市街化区域内に所在する3,000㎡の土地の売買を行った場合、売主および買主は、その契約を締結した日から2週間以内に、共同して事後届出を行わなければならない。

2）売主が、市街化調整区域内に所在する12,000㎡の一団の土地を8,000㎡と4,000㎡に分割し、それぞれの土地について、別の買主と売買契約を締結した場合、4,000㎡の土地については事後届出の対象とならない。

3）都道府県知事は、事後届出に係る土地に関する権利移転等の対価の額が、当該土地の時価と著しく乖離しているときは、当該対価の額について修正すべきことを勧告することができる。

4）都道府県知事は、事後届出に係る土地の利用目的について勧告を受けた買主が、その勧告に従わなかった場合には、その旨およびその勧告の内容を公表しなければならない。

10 ▸ 正解 **2**

1）**不適切**。市街化区域内の土地の面積が2,000㎡以上である場合、事後届出を行わなければならない。事後届出は権利取得者（売買の場合は買主）が行う。

2）**適　切**。市街化調整区域内の土地の面積が5,000㎡未満である場合、権利取得者は事後届出をする必要がない。よって、4,000㎡の土地については事後届出の対象とならない。

3）**不適切**。都道府県知事は、事後届出に係る土地に関する権利の移転または設定後における土地の利用目的に従った土地利用が土地利用基本計画その他の土地利用に関する計画に適合せず、当該土地を含む周辺の地域の適正かつ合理的な土地利用を図るために著しい支障があると認めるときは、土地利用審査会の意見を聴いて、その届出をした者に対し、その届出に係る土地の利用目的について必要な変更をすべきことを勧告することができる。対価の額についての勧告はない。

4）**不適切**。都道府県知事は、勧告を受けた者がその勧告に従わないときは、その旨およびその勧告の内容を公表することができる。公表は義務ではない。

頻出 **11**

□
□

都市計画法の開発行為の許可に関する次の記述のうち、最も不適切なものはどれか。 (2022年5月問37)

1）都市計画法上の開発行為とは、主として建築物の建築または特定工作物の建設の用に供する目的で行う土地の区画形質の変更のことをいう。

2）市街化区域内において行う開発行為で、その規模が1,000㎡（三大都市圏の一定の区域の市街化区域では500㎡）未満であるものは、原則として、都道府県知事等の許可は不要である。

3）準都市計画区域内において行う開発行為で、その規模が3,000㎡以上であるものは、原則として、都道府県知事等の許可を受ける必要がある。

4）開発許可を受けた者の相続人が、被相続人が有していた当該許可に基づく地位を承継した場合は、承継したことを知った時点からおおむね10カ月以内に、都道府県知事等に承認を受けるための届出書を提出しなければならない。

11 ▶ **正解　4**

1）**適　切**。なお、区画の変更は、土地を分割し道路を設置するなど物理的な変更を伴うものをいい、単なる分筆や合筆などの権利区分の変更だけの場合は、区画の変更に該当しない。

2）**適　切**。市街化区域における1,000㎡（三大都市圏の一定の区域は500㎡）以上の開発行為は、原則として、都道府県知事等の許可が必要である。ただし、必要があると認められる場合は、都道府県知事は300㎡以上でその規模を別に定めることができる。

3）**適　切**。準都市計画区域における3,000㎡以上の開発行為は、原則として、都道府県知事等の許可が必要である。ただし、必要があると認められる場合は、都道府県知事は300㎡以上でその規模を別に定めることができる。

4）**不適切**。開発許可を受けた者の相続人は、被相続人が有していた当該許可に基づく地位を当然に承継するため、特別な手続きは不要である。

頻出 **12**

□
□

道路に関する次の記述のうち、最も不適切なものはどれか。なお、特定行政庁が指定する幅員６ｍの区域ではないものとし、地下における道路を除くものとする。 (2023年1月問38)

1）不動産業者が都市計画法の開発許可を受けて宅地開発を行う際に築造された幅員４ｍ以上の道路は、特定行政庁の指定がなくても建築基準法上の道路となる。

2）土地を建築物の敷地として利用するために道路法等の法令によらないで築造された幅員４ｍ以上の道のうち、特定行政庁が位置の指定をしたものは、建築基準法上の道路（位置指定道路）となり、当該道路が所在する市区町村が維持管理を行わなければならない。

3）建築基準法の集団規定が適用された際に、現に建築物が立ち並んでいる幅員４ｍ未満の道で、特定行政庁が指定したものは、建築基準法上の道路となり、原則として、その中心線からの水平距離２ｍの線が当該道路の境界線とみなされる。

4）相続財産の評価において、専ら特定の者が通行する私道の用に供されている宅地の価額は、その宅地が私道でないものとして路線価方式または倍率方式によって評価した価額の30％相当額で評価する。

12 ▶ **正解　2**

1）適　切。都市計画法、土地区画整理法、旧住宅地造成事業に関する法律、都市再開発法、新都市基盤整備法、大都市地域における住宅及び住宅地の供給の促進に関する特別措置法または密集市街地整備法による道路は、特定行政庁の指定の有無にかかわらず、建築基準法上の道路となる。

2）不適切。位置指定道路とは、土地を建築物の敷地として利用するため、道路法、都市計画法、土地区画整理法、都市再開発法等によらないで築造する一定の基準に適合する道で、これを築造しようとする者が特定行政庁からその位置の指定を受けたものをいう。この位置指定道路は私道であるため、その維持管理は所有者が行う。

3）適　切。建築基準法の集団規定が適用された際に、現に建築物が立ち並んでいる幅員４m未満の道で、特定行政庁が指定したものは２項道路である。２項道路は、原則として、その道路の中心線からの水平距離２mの線が境界線とみなされる。

4）適　切。袋小路のように専ら特定の者の通行の用に供する宅地（私道）の価額は、その宅地が私道でないとした場合における路線価方式または倍率方式によって評価した価額の30%相当額で評価する。なお、通抜け道路のように不特定多数の者の通行の用に供されている宅地（私道）の価額は、評価しない。

頻出 **13**
□
□

建築基準法の容積率に関する次の記述のうち、最も適切なものはどれか。
(2021年9月問36)

1）準住居地域において、前面道路の幅員が12ｍ未満である建築物の容積率は、都市計画で定められた数値と当該前面道路の幅員に10分の６（特定行政庁が都道府県都市計画審議会の議を経て指定する区域内は10分の８）を乗じた数値のいずれか少ない数値以下でなければならない。

2）第一種住居地域において、建築物の敷地が、幅員15ｍ以上の道路に接続する幅員６ｍ以上12ｍ未満の前面道路のうち、当該特定道路からの延長が70ｍ以内の部分において接する場合、都市計画で定められた指定容積率に当該前面道路の幅員に10分の４（特定行政庁が都道府県都市計画審議会の議を経て指定する区域内は10分の６）を乗じた数値を加算したものが容積率の最高限度となる。

3）共同住宅の共用の廊下や階段の用に供する部分の床面積は、原則として、建築物の容積率の算定の基礎となる延べ面積に算入する。

4）建築物の地階でその天井が地盤面からの高さ１ｍ以下にあるものの住宅の用途に供する部分の床面積は、原則として、当該建築物の住宅の用途に供する部分の床面積の合計の３分の１を限度として、建築物の容積率の算定の基礎となる延べ面積に算入されない。

13 ▶ **正解　4**

1）**不適切**。準住居地域のような住居系の用途地域において、前面道路の幅員に乗じる法定乗数は10分の4（特定行政庁が都道府県都市計画審議会の議を経て指定する区域内は10分の6）である。

2）**不適切**。前面道路が特定道路に接続する場合の緩和は、次の①・②のうち小さいほうが限度となる。

①　都市計画で定められた指定容積率

②　(道路の幅員＋A※)×法定乗数

※　$A=(12\,m-\text{前面道路の幅員})\times\dfrac{70m-\text{特定道路からの延長距離}}{70m}$

3）**不適切**。共同住宅や老人ホームの共用廊下、階段、エントランスホール、エレベーターホール、車椅子用のスロープ等は、容積率の算定の基礎となる延べ面積に算入しない。

4）**適　切**。なお、老人ホームの場合でも、3分の1を限度として、地階の部分の床面積は容積率の算定の基礎となる延べ面積に算入しない。

頻出 **14**

□
□

建築基準法に規定する建築物の高さの制限に関する次の記述のうち、最も不適切なものはどれか。 (2021年1月問37)

1）前面道路との関係についての建築物の各部分の高さの制限（道路斜線制限）は、すべての用途地域内における一定の建築物に適用されるが、用途地域の指定のない区域内における建築物には適用されない。

2）隣地との関係についての建築物の各部分の高さの制限（隣地斜線制限）は、第一種低層住居専用地域、第二種低層住居専用地域および田園住居地域内における建築物には適用されない。

3）第一種中高層住居専用地域および第二種中高層住居専用地域内において日影による中高層の建築物の高さの制限（日影規制）が適用される建築物には、北側の隣地の日照を確保するための建築物の各部分の高さの制限（北側斜線制限）は適用されない。

4）日影による中高層の建築物の高さの制限（日影規制）は、原則として、商業地域、工業地域および工業専用地域以外の地域または区域のうち、地方公共団体の条例で指定する区域内における一定の建築物に適用される。

頻出 **15**

□
□

建物の区分所有等に関する法律に関する次の記述のうち、最も不適切なものはどれか。 (2023年9月問37)

1）管理費が未払いのまま区分所有権の譲渡が行われた場合、管理組合は、買主に対して当該管理費を請求することができる。

2）専有部分が数人の共有に属するときは、共有者は、議決権を行使すべき者1人を定めなければならない。

3）敷地利用権が数人で有する所有権である場合、区分所有者は、規約に別段の定めがない限り、その有する専有部分とその専有部分に係る敷地利用権とを分離して処分することができない。

4）区分所有者の承諾を得て専有部分を占有する者は、会議の目的たる事項につき利害関係を有する場合には、集会に出席して議決権を行使することができる。

14 ▶ **正解　1**

1）不適切。道路斜線制限は、すべての用途地域および用途地域の指定のない区域で適用される。

2）適　切。第一種低層住居専用地域、第二種低層住居専用地域および田園住居地域内においては、建築物の高さの制限（10ｍまたは12ｍ）があるため、隣地斜線制限は適用されない。

3）適　切。なお、斜線制限と同程度以上の採光や通風等が確保されているものとして一定の計算（天空率）による基準に適合する建築物には、北側斜線制限は適用されない。

4）適　切。なお、同一の敷地内に２以上の建築物がある場合は、これらの建築物を１つの建築物とみなして、日影規制を適用する。

15 ▶ **正解　4**

1）適　切。管理組合は、管理費を滞納した区分所有者の特定承継人（譲受人など）に対して、当該管理費の支払いを請求することができる。

2）適　切。なお、招集通知は、共有者全員に対してする必要はなく、議決権を行使すべき者が定められているときはその者に対して、その定めがないときは共有者の１人に対してすれば足りる。

3）適　切。なお、分離処分の禁止に反してなされた処分は無効であるが、分離処分の禁止の旨の登記がなされる前に処分を受けた者が善意であるときは、その者に対して無効を主張することができない。

4）不適切。区分所有者の承諾を得て専有部分を専有する者（賃借人など）は、会議の目的たる事項について利害関係を有する場合は、集会に出席して意見を述べることができるが、議決権を行使することはできない。

頻出 **16**

□
□

農地法等に関する次の記述のうち、最も不適切なものはどれか。なお、記載のない事項については考慮しないものとする。　(2021年1月問38)

1）農業者である個人が、所有する市街化区域内の農地を他の農業者に農地として譲渡する場合、その面積規模にかかわらず、原則として、農地法第3条に基づく農業委員会の許可を受ける必要がある。

2）農業者である個人が、所有する市街化区域内の農地を駐車場用地として自ら転用する場合、あらかじめ農業委員会に届け出れば、農地法第4条に基づく都道府県知事等の許可を受ける必要はない。

3）農業者である個人が、自らの耕作の事業のための農業用倉庫を建設する目的で、市街化調整区域内の農地を取得する場合、農地法第5条に基づく都道府県知事等の許可を受ける必要はない。

4）個人が農地の所有権を相続により取得した場合、当該権利を取得したことを知った時点からおおむね10カ月以内に、農業委員会にその旨を届け出なければならない。

16 ▶ 正解　**3**

1）適　切。農地を農地として売却する場合には、農業委員会の許可が必要である（権利移動・農地法第3条）。

2）適　切。農地を農地以外のものに自ら転用する場合には、都道府県知事等の許可が必要である。ただし、市街化区域内の農地を他の用途に転用する場合は、あらかじめ農業委員会に届出をすることで都道府県知事等の許可は不要となる（転用・農地法第4条）。

3）不適切。農地を農地以外のものに転用する目的で権利移動する場合には、都道府県知事等の許可が必要である。なお、市街化区域の農地を他の用途に転用する場合は、あらかじめ農業委員会に届出することで都道府県知事等の許可は不要となる（権利移動と転用・農地法第5条）。

4）適　切。農地を相続により取得した場合は、農業委員会に届出をしなければならない。

頻出 17
□
□

生産緑地法に規定する生産緑地および特定生産緑地に関する次の記述のうち、最も不適切なものはどれか。 (2022年9月問37)

1）生産緑地の所有者が、申出基準日以後において、市町村長に対して当該生産緑地の買取りの申出を行い、その申出の日から3カ月以内に所有権の移転（相続その他の一般承継による移転を除く）が行われなかった場合、行為制限が解除され、宅地造成等の転用が可能となる。

2）生産緑地の買取りの申出により生産緑地の指定が解除された場合に、当該生産緑地について「農地等についての相続税の納税猶予の特例」の適用を受けていたときは、その農地等納税猶予税額および利子税を納付しなければならない。

3）特定生産緑地に指定された場合、買取りの申出をすることができる時期が、生産緑地地区に関する都市計画決定の告示の日から30年を経過する日から10年延長される。

4）生産緑地地区に関する都市計画決定の告示の日から30年が経過した生産緑地に対する固定資産税は、特定生産緑地に指定されなかった場合、いわゆる宅地並み課税となるが、三大都市圏においては、激変緩和措置として10年にわたって課税標準に軽減率を乗じる措置が行われる。

17 ▶ 正解 **4**

1）適　切。生産緑地の買取りの申出があった場合において、その申出の日から起算して３月以内に当該生産緑地の所有権の移転（相続その他の一般承継による移転を除く）が行われなかったときは、当該生産緑地については、生産緑地の管理、生産緑地地区内における行為の制限等の規定は、適用しない。

2）適　切。「農地等についての相続税の納税猶予の特例」の適用を受けていた場合において、次のいずれかに該当するときは、農地等納税猶予税額および利子税を納付しなければならない。

・特例農地等について、譲渡等があった場合
・特例農地等に係る農業経営を廃止した場合
・継続届出書の提出がなかった場合
・担保価値が減少したことなどにより、増担保または担保の変更を求められた場合で、その求めに応じなかったとき
・都市営農農地等について生産緑地法の規定による買取りの申出または指定の解除があった場合など
・特例の適用を受けている準農地について、申告期限後10年を経過する日までに農業の用に供していない場合

3）適　切。特定生産緑地に指定された場合、市町村長に対して買取りの申出ができる時期は、生産緑地地区の都市計画の告示日から30年経過後から10年延長される。なお、10年経過後は、改めて所有者等の同意を得て、10年の延長を繰り返すことができる。

4）不適切。課税標準に軽減率を乗じる激変緩和措置は５年間である。

頻出 **18**

□
□

Aさんは、2019年7月に父からの相続により借地権（借地借家法の定期借地権等ではない）と借地上の住宅を取得し、2024年7月に地主から、その借地権が設定されている土地の所有権（底地）を買い取った。下記の〈条件〉に基づき、Aさんの底地買取りに伴う不動産取得税の税額として、次のうち最も適切なものはどれか。なお、記載のない事項については考慮しないものとする。（2023年5月問38改）

〈条件〉

・底地の買取価額は3,000万円である。

・この土地の固定資産税評価額は4,000万円である。

・この土地の借地権割合は60%である。

・不動産取得税の税率は3%である。

1）24万円

2）45万円

3）60万円

4）90万円

18 ▶ **正解　3**

不動産取得税の課税標準は、固定資産課税台帳登録価格（固定資産税評価額）である。宅地については、2027年3月31日までの取得した場合、固定資産税評価額の2分の1が課税標準となる。また、課税の対象は宅地そのものであるため、借地権の取得では不動産取得税は課税されず、底地の取得では宅地全体の取得として取り扱う。

4,000万円×$\frac{1}{2}$×3％＝<u>60万円</u>

頻出 **19**

□
□

固定資産税に関する次の記述のうち、最も不適切なものはどれか。

(2023年9月問39)

1）固定資産税の課税対象となるべき課税客体は、賦課期日において、市町村等に所在する土地、家屋および一定の事業用償却資産である。

2）私道が公共の用に供する道路である場合、原則として、当該私道の土地は固定資産税が課されない。

3）土地および家屋の固定資産税の課税標準は、地目の変換、家屋の改築または損壊等の特別の事情があり、基準年度の価格によることが不適当と市町村長が認める場合、基準年度の価格によらず、その土地等に類似する土地等の基準年度の価格に比準する価格とされる。

4）居住用超高層建築物（高さ60m超、複数の階に住戸があるタワーマンション）の固定資産税額は、区分所有者ごとに居住用および居住用以外の専有部分の床面積の合計を階層別専有床面積補正率により補正して、全体に係る固定資産税額が各区分所有者に按分される。

19 ▶ **正解　4**

1）適　切。固定資産税は所在する固定資産に対して課せられる市町村税であり、土地、家屋および一定の事業用償却資産が対象となる。

2）適　切。私道は個人の資産であるため、原則として課税されるが、私道について所有者が制限を設けず、多数人の利用に供されているものは、その公共性を考慮し、認定基準を満たしているものについて、申請により固定資産税が免除される。

3）適　切。土地については地目の変換等の特別の事情、家屋については改築・損壊等の特別の事情があり、基準年度の価格によることが不適当と市町村長が認める場合、基準年度の価格によらず、類似する土地・家屋の基準年度の価格に比準する価格が課税標準とされる。

4）不適切。居住用超高層建築物の固定資産税額は、専有部分の床面積の割合に応じ居住用部分と居住用以外の部分に按分するが、居住用部分の税額を按分する際に、専有部分の床面積の割合に階層別専有床面積補正率を用いる。居住用および居住用以外の専有部分の床面積の合計を階層別専有床面積補正率により補正するわけではない。

頻出 **20**

□
□

居住者が土地・建物を譲渡した場合における譲渡所得の金額の計算上の取得費に関する次の記述のうち、最も不適切なものはどれか。

(2023年5月問40)

1）土地とともに取得した当該土地上の建物の取壊し費用は、当初からその建物を取り壊して土地を利用することが目的であったと認められる場合、原則として、当該土地の譲渡所得の金額の計算上の取得費に算入する。

2）一括して購入した一団の土地の一部を譲渡した場合、原則として、その一団の土地の取得価額に、譲渡した部分の面積がその一団の土地の面積のうちに占める割合を乗じて計算した金額を譲渡所得の金額の計算上の取得費とする。

3）相続税を課された者が、当該相続により取得した土地を、相続開始のあった日の翌日から相続税の申告書の提出期限の翌日以後３年以内に譲渡した場合、相続税額のうち譲渡した土地に対応する分として計算した金額を譲渡所得の金額の計算上の取得費に加算することができる。

4）自宅の建物（非事業用資産）を譲渡した場合、譲渡所得の金額の計算上、取得価額から控除する減価償却費相当額は、建物の耐用年数の旧定額法の償却率で求めた１年当たりの減価償却費相当額にその建物を取得してから譲渡するまでの経過年数を乗じて計算する。

20 ▶ **正解　4**

1）**適　切**。自己の有する土地の上にある借地人の建物等を取得した場合、または建物等の存する土地（借地権を含む）をその建物等と共に取得した場合において、その取得後おおむね1年以内に当該建物等の取壊しに着手するなど、その取得が当初からその建物等を取壊して土地を利用する目的であることが明らかであると認められるときは、当該建物等の取得に要した金額および取壊しに要した費用の額の合計額（発生資材がある場合には、その発生資材の価額を控除した残額）は、当該土地の取得費に算入する。

2）**適　切**。一括して購入した一団の土地の一部を譲渡した場合における譲渡所得の金額の計算上控除すべき取得費の額は、原則として、当該土地のうち譲渡した部分の面積が当該土地の面積のうちに占める割合を当該土地の取得価額に乗じて計算した金額による。また、当該土地のうち譲渡した部分の譲渡時の価額が当該土地の譲渡時の価額のうちに占める割合を当該土地の取得価額に乗じて計算した金額でもよい。

3）**適　切**。いわゆる「相続財産を譲渡した場合の取得費の特例」についての記述である。

4）**不適切**。自宅の建物（非事業用資産）を譲渡した場合、譲渡所得の金額の計算上、取得価額から控除する減価償却費相当額は、建物の耐用年数の1.5倍の年数に対応する旧定額法の償却率で求めた1年当たりの減価償却費相当額にその建物を取得してから譲渡するまでの経過年数を乗じて計算する。

21
□
□

次の譲渡のうち、「居住用財産を譲渡した場合の3,000万円の特別控除」の適用を受けることができるものはいくつあるか。なお、各ケースにおいて、ほかに必要とされる要件等はすべて満たしているものとする。

(2021年1月問40改)

（a） 住宅借入金等特別控除の適用を受けている者が、その対象となる自宅（家屋とその敷地）を譲渡した場合における当該家屋および敷地に係る譲渡

（b） 借地上にあり、居住の用に供していた自宅（家屋）について、当該家屋と借地権を譲渡した場合における当該家屋および借地権に係る譲渡

（c） 2021年4月に居住の用に供さなくなった自宅（家屋とその敷地）について、当該家屋を第三者に賃貸した後、当該家屋とその敷地を2024年10月に譲渡契約を締結して譲渡した場合における当該家屋および敷地に係る譲渡

（d） 2023年8月に居住の用に供していた自宅（家屋とその敷地）の家屋を取り壊し、他者に貸し付けることなく更地のまま所有していた敷地を、2024年12月に譲渡契約を締結して譲渡した場合における当該敷地に係る譲渡

1）1つ
2）2つ
3）3つ
4）4つ

21 ▶ **正解　3**

（a） **適　切**。住宅ローン控除の適用対象となっている自宅（家屋およびその敷地）を譲渡した場合でも、3,000万円特別控除の適用を受けることができる。

（b） **適　切**。土地の所有権の譲渡だけでなく、借地権の譲渡でも3,000万円特別控除の適用を受けられる。

（c） **適　切**。居住の用に供さなくなってから3年を経過した年の12月31日までの譲渡について、3,000万円特別控除の適用を受けられる。居住の用に供していない間の用途に制限はない。

（d） **不適切**。居住の用に供していた家屋を取り壊した場合、取壊し後1年以内に敷地の譲渡契約を締結しなければならない。なお、譲渡までの期間は、貸付や事業の用に供することは認められない。

以上より、適切なものは3つである。

22
□
□

「低未利用土地等を譲渡した場合の長期譲渡所得の特別控除」(以下、「本特例」という)に関する次の記述のうち、最も不適切なものはどれか。

(2023年9月問40)

1)都市計画区域内に所在する低未利用土地等を譲渡する場合、譲渡した年の1月1日において所有期間が5年を超えていなければ、本特例の適用を受けることはできない。

2)本特例は、個人が低未利用土地等を譲渡した場合に適用を受けることができるが、法人が低未利用土地等を譲渡した場合は適用を受けることはできない。

3)市街化区域内に所在する低未利用土地が譲渡され、その譲渡対価の額が600万円であった場合、本特例の適用を受けることはできない。

4)低未利用土地が譲渡された後、その土地が露天のコインパーキングとして利用された場合、本特例の適用を受けることはできない。

22 ▶ **正解　3**

低未利用土地等を譲渡した場合の長期譲渡所得の特例は、個人が2025年12月31日までの間に、次の要件をすべて満たした場合、その年の低未利用土地等の譲渡に係る譲渡所得の金額から100万円を控除することができるものである。

①譲渡した土地等が、都市計画区域内にある低未利用土地等であること。

②譲渡した年の1月1日において、所有期間が5年を超えること。

③譲渡した金額が、低未利用土地等の上にある建物等の対価を含めて500万円以下であること。ただし、市街化区域等の一定区域内にある低未利用土地においては、譲渡価額を800万円以下とする。

④譲渡した後にその低未利用土地等の利用がされること。

⑤この特例の適用を受けようとする低未利用土地等と一筆であった土地から前年または前々年に分筆された土地またはその土地の上に存する権利について、前年または前々年にこの特例の適用を受けていないこと。

⑥譲渡した土地等について、収用等の場合の特別控除や事業用資産を買い換えた場合の課税の繰延べなど、他の譲渡所得の課税の特例の適用を受けていないこと。

1）**適　切**。上記要件①および②についての記述である。

2）**適　切**。法人は本特例の適用を受けることができない。

3）**不適切**。上記要件③を満たしているため、本特例の適用を受けることができる。

4）**適　切**。上記要件④の用途について、露天のコインパーキングは除外されている。

23
□
□

「特定の居住用財産の買換えの場合の長期譲渡所得の課税の特例」(以下、「本特例」という）に関する次の記述のうち、最も適切なものはどれか。なお、各選択肢において、ほかに必要とされる要件等はすべて満たしているものとする。
(2020年9月問39)

1）居住の用に供している家屋とその敷地を譲渡した場合に、譲渡した年の1月1日において、家屋の所有期間が10年以下で、敷地の所有期間が10年超であるときは、家屋および敷地に係る譲渡所得はいずれも本特例の適用を受けることができない。

2）20年以上居住の用に供していた家屋を同一の場所で建て替え、建替え後に引き続き居住の用に供した家屋とその敷地を譲渡した場合に、家屋の建替え後の居住期間が10年未満であるときは、本特例の適用を受けることができない。

3）夫妻で共有している家屋とその敷地を譲渡した場合に、夫の持分に係る譲渡対価の額が8,000万円で、妻の持分に係る譲渡対価の額が4,000万円であるときは、夫妻はいずれも本特例の適用を受けることができない。

4）家屋とその敷地を譲渡した翌年に買換資産を取得する予定の者が、その取得価額の見積額をもって申告して本特例を選択した場合に、翌年、買換資産の取得を自己都合で取りやめたときは、修正申告により、譲渡した家屋とその敷地について、「居住用財産を譲渡した場合の3,000万円の特別控除」の適用に切り替えることができる。

23 ▶ **正解　1**

1）**適　切**。居住の用に供している家屋とその敷地を譲渡した場合、家屋および敷地のいずれも、譲渡した年の1月1日において所有期間が10年超でなければ、本特例の適用を受けることはできない。

2）**不適切**。同一の場所で建て替えた場合、旧家屋の居住期間と新家屋の居住期間を通算することができる。したがって、建替え後の居住期間が10年未満であっても、旧家屋の居住期間を通算することで10年以上となるため、本特例の適用を受けることができる。

3）**不適切**。譲渡資産が共有である場合、譲渡対価が1億円以下であることの判定は、各共有者の譲渡対価で行う。したがって、夫の持分に係る譲渡対価が8,000万円で、妻の持分に係る譲渡対価が4,000万円であり、いずれも1億円以下という要件を満たすため、本特例の適用を受けることができる。

4）**不適切**。一旦、適法に特例の適用を受けた場合、その適用を撤回することはできない。したがって、本特例の適用を撤回し、異なる特例に切り替えることはできない。

24 □□

不動産の投資判断手法に関する次の記述のうち、最も不適切なものはどれか。 (2023年5月問41)

1）ＤＣＦ法は、連続する複数の期間に発生する純収益および復帰価格を、その発生時期に応じて現在価値に割り引いて、それぞれを合計して対象不動産の収益価格を求める手法である。

2）ＮＰＶ法は、対象不動産に対する投資額と現在価値に換算した対象不動産の収益価格を比較して投資判断を行う手法であり、ＮＰＶがゼロを上回る場合、その投資は投資適格であると判断することができる。

3）ＩＲＲ法は、対象不動産の内部収益率と対象不動産に対する投資家の期待収益率を比較して投資判断を行う手法であり、期待収益率が内部収益率を上回る場合、その投資は投資適格であると判断することができる。

4）直接還元法は、一期間の純収益を還元利回りにより還元して対象不動産の収益価格を求める手法であり、一期間の純収益が1,000万円、還元利回りが５％である場合、収益価格は２億円となる。

頻出 **25** □□

毎期末に1,000万円の純収益が得られる賃貸マンションを取得し、取得から３年経過後に１億6,000万円で売却する場合、ＤＣＦ法による当該不動産の収益価格として、次のうち最も適切なものはどれか。なお、割引率は年６％とし、下記の係数表を利用すること。また、記載のない事項については考慮しないものとする。 (2022年9月問41)

〈年６％の各種係数〉

期間（年）	現価係数	年金終価係数	資本回収係数
1年	0.943	1.000	1.060
2年	0.890	2.060	0.545
3年	0.840	3.184	0.374

1）１億3,327万円

2）１億5,960万円

3）１億6,113万円

4）１億8,673万円

24 ▶ **正解　3**

1）**適　切**。ＤＣＦ法は、収益還元法の１つであり、復帰価格は将来の売却予想価格である。

2）**適　切**。ＮＰＶは収益価格の現在価値から投資額を控除したものである。したがって、ＮＰＶがゼロを上回る場合、収益価格の現在価値が投資額を上回ることを意味するため、投資適格と判断することができる。

3）**不適切**。ＩＲＲ法では、内部収益率が期待収益率を上回る場合、その投資は投資適格であると判断する。

4）**適　切**。一期間の純収益が1,000万円、還元利回りが５％である場合、直接還元法による収益価格は、次のとおりである。

1,000万円÷５％＝２億円

25 ▶ **正解　3**

ＤＣＦ法による不動産の収益価格は、対象不動産の保有期間中に得られる純収益と期間満了後の売却によって得られると予想される価格（復帰価格）を、それぞれ現在価値に割戻し合計することで求める。

ＤＣＦ法による不動産の収益価格
＝毎期の純収益（現在価値）の合計＋復帰価格（現在価値）
＝(1,000万円×0.943＋1,000万円×0.890＋1,000万円×0.840)
　＋１億6,000万円×0.840
＝１億6,113万円

学科応用問題

1 次の設例に基づいて、下記の各問（《問１》～《問３》）に答えなさい。

□□

（2022年５月第４問・問60～62改）

《設　例》

Ａさん（53歳）は、東京都内の賃貸マンションに居住している。Ａさんの父親Ｂさん（80歳）は、Ｎ市内（三大都市圏）の甲土地（Ａさんの実家の敷地、地積：600㎡）および乙土地（アスファルト敷きのコインパーキングの敷地、地積：1,350㎡）を所有している。Ｂさんは、妻（Ａさんの母親）の他界後、１年間は甲土地の自宅（Ａさんの実家）で１人暮らしをしていたが、２年前に老人ホームに転居した。それ以降、自宅は空き家のままである。Ｂさんは、介護保険の要介護・要支援認定を受けたことはなく、心身ともに良好で、老人ホームでの暮らしを満喫している。

甲土地・乙土地の周辺では開発が進んでおり、築55年の実家の建物は、周りの建物に比べると場違いな存在となっている。Ａさんは、建物の換気や庭木の手入れなどを定期的に行っている。また、コインパーキングは、10年前から大手の駐車場運営会社に賃貸している。

Ａさんは、老人ホームの高額な入居一時金と月額利用料により、Ｂさんの預金残高が3,000万円まで減少していることに一抹の不安を感じている。推定相続人は、Ａさんと妹Ｃさん（50歳）の２人である。

Ａさんは、先日、大手ドラッグストアのＸ社から、「甲土地と乙土地を一体とした土地での新規出店を考えています。契約形態は、建設協力金方式または事業用定期借地権方式のどちらでも構いません」との提案を受けた。Ａさんは、実家の管理を負担に感じていたことから、Ｂさんと相談のうえ、その提案を前向きに検討している。

甲土地および乙土地の概要は、以下のとおりである。

〈甲土地および乙土地の概要〉

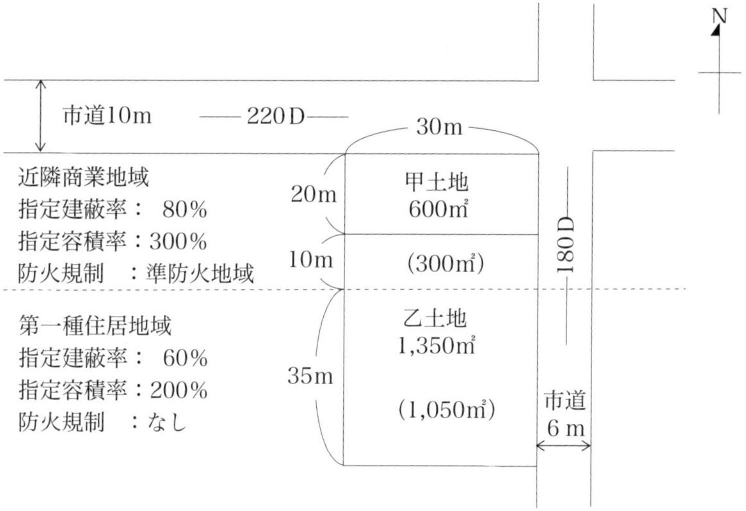

（注）

・甲土地は600㎡の長方形の土地である。乙土地は1,350㎡の長方形の土地であり、近隣商業地域に属する部分は300㎡、第一種住居地域に属する部分は1,050㎡である。
・甲土地および乙土地の用途地域等は図に記載のとおりである。なお、点線は用途地域の境を示しており、点線の北側が近隣商業地域で、点線の南側が第一種住居地域である。
・甲土地、甲土地と乙土地を一体とした土地は、建蔽率の緩和について特定行政庁が指定する角地である。
・指定建蔽率および指定容積率とは、それぞれ都市計画において定められた数値である。
・特定行政庁が都道府県都市計画審議会の議を経て指定する区域ではない。
・甲土地および乙土地は、市街化区域内にあり、普通商業・併用住宅地区に所在する。

※上記以外の条件は考慮せず、各問に従うこと。

《問1》 次の①・②に答えなさい（計算過程の記載は不要）。〈答〉は㎡表示とすること。なお、記載のない事項については考慮しないものとする。

① 甲土地と乙土地を一体とした土地上に耐火建築物を建築する場合、建蔽率の上限となる建築面積はいくらか。

② 甲土地と乙土地を一体とした土地上に耐火建築物を建築する場合、容積率の上限となる延べ面積はいくらか。

《問2》 甲土地および乙土地の相続税評価に関する以下の文章の空欄①～④に入る最も適切な語句または数値を、解答用紙に記入しなさい。なお、空欄③に入る最も適切な語句は、〈空欄③の選択肢〉のなかから選び、その記号を解答用紙に記入しなさい。

〈地積規模の大きな宅地の評価（以下、「本規定」という）〉

Ⅰ 「地積規模の大きな宅地とは、三大都市圏では（　①　）㎡以上の地積の宅地をいいます。ただし、N市（三大都市圏）では指定容積率が（　②　）％以上の地域に所在する宅地は、地積規模の大きな宅地から除かれます。現時点（2024年９月１日）において、Ｂさんの相続が開始し、Ａさんが甲土地および乙土地を相続により取得した場合、本規定については甲土地および乙土地のいずれも対象となります」

〈小規模宅地等についての相続税の課税価格の計算の特例（以下、「本特例」という）〉

Ⅱ 「現時点（2024年９月１日）において、Ｂさんの相続が開始し、Ａさんが甲土地および乙土地を相続により取得した場合、本特例については（　③　）」

〈相続税の総額〉

Ⅲ 「Ｂさんの相続に係る課税価格の合計額を４億円、法定相続人はＡさんと妹Ｃさんの２人であると仮定した場合、相続税の総額は（　④　）万円となります。納税資金が不足する可能性は高く、何らかの対応策を検討したほうが望ましいと思います」

〈空欄③の選択肢〉

イ．甲土地のみ対象となります

ロ．乙土地のみ対象となります

ハ．甲土地および乙土地のいずれも対象となります

ニ．甲土地および乙土地のいずれも対象となりません

〈資料〉相続税の速算表（一部抜粋）

法定相続分に応ずる取得金額			税率	控除額
万円超		万円以下		
	～	1,000	10%	－
1,000	～	3,000	15%	50万円
3,000	～	5,000	20%	200万円
5,000	～	10,000	30%	700万円
10,000	～	20,000	40%	1,700万円
20,000	～	30,000	45%	2,700万円
30,000	～	60,000	50%	4,200万円

《問３》 甲土地および乙土地の有効活用に関する以下の文章の空欄①～⑤に入る最も適切な語句または数値を、解答用紙に記入しなさい。

〈建設協力金方式〉

Ⅰ「建設協力金方式は、建設する建物を借り受ける予定の事業者（テナント）から、地主が建設資金を借り受けて、事業者の要望に沿った店舗等の建物を建設し、その建物を事業者に賃貸する手法です。賃貸期間中の撤退リスク、中途解約時の建設協力金残債務の取扱い、賃料の減額など、契約内容を事前に精査しておくことが重要となります。

仮に、甲土地と乙土地を一体とした土地に店舗等の建物を建設し、賃貸した後にBさんの相続が開始した場合、当該一体の土地の自用地価額を４億円、借地権割合（　①　）%、借家権割合30%、賃貸割合100%とすると、貸家建付地としての相続税評価額は（　②　）万円となります。なお、当該一体の土地は、貸付事業用宅地等として小規模宅地等についての相続税の課税価格の計算の特例の対象となります。また、建設協力金残債務は、相続税の課税価格の計算上、（　③　）の対象となります」

〈事業用定期借地権方式〉

Ⅱ 「事業用定期借地権方式は、事業者である借主が土地を契約で一定期間賃借し、借主が建物を建設する手法です。存続期間が10年以上（ ④ ）年未満の事業用定期借地権と（ ④ ）年以上50年未満の事業用定期借地権に区別されます。本方式のメリットとして、土地を手放さずに安定した地代収入を得ることができること、期間満了後は土地が更地となって返還されることなどが挙げられます。X社との交渉により、年間地代とは別に、前払地代を受け取ることができれば、まとまった資金を得ることも可能となります。

本方式により甲土地と乙土地を一体とした土地を賃貸した後、Bさんの相続が開始した場合、相続税の課税価格の計算上、その敷地は（ ⑤ ）として評価します。なお、当該敷地は、貸付事業用宅地等として小規模宅地等についての相続税の課税価格の計算の特例の対象となります」

2 次の設例に基づいて、下記の各問（《問１》～《問３》）に答えなさい。

□□

（2023年５月第４問・問60～62）

《設　例》

甲土地の借地権者であるＡさんは、甲土地上にある自宅で妻と２人で暮らしている。Ａさんは、自宅が老朽化してきたため、建替えを検討していたところ、先日、甲土地の貸主（地主）であるＢさんから、甲土地を乙土地と丙土地に分割して、乙土地部分をＡさんが取得し、丙土地部分をＢさんが取得するように借地権と所有権（底地）を交換したいとの提案を受けた。提案を受け、Ａさんは借地権と所有権（底地）を交換した場合における新しい自宅の建替えを検討することにした。

甲土地および交換後の乙土地、丙土地の概要は、以下のとおりである。

〈甲土地の概要〉

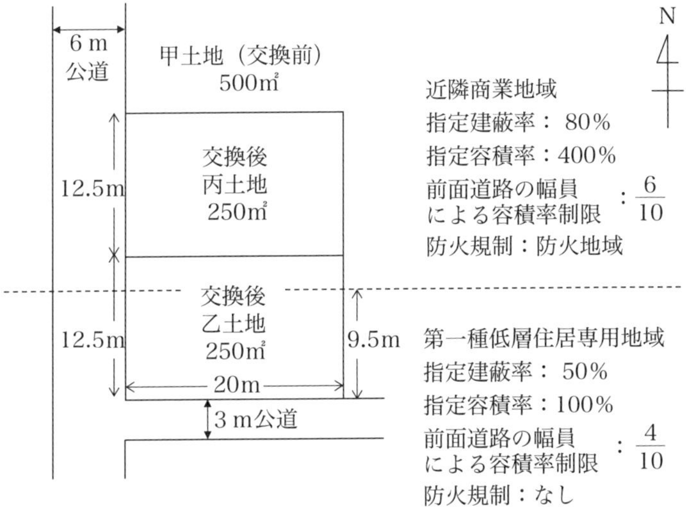

（注）

・甲土地は500㎡の長方形の土地であり、交換後の乙土地および丙土地はいずれも250㎡の長方形の土地である。
・交換後の乙土地のうち、近隣商業地域に属する部分は60㎡、第一種低層住居専用地域に属する部分は190㎡である。
・幅員３ｍの公道は、建築基準法第42条第２項により特定行政庁の指定を受けた道路である。３ｍ公道の道路中心線は、当該道路の中心部分にある。また、

３m公道の甲土地の反対側は宅地であり、がけ地や川等ではない。
・交換後の乙土地は、建蔽率の緩和について特定行政庁が指定する角地ではない。
・指定建蔽率および指定容積率とは、それぞれ都市計画において定められた数値である。
・特定行政庁が都道府県都市計画審議会の議を経て指定する区域ではない。

※上記以外の条件は考慮せず、各問に従うこと。

《問１》 Ａさんが、下記の〈条件〉で借地権と所有権（底地）を交換し、「固定資産の交換の場合の譲渡所得の特例」の適用を受けた場合、次の①および②に答えなさい。〔計算過程〕を示し、〈答〉は100円未満を切り捨てて円単位とすること。なお、本問の譲渡所得以外の所得や所得控除等は考慮しないものとする。

①　課税長期譲渡所得金額はいくらか。

②　課税長期譲渡所得金額に係る所得税および復興特別所得税、住民税の合計額はいくらか。

〈条件〉

〈交換譲渡資産〉
・交換譲渡資産：借地権（旧借地法による借地権）
※2009年10月に相続(単純承認)により取得
・交換譲渡資産の取得費：不明
・交換譲渡資産の時価：3,000万円（交換時）
・交換費用（仲介手数料等）：100万円（譲渡と取得の費用区分は不明）

〈交換取得資産〉
・交換取得資産：所有権（底地）
・交換取得資産の時価：2,700万円（交換時）

〈交換差金〉
・ＡさんがＢさんから受領した交換差金：300万円

《問２》 交換後の乙土地に耐火建築物を建築する場合、次の①および②に答えなさい（計算過程の記載は不要）。〈答〉は㎡表示とすること。なお、記載のない事項については考慮しないものとする。

① 建蔽率の上限となる建築面積はいくらか。

② 容積率の上限となる延べ面積はいくらか。

《問３》 建築基準法等における建築物の高さおよび外壁の後退距離等に関する以下の文章の空欄①～⑦に入る最も適切な語句または数値を、解答用紙に記入しなさい。

〈建物の高さ制限〉

Ⅰ「都市計画区域と準都市計画区域内において、用途地域等に応じて、建築物の高さの制限が定められています。第一種低層住居専用地域、第二種低層住居専用地域または（　①　）地域内における建築物の高さは、原則として、10ｍまたは12ｍのうち都市計画で定められた限度を超えてはならないとされています。

また、第一種低層住居専用地域内にある建築物に適用される高さの制限には、道路斜線制限と（　②　）斜線制限があります。

ほかにも、日影規制（日影による中高層の建築物の高さの制限）の対象区域である第一種低層住居専用地域では、原則として、軒高が（　③　）ｍ超または地階を除く階数が３以上の建築物は、一部地域を除き、冬至日の午前（　④　）時から午後４時までの間において、一定範囲に一定時間以上日影となる部分を生じさせることのないものにする必要があります」

〈外壁の後退距離等〉

Ⅱ「民法では、建物を築造する場合、境界線から（　⑤　）cm以上の距離を保たなければならないとされ、この規定と異なる慣習があるときは、その慣習に従うとされています。建築基準法において都市計画で建築物の外壁と敷地境界線までの距離の限度を定める場合は、第一種低層住居専用地域、第二種低層住居専用地域または（　①　）地域では、原則として、その限度は、1.5ｍまたは（　⑥　）ｍ以上とされています。

なお、壁、柱、床その他の建築物の部分の構造のうち、（　⑦　）性能に関して一定の技術的基準に適合する鉄筋コンクリート造、れんが造その他の構造で、国土交通大臣が定めた構造方法を用いるものまたは国土交通大臣の認定を受けたものを（　⑦　）構造といいますが、防火地域または準防火地域内にある建築物で、外壁が（　⑦　）構造のものについては、その外壁を隣地境界線に接して設けることができます。

　また、地区計画や建築協定、風致地区などによって建物の位置関係について定められている場合もあるので確認が必要です」

3 次の設例に基づいて、下記の各問（《問１》～《問３》）に答えなさい。

□□

(2021年５月第４問・問60～62)

《設　例》

甲土地の借地権者であるＡさんは、甲土地にある自宅で妻と２人で暮らしている。Ａさんは、自宅の建替えを検討していたところ、先日、甲土地の貸主（地主）であるＢさんから、甲土地を乙土地と丙土地に分割して、乙土地部分をＡさんが取得し、丙土地部分をＢさんが取得するように借地権と所有権（底地）を交換したいとの提案を受けた。

甲土地および交換後の乙土地、丙土地の概要は、以下のとおりである。

〈甲土地の概要〉

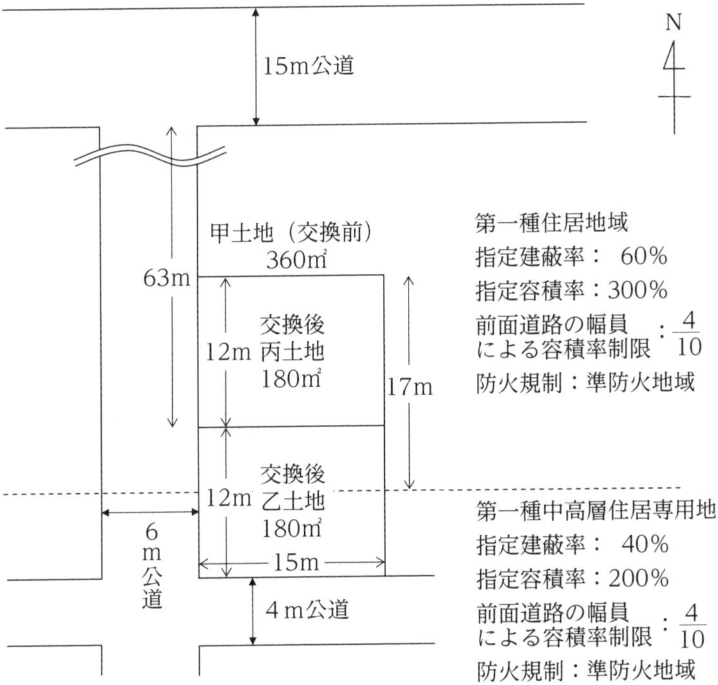

（注）
・甲土地は360㎡の長方形の土地であり、交換後の乙土地および丙土地はいずれも180㎡の長方形の土地である。
・交換後の乙土地のうち、第一種住居地域に属する部分は75㎡、第一種中高層住居専用地域に属する部分は105㎡である。

・交換後の乙土地は、建蔽率の緩和について特定行政庁が指定する角地である。
・幅員15mの公道は、建築基準法第52条第9項の特定道路であり、特定道路から交換後の乙土地までの延長距離は63mである。
・指定建蔽率および指定容積率とは、それぞれ都市計画において定められた数値である。
・特定行政庁が都道府県都市計画審議会の議を経て指定する区域ではない。

※上記以外の条件は考慮せず、各問に従うこと。

《問1》 建築基準法の規定および「固定資産の交換の場合の譲渡所得の特例」に関する以下の文章の空欄①～⑧に入る最も適切な語句または数値を、解答用紙に記入しなさい。

〈建築基準法の規定〉

Ⅰ　建築基準法では、都市計画区域と準都市計画区域内において、用途地域等に応じて、建築物の高さの制限を定めている。交換後の乙土地に建築する建築物に適用される高さの制限には道路斜線制限と（　①　）斜線制限があり、さらに第一種中高層住居専用地域内においては、「日影による中高層の建築物の高さの制限」（以下、「日影規制」という）が適用される場合を除き、（　②　）斜線制限がある。

なお、天空率により計算した採光、通風等が各斜線制限により高さが制限された場合と同程度以上である建築物については、各斜線制限は適用されない。

日影規制の対象区域は、（　③　）地域、工業地域、工業専用地域以外で、地方公共団体の条例で指定された区域となる。日影規制の対象区域である第一種中高層住居専用地域においては、原則として、高さが（　④　）mを超える建築物が日影規制による制限を受ける。

〈固定資産の交換の場合の譲渡所得の特例〉

Ⅱ　「固定資産の交換の場合の譲渡所得の特例」（以下、「本特例」という）の適用を受けるためには、交換譲渡資産および交換取得資産がいずれも（　⑤　）年以上所有されていたものであり、交換取得資産を交換譲渡資産の交換直前の（　⑥　）と同一の（　⑥　）に供する必要がある。また、交換時における交換譲渡資産の時価と交換取得資産の時価との差額が、これらの時価のうちいずれか高いほうの価額の（　⑦　）%以内でなければならない。

なお、本特例の適用を受けた場合、交換取得資産は交換譲渡資産の取得費や（　⑧　）を引き継ぐことになる。

《問２》　交換後の乙土地に準耐火建築物を建築する場合、次の①および②に答えなさい（計算過程の記載は不要）。〈答〉は㎡表示とすること。なお、記載のない事項については考慮しないものとする。

①　建蔽率の上限となる建築面積はいくらか。

②　容積率の上限となる延べ面積はいくらか。なお、特定道路までの距離による容積率制限の緩和を考慮すること。

〈特定道路までの距離による容積率制限の緩和に関する計算式〉

$$W_1 = \frac{(a - W_2) \times (b - L)}{b}$$

W_1　：　前面道路幅員に加算される数値

W_2　：　前面道路の幅員（m）

L　：　特定道路までの距離（m）

※「a、b」は、問題の性質上、伏せてある。

《問３》　Aさんが、下記の〈条件〉で借地権と所有権（底地）を交換し、「固定資産の交換の場合の譲渡所得の特例」の適用を受けた場合、次の①～③に答えなさい。〔計算過程〕を示し、〈答〉は100円未満を切り捨てて円単位とすること。なお、本問の譲渡所得以外の所得や所得控除等は考慮しないものとする。

①　課税長期譲渡所得金額はいくらか。

②　課税長期譲渡所得金額に係る所得税および復興特別所得税の合計額はいくらか。

③　課税長期譲渡所得金額に係る住民税額はいくらか。

〈条件〉

〈交換譲渡資産〉		
・交換譲渡資産	：	借地権（旧借地法による借地権） ※2015年10月に相続（単純承認）により取得
・交換譲渡資産の取得費	：	不明
・交換譲渡資産の時価	：	5,000万円（交換時）
・交換費用（仲介手数料等）	：	200万円（譲渡と取得の費用区分は不明）
〈交換取得資産〉		
・交換取得資産	：	所有権（底地）
・交換取得資産の時価	：	4,500万円（交換時）
〈交換差金〉		
・AさんがBさんから受領した交換差金：500万円		

解答解説

1 《問1》▶ 正解　①1,740㎡　②4,800㎡

〈解説〉

① 甲土地と乙土地を一体とした土地における建蔽率の上限となる建築面積

準防火地域内にあり、耐火建築物を建築するため、10%緩和される。また、甲土地と乙土地を一体とした土地は、建蔽率の緩和について特定行政庁が指定する角地であるため、さらに10%緩和される。

・建蔽率の決定

（近隣商業地域）80%＋10%＋10%＝100%

（第一種住居地域）60%＋10%＋10%＝80%

・建蔽率の上限となる建築面積

（600㎡＋300㎡）×100%＋1,050㎡×80%＝<u>1,740㎡</u>

② 甲土地と乙土地を一体とした土地における容積率の上限となる延べ面積

幅の広い10ｍ市道が前面道路となる。12ｍ未満であるため、前面道路に法定条数を乗じた数値と指定容積率を比較し、いずれか小さいほうを用いる。

・容積率の決定

（近隣商業地域）$10\text{m}\times\frac{6}{10}=600\%>300\%$（指定容積率）

∴　300%

（第一種住居地域）$10\text{m}\times\frac{4}{10}=400\%>200\%$（指定容積率）

∴　200%

※「特定行政庁が都道府県都市計画審議会の議を経て指定する区域ではない」ため、近隣商業地域の法定乗数は6／10、第一種住居地域の法定乗数は4／10をそれぞれ使用する。

・甲土地と乙土地を一体とした土地における容積率の上限となる延べ面積

（600㎡＋300㎡）×300%＋1,050㎡×200%＝<u>4,800㎡</u>

《問2》▶ **正解** ①**500（㎡）** ②**400（%）** ③**ロ**
④**10,920（万円）**

〈解説〉

Ⅰ　地積規模の大きな宅地

地積規模の大きな宅地とは、三大都市圏においては500㎡以上の地積の宅地および三大都市圏以外の地域においては1,000㎡以上の地積の宅地をいう。ただし、次の宅地は除かれる。

・市街化調整区域に所在する宅地
・都市計画法の用途地域が工業専用地域に指定されている地域に所在する宅地
・指定容積率が400％（東京都の特別区においては300％）以上の地域に所在する宅地
・財産評価基本通達に定める大規模工場用地

Ⅱ　小規模宅地等についての相続税の課税価格の計算の特例

被相続人が老人ホームに入居し、相続開始の直前において被相続人の居住の用に供されていない宅地は、原則として、特定居住用宅地等に該当しない。ただし、要介護認定または要支援認定を受けて入居している場合は、他の要件を満たすことにより、特定居住用宅地等に該当する。父親Bさんは、相続開始の2年前に老人ホームに転居しており、要介護・要支援認定を受けたことがないため、自宅のある甲土地は本特例の対象とならない。

乙土地は、10年前から大手の駐車場運営会社に賃貸しているアスファルト敷きのコインパーキングであるため、貸付事業用宅地等として本特例の適用を受けることができる。

Ⅲ　相続税の総額

複数の子が推定相続人の場合、人数で均等に按分する。したがって、相続分はAさんおよび妹Cさんそれぞれ2分の1である。

・遺産に係る基礎控除額

3,000万円＋600万円×2人＝4,200万円

・課税遺産総額

4億円－4,200万円＝3億5,800万円

・相続税の総額

㋐Aさんおよび妹Cさんが法定相続分にしたがって取得したものとして計算した相続税の額

$3億5,800万円 \times \frac{1}{2} = 1億7,900万円$

1億7,900万円×40%－1,700万円＝5,460万円

㋑相続税の総額

5,460万円＋5,460万円＝10,920万円

《問3》 正解 **①60（%） ②32,800（万円） ③債務控除 ④30（年） ⑤貸宅地**

〈解説〉

Ⅰ　建設協力金方式

・借地権割合はAを90%として10%ずつ逓減する。したがって、Dは60%となる。

・自用地価額4億円、借地権割合60%、借家権割合30%、賃貸割合100%とした場合、貸家建付地の評価額は、次のとおりである。

貸家建付地の評価額 ＝自用地価額×(1－借地権割合×借家権割合×賃貸割合)

4億円×(1－60%×30%×100%)＝32,800万円

・被相続人の債務で相続開始の際現に存するもの（租税公課を含む）で、確実と認められるものは債務控除の対象となる。したがって、被相続人の建設協力金債務を相続した場合、相続税の課税価格の計算上、債務控除の対象となる。

Ⅱ　事業用定期借地権方式

・事業用定期借地権は、10年以上30年未満の事業用借地権（短期型）と、30年以上50年未満の事業用定期借地権（長期型）に区別される。

・自己の敷地を他に賃貸した場合、当該敷地は貸宅地として評価される。

2《問1》 正解 ①2,800,000円 ②568,800円

① 課税長期譲渡所得金額

$$300万円-(3{,}000万円\times5\%+100万円\times50\%)\times\frac{300万円}{2{,}700万円+300万円}=\underline{2{,}800{,}000円}$$

② 所得税および復興特別所得税、住民税の合計額

280万円×15％＝420,000円

420,000円×2.1％＝8,820円

280万円×５％＝140,000円

420,000円＋8,820円＝428,800円（100円未満切捨て）

428,800円＋140,000円＝<u>568,800円</u>

〈解説〉

・Ａさんが受領した交換差金300万円が収入となる。
・取得費は不明のため、概算取得費150万円（3,000万円×５％）とする。
・交換費用100万円は譲渡と取得の費用区分が不明のため50％（50万円）を譲渡費用とする。
・取得費150万円と譲渡費用50万円は、交換譲渡資産3,000万円全体の分であるため、交換差金300万円分だけを収入から控除する。
・相続（単純承認）による取得の場合、被相続人の取得日を引き継ぐ。本問では、被相続人の取得日の記載がないため正確な所有期間の判定はできないが、相続による取得時期から計算しても譲渡年の１月１日時点で５年超となる。したがって、税率は所得税15％、住民税５％である。復興特別所得税額は所得税額に2.1％を乗じて算出する。

《問2》 正解 ①168㎡ ②396㎡

〈解説〉

① 建蔽率の上限となる建築面積

乙土地の南側にある幅員３ｍ公道は、建築基準法第42条第２項により特定行政庁の指定を受けた道路であるため、セットバックが必要である。３ｍ公道の乙土地の反対側は宅地であり、がけ地や川等ではないため、道路の中心線から２ｍは道路とみなされる。したがって、セットバック部分の面積は次のとおりである。

$2\,m - 3\,m \div 2 = 0.5\,m \quad 0.5\,m \times 20\,m = 10m^2$

近隣商業地域は防火地域内にあり、第一種低層住居専用地域に防火規制はないが、乙土地全体に対して防火地域の規制が及ぶ。したがって、乙土地に耐火建築物を建築するため、指定建蔽率80%の近隣商業地域は適用除外となり、第一種低層住居専用地域は10%緩和される。なお、乙土地は、建蔽率の緩和について特定行政庁が指定する角地ではないため、角地による建蔽率の緩和規定は適用されない。

・敷地面積の確認

(近隣商業地域) 資料より60㎡

(第一種低層住居専用地域) 190㎡－10㎡＝180㎡

・建蔽率の決定

(近隣商業地域) 100% [適用除外]

(第一種低層住居専用地域) 50%＋10%＝60%

・建蔽率の上限となる建築面積

60㎡×100%＋180㎡×60%＝<u>168㎡</u>

② 容積率の上限となる延べ面積

幅の広い6m公道が前面道路となる。12m未満であるため、前面道路に法定乗数を乗じた数値と指定容積率を比較し、いずれか小さいほうを用いる。

・容積率の決定

(近隣商業地域) $6\,m \times \frac{6}{10} = 360\% < 400\%$(指定容積率) ∴ 360%

(第一種低層住居専用地域) $6\,m \times \frac{4}{10} = 240\% > 100\%$(指定容積率)

∴ 100%

※「特定行政庁が都道府県都市計画審議会の議を経て指定する区域ではない」ため、近隣商業地域の法定乗数は6/10、第一種低層住居専用地域の法定乗数は4/10を使用する。

・容積率の上限となる延べ面積

60㎡×360%＋180㎡×100%＝<u>396㎡</u>

《問3》▶ 正解 ①田園住居（地域） ②北側（斜線制限） ③7（m） ④8（時） ⑤50（cm） ⑥1m ⑦耐火（性能／構造）

〈解説〉

Ⅰ　日影規制（日影による中高層の建築物の高さの制限）について

商業地域、工業地域および工業専用地域を除く対象区域のうち、地方公共団体の条例で指定される区域内にある一定の建築物は、冬至日の午前８時から午後４時まで（北海道では午前９時から午後３時まで）の間において、それぞれ一定の時間、隣地に日影を生じさせることのないものとしなければならない。

対象区域	規制の対象となる建築物
第一種・第二種低層住居専用地域 田園住居地域	次のいずれか ・軒高７m超の建築物 ・地階を除く階数３以上の建築物
第一種・第二種中高層住居専用地域	高さ10m超の建築物 （適用区域内では北側斜線制限は適用されない）
第一種・第二種住居地域、準住居地域 近隣商業地域 準工業地域	高さ10m超の建築物

Ⅱ　外壁の後退距離等

第一種低層住居専用地域、第二種低層住居専用地域または田園住居地域内においては、建築物の外壁またはこれに代わる柱の面から敷地境界線までの距離（外壁の後退距離）は、当該地域に関する都市計画においてこの限度が定められた場合においては、一定の場合を除き、1.5mまたは１m以上でなければならない。これは、建物の位置の範囲を定めることにより、家屋の軒同士の接触を防止するための措置である。

防火地域または準防火地域内にある建築物で、外壁が耐火構造のものについては、その外壁を隣地境界線に接して設けることができる。なお、耐火構造とは、壁、柱、床その他の建築物の部分の構造のうち、耐火性能（通常の火災が終了するまでの間当該火災による建築物の倒壊および延焼を防止するために当該建築物の部分に必要とされる性能）に関して一定の技術的基準に適合する鉄筋コンクリート造、れんが造その他の構造で、国土交通大臣が定めた構造方法を用いるものまたは国土交通大臣の認定を受けたものをいう。

3《問1》▶ 正解 **①隣地（斜線制限） ②北側（斜線制限） ③商業（地域） ④10（m） ⑤1（年） ⑥用途 ⑦20（%） ⑧取得時期**

《問2》▶ 正解 **①123㎡ ②408㎡**

〈解説〉

① 乙土地は準防火地域内にあり、準耐火建築物を建築するため、10%緩和される。また、乙土地は、建蔽率の緩和について特定行政庁が指定する角地であるため、さらに10%緩和される。

・第一種住居地域に属する部分の建築面積

75㎡×(60%＋10%＋10%)＝60㎡

・第一種中高層住居専用地域に属する部分の建築面積

105㎡×(40%＋10%＋10%)＝63㎡

・建蔽率の上限となる建築面積

60㎡＋63㎡＝123㎡

② 前面道路6m（幅の広いほう）、特定道路までの距離63m、a＝12m、b＝70mを計算式に当てはめる。

・特定道路までの距離による容積率制限の緩和

$$\frac{(12\,\text{m}-6\,\text{m})\times(70\,\text{m}-63\,\text{m})}{70\,\text{m}}=0.6\,\text{m}$$

・容積率の決定

第一種住居地域：$(6\,\text{m}+0.6\,\text{m})\times\frac{4}{10}=264\%<300\%$（指定容積率）

∴ 264%

第一種中高層住居専用地域：264%＞200%（指定容積率） ∴ 200%

・甲土地における容積率の上限となる延べ面積

75㎡×264%＋105㎡×200%＝408㎡

※「特定行政庁が都道府県都市計画審議会の議を経て指定する区域ではない」ため、法定乗数は、4／10を使用する。

《問3》 正解 ①4,650,000円 ②712,100円 ③232,500円

① 課税長期譲渡所得金額

5,000,000円－(2,500,000円＋2,000,000円×50%)

$$\times \frac{5{,}000{,}000円}{45{,}000{,}000円+5{,}000{,}000円}=\underline{4{,}650{,}000円}$$

② 所得税および復興特別所得税の合計額

4,650,000円×15%＝697,500円

697,500円×2.1%＝14,647.5円

697,500円＋14,647.5円＝712,100円（100円未満切捨て）

③ 住民税額

4,650,000円×5%＝232,500円

〈解説〉

・Aさんが受領した交換差金500万円が収入となる。
・取得費は不明のため、概算取得費250万円（5,000万円×5%）とする。
・交換費用200万円は譲渡と取得の費用区分が不明のため50%（100万円）を譲渡費用とする。
・取得費250万円と譲渡費用100万円は、交換譲渡資産5,000万円全体の分であるため、交換差金500万円分だけを収入から控除する。
・相続（単純承認）による取得の場合、被相続人の取得日を引き継ぐ。本問では、被相続人の取得日の記載がないため正確な所有期間の判定はできないが、相続による取得時期から計算しても譲渡年の1月1日時点で5年超となる。したがって、税率は所得税15%、住民税5%である。復興特別所得税額は所得税額に2.1%を乗じて算出する。

❶ 不動産登記制度

- 原則として、先に権利の登記を済ませた者（先順位者）が後順位者に対して、自己の権利を対抗することができる
- 登記事項証明書や登記事項要約書は、誰でもその交付を請求することができる
- 登記事項証明書には、登記記録に記録されている事項の全部または一部が記載され、登記官による認証文や職印が付されている。登記所の窓口での請求、郵送またはオンラインによる請求があり、オンライン請求では、郵送または登記所の窓口で受け取る方法のいずれかを選択する
- 登記事項要約書には、登記記録に記録されている事項のうち、現に効力を有するものが記載され、登記官による認証文や職印が付されていない。不動産を管轄する登記所の窓口での請求に限られる

❷ 不動産登記の構成

①表題部

- 表示に関する登記には申請義務があり、新築・滅失・変更から1カ月以内に申請しなければならない。なお、登記名義人の住所変更登記には、申請期限がない

②権利部

- 申請する場合、申請人は、その申請情報と併せて、登記原因を証する情報（売買契約書など）を提供しなければならない。登記識別情報は登記原因を証する情報に該当しない
- 登記識別情報は再交付されない
- 登記申請時に登記識別情報を提供できない場合は、登記官から登記義務者に対し、登記申請の有無について事前の通知により本人確認がなされる（事前通知制度）
- 抵当権の実行による競売手続開始を原因とする差押えの登記は、権利部の甲区に記録される
- 抵当権の登記がある土地は合筆できない

❸ 契約不適合責任

・買主および売主双方に帰責事由がない場合、買主は売主に対し、目的物の修補（追完請求）をすることができる

※売主が宅地建物取引業者で、買主が宅地建物取引業者以外の場合、買主が権利行使できる期間を引渡日から２年以上の期間とする特約以外に買主に不利な特約を定めることはできない

❹ 手付

当事者間で取決めがない場合、解約手付と推定される。買主が売主に手付を交付したときは、買主は手付を放棄し、売主はその倍額を現実に提供した場合、契約の解除をすることができる

※売主が宅地建物取引業者で、買主が宅地建物取引業者以外の場合、当事者間の取決めにかかわらず解約手付とみなされる。また、売買代金の２割を超える手付を受領することは禁止されている

❺ 宅地建物取引業法

①定義

宅地建物取引業は、「宅地または建物の売買・交換」「宅地または建物の売買・交換・貸借の代理」「宅地または建物の売買・交換・貸借の媒介」を業として行うことである

②重要事項の説明

宅地建物取引業者は、宅地または建物の売買・交換・貸借の媒介をするに際して、契約締結前に権利取得者（売買契約の買主、賃貸借契約の借主）に対し、書面または電磁的方法（相手方の承諾がある場合に限る）により、宅地建物取引士に重要事項の説明をさせなければならない。なお、権利取得者が宅地建物取引業者である場合は、重要事項説明書を交付すれば、説明は不要である

③媒介契約

宅地建物取引業者は、媒介契約を締結したときは遅滞なく、一定の事項を記載した書面または電子契約書（相手方の承諾がある場合に限る）を依頼者に交付しなければならない

〈媒介契約の種類〉

	一般媒介契約	専任媒介契約	専属専任媒介契約
複数業者への依頼	○※1	×	×
自己発見取引	○	○	×
契約期間の上限	定めなし	3カ月※2	3カ月※2
依頼者への報告義務	なし	2週間に1回以上	1週間に1回以上
指定流通機構への物件情報の登録義務	なし	7日以内	5日以内

※1　重ねて依頼する宅地建物取引業者を明示する契約と**明示しない**契約がある
※2　依頼者の申出により更新できる。ただし、**自動更新**する旨の特約を定めることは**できない**

④業務上の規制（主なもの）

・報酬額の制限

宅地建物取引業者が依頼者から受領することができる報酬額には上限がある

（売買の媒介）売買金額400万円超の場合：**売買代金×３％＋６万円＋消費税**

※売主または買主の**一方**から受け取れる額の上限

（賃貸の媒介）**借賃額の１カ月分＋消費税**

※貸主または借主の**双方**から受け取れる合計額の上限

・既存建物の取引における情報提供（インスペクション）

宅地建物取引業者は、既存建物の売買または交換の媒介の契約を締結したときは、遅滞なく、建物状況調査（インスペクション）を実施する者のあっせんに関する事項を記載した書面を契約の依頼者に交付しなければならない

❻ 定期借地権

	一般定期借地権	建物譲渡特約付借地権	事業用定期借地権等
存続期間	50年以上	30年以上	10年以上50年未満
用　途	制限なし	制限なし	事業目的に限る （居住用不可）
契約方法	公正証書等の書面 または電磁的記録	制限なし	公正証書に限る
終了時の措置	原則として 更地で返還	建物付で返還	原則として 更地で返還

・存続期間を10年以上30年未満とする事業用借地権は、①契約の更新、②建物築造による期間延長、③建物買取請求権に係る借地借家法の規定の適用が排除されているため、設定契約時に特約による①～③の排除は不要

・事業用借地権は契約の更新が排除されるが、当事者間の合意により存続期間を延長することはできる

・建物譲渡特約に基づき借地権が消滅し、その借地権者または建物の賃借人で当該建物の使用を継続している者が借地権設定者に請求した場合、その建物につき、その借地権者または建物の賃借人と借地権設定者との間で期間の定めのない賃貸借がされたものとみなされる

❼ 定期借家契約

存続期間	契約で定めた期間（期間の長短の制限なし）
契約方法	公正証書等の書面 ※賃貸人は、契約締結前に、賃借人に対し、契約の更新がなく、期間満了により賃貸借が終了する旨を記載した書面によって説明する必要がある（説明がないと普通借家契約となる）。賃借人の承諾がある場合、書面の交付に代えて電磁的方法により提供することができる ※更新はできないが、再契約をすることができる
中途解約	居住用の建物の賃貸借で賃貸部分の床面積が200㎡未満であり、転勤・療養・親族の介護その他やむをえない事情がある場合に限り、賃借人は中途解約を申し入れることができる。解約の申入れから１カ月後に当該賃貸借は終了する
終了時の措置	１年以上の契約の場合、賃貸人は、期間満了の１年前から６カ月前までに、賃借人に対して契約が終了する旨を通知しなければ、その終了を賃借人に対抗できない

❽ 都市計画法

・準都市計画区域とは、都市計画区域外にあるにもかかわらず、相当数の建物が建てられているようなときに、例外的に都市計画区域の外に都道府県が指定する区域

・市街化区域については用途地域を定めるものとし、市街化調整区域については、原則として、用途地域を定めない。区域区分が定められていない都市計画区域では、必要に応じて用途地域を定めることができる

・高度地区は、用途地域内で市街地の環境維持や土地利用の増進を図るために、建築物の高さの最高限度または最低限度を定める地区

・市街化区域における1,000㎡（三大都市圏の一定の区域は500㎡）以上の開発行為は、原則として、都道府県知事等の許可が必要である。ただし、必要があると認められる場合は、都道府県知事は300㎡以上でその規模を別に定めることができる

・区域区分が定められていない都市計画区域および準都市計画区域内において

行う開発行為で、その規模が3,000㎡未満のものは、都道府県知事等の許可を受ける必要がない。ただし、都道府県等の条例により300㎡まで引き下げることができる

❾ 建築基準法

①２つ以上の地域にまたがる場合の建築規制

制　限	対応方法
用途制限	敷地の過半の属する用途地域の用途制限を全体に適用
建蔽率・容積率	面積で加重平均する
防火規制	厳しいほうの規制を全体に適用（防火＞準防火＞無指定）

②建蔽率の緩和措置

・特定行政庁指定の角地である場合は「＋10%」緩和

・防火地域内：耐火建築物および耐火建築物と同等以上の延焼防止性能の高い建築物

準防火地域内：耐火建築物、準耐火建築物およびこれらと同等以上の延焼防止性能の高い建築物

の場合は「＋10%」緩和

※両方に該当する場合は「＋20%」緩和

③建蔽率の適用除外

指定建蔽率が80%とされている地域内で、かつ防火地域内にある耐火建築物および耐火建築物と同等以上の延焼防止性能の高い建築物には、建蔽率は適用されない（建蔽率100%）

④前面道路の幅員による容積率の制限

・前面道路の幅員が12m以上の場合は、指定容積率が適用される

・前面道路（２つ以上に面する場合は幅の広いほう）の幅員が12m未満の場合は、次のうち小さいほうが限度となる

ⓐ指定容積率
ⓑ前面道路の幅員×法定乗数※
（※）法定乗数（特定行政庁が特に指定しない場合）
住居系の用途地域：4/10　その他の用途地域：6/10

⑤容積率の緩和

・特定道路までの距離によるもの

前面道路の幅員が6m以上12m未満で、当該前面道路に沿って70m以内で幅員15m以上の道路（特定道路）に接続する場合、容積率の最高限度は、次のように計算する

$$W_1 = \frac{(12 - W_2) \times (70 - L)}{70}$$

W_1：前面道路幅員に加算される数値
W_2：前面道路の幅員（m）
L　：特定道路までの距離（m）

容積率の最高限度＝（前面道路の幅員＋W_1）×**法定乗数**
※ただし、指定容積率が限度となる

・共同住宅の共用廊下・階段等の不算入

共同住宅や老人ホーム等の**共用廊下・階段**・エントランスホール・エレベーターホール・エレベーターの昇降路、車椅子用等のスロープなどの用途に供する部分の床面積は、容積率の算定の基礎となる**延べ面積に算入しない**

・住宅地下室の不算入

建築物の地階で住宅の用途に供する部分の床面積のうち、当該建築物の住宅の用途に供する部分の床面積合計の**3分の1**までは、容積率の算定の基礎となる**延べ面積に算入しない**

・自動車車庫の不算入

専ら自動車または自転車の停留または駐車のための施設の用途に供する部分（**自動車車庫**等部分）の床面積で、当該敷地内の建築物の各階の床面積合計の**5分の1**までは、容積率の算定の基礎となる**延べ面積に算入しない**

⑥建築物の高さの制限（**天空率**を満たす建築物は、**各斜線制限**が適用されない）

・道路斜線制限

適用区域は、すべての用途地域および用途地域の指定のない区域である。建築物が制限の異なる地域にわたる場合、各地域内に存する建築物の部分ごとに適用される

・隣地斜線制限

適用区域は、第一種・第二種低層住居専用地域および田園住居地域以外の用途地域である。第一種・第二種低層住居専用地域および田園住居地域内には、建築物の高さの制限（10ｍまたは12ｍ）があるため適用されない

・北側斜線制限

適用区域は、第一種・第二種低層住居専用地域、田園住居地域および第一種・第二種中高層住居専用地域である。ただし、第一種・第二種中高層住居専用地域において日影規制が適用される建築物には適用されない

⑦日影規制

・適用区域は、商業地域、工業地域および工業専用地域以外の地域で、地方公共団体の条例で指定する区域。第一種・第二種低層住居専用地域および田園住居地域では軒高７ｍ超または地上階数３以上の建築物が対象となる

・対象区域外にある高さ10ｍ超の建築物で、冬至日に対象区域内の土地に日影を生じさせるものは、当該対象区域内にある建築物とみなされて制限を受ける

・対象区域内にある同一の敷地内に２以上の建築物がある場合、これらの建築物は１つの建築物とみなされて制限を受ける

⑧道路

・建築基準法の集団規定が適用された際に、現に建築物が立ち並んでいる幅員４ｍ未満の道で、特定行政庁が指定したものは２項道路である。２項道路は、原則として、その道路の中心線からの水平距離２ｍの線が境界線とみなされる

・位置指定道路とは、土地を建築物の敷地として利用するため、道路法、都市計画法、土地区画整理法、都市再開発法等によらないで築造する一定の基準に適合する道で、これを築造しようとする者が特定行政庁からその位置の指定を受けたもの。この道路は私道であるため、その維持管理は所有者が行う

⑩ 区分所有法

各過半数の賛成	・管理者の選任・解任 ・共用部分の変更（形状・効用の著しい変更を伴わないもの） ・建物価格の２分の１以下の滅失の場合の復旧決議
各４分の３以上の賛成	・共用部分の変更（形状・効用の著しい変更を伴わないものを除く） ※規約で区分所有者の定数を過半数まで減ずることができる ・規約の設定・変更・廃止 ・管理組合法人の設立、解散 ・建物価格の２分の１を超える滅失の場合の復旧決議 ※定数を規約で増減することはできない
各５分の４以上の賛成	・建替え ※定数を規約で増減することはできない ※決議に賛成した区分所有者は、建替えに参加しない旨を回答した区分所有者に対し、区分所有権および敷地利用権を時価で売り渡すよう請求することができる

※「各」とは、区分所有者および議決権

⑪ 農地法・生産緑地法

- 農地を相続により取得した場合は、農地法３条の許可は不要であるが、農業委員会にその旨を届け出なければならない
- 市街化区域内の農地であっても、農業委員会の許可（農地法３条の許可）は必要
- 農地を農地以外のものに自ら転用する場合、都道府県知事等の許可が必要であるが、市街化区域内の農地である場合、あらかじめ農業委員会に届出をすることで許可が不要となる
- 生産緑地の買取りの申出があった場合において、その申出の日から起算して３カ月以内に当該生産緑地の所有権の移転（相続その他の一般承継による移転を除く）が行われなかったときは、当該生産緑地については、生産緑地の管理、生産緑地地区内における行為の制限等の規定は、適用しない

⑫ 登録免許税

・相続により土地の所有権を取得した者が、当該土地の所有権の移転登記を受けないで死亡し、その者の相続人等が2018年4月1日から2025年3月31日までの間に、その死亡した者を登記名義人とするために受ける当該移転登記に対する登録免許税は課されない

・贈与や遺贈に伴う所有権の移転登記については、居住用財産の特例はなく、本則税率2％が適用

⑬ 固定資産税

・住宅用地に対する固定資産税の課税標準の特例は、貸家の敷地の用に供されている宅地でも適用を受けることができる

・新築された住宅に対する固定資産税の減額の適用を受けた場合、新たに課税されることとなった年度から次の期間、固定資産税額の2分の1相当額が減額される

	認定長期優良住宅	認定長期優良住宅以外
耐火・準耐火住宅 (地上3階以上)	7年間	5年間
上記以外	5年間	3年間

⑭ 固定資産の交換の特例

個人が1年以上所有していた固定資産を同種類の資産に交換し、交換譲渡資産の譲渡直前の用途と同一の用途に使用した場合には、譲渡がなかったものとして課税が繰り延べられる

①適用要件

・交換譲渡資産、交換取得資産とも固定資産であること（棚卸資産は不可）

・交換譲渡資産、交換取得資産は同種の資産であること

・交換譲渡資産は所有期間1年以上であること

・交換取得資産は、交換の相手方の所有期間が1年以上で、かつ、交換の目的のために取得したものでないこと

・交換取得資産は、交換譲渡資産の譲渡直前の用途と同一の用途に使用する

こと

・交換時の交換譲渡資産の時価と交換取得資産の時価との差額が、いずれか高いほうの時価の20%以内であること

⑮ 居住用財産の譲渡に関する特例

①居住用財産の3,000万円特別控除

・適用にあたり、所有期間の要件はない

・配偶者、直系血族、生計を一にする親族への譲渡の場合は適用除外

・家屋に居住しなくなった日から3年を経過する日の属する年の12月31日までの譲渡であること

・借地権の譲渡も適用を受けることができる

・家屋を取り壊した後の敷地の譲渡につき適用を受けるためには、家屋の取壊し後1年以内に売買契約を完了し、その間、貸付けや事業用に使用しないことが必要である

・被相続人の居住用財産（空き家）に係る譲渡所得の特別控除と併用することができる。また、同一年内に適用を受ける場合、2つの特例を合わせて3,000万円が控除限度額となる

②居住用財産を譲渡した場合の軽減税率

譲渡の年の1月1日において所有期間10年超の居住用財産を譲渡した場合、課税長期譲渡所得金額が6,000万円以下の部分について、所得税10.21%、住民税4%の軽減税率が適用される

※「居住用財産の3,000万円特別控除」と併用することができる

③特定の居住用財産の買換えの特例

居住期間10年以上、譲渡の年の1月1日において所有期間10年超の居住用財産を1億円以下で譲渡し、居住用財産を買い換える場合、買い換えた部分については譲渡がなかったものとして課税が繰り延べられる

※「居住用財産の3,000万円特別控除」「居住用財産を譲渡した場合の軽減税率」と併用することはできない

④居住用財産を買い換えた場合の譲渡損失の損益通算・繰越控除

譲渡の年の1月1日において所有期間5年超の居住用財産の譲渡により譲渡損失が生じ、かつ、買い換えた場合、その譲渡損失は、損益通算、翌年以

降3年間の繰越控除ができる

※買換資産は、取得の年の12月31日において一定の住宅借入金等を有している必要がある

⑤特定の事業用資産の買換えの特例

・譲渡の日の属する年の1月1日において、譲渡資産の所有期間が10年を超えていなければならない

・買換資産である土地等の面積が譲渡資産である土地等の面積の5倍を超える場合には、その超える部分の面積に対応するものは、買換資産に該当しない

⑯ DCF法による不動産の収益価格

対象不動産の保有期間中に得られる純収益と期間満了後の売却によって得られると予想される価格（復帰価格）を、それぞれ現在価値に割戻し合計することで求める

DCF法による不動産の収益価格 ＝ 毎期の純収益（現在価値）の合計 ＋ 復帰価格（現在価値）

⑰ DSCR

借入金の返済能力をみる指標。DSCRが1を超えると、不動産から得られる純収益によって、借入金の元利金返済が可能となる

$$\text{DSCR}=\frac{\text{純収益}}{\text{元利返済額}}=\frac{\text{空室率を加味した賃貸収入}-\text{運営費用}}{\text{元利返済額}}$$

第6章

相続／事業承継

出題傾向

基礎 ＋ 応用

基礎編

頻出ポイントは以下のとおりです。

贈与契約／贈与税の特例／相続の承認と放棄／養子／遺言／遺留分／相続税の申告／宅地の評価／小規模宅地の特例／非上場株式等の評価方法や納税猶予

宅地のみならず様々な相続財産の評価方法について出題されます。

応用編

取引相場のない株式（自社株）について、１株当たりの類似業種比準価額の計算問題が頻繁に出題されます。純資産価額の計算が出題されることもあります。類似業種比準価額については、端数処理にも細心の注意をはらい、計算過程を含めて正確に記述できるようにしてください。

四答択一式問題 次の各問について答えを1つ選び、その番号を答えなさい。

頻出 **1**

□
□

贈与契約に関する次の記述のうち、最も不適切なものはどれか。

(2021年9月問42)

1）定期贈与契約は、贈与者または受贈者の死亡により、その効力を失う。
2）負担付贈与契約により土地の贈与を受けた者は、贈与税額の計算上、原則として、当該土地の通常の取引価額に相当する金額から負担額を控除した金額を贈与により取得したものとされる。
3）負担付贈与がされた場合、遺留分を算定するための財産の価額に算入する贈与した財産の価額は、その目的の価額から負担の価額を控除した額とする。
4）死因贈与契約は、民法における遺贈に関する規定が準用され、贈与者の一方的な意思表示により成立し、贈与者の死亡によってその効力を生じる。

頻出 **2**

□
□

Aさんは、妻Bさんに対して、2024年6月にAさん所有の店舗併用住宅（店舗部分60％、住宅部分40％）の敷地の2分の1を贈与した。妻Bさんが贈与税の配偶者控除の適用を受けた場合、2024年分の贈与税の課税価格（配偶者控除の額および基礎控除の額を控除した後の課税価格）として、次のうち最も適切なものはどれか。

なお、店舗併用住宅の敷地全体の相続税評価額は3,000万円であり、妻Bさんにはこれ以外に受贈財産はなく、贈与税の配偶者控除の適用を受けるにあたって最も有利となるような計算をするものとする。

(2023年1月問42)

1）　　0円
2）190万円
3）300万円
4）790万円

解答解説

1 ▶ **正解　4**

1）適　切。定期贈与は定期の給付を目的とする贈与である。特約のない限り、贈与者・受贈者の一方の死亡により効力を失う。

2）適　切。負担付贈与および低額譲受益では、土地建物等について課税時期の通常の取引価額で評価しなければならない。

3）適　切。遺留分算定をする財産中に負担付贈与財産がある場合、その財産の価額は、その目的の価額から負担の価額を控除した額となる（民法1045条1項）。

4）不適切。死因贈与契約は贈与契約の1種であるため、贈与者と受贈者の意思の合致が必要である。したがって、贈与者の一方的な意思表示では成立しない。

2 ▶ **正解　2**

店舗併用住宅の贈与の場合、居住用部分に贈与税の配偶者控除の適用を受けることができる。また、店舗併用住宅の持分の贈与の場合、居住用部分から優先的に贈与を受けたものとして適用を受けることができる。この場合の居住用部分の割合は、贈与を受けた持分の割合と居住用部分の割合のいずれか低い割合となる。

・居住用部分の割合：居住用部分40％＜持分割合$\frac{1}{2}$　∴　40％
・居住用部分の金額：3,000万円×40％＝1,200万円
・配偶者控除の額：1,200万円＜2,000万円　∴　1,200万円
・贈与税の税率を乗じる金額：3,000万円×$\frac{1}{2}$－1,200万円
－110万円＝190万円

頻出 **3**

□
□

贈与税の申告および納付に関する次の記述のうち、最も適切なものはどれか。 (2022年9月問43)

1）贈与税の申告書を法定申告期限内に提出することを失念した場合でも、贈与税の調査通知がある前に、法定申告期限から1カ月以内に自主的に期限後申告書の提出が行われ、期限内に申告書の提出をする意思があったと認められる一定の場合に該当するときは、無申告加算税は課されない。

2）贈与税の申告書を提出すべき者が、提出期限前に申告書を提出しないで死亡した場合、その者の相続人は、原則として、その相続の開始があったことを知った日の翌日から4カ月以内に、当該申告書を死亡した者の納税地の所轄税務署長に提出しなければならない。

3）贈与税の延納の許可を受けるにあたり、延納税額が200万円以下で、かつ、その延納期間が3年以下であるときは、担保を提供する必要はない。

4）贈与税の申告書の提出後、課税価格や税額の計算に誤りがあり、申告した税額が過大であることが判明した場合、原則として、法定申告期限から5年以内に限り、更正の請求をすることができる。

3 ▶ **正解　1**

1）**適　切**。期限後申告であっても、次の要件をすべて満たす場合、無申告加算税は課されない。

①期限後申告が、法定申告期限から１カ月以内に自主的に行われていること。

②期限内申告をする意思があったと認められる一定の場合に該当すること。

なお、一定の場合とは、次のいずれにも該当する場合をいう。

・期限後申告に係る納付すべき税額の全額を法定納期限（口座振替納付の手続をした場合は期限後申告書を提出した日）までに納付していること。

・期限後申告書を提出した日の前日から起算して５年前までの間に、無申告加算税または重加算税を課されたことがなく、かつ、期限内申告をする意思があったと認められる場合の無申告加算税の不適用を受けていないこと。

2）**不適切**。贈与税の申告書を提出すべき者が、提出期限前に申告書を提出しないで死亡した場合、死亡した者の相続人（包括受遺者を含む）は、死亡した者に代わり、贈与税の申告書を提出しなければならない。提出期限は、本来の提出義務者の相続の開始があったことを知った日の翌日から10カ月を経過する日である。また、提出先は、本来の提出義務者の提出先である。

3）**不適切**。贈与税の延納の許可を受けるにあたり、延納税額が100万円以下で、かつ、その延納期間が３年以下であるときは、担保を提供する必要はない。

4）**不適切**。贈与税の期限内申告書もしくは期限後申告書を提出した者または決定を受けた者が、その税額が過大であった場合、原則として、法定申告期限から６年以内に限り、更正の請求をすることができる。なお、相続税の更正の請求は、５年以内に限られている。

頻出 **4**

□
□

贈与税の課税財産等に関する次の記述のうち、最も不適切なものはどれか。
(2023年5月問43)

1）子が、父の所有する土地を借り受け、その土地上に子の居住用家屋を建て、父に対しては土地の公租公課に相当する金額のみを支払うことにした場合、原則として、父から子に借地権の贈与があったものとされる。

2）非上場である同族会社に対して無償で財産が提供されたことにより、同族会社の株式の価額が増加した場合、当該同族会社の株主は、その増加した部分に相当する金額につき、当該財産を提供した者から贈与により取得したものとされる。

3）債務者である子が資力を喪失して債務を弁済することが困難となり、子の父が当該債務を弁済した場合、弁済された金額は父からの贈与により取得したものとみなされるが、そのうち債務を弁済することが困難である部分の金額は、贈与により取得したものとされない。

4）離婚により、夫が妻に居住用マンションを財産分与した場合、原則として、妻が取得した当該マンションは贈与により取得したものとされない。

4 ▶ **正解　1**

1）不適切。借りている土地について、通常必要とされる費用（固定資産税など）に相当する金額以下の金銭の授受があるに過ぎない場合、その土地の貸し借りは使用貸借となる。借地権の設定が使用貸借に基づく場合、借地人の有する使用収益権の価額をゼロとして取り扱うため、贈与税の課税関係は生じない。

2）適　切。同族会社の株式または出資の価額が、例えば、下記Xに該当して増加したときにおいては、その株主または社員が当該株式または出資の価額のうち増加した部分に相当する金額を、それぞれ下記Yから贈与によって取得したものとして取り扱う。なお、この場合における贈与による財産の取得時期は、財産の提供があった時、債務の免除があった時または財産の譲渡があった時による。

株式または出資の価額が増加した事例（X）	各事例における贈与者（Y）
会社に対し無償で財産の提供があった場合	財産を提供した者
時価より著しく低い価額で現物出資があった場合	現物出資をした者
対価を受けないで会社の債務の免除、引受けまたは弁済があった場合	債務の免除、引受けまたは弁済をした者
会社に対し時価より著しく低い価額の対価で財産の譲渡をした場合	財産の譲渡をした者

3）適　切。財産の譲渡を受けた者が資力を喪失して債務を弁済することが困難な状態にある場合で、その債務を弁済するためにその者の扶養義務者が行った譲渡であるときは、財産を取得した者が弁済することが困難である債務の金額については課税されない。

4）適　切。婚姻の取消しまたは離婚による財産分与で取得した財産には、贈与税は課されない。また、財産分与で土地や建物を譲渡した者は、時価で譲渡したものとみなされ、譲渡所得として所得税が課税される。なお、他の要件を満たすことで、3,000万円特別控除や軽減税率など、譲渡の特例の適用を受けることができる。

5
□
□

民法における配偶者居住権に関する次の記述のうち、最も不適切なものはどれか。　　　　(2022年9月問44)

1）被相続人が相続開始時に居住建物を配偶者以外の者と共有していた場合、配偶者は被相続人が所有していた共有持分に応ずる配偶者居住権を取得することができる。
2）配偶者居住権の存続期間は、遺産分割協議等において別段の定めがされた場合を除き、配偶者の終身の間とされている。
3）配偶者が取得した配偶者居住権を第三者に対抗するためには、配偶者居住権の設定の登記をしなければならない。
4）配偶者居住権は、譲渡することはできないが、配偶者は、居住建物の所有者の承諾を得れば、当該居住建物を第三者に使用させることができる。

頻出 **6**
□
□

相続時精算課税制度に関する次の記述のうち、最も適切なものはどれか。なお、記載のない事項については考慮しないものとする。
(2023年5月問44)

1）養親から相続時精算課税を適用して贈与を受けた養子が、養子縁組の解消により、その特定贈与者の養子でなくなった場合、養子縁組解消後にその特定贈与者であった者からの贈与により取得した財産については、相続時精算課税は適用されない。
2）相続時精算課税の特定贈与者の死亡前に相続時精算課税適用者が死亡し、特定贈与者がその相続時精算課税適用者の相続人である場合、当該特定贈与者は相続時精算課税適用者が有していた相続時精算課税の適用を受けていたことに伴う納税に係る権利または義務を承継しない。
3）受贈者が贈与者から贈与を受けた後、同一年中において受贈者が贈与者の養子となり相続時精算課税の適用を受ける場合、養子となる前の贈与者からの贈与財産は相続時精算課税の適用を受けることができる。
4）相続時精算課税の特定贈与者が死亡し、相続時精算課税適用者がその相続または遺贈により財産を取得しなかった場合、相続税額の計算上、その被相続人から相続時精算課税を適用して贈与を受けた財産の価額を相続税の課税価格に含める必要はない。

5 ▶ **正解　1**

1）**不適切**。被相続人が相続開始時に居住建物を配偶者以外の者と共有していた場合、配偶者は配偶者居住権を取得することができない。

2）**適　切**。配偶者居住権の存続期間は、原則として、配偶者の終身の間である。ただし、遺産分割協議、遺言または家庭裁判所の遺産分割の審判において別段の定めがされた場合は、その定めた期間となる。

3）**適　切**。配偶者居住権の対抗要件は登記である。

4）**適　切**。配偶者居住権は、譲渡することができない。また、配偶者は、居住建物の所有者の承諾を得なければ、居住建物の増改築をし、または第三者に居住建物の使用収益をさせることができない。

6 ▶ **正解　2**

1）**不適切**。養子縁組を解消した場合でも、特定贈与者からの贈与については、相続時精算課税制度が適用される。

2）**適　切**。相続時精算課税の特定贈与者の死亡以前に相続時精算課税適用者が死亡し、特定贈与者がその相続時精算課税適用者の相続人である場合、相続時精算課税適用者が有していた相続時精算課税の適用を受けていたことに伴う納税に係る権利または義務を当該特定贈与者は承継しない。

3）**不適切**。相続時精算課税制度の適用対象者の判定は贈与時に行う。したがって、養子縁組により贈与者の推定相続人となった場合、養子縁組以後の贈与について相続時精算課税制度の適用を受けることができ、養子縁組前の贈与については適用を受けることができない。なお、対象者の年齢は、贈与年の1月1日で判定する。

4）**不適切**。相続時精算課税の特定贈与者が死亡し、相続時精算課税適用者がその相続または遺贈により財産を取得しなかった場合でも、相続税額の計算上、その被相続人から相続時精算課税を適用して贈与を受けた財産の価額を相続税の課税価格に加算する。なお、2024年1月1日以後の贈与については、基礎控除額（年110万円）を控除した残額を相続税の課税価格に加算する。

頻出 **7**
□
□

普通養子に関する次の記述のうち、最も不適切なものはどれか。なお、本問においては、特別養子縁組以外の縁組による養子を普通養子といい、記載のない事項については考慮しないものとする。 (2021年5月問43)

1）普通養子の養親となるためには、配偶者を有している必要があり、配偶者を有していない者は養親となることができない。
2）自己の尊属である者や自己よりも先に誕生した年長者は、普通養子とすることができない。
3）未成年者を普通養子とするためには、その未成年者が自己または配偶者の直系卑属である場合を除き、家庭裁判所の許可を得なければならない。
4）普通養子は、養子縁組の日から養親の嫡出子としての身分を取得し、養親に対する相続権を有するとともに、実親との親族関係も継続するため、実親に対する相続権も有する。

頻出 **8**
□
□

民法における特別寄与料に関する次の記述のうち、最も適切なものはどれか。 (2022年5月問45)

1）特別寄与料の支払を請求することができる特別寄与者は、被相続人の親族以外の者に限られる。
2）相続人が特別寄与者に特別寄与料を支払った場合、相続税の総額に課税標準の合計額に対する当該相続人の課税価格の割合を乗じた額から特別寄与料の額を控除する。
3）特別寄与料の支払について、相続人と特別寄与者の間で協議が調わない場合、特別寄与者は家庭裁判所に対して協議に代わる処分を請求することができるが、その申立は相続の開始があったことを知った時から4カ月以内にしなければならない。
4）特別寄与料は、特別寄与者が被相続人から遺贈により取得したものとみなされ、納付すべき相続税額が算出されるときは、原則として、特別寄与料の額が確定したことを知った日の翌日から10カ月以内に相続税の申告書を提出しなければならない。

7 ▶ **正解　1**

1）不適切。20歳に達した者は、養親になることができる。配偶者を有している必要はない。なお、特別養子縁組における養親は、配偶者のある者でなければならない。

2）適　切。尊属または年長者を養子にすることはできない。

3）適　切。未成年者を養子とするには、家庭裁判所の許可を得なければならない。ただし、自己または配偶者の直系卑属を養子とする場合は、家庭裁判所の許可は不要である。

4）適　切。なお、特別養子縁組の場合、実親との親族関係は断絶するため、養親に対する相続権のみ有することになる。

8 ▶ **正解　4**

1）不適切。特別寄与者は、相続人や相続の放棄をした者等を除いた被相続人の親族である。

2）不適切。相続人が特別寄与者に特別寄与料を支払った場合、当該相続人に係る相続税の課税価格から特別寄与料の額を控除する。

3）不適切。特別寄与者が家庭裁判所に対して協議に代わる処分を請求するためには、特別寄与者が相続の開始および相続人を知ったときから6カ月以内、または相続開始の時から1年以内に申立をしなければならない。

4）適　切。特別寄与料は、特別寄与者が被相続人から遺贈により取得したものとみなされ、納付すべき相続税額が算出されるときは、特別寄与料の額が確定したことを知った日の翌日から10カ月以内に相続税の申告書を提出しなければならない。

9
□
□

法定相続情報証明制度（以下、「本制度」という）に関する次の記述のうち、最も不適切なものはどれか。　(2023年1月問43)

1）相続人が登記所において本制度による所定の申出をすることにより、登記官によって法定相続情報一覧図が作成され、その写しの交付を受けることができる。

2）本制度は、相続財産が預貯金のみであるときなど、被相続人名義の不動産がない場合でも利用することができる。

3）被相続人（代襲相続がある場合には、被代襲者を含む）の出生時からの戸籍および除かれた戸籍の謄本または全部事項証明書を添付することができない場合は、本制度を利用することができない。

4）申出をする登記所は、被相続人の本籍地、被相続人の最後の住所地、申出人の住所地、被相続人名義の不動産の所在地を管轄する登記所のいずれかを選択することができる。

9 ▶ **正解　1**

1）**不適切**。法定相続情報一覧図は、申出前に作成し提出しなければならない。登記官によって作成されるわけではない。

2）**適　切**。本制度は、例えば、相続財産が銀行預金のみのように、被相続人名義の不動産がない場合でも利用することができる。

3）**適　切**。本制度を利用するためには、被相続人の除籍謄本、改製原戸籍など出生から死亡までの連続した戸籍謄本を提出しなければならない。

4）**適　切**。本制度における申出先は、①被相続人の本籍地、②被相続人の最後の住所地、③申出人の住所地、④被相続人名義の不動産の所在地のいずれかを管轄する法務局である。

10
□
□

相続の単純承認と限定承認に関する次の記述のうち、最も適切なものはどれか。
(2023年5月問45)

1）相続人が、自己のために相続の開始があったことを知った時から3カ月以内に、相続の承認または放棄の意思表示をしないまま、相続財産である建物を契約期間1年で第三者に賃貸した場合、その相続人は単純承認したものとみなされる。

2）限定承認をした場合、相続財産に譲渡所得の基因となる資産があるときは、被相続人がその財産を相続人に時価で譲渡したものとみなされるため、相続人が準確定申告をしなければならないことがある。

3）限定承認は、共同相続人のうちに相続の放棄をした者がいる場合、その放棄者を含めた共同相続人の全員が共同して家庭裁判所にその旨の申述をしなければならない。

4）限定承認の申述が受理された場合、限定承認者または相続財産管理人は、受理された日から所定の期間内に、すべての相続債権者および受遺者に対し、その債権の請求の申出をすべき旨を各別に催告しなければならない。

10 ▶ **正解　2**

1）**不適切**。相続人が相続財産の全部または一部を処分したときは、単純承認したものとみなされる。ただし、相続財産が建物である場合、3年を超えない範囲で賃貸をすることは、処分に該当しない。したがって、相続財産である建物を契約期間1年で第三者に賃貸した場合、単純承認したものとみなされない。

2）**適　切**。限定承認をした場合、被相続人が相続財産を相続人に相続時の時価で譲渡したものとみなして、譲渡所得が課税される。納税義務者は被相続人であるため、相続人は相続開始後4カ月以内に準確定申告をする必要がある。

3）**不適切**。相続の放棄をした者は、相続開始時にさかのぼって相続人とならなかったものとみなされる。したがって、相続の放棄をした者を除いた残りの相続人全員で限定承認をすることができる。

4）**不適切**。限定承認者は、限定承認をした後5日以内に、すべての相続債権者および受遺者に対し、限定承認をしたことおよび一定の期間内にその請求の申出をすべき旨を公告しなければならない。この公告は官報に掲載してする。また、限定承認者は、知れている相続債権者および受遺者には、各別にその申出の催告をしなければならない。したがって、すべての相続債権者および受遺者に対し、各別に催告する必要はない。

頻出 **11**

□
□

民法における遺言に関する次の記述のうち、最も不適切なものはどれか。 (2023年1月問44)

1）遺言執行者は、自己の責任で第三者に遺言執行の任務を行わせることができるが、遺言者がその遺言に別段の意思を表示したときは、その意思に従う。

2）遺言者の相続開始前に受遺者が死亡していた場合、原則として、受遺者に対する遺贈や停止条件付きの遺贈は効力を生じないが、当該受遺者に子があるときは、その子が代襲して受遺者となる。

3）公正証書遺言を作成していた遺言者が、公正証書遺言の内容に抵触する自筆証書遺言を作成した場合、その抵触する部分については、自筆証書遺言で公正証書遺言を撤回したものとみなされる。

4）遺言者は、遺言により1人または複数人の遺言執行者を指定することができ、その指定を第三者に委託することもできるが、未成年者および破産者は遺言執行者となることができない。

12

□
□

民法における特別受益に関する次の記述のうち、最も適切なものはどれか。 (2023年5月問46)

1）被相続人の相続財産を相続人である子が相続する場合、被相続人が相続人でない孫に対して相続の開始前に贈与を行っていたときは、原則として、当該贈与は特別受益に該当する。

2）共同相続人のなかに被相続人を被保険者とする生命保険の死亡保険金受取人がいる場合、原則として、当該死亡保険金は特別受益に該当する。

3）共同相続人のなかに被相続人から居住用建物の贈与を受けた者がおり、相続開始の時において、受贈者の行為によって当該建物が滅失していた場合、当該建物は特別受益の持戻しの対象とはならない。

4）婚姻期間が20年以上の夫婦において、夫が妻に対し、その居住用建物とその敷地を遺贈した場合、夫は、その遺贈について特別受益の持戻し免除の意思表示をしたものと推定される。

11 ▶ **正解　2**

1）適　切。遺言執行者は、遺言者が遺言書で別段の意思を表示していない限り、自己の責任で第三者にその任務を行わせることができる。

2）不適切。遺言書で指定された受遺者が、遺言者の相続開始前に死亡した場合、当該受遺者に対する遺贈は効力を生じず、受遺者に子がいる場合でも代襲相続はされない。

3）適　切。遺言を撤回する場合、先に作成した遺言と同じ方式である必要はない。

4）適　切。未成年者および破産者は、遺言執行者になることができない。

12 ▶ **正解　4**

1）不適切。特別受益は相続人に限られる。したがって、相続人でない孫が受けた贈与は特別受益に該当しない。

2）不適切。死亡保険金は保険金受取人の固有の財産であるため、原則として、特別受益に該当しない。

3）不適切。受贈者の行為により贈与を受けた財産が滅失し、またはその価額の増減があった場合でも、相続開始時において、原状のままであるものとみなした価額で持ち戻す。

4）適　切。婚姻期間20年以上の夫婦間で居住用不動産（配偶者居住権を含む）を遺贈または贈与した場合は、持戻し免除の意思表示があったものと推定し、遺産分割において、原則として、当該居住用不動産の持戻し計算が不要となる。

頻出 **13** □ □

下記は、2024年3月6日（水）に死亡したAさんの親族関係図である。Aさんの相続に関する次の記述のうち、適切なものはいくつあるか。なお、長男Bさん、長女Cさん、孫Eさん、孫Fさん、母Gさん、弟Hさんは、Aさんから相続または遺贈により財産を取得し、相続税額が算出されるものとする。

（2022年9月問46改）

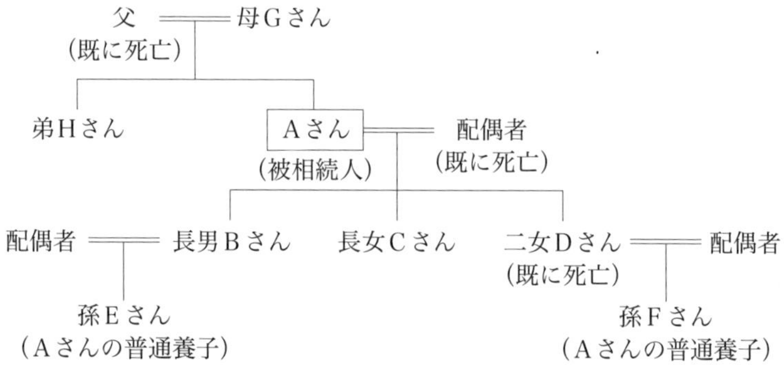

（a） 孫Fさんの法定相続分は、4分の1である。
（b） 母Gさんは、相続税額の2割加算の対象ではない。
（c） 相続税の申告書の提出期限は、原則として、2024年12月6日（金）である。

1）1つ
2）2つ
3）3つ
4）0（なし）

13 ▶ **正解　1**

（a）**不適切**。Aさんの相続における民法上の法定相続人は、長男Bさん、長女Cさん、孫Eさん（普通養子）および孫Fさん（Dさんの代襲相続人および普通養子の二重身分）の合計4人である。したがって、孫Fさんの相続分を算出する際の子の人数は5人とするため、孫Fさんの法定相続分は、5分の2（1／5＋1／5）である。

なお、相続税法上の法定相続人で考える場合、法定相続人の数には養子の数の算入制限があり、実子がいる場合の養子は1人までとなっている。ただし、普通養子が代襲相続人である場合は、算入制限を受けない。したがって、相続税法上の法定相続人と考えても、孫Fさんの法定相続分は、5分の2（1／5＋1／5）である。

（b）**適　切**。1親等の血族、1親等の血族の代襲相続人、被相続人の配偶者以外の者は、2割加算の対象者である。したがって、母Gさんは1親等の血族であるため、2割加算の対象ではない。

（c）**不適切**。相続税の申告書の提出期限は、原則として、相続の開始があったことを知った日の翌日から10カ月以内である。したがって、2025年1月6日（月）である。

以上より、適切なものは1つである。

頻出 **14**
□
□

相続税法上の相続財産等に関する次の記述のうち、最も不適切なものはどれか。 (2022年5月問46)

1）契約者（＝保険料負担者）および被保険者を被相続人、死亡保険金受取人を被相続人の子とする終身保険において、子が相続の放棄をした場合、当該死亡保険金については、死亡保険金の非課税金額の規定の適用を受けることができない。

2）契約者（＝保険料負担者）および被保険者を被相続人、死亡保険金受取人を被相続人の子とする終身保険において、死亡保険金とともに支払われる積立配当金は、相続税の課税対象となり、死亡保険金の非課税金額の規定が適用される。

3）被相続人の死亡により相続人に支給される退職手当金は、死亡後３年以内にその支給額が確定した場合であっても、実際の支給が死亡後３年を経過した場合、当該退職手当金は相続税の課税対象とはならず、当該相続人の一時所得の収入金額に該当する。

4）相続開始の年の５年前の１月１日前から私立（個人立）の幼稚園の事業を行っていた被相続人の死亡により、引き続きその事業を行う相続人が相続により取得した教育用財産については、事業経営者等の家事充当金および給与が相当と認められる金額を超えていないこと等の一定の要件を満たしている場合、相続税の課税価格に算入されない。

14▶ 正解 3

1）適　切。死亡保険金の非課税金額の規定は、相続人に適用される。したがって、相続を放棄した者、欠格や廃除に該当する者は適用を受けることができない。

2）適　切。死亡保険金とともに受け取った剰余金、割戻金および前納保険料は相続税の課税対象となり、死亡保険金の非課税金額の規定が適用される。

3）不適切。被相続人の死亡により相続人に支給される退職手当金は、死亡後３年以内にその支給額が確定し、実際の支給が死亡後３年を経過した場合でも、当該退職手当金は相続税の課税対象となる。

4）適　切。私立（個人立）の幼稚園の事業を行っていた被相続人の教育用財産が相続税の課税価格に算入されないためには、事業継続要件と事業経理適正要件を満たす必要がある。事業継続要件とは、教育用財産を取得した相続人が引き続き事業を継続することであり、事業経理適正要件とは、事業経営者等の家事充当金および給与が相当と認められる金額を超えていないことが主な内容である。

頻出 **15**

□
□

相続税の課税財産に関する次の記述のうち、最も適切なものはどれか。

(2023年1月問45)

1）Aさんが購入した不動産について、所有権の移転登記が行われる前にAさんの相続が開始し、当該不動産をAさんの配偶者が相続により取得した場合、当該不動産は、相続税の課税対象とならない。
2）老齢基礎年金の受給権者であるBさんが死亡し、その死亡後に支給期が到来するBさんの年金をBさんの配偶者が受け取った場合、当該年金は、相続税の課税対象とならない。
3）金銭信託の委託者であるCさんの死亡に基因して当該信託の効力が生じ、Cさんの子が適正な対価を負担せずに当該信託の受益者となった場合、当該信託に関する権利は、相続税の課税対象とならない。
4）特別寄与者であるDさんが支払を受けるべき特別寄与料の額が確定した場合、当該特別寄与料の額に相当する金額は、相続税の課税対象とならない。

15 ▶ **正解　2**

1）**不適切**。相続税の課税財産には、被相続人が生前に購入・新築した財産で未登記のものや、株式や債券で名義書換されていないものも含まれる。

2）**適　切**。老齢基礎年金および老齢厚生年金の受給権者が死亡し、その者に支給すべき年金給付で死亡後に支給期の到来する年金（未支給年金）を相続人は受け取ることができるが、未支給年金は相続人固有の権利として請求するものであるため、相続人の一時所得に該当する。したがって、未支給年金は相続税の課税対象とならない。

3）**不適切**。委託者の死亡に基因して信託の効力が生じた場合において、適正な対価を負担せずに当該信託の受益者等となる者があるときは、当該信託の効力が生じた時において、当該信託の受益者等となる者は、当該信託に関する権利を当該信託の委託者から遺贈により取得したものとみなす。したがって、相続税が課される。

4）**不適切**。特別寄与者が支払いを受けるべき特別寄与料の額が確定した場合、特別寄与者が、特別寄与料の額に相当する金額を被相続人から遺贈により取得したものとみなす。したがって、相続税が課される。

頻出 **16**

□
□

相続税法上の債務控除に関する次の記述のうち、最も適切なものはどれか。なお、各選択肢において、相続人は日本国内に住所を有する個人であり、相続または遺贈により財産を取得したものとする。 (2023年1月問47)

1）相続人が、被相続人の1月1日から死亡日までの所得金額に係る確定申告書を提出して所得税を納付した場合、その所得税額は債務控除の対象とならない。

2）相続人が、相続財産の価額の算定のために要する鑑定費用を支払った場合、その費用は、社会通念上相当な金額であれば、債務控除の対象となる。

3）相続の放棄をした者が、現実に被相続人の葬式費用を負担した場合、その負担額は、その者の遺贈によって取得した財産の価額からの債務控除の対象となる。

4）連帯債務者が2人（弁済不能の状態にある者はいない）である債務について、そのうち1人に相続が開始した場合、相続人が承継する被相続人の連帯債務の負担割合が2分の1であっても、当該連帯債務の全額が債務控除の対象となる。

16 ▶ 正解　3

1）不適切。相続人が準確定申告をして納付した所得税額は、債務控除の対象となる。

2）不適切。相続開始後に発生した相続財産に関する費用は、債務控除の対象とならない。

3）適　切。債務控除は、相続人または包括受遺者（相続時精算課税の適用を受ける贈与により財産を取得した者を含む）が適用を受けることができる。ただし、葬式費用は、相続放棄した者および相続権を失った者でも、その費用を現実に負担した場合に限り、控除することができる。

4）不適切。連帯債務者のうち債務控除を受けようとする者の負担すべき金額が明確になっている場合は、当該負担金額を控除する。また、連帯債務者のうちに弁済不能者がおり、かつ、求償しても弁済を受ける見込みがなく、当該弁済不能者の負担部分を負担しなければならないと認められる場合は、その負担すべき部分の金額も当該債務控除の対象となる。したがって、他の連帯債務者が弁済不能の状態になく、負担割合が２分の１とされているため、当該連帯債務の２分の１に相当する額が債務控除の対象となる。

17
□
□

相続税の税額控除等に関する次の記述のうち、最も不適切なものはどれか。 (2020年9月問48)

1）被相続人との婚姻の届出をした者は、その婚姻期間の長短にかかわらず、「配偶者に対する相続税額の軽減」の適用を受けることができるが、婚姻の届出をしていないいわゆる内縁関係にある者はその適用を受けることができない。

2）相続人に被相続人の未成年の養子が複数いる場合、未成年者控除の適用を受けることができる者は、被相続人に実子がいるときは１人まで、実子がいないときは２人までとなる。

3）障害者控除額が障害者である相続人の相続税額から控除しきれない場合、その控除しきれない部分の金額は、その者の扶養義務者で、同一の被相続人から相続または遺贈により財産を取得した者の相続税額から控除することができる。

4）被相続人から生前に贈与を受けた財産について相続時精算課税の適用を受けていた相続人は、その相続税額から相続時精算課税の適用を受けた財産に係る贈与税相当額を控除することができ、相続税額から控除しきれない場合は税額の還付を受けることができる。

17 ▶ **正解　2**

1）**適　切**。「配偶者に対する相続税額の軽減」の適用を受けるためには、法律上の婚姻の届出をしていることが必要であるが、婚姻期間の要件はない。

2）**不適切**。相続税法上の法定相続人における養子の算入制限は、未成年者控除の適用対象者の判定には影響を与えないため、法定相続人の数に算入されない養子でも、未成年者控除の適用を受けることができる。

3）**適　切**。なお、未成年者控除にも同様の規定がある。すなわち、未成年者控除額をその未成年者の算出相続税額から控除しきれない場合は、控除しきれない金額を、その未成年者の扶養義務者の相続税額から控除することができる。

4）**適　切**。なお、暦年課税による贈与により取得した財産について課税された贈与税額を控除する場合、相続税額から控除しきれない税額は還付されない。

頻出 **18**

□
□

相続税の延納および物納に関する次の記述のうち、最も不適切なものはどれか。なお、記載のない事項については考慮しないものとする。

(2023年9月問47)

1）相続財産のうち不動産等の価額が占める割合が50%以上であり、延納税額が90万円ある場合、延納税額の延納期間は、最長9年となる。

2）延納の担保は、相続または遺贈により取得した財産に限られず、相続人の固有の財産や共同相続人または第三者が所有している財産であっても担保に提供することができる。

3）相続税の延納の許可を受けた者が、その後の資力の変化等により物納に変更する場合、当該物納に係る財産の収納価額は、原則として、相続税の課税価格の計算の基礎となった当該財産の価額となる。

4）共有物である不動産は、共有者全員が物納の許可の申請をする場合、物納に充てることができる。

18 ▶ **正解 3**

1）適　切。不動産等の価額の割合が50％以上の場合において、相続税の延納税額が150万円未満であるときは、延納期間は延納税額を10万円で除して得た数に相当する年数（1年未満の端数は1年に切り上げ）を超えることができない。

90万円÷10万円＝9年　　∴　最長9年

2）適　切。担保に充てることができる財産は、相続人の固有財産や共同相続人または第三者が所有する財産も含まれる。相続または遺贈により取得した財産に限らない。

3）不適切。相続税の延納の許可を受けた者が、その後の資力の変化等により物納（特定物納）に変更する場合、当該物納に係る財産の収納価額は、特定物納申請のときの価額となる。

4）適　切。共有物である不動産は物納不適格財産であるが、共有者全員が物納の許可の申請をする場合、物納に充てることができる。

19
□
□

個人が相続により取得した財産の相続税評価に関する次の記述のうち、最も不適切なものはどれか。 (2023年5月問48)

1）金融商品取引所に上場されている利付公社債の価額は、原則として、課税時期の最終価格と源泉所得税相当額控除後の既経過利息の額との合計額によって評価する。

2）金融商品取引所に上場されている不動産投資法人の投資証券の価額は、原則として、課税時期の最終価格、課税時期の属する月以前3カ月間の毎日の最終価格の各月ごとの平均額のうち最も低い価額によって評価する。

3）家屋の附属設備等のうち、庭木、庭石、あずまや、庭池等の庭園設備の価額は、売買実例価額、精通者意見価格等を参酌して評価する。

4）販売業者が有するもの以外の書画骨とう品の価額は、売買実例価額、精通者意見価格等を参酌して評価する。

19 ▶ **正解 3**

1）**適　切**。金融商品取引所に上場されている利付公社債の価額は、次の算式で評価する。

$$\left(\text{課税時期の最終価格}+\begin{array}{l}\text{源泉税額相当額控除後の}\\\text{既経過利息の額}\end{array}\right)\times\frac{\text{券面額}}{100\text{円}}$$

2）**適　切**。金融商品取引所に上場されている不動産投資法人の投資証券の価額は、上場株式の評価に準じて行う。したがって、次に掲げる価額のうち、最も低い価額による評価する。

①課税時期の最終価格
②課税時期の月の毎日の最終価格の平均額
③課税時期の月の前月の毎日の最終価格の平均額
④課税時期の月の前々月の毎日の最終価格の平均額

3）**不適切**。庭木、庭石、あずまや、庭池等の庭園設備の価額は、その庭園設備の調達価額（課税時期においてその財産をその財産の現況により取得する場合の価額）の100分の70に相当する価額によって評価する。

4）**適　切**。なお、販売業者が有する書画骨とう品の価額は、たな卸商品等の評価方法によって定める。

20

□
□

相続税法における死亡保険金の非課税金額の規定に関する次の記述のうち、最も適切なものはどれか。なお、各選択肢における死亡保険金は、いずれも契約者（＝保険料負担者）および被保険者を被相続人とする生命保険契約に基づくものとし、記載のない事項については考慮しないものとする。

(2021年5月問46)

1）被相続人が死亡保険金の一部をリビング・ニーズ特約によって生前に受け取っていた場合に、その受け取った金額のうち、相続財産として相続税の課税対象となった金額については、死亡保険金の非課税金額の規定が適用される。

2）死亡保険金受取人となっている相続人が、遺産分割協議の結果、死亡保険金以外の財産をいっさい取得しなかった場合、その者が受け取った死亡保険金については、死亡保険金の非課税金額の規定が適用されない。

3）死亡保険金受取人となっている相続人が、死亡保険金とともに受け取った積立配当金や払戻しによる前納保険料については、死亡保険金とともに死亡保険金の非課税金額の規定が適用される。

4）死亡保険金受取人となっている相続人が、受け取った死亡保険金について死亡保険金の非課税金額の規定の適用を受けるためには、適用後の相続税の課税価格の合計額が遺産に係る基礎控除額以下であっても、相続税の申告書を提出しなければならない。

20 ▶ **正解　3**

1）**不適切**。リビング・ニーズ特約によって生前に受け取った保険金が相続税の課税対象となった場合、本来の相続財産となるため、死亡保険金の非課税金額の規定は適用されない。

2）**不適切**。相続人が死亡保険金を受け取った場合、他の相続財産の取得の有無にかかわらず、死亡保険金の非課税金額の規定が適用される。

3）**適　切**。保険契約に基づき分配を受ける剰余金、割戻しを受ける割戻金および払戻しを受ける前納保険料もみなし相続財産として相続税の課税対象となる。これらを相続人が受け取った場合、非課税金額の規定が適用される。

4）**不適切**。非課税金額の規定の適用に申告要件はないため、非課税金額の規定を適用した後の相続税の課税価格の合計額が遺産に係る基礎控除額以下である場合、相続税の申告書を提出する必要はない。

頻出 21
□
□

「小規模宅地等についての相続税の課税価格の計算の特例」(以下、「本特例」という)に関する次の記述のうち、最も適切なものはどれか。なお、各選択肢において、ほかに必要とされる要件等はすべて満たしているものとする。　(2020年9月問49)

1) 被相続人の事業の用に供されていた宅地を被相続人の配偶者が相続により取得した場合、その配偶者が当該宅地を相続税の申告期限までに売却したとしても、当該宅地は特定事業用宅地等として本特例の適用を受けることができる。
2) 被相続人の居住の用に供されていた宅地を被相続人の親族でない者が遺贈により取得した場合、その者が相続開始の直前において被相続人と同居していたときは、当該宅地は特定居住用宅地等として本特例の適用を受けることができる。
3) 被相続人が発行済株式総数の全部を有する法人の事業の用に供されていた宅地を被相続人の親族が相続により取得した場合、その親族が相続開始の直前において当該法人の役員でなければ、当該宅地は特定同族会社事業用宅地等として本特例の適用を受けることはできない。
4) 被相続人の貸付の用に供されていた宅地を被相続人の親族が相続により取得した場合、その宅地が建物または構築物の敷地の用に供されているものでなければ、当該宅地は貸付事業用宅地等として本特例の適用を受けることはできない。

21 ▶ **正解　4**

1）**不適切**。被相続人の事業の用に供されていた宅地を被相続人の配偶者が相続により取得した場合、その配偶者が当該宅地を特定事業用宅地等として本特例の適用を受けるためには、当該宅地を相続税の申告期限まで所有していなければならない。なお、事業の継続も必要である。

2）**不適切**。小規模宅地等の取得者は、被相続人の親族に限られる。

3）**不適切**。被相続人が発行済株式総数の全部を有する法人の事業の用に供されていた宅地を被相続人の親族が相続により取得した場合、当該宅地を特定同族会社事業用宅地等として本特例の適用を受けるためには、その親族が相続税の申告期限において当該法人の役員であればよい。

4）**適　切**。建物または構築物の敷地の用に供されていない宅地等（青空駐車場等）は、本特例の適用対象とならない。

頻出 **22**

□
□

取引相場のない株式の相続税評価における特定の評価会社に関する次の記述のうち、最も適切なものはどれか。 (2022年9月問48)

1）財産評価基本通達上の規模区分の定めにより、中会社に区分される会社で、課税時期において総資産価額（相続税評価額）に占める土地等の価額の合計額の割合が70％以上である評価会社は、土地保有特定会社に該当する。

2）課税時期において総資産価額（相続税評価額）に占める株式等の価額の合計額の割合が50％以上である評価会社は、当該会社の業種や規模にかかわらず、株式等保有特定会社に該当する。

3）課税時期において開業後３年未満である特定の評価会社の株式は、同族株主以外の株主等が取得した場合、配当還元方式により算出した価額によって評価することはできず、純資産価額方式により算出した価額によって評価しなければならない。

4）課税時期において休業中である特定の評価会社の株式は、同族株主以外の株主等が取得した場合、原則として、配当還元方式により算出した価額によって評価する。

22 ▶ **正解　2**

1）**不適切**。財産評価基本通達上の規模区分の定めにより、中会社に区分される会社で、課税時期において総資産価額（相続税評価額）に占める土地等の価額の合計額の割合が90％以上である評価会社は、土地保有特定会社に該当する。

2）**適　切**。株式保有特定会社とは、次の①の算式により計算した割合が、次の②に掲げる割合以上となる会社をいう。

① $\dfrac{\text{評価会社の有する株式等の相続税評価額の合計額}}{\text{評価会社の有する各資産の相続税評価額の合計額}}$

②　大会社・中会社・小会社　50％

3）**不適切**。開業後3年未満である特定の評価会社の株式は、原則として、純資産価額方式により算出した価額によって評価される。同族株主以外の株主等が取得した場合、特例的評価方式である配合還元方式により算出した価額によって評価されるが、純資産価額方式により算出した価額が低い場合は、純資産価額によって評価される。

4）**不適切**。休業中である特定の評価会社の株式は、純資産価額方式により算出した価額によって評価される。同族株主以外の株主等が取得した場合でも、特例的評価方式の適用はないため、純資産価額方式により算出した価額によって評価される。

23

□
□

非上場会社であるＸ株式会社（以下、「Ｘ社」という）の同族関係者であるＡ～Ｇの所有株式数等は、下記のとおりである。Ｅ、Ｆ、Ｇがそれぞれ中心的な同族株主に該当するか否かの判定に関する次の記述のうち、最も適切なものはどれか。なお、発行済株式総数は100株であり、Ｘ社株式は議決権を有する普通株式である。　(2019年1月問48)

株主	株主Ａとの関係	Ｘ社における地位	所有株式数
Ａ	本人	代表取締役社長	50株
Ｂ	妻	なし	3株
Ｃ	父	代表取締役会長	16株
Ｄ	長男	取締役営業部長	13株
Ｅ	弟	なし	3株
Ｆ	叔父（Ｃの弟）	監査役	10株
Ｇ	甥（Ｅの長男）	経理部長	5株

1）Ｅ、Ｆ、Ｇは、いずれも中心的な同族株主に該当する。

2）Ｆは中心的な同族株主に該当し、ＥおよびＧは中心的な同族株主に該当しない。

3）ＥおよびＦは中心的な同族株主に該当し、Ｇは中心的な同族株主に該当しない。

4）ＥおよびＧは中心的な同族株主に該当し、Ｆは中心的な同族株主に該当しない。

23 ▶ 正解　3

中心的な同族株主とは、同族株主の１人並びにその株主の配偶者、直系血族、兄弟姉妹および１親等の姻族（子の配偶者、配偶者の親）の有する議決権の合計数が、その会社の議決権総数の25%以上である場合におけるその株主をいう。

Ａ～Ｇの親族関係図は、以下のとおり。

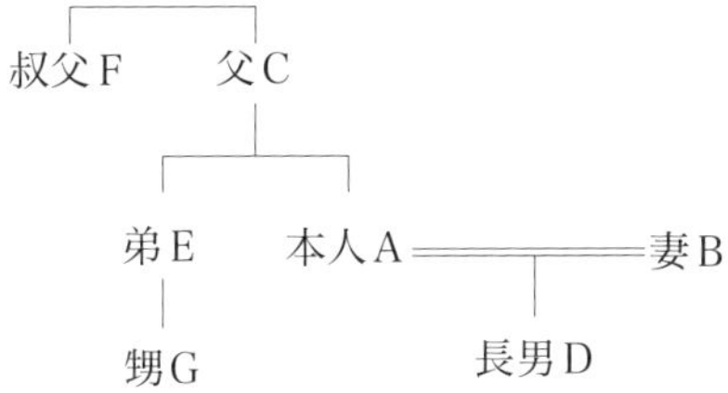

Ｅについて。Ｅに関係する者は直系血族のＣ、Ｇと兄弟姉妹のＡである。

３株(Ｅ)＋16株(Ｃ)＋５株(Ｇ)＋50株(Ａ)＝74株

74株÷100株×100＝74%≧25%　∴　Ｅは中心的な同族株主に該当する

Ｆについて。Ｆに関係する者は兄弟姉妹のＣである。

10株(Ｆ)＋16株(Ｃ)＝26株

26株÷100株×100＝26%≧25%　∴　Ｆは中心的な同族株主に該当する

Ｇについて。Ｇに関係する者は直系血族のＣ、Ｅである。

５株(Ｇ)＋16株(Ｃ)＋３株(Ｅ)＝24株

24株÷100株×100＝24%＜25%　∴　Ｇは中心的な同族株主に該当しない

したがって、適切な選択肢は３である。

24
□
□

個人が相続により取得した金融資産等の相続税評価に関する次の記述のうち、最も不適切なものはどれか。 (2022年1月問49)

1）個人向け国債は、課税時期において中途換金した場合に取扱金融機関から支払を受けることができる価額により評価する。

2）被相続人が銀行で購入した証券投資信託は、原則として、課税時期の1口当たりの基準価額または課税時期の属する月以前3カ月間の毎日の1口当たりの基準価額の各月ごとの平均額のうち最も低い価額に所有口数を乗じた金額により評価する。

3）被相続人が自宅の金庫で保管していた外貨（現金）の邦貨換算は、原則として、相続開始の日における相続人の取引金融機関が公表する最終の対顧客直物電信買相場（ＴＴＢ）またはこれに準ずる相場による。

4）取引相場のないゴルフ会員権のうち、株主でなければゴルフクラブの会員となれない会員権（取引相場のない株式制会員権）は、取引相場のない株式の評価方式の定めにより評価する。

24 ▶ **正解　2**

1）**適　切**。個人向け国債は、課税時期において中途換金した場合の価額によって評価する。

額面金額＋経過利息相当額－中途換金調整額

2）**不適切**。証券投資信託は、解約請求等により支払いを受けることができる価額によって評価する。

3）**適　切**。外貨建てによる財産および国外にある財産の邦貨換算は、原則として、納税義務者の取扱金融機関（外貨預金等、取引金融機関が特定されている場合は、その取引金融機関）が公表する課税時期における対顧客直物電信買相場（ＴＴＢ）またはこれに準ずる相場による。課税時期に当該相場がない場合には、課税時期前の当該相場のうち、課税時期に最も近い日の当該相場による。

4）**適　切**。取引相場のないゴルフ会員権の評価は、次のとおりである。

区分	評価額	
株主でなければ会員となれない会員権（株主会員制会員権）	株式として評価	
株主であり、かつ預託金等を支払わなければ会員となれない会員権（株式と預託金等を別々に評価）	株式	株式として評価
	預託金等	直ちに返還を受けられるものについては、課税時期におけるゴルフクラブの規約等による返還可能額。一定期間経過後返還を受けられるものについては、課税時期から返還可能日までの期間に応ずる利率による複利現価の額
預託金等を支払わなければ会員となれない会員権（預託金制会員権）	上記の預託金等と同様	

頻出 **25**

□
□

「非上場株式等についての贈与税の納税猶予及び免除」（以下、「一般措置」という）および「非上場株式等についての贈与税の納税猶予及び免除の特例」（以下、「特例措置」という）に関する次の記述のうち、最も適切なものはどれか。 (2023年5月問50)

1）適用を受けることができる受贈者の人数は、一般措置では１人、特例措置では最大４人である。

2）事業の継続が困難な一定の事由が生じ、納税猶予に係る非上場株式等を譲渡した場合、一般措置では猶予税額の免除措置は設けられていないが、特例措置では譲渡対価の額等に基づき再計算した猶予税額の全額が免除され、従前の猶予税額との差額を納付しなければならない。

3）雇用確保要件を満たさなかった場合、一般措置では、猶予税額の全額を納付しなければならないが、特例措置では、要件を満たさなかった理由等を記載した報告書を都道府県知事に提出し、その確認を受けることにより、猶予税額の50％相当額を納付し、残額の納税猶予は継続する。

4）一般措置では、60歳以上の贈与者から18歳以上の推定相続人（直系卑属）へ贈与する場合、相続時精算課税を併用することができるが、特例措置では、60歳以上の贈与者から18歳以上の者への贈与であれば、推定相続人（直系卑属）または孫以外への贈与であっても、相続時精算課税を併用することができる。

25 ▶ **正解　4**

1）**不適切**。適用を受けることができる受贈者の人数は、一般措置では1人、特例措置では最大3人である。

2）**不適切**。事業の継続が困難な一定の事由が生じ、納税猶予に係る非上場株式等を譲渡した場合、一般措置では猶予税額の免除措置は設けられていないが、特例措置では譲渡対価の額等に基づき再計算した猶予税額の全額を納付し、従前の猶予税額との差額が免除される。

3）**不適切**。雇用確保要件を満たさなかった場合、一般措置では、猶予税額の全額を納付しなければならないが、特例措置では、要件を満たさなかった理由等を記載した報告書を都道府県知事に提出し、その確認を受けることにより、全額の納税猶予は継続する。

4）**適　切**。一般措置も特例措置も相続時精算課税を併用することができる。更に、特例措置では、受贈者が推定相続人や孫に限られない。

学科応用問題

1 次の設例に基づいて、下記の各問（《問１》～《問３》）に答えなさい。

□□

（2022年１月第５問・問63～65）

《設　例》

非上場会社のＸ株式会社（以下、「Ｘ社」という）の代表取締役社長であるＡさん（70歳）の推定相続人は、妻Ｂさん（70歳）、長女Ｃさん（40歳）、長男Ｄさん（35歳）の３人である。２年前に大手食品メーカーを退職し、Ｘ社に入社した後継者の長男Ｄさんは、専務取締役として商品開発に手腕を発揮し、販路拡大に取り組んでいる。

Ａさんは、Ｘ社株式の大半を長男Ｄさんに早期に移転したいと考えているが、ある程度の経営権を留保したいと思っている。また、先日、Ａさんが既にＸ社を退職した元取締役のＥさん（82歳）にＸ社株式の買取りを申し出たところ、Ｅさんからは「思い入れのあるＸ社株式を手放したくはない」と言われた。

Ｘ社の概要は、以下のとおりである。

〈Ｘ社の概要〉

(1) 業種　パン・菓子製造業

(2) 資本金等の額　3,000万円（発行済株式総数600,000株、すべて普通株式で１株につき１個の議決権を有している）

(3) 株主構成

株主	Ａさんとの関係	所有株式数
Ａさん	本人	540,000株
Ｂさん	妻	20,000株
Ｄさん	長男	20,000株
Ｅさん	第三者	20,000株

・Ｅさんは、Ａさんと特殊の関係にある者（同族関係者）ではない。

(4) 株式の譲渡制限　あり

(5) Ｘ社株式の評価（相続税評価額）／Ｘ社の比準要素に関する資料

・Ｘ社の財産評価基本通達上の規模区分は「中会社の大」である。

・Ｘ社は、特定の評価会社には該当しない。

比準要素	X社
1株（50円）当たりの年配当金額	10.0円
1株（50円）当たりの年利益金額	75円
1株（50円）当たりの簿価純資産価額	610円

(6) 類似業種比準価額計算上の業種目／業種目別株価／比準要素に関する資料

・製造業（大分類）

1株（50円）当たりの株価	320円
1株（50円）当たりの年配当金額	6.0円
1株（50円）当たりの年利益金額	30円
1株（50円）当たりの簿価純資産価額	299円

・食料品製造業（中分類）

1株（50円）当たりの株価	480円
1株（50円）当たりの年配当金額	6.4円
1株（50円）当たりの年利益金額	33円
1株（50円）当たりの簿価純資産価額	360円

・パン・菓子製造業（小分類）

1株（50円）当たりの株価	650円
1株（50円）当たりの年配当金額	7.6円
1株（50円）当たりの年利益金額	35円
1株（50円）当たりの簿価純資産価額	520円

※すべて1株当たりの資本金等の額を50円とした場合の金額である。

※類似業種の株価は、各業種目において、最も低い金額を記載している。

(7) X社の資産・負債の状況

直前期のX社の資産・負債の相続税評価額と帳簿価額は、次のとおりである。

科　目	相続税評価額	帳簿価額	科目	相続税評価額	帳簿価額
流動資産	46,400万円	46,400万円	流動負債	38,800万円	38,800万円
固定資産	122,000万円	70,000万円	固定負債	41,000万円	41,000万円
合　計	168,400万円	116,400万円	合　計	79,800万円	79,800万円

※上記以外の条件は考慮せず、各問に従うこと。

《問1》《設例》の〈X社の概要〉に基づき、X社株式の1株当たりの類似業種比準価額を求めなさい。〔計算過程〕を示し、〈答〉は円単位とすること。また、端数処理は、各要素別比準割合および比準割合は小数点第2位未満を切り捨て、1株当たりの資本金等の額50円当たりの類似業種比準価額は10銭未満を切り捨て、X社株式の1株当たりの類似業種比準価額は円未満を切り捨てること。

なお、X社株式の類似業種比準価額の算定にあたり、複数の方法がある場合は、最も低い価額となる方法を選択するものとする。

《問2》《設例》の〈X社の概要〉に基づき、X社株式の1株当たりの①純資産価額および②類似業種比準方式と純資産価額方式の併用方式による価額を、それぞれ求めなさい（計算過程の記載は不要）。〈答〉は円未満を切り捨てて円単位とすること。

なお、X社株式の相続税評価額の算定にあたり、複数の方法がある場合は、最も低い価額となる方法を選択するものとする。

《問3》 X社株式に関する以下の文章の空欄①～⑦に入る最も適切な語句または数値を、解答用紙に記入しなさい。

〈Eさんが所有するX社株式〉

Ⅰ 「仮に、Eさんの相続人がX社株式を相続により取得した場合に、X社が定款の定めによりEさんの相続人に対してX社株式の売渡請求をするときには、X社は相続があったことを知った日から（ ① ）年以内にしなければなりません。その場合、売渡請求に基づく売買価格は、X社とEさんの相続人との協議により決定します。協議が調わなければ、売渡請求日から（ ② ）日以内に、裁判所に対して、売買価格の決定の申立てをすることができますが、（ ② ）日以内に申立てをしなければ、売渡請求は効力を失ってしまいます。

なお、Eさんの相続人がX社株式を相続により取得した場合、X社株式は配当還元方式により評価されます。《設例》の〈X社の概要〉に基づく、X社株式の1株当たりの配当還元方式による価額は（ ③ ）円です」

〈種類株式〉

Ⅱ 「Aさんが、X社株式の大半を後継者である長男Dさんに贈与等により移転させるものの、相応の決定権を持っておきたいと考えた場合、種類株式を活用することが考えられます。

拒否権付株式は、株主総会の決議事項に関して拒否権を有する株式であり、（　④　）株と呼ばれています。長男Dさんが重要な経営判断を迫られている際に、拒否権付株式を1株でも保有するAさんが権利を行使すれば、株主総会の決定を阻止することができます。事業承継後の長男Dさんの経営手腕を確認する効果が期待できます」

〈属人的株式〉

Ⅲ 「属人的株式は、剰余金の配当を受ける権利、残余財産の分配を受ける権利、株主総会における議決権について、定款で株主ごとに異なる取扱いを行う旨の定めをした株式のことであり、その設定は、（　⑤　）でない株式会社に限られます。例えば、Aさんが保有するX社株式1株につき100個の議決権を有するという内容を定款で定めることにより、X社株式の大半を長男Dさんに移転させた後も、会社の経営に大きな影響力を残すことができます。属人的株式に関する事項を定める場合、株主総会の特殊決議が必要となります。この場合の特殊決議とは、原則として、総株主の半数以上、かつ、総株主の議決権の（　⑥　）以上に当たる多数をもって行われる決議となります。

なお、属人的株式は、種類株式と異なり、（　⑦　）をする必要がないため、社外に知られることはありません」

2 次の設例に基づいて、下記の各問（《問１》～《問３》）に答えなさい。

□□

（2020年９月第５問・問63～65改）

《設　例》

非上場会社のＸ株式会社（以下、「Ｘ社」という）の代表取締役社長であるＡさん（76歳）の推定相続人は、妻Ｂさん（74歳）、長男Ｃさん（48歳）および長女Ｄさん（44歳）の３人である。

Ａさんは、所有するＸ社株式をＸ社の専務取締役である長男Ｃさんに移転して、勇退することを決意した。Ｘ社株式の移転にあたっては、「非上場株式等についての贈与税の納税猶予及び免除の特例」を活用したいと考えている。また、Ａさんは、将来の自身の相続開始時に、長男ＣさんとＸ社の経営に関与していない長女Ｄさんとの間で遺産分割による争いが起きてしまわないかと不安に感じており、Ｘ社株式の移転時には「遺留分に関する民法の特例」も活用したいと考えている。

Ｘ社の概要は、以下のとおりである。

〈Ｘ社の概要〉

⑴　業種　電子部品製造業

⑵　資本金等の額　7,500万円（発行済株式総数150,000株、すべて普通株式で１株につき１個の議決権を有している）

⑶　株主構成

株主	Ａさんとの関係	所有株式数
Ａさん	本人	130,000株
Ｂさん	妻	10,000株
Ｃさん	長男	10,000株

⑷　株式の譲渡制限　あり

⑸　Ｘ社株式の評価（相続税評価額）に関する資料

・Ｘ社の財産評価基本通達上の規模区分は「中会社の大」である。

・Ｘ社は、特定の評価会社には該当しない。

・比準要素の状況

比準要素	Ｘ社	類似業種
１株（50円）当たりの年配当金額	4.0円	3.2円
１株（50円）当たりの年利益金額	29円	22円
１株（50円）当たりの簿価純資産価額	301円	192円

※すべて１株当たりの資本金等の額を50円とした場合の金額である。

・類似業種の１株（50円）当たりの株価の状況

課税時期の属する月の平均株価	285円
課税時期の属する月の前月の平均株価	280円
課税時期の属する月の前々月の平均株価	274円
課税時期の前年の平均株価	320円
課税時期の前々年の平均株価	270円
課税時期の属する月以前２年間の平均株価	300円

(6)　Ｘ社の資産・負債の状況

直前期のＸ社の資産・負債の相続税評価額と帳簿価額は、次のとおりである。

科　目	相続税評価額	帳簿価額	科　目	相続税評価額	帳簿価額
流動資産	60,200万円	60,200万円	流動負債	33,800万円	33,800万円
固定資産	61,700万円	38,300万円	固定負債	19,550万円	19,550万円
合　計	121,900万円	98,500万円	合　計	53,350万円	53,350万円

※上記以外の条件は考慮せず、各問に従うこと。

《問１》《設例》の〈Ｘ社の概要〉に基づき、Ｘ社株式の１株当たりの類似業種比準価額を求めなさい。〔計算過程〕を示し、〈答〉は円単位とすること。また、端数処理は、各要素別比準割合および比準割合は小数点第２位未満を切り捨て、１株当たりの資本金等の額50円当たりの類似業種比準価額は10銭未満を切り捨て、Ｘ社株式の１株当たりの類似業種比準価額は円未満を切り捨てること。

なお、Ｘ社株式の類似業種比準価額の算定にあたり、複数の方法がある場合は、できるだけ低い価額となる方法を選択するものとする。

《問２》《設例》の〈Ｘ社の概要〉に基づき、Ｘ社株式の１株当たりの①純資産価額と②類似業種比準方式と純資産価額方式の併用方式による価額を、それぞれ求めなさい（計算過程の記載は不要）。〈答〉は円未満を切り捨てて円単位とすること。

なお、Ｘ社株式の相続税評価額の算定にあたり、複数の方法がある場合は、できるだけ低い価額となる方法を選択するものとする。

《問３》「非上場株式等についての贈与税の納税猶予及び免除の特例」および「遺留分に関する民法の特例」に関する以下の文章の空欄①～⑧に入る最も適切な語句または数値を、解答用紙に記入しなさい。

〈非上場株式等についての贈与税の納税猶予及び免除の特例〉

Ⅰ 「非上場株式等についての贈与税の納税猶予及び免除の特例」（以下、「本特例」という）の適用を受けるためには、その対象会社につき、所定の特例承継計画を策定して都道府県知事に提出し、その確認を受け、「中小企業における経営の承継の円滑化に関する法律」に基づく認定を受けなければならない。

本特例の適用を受ける後継者は、贈与の日まで引き続き（ ① ）年以上にわたり対象会社の役員等の地位を有し、かつ、贈与の時において、後継者および後継者と特別の関係がある者で総議決権数の（ ② ）％超の議決権数を保有することとなることなどの要件を満たす必要がある。なお、後継者が複数いる場合、所定の要件を満たせば、最大（ ③ ）人まで本特例の適用を受けることができる。

仮に、Ａさんが所有するＸ社株式13万株のすべてを長男Ｃさんが贈与により取得し、本特例の適用を受けた場合、長男Ｃさんは、贈与により取得したＸ社株式に対応する贈与税額の（ ④ ）の納税猶予を受けることができる。

なお、本特例の適用を受ける受贈者が贈与者の推定相続人以外の者であっても、その年の１月１日において受贈者が18歳以上であり、かつ、贈与者が60歳以上である場合には、納税が猶予される贈与税額の計算上、受贈者は（ ⑤ ）課税を選択することができる。

〈遺留分に関する民法の特例〉

Ⅱ 遺留分とは、相続財産の一定割合を一定の範囲の相続人に留保するものである。仮に、Ａさんの相続が開始し、遺留分を算定するための財産の価額が４億円である場合、長女Ｄさんの遺留分の額は（ ⑥ ）万円となる。この遺留分を算定するための財産の価額には、被相続人が相続人に対して生前に行った贈与については、特別受益に該当する贈与で、かつ、原則として相続開始前（ ⑦ ）年以内にされたものの価額が算入される。

ただし、長男ＣさんがＡさんから贈与を受けるＸ社株式について、「遺留分に関する民法の特例」（以下、「本特例」という）の適用を受けることにより、将来のＡさんの相続開始時において、その価額を遺留分を算定するための財産の価額に算入しない、または遺留分を算定するための財産の価額に算入すべき価額を（　⑧　）時における価額に固定することができる。なお、本特例の適用を受けるにあたっては、長男Ｃさん、妻Ｂさんおよび長女Ｄさんが書面によって合意し、経済産業大臣の確認を受けたうえで、家庭裁判所の許可を受ける必要がある。

3 次の設例に基づいて、下記の各問（《問１》～《問３》）に答えなさい。

□□

（2023年９月第５問・問63～65改）

《設　例》

Ａさん（76歳）は、甲土地と、その土地上にある４階建ての賃貸マンションを所有している。Ａさんは、最近、急逝した友人の遺族が遺産分割でもめていると聞き、自身の相続が発生した後、妻Ｂさん（69歳）や長女Ｄさん（40歳）たちが遺産分割でもめないように準備しておきたいと考えている。また、Ａさんは、当該賃貸マンションの１階で経営する洋菓子店の経営を、昨年、生計を一にする長女Ｄさんに引き継いだが、事業用資産についてはそのままにしているため、長女Ｄさんに承継する方法を知りたいと思っている。

Ａさんの親族関係図およびＡさんが所有している甲土地に関する資料は、以下のとおりである。なお、Ａさんは、孫Ｅさん（14歳）および孫Ｆさん（13歳）とそれぞれ普通養子縁組（特別養子縁組以外の縁組）をしている。

〈Ａさんの親族関係図〉

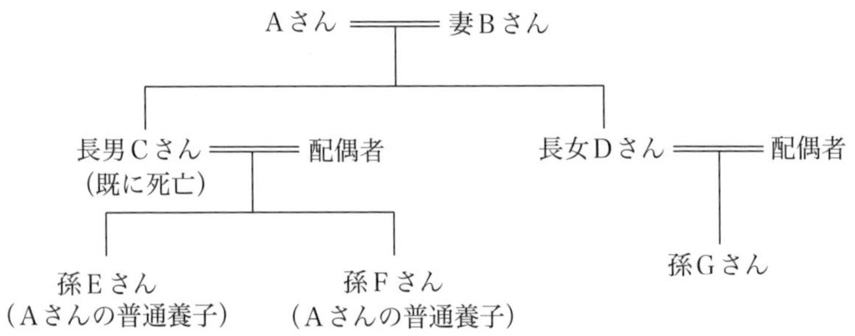

〈Ａさんが所有している甲土地に関する資料〉

甲土地（Ａさんが所有している自宅兼賃貸マンションの敷地）

宅地面積：264㎡　自用地評価額：6,600万円

借地権割合：60%　借家権割合：30%

※甲土地上にある賃貸マンションは４階建て（600㎡）であり、各階の床面積は同一である（各階150㎡）。

※４階部分150㎡はＡさんの自宅として使用し、妻Ｂさんおよび長女Ｄさん家族と同居している。１階部分のうち100㎡は長女ＤさんがＡさんから使用貸借により借り受けて洋菓子店を営んでいる。１階部分のうち50㎡、２階および３階部分の各150㎡は賃貸の用に供している（入居率100%）。

※上記以外の条件は考慮せず、各問に従うこと。

《問１》 仮に、Ａさんが現時点（2024年９月１日）において死亡し、《設例》の〈Ａさんが所有している甲土地に関する資料〉に基づき、相続税の課税価格の計算上、甲土地の評価額から減額される金額が最大となるように「小規模宅地等についての相続税の課税価格の計算の特例」の適用を受ける場合、貸付事業用宅地等として適用を受けることができる面積を求めなさい（計算過程の記載は不要）。〈答〉は㎡単位とすること。

なお、甲土地のうち自宅に対応する部分は特定居住用宅地等、洋菓子店に対応する部分は特定事業用宅地等、賃貸マンションに対応する部分は貸付事業用宅地等にそれぞれ該当するものとする。

《問２》 仮に、Ａさんが現時点（2024年９月１日）において死亡し、孫Ｅさんに係る相続税の課税価格が4,280万円、相続税の課税価格の合計額が２億1,400万円である場合、①および②に答えなさい。〔計算過程〕を示し、〈答〉は万円単位とすること。

なお、孫Ｅさんはこれまでに相続税の未成年者控除の適用を受けたことがないものとする。

① 相続税の総額はいくらか。

② 孫Ｅさんの納付すべき相続税額はいくらか。

〈資料〉相続税の速算表

法定相続分に応ずる取得金額			税率	控除額
万円超		万円以下		
	～	1,000	10%	—
1,000	～	3,000	15%	50万円
3,000	～	5,000	20%	200万円
5,000	～	10,000	30%	700万円
10,000	～	20,000	40%	1,700万円
20,000	～	30,000	45%	2,700万円
30,000	～	60,000	50%	4,200万円
60,000	～		55%	7,200万円

《問３》「個人の事業用資産についての贈与税・相続税の納税猶予及び免除の特例」（以下、「本特例」という）および「配偶者に対する相続税額の軽減」（以下、「本制度」という）に関する以下の文章の空欄①～⑥に入る最も適切な語句または数値を、解答用紙に記入しなさい。

〈個人の事業用資産についての贈与税・相続税の納税猶予及び免除の特例〉

Ⅰ「本特例の適用を受けた場合、後継者が先代事業者から贈与または相続等により取得した特定事業用資産に係る贈与税・相続税の（　①　）％の納税が猶予されます。本特例の適用を受けるためには、2019年４月１日から2026年３月31日までの間に個人事業承継計画を（　②　）に提出し、確認を受ける必要があります。なお、特定事業用資産とは、先代事業者の事業の用に供されていた宅地等（（　③　）㎡まで）、建物（床面積800㎡まで）、その他一定の減価償却資産で、贈与または相続等の日の属する年の前年分の事業所得に係る青色申告書の貸借対照表に計上されているものです。

相続等により取得して本特例の適用を受ける事業用の宅地は、特定事業用宅地等に係る『小規模宅地等についての相続税の課税価格の計算の特例』の対象となりません」

〈配偶者に対する相続税額の軽減〉

Ⅱ「本制度は、被相続人の配偶者が相続等により取得した財産の金額が、原則として、１億6,000万円または配偶者の法定相続分相当額のいずれか多い金額を超えない限り、配偶者の納付すべき相続税額が算出されない制度です。

本制度は、原則として、相続税の申告期限までに分割されていない財産は対象になりません。ただし、相続税の申告書に『申告期限後（　④　）年以内の分割見込書』を添付したうえで、申告期限までに分割されなかった財産について申告期限から（　④　）年以内に分割したときは、本制度の対象になります。また、相続税の申告期限から（　④　）年を経過する日までに分割できないやむを得ない事情があり、所轄税務署長の承認を受けた場合で、その事情がなくなった日の翌日から（　⑤　）カ月以内に分割されたときも、本制度の対象になります。

相続税の申告後に行われた遺産分割に基づいて本制度の適用を受けるた

めには、分割が成立した日の翌日から（　⑤　）カ月以内に（　⑥　）の請求をする必要があります」

解答解説

1 《問1》 正解 **529円**

・1株当たりの資本金等の額

3,000万円÷600,000株＝50円

・類似業種は、大分類、中分類および小分類に区分して定める業種目のうち、評価会社の事業が該当する業種目とする。その業種目が小分類に区分されているものは小分類の業種目、小分類に区分されていない中分類のものは中分類の業種目による。ただし、類似業種が小分類の業種目の場合は、その業種目の属する中分類の業種目を選択することができ、類似業種が中分類の業種目の場合は、その業種目の属する大分類の業種目を選択することができる。

X社は「パン・菓子製造業」（小分類）に該当するが、「食品製造業」（中分類）を選択することができる。したがって、価額の低い「食品製造業」（中分類）を選択する。

$$480円 \times \frac{\frac{10.0円}{6.4円}+\frac{75円}{33円}+\frac{610円}{360円}}{3} \times 0.6 \times \frac{50円}{50円}$$

$$= 480円 \times \frac{1.56 + 2.27 + 1.69}{3} \times 0.6 \times \frac{50円}{50円}$$

$= 480円 \times 1.84 \times 0.6 \times 1$

$= 529.9円 \times 1$

＝<u>529円</u>（円未満切捨て）

〈解説〉

類似業種比準価額の算式は次のとおりである。

$$類似業種比準価額 = A \times \frac{\frac{ⓑ}{B}+\frac{ⓒ}{C}+\frac{ⓓ}{D}}{3} \times E \times \frac{1株当たりの資本金等の額}{50円}$$

A＝類似業種の株価
B＝類似業種の1株（50円）当たりの年配当金額
C＝類似業種の1株（50円）当たりの年利益金額
D＝類似業種の1株（50円）当たりの純資産価額（簿価）
ⓑ＝評価会社の1株（50円）当たりの年配当金額
ⓒ＝評価会社の1株（50円）当たりの年利益金額
ⓓ＝評価会社の1株（50円）当たりの純資産価額（簿価）
E＝斟酌率（大会社0.7、中会社0.6、小会社0.5）

※X社は「中会社」に該当するため、斟酌率0.6を用いる。

《問2》 正解 ①1,156円 ②591円

〈解説〉

① 純資産価額の算式は次のとおりである。

$$\frac{(A-B)-\{(A-B)-(C-D)\}\times 37\%}{E}$$

A：課税時期における相続税評価額で計算した総資産額
B：課税時期における相続税評価額で計算した負債額（引当金等除く）
C：課税時期における帳簿価額で計算した総資産額
D：課税時期における帳簿価額で計算した負債額（引当金等除く）
E：課税時期における議決権総数

⑴相続税評価額による純資産	168,400万円－79,800万円
（A－B）	＝88,600万円
⑵帳簿価額による純資産	116,400万円－79,800万円
（C－D）	＝36,600万円
⑶評価差額	88,600万円－36,600万円
（A－B）－（C－D）	＝52,000万円

⑷評価差額に対する法人税額等　52,000万円×37％＝19,240万円
{(A－B)－(C－D)}×37％
⑸純資産価額　88,600万円－19,240万円
(1)－(4)　＝69,360万円
⑹純資産価額方式による株価　69,360万円÷600,000株
(5)÷E　＝1,156円

②類似業種比準方式と純資産価額方式の併用方式による評価額の算式は次のとおりである。

類似業種比準価額×Lの割合＋純資産価額×(1－Lの割合)
※Lの割合
中会社の大 0.90
中会社の中 0.75
中会社の小 0.60
小会社　0.50

529円×0.90＋1,156円×(1－0.90)＝591.7 → 591円

《問3》 正解 ①1（年） ②20（日） ③100（円） ④黄金（株） ⑤公開会社 ⑥4分の3 ⑦登記

〈解説〉

Ⅰ　Eさんが所有するX社株式

⑴相続人等に対する売渡請求

株式会社は、相続その他の一般承継により当該株式会社の株式（譲渡制限株式に限る）を取得した者に対し、当該株式を当該株式会社に売り渡すことを請求することができる旨を定款で定めることができる（会社法174条）。株式会社の売渡請求は、株主総会において所定の事項を定めた上、当該株式会社が相続その他の一般承継があったことを知った日から1年以内に行わなければならない（会社法176条1項）。株式会社または相続等により当該株式を取得した者は、売渡請求があった日から20日以内に、裁判所に対し、売買価格の決定の申立てをすることができ、その申立てがあったときは、当該申立により裁判所が定めた額をもって当該株式の売買価格とする（会社法177条2項4項）。

⑵配当還元方式

配当還元価額の算式は次のとおりである。なお、その株式に係る年配当金額の算出にあたっては、算出額が２円50銭未満となる場合または無配の場合は２円50銭とする。

$$配当還元価額=\frac{その株式に係る年配当金額}{10\%}\times\frac{1株当たりの資本金の額等}{50円}$$

その株式に係る年配当金額＝10.0円＞２円50銭　∴　10.0円

１株当たりの資本金の額等＝3,000万円÷60万株＝50円

$$配当還元価額=\frac{10.0円}{10\%}\times\frac{50円}{50円}=\underline{100円}$$

Ⅱ　種類株式

株式会社は株主の多様なニーズに配慮して、異なる定めをした内容の２以上の種類の株式を発行することができる（会社法108条)。議決権制限株式、譲渡制限株式、取得請求権付株式（株主が発行会社に対して当該株式の取得を請求することができる株式)、取得条項付株式（一定の事由が生じたことを条件として、発行会社が株主に対して当該株式の取得を請求することができる株式）などがある。種類株式については、総数および内容を登記しなければならない（会社法911条３項７号)。

種類株式のうち拒否権付株式は、株主総会などで決議すべき事項のうち、当該決議のほか、種類株主を構成員とする種類株主総会の決議を必要とする株式である。拒否権の対象は、代表取締役の選定、株式・社債の発行など多岐にわたる。拒否権付株式は、敵対的買収に対して拒否権を行使し、会社の経営権を防衛することができるため、価値のある株式という意味合いで「黄金株」とよばれている。

Ⅲ　属人的株式

公開会社でない株式会社は、剰余金の配当を受ける権利、残余財産の分配を受ける権利、株主総会における議決権に関する事項について、株主ごとに異なる取扱いを行う旨を定款で定めることができる（会社法109条２項)。株主によって異なる権利を持つことから「属人的株式」とよばれている。属人的株式は、種類株式と異なり登記の必要はない。

属人的株式に関する事項を定める場合、原則として、総株主の半数以

上、かつ、総株主の議決権の４分の３以上の多数による株主総会の決議（特殊決議）が必要である（会社法309条４項）。

なお、株主総会の決議の種類として、普通決議、特別決議および特殊決議がある。

普通決議	原則として、議決権を行使することができる株主の議決権の過半数を有する株主が出席し、出席した当該株主の議決権の過半数をもって行うものである（会社法309条１項）
特別決議	原則として、議決権を行使することができる株主の議決権の過半数を有する株主が出席し、出席した当該株主の議決権の３分の２以上に当たる多数をもって行うものである（会社法309条２項）
特殊決議	「原則として、議決権を行使することができる株主の半数以上で、当該株主の議決権の３分の２以上に当たる多数をもって行うもの（会社法309条３項）」、「総株主の半数以上で、総株主の議決権の４分の３以上に当たる多数をもって行うもの（会社法309条４項）」がある。

2《問１》 正解 2,252円

・１株当たりの資本金等の額

7,500万円÷150,000株＝500円

・類似業種の株価は、「課税時期の属する月の平均株価」「課税時期の属する月の前月の平均株価」「課税時期の属する月の前々月の平均株価」「課税時期の前年の平均株価」「課税時期の属する月以前２年間の平均株価」の５つの中から最も低い金額を選択するので、274円となる。

$$274円\times\frac{\frac{4.0円}{3.2円}+\frac{29円}{22円}+\frac{301円}{192円}}{3}\times0.6\times\frac{500円}{50円}$$

$$=274円\times\frac{1.25+1.31+1.56}{3}\times0.6\times\frac{500円}{50円}$$

$$=274円\times1.37\times0.6\times10$$

$$=225.2円\times10=\underline{2,252円}$$

〈解説〉

類似業種比準価額の算式は以下のとおり。

$$\text{類似業種比準価額} = A \times \frac{\frac{ⓑ}{B}+\frac{ⓒ}{C}+\frac{ⓓ}{D}}{3} \times E \times \frac{1\text{株当たりの資本金等の額}}{50\text{円}}$$

A＝類似業種の株価
B＝類似業種の1株（50円）当たりの年配当金額
C＝類似業種の1株（50円）当たりの年利益金額
D＝類似業種の1株（50円）当たりの純資産価額（簿価）
ⓑ＝評価会社の1株（50円）当たりの年配当金額
ⓒ＝評価会社の1株（50円）当たりの年利益金額
ⓓ＝評価会社の1株（50円）当たりの純資産価額（簿価）
E＝斟酌率（大会社0.7、中会社0.6、小会社0.5）

※X社は「中会社」に該当するため、斟酌率0.6を用いる。

《問2》 正解 ①3,992円 ②2,426円

〈解説〉

① 純資産価額の算式は以下のとおり。

$$\frac{(A-B)-\{(A-B)-(C-D)\}\times 37\%}{E}$$

A：課税時期における相続税評価額で計算した総資産額
B：課税時期における相続税評価額で計算した負債額（引当金等除く）
C：課税時期における帳簿価額で計算した総資産額
D：課税時期における帳簿価額で計算した負債額（引当金等除く）
E：課税時期における議決権総数

(1)相続税評価額による純資産	121,900万円－53,350万円
（A－B）	＝68,550万円
(2)帳簿価額による純資産	98,500万円－53,350万円
（C－D）	＝45,150万円
(3)評価差額	68,550万円－45,150万円
（A－B）－（C－D）	＝23,400万円

⑷評価差額に対する法人税額等	23,400万円×37%＝8,658万円
{(A－B)－(C－D)}×37%	
⑸純資産価額	68,550万円－8,658万円
⑴－⑷	＝59,892万円
⑹純資産価額方式による株価	59,892万円÷150,000株
⑸÷E	＝3,992.8円 → 3,992円

②類似業種比準方式と純資産価額方式の併用方式による評価額の算式は以下のとおり。

> 類似業種比準価額×Ｌの割合＋純資産価額×（１－Ｌの割合）
> ※Ｌの割合
> 中会社の大 0.90
> 中会社の中 0.75
> 中会社の小 0.60
> 小会社　　0.50

2,252円×0.90＋3,992円×（１－0.90）＝2,426円

《問3》▶ 正解 **①3（年） ②50（%） ③3（人） ④全額 ⑤相続時精算 ⑥5,000（万円） ⑦10（年） ⑧合意**

〈解説〉

Ⅰ 「非上場株式等についての贈与税の納税猶予及び免除の特例」の概要は以下のとおり。

適用期限	2027年12月31日まで
事前の計画策定等	2026年3月31日までに特例承継計画の提出
納税猶予対象株式数	取得したすべての発行済議決権株式総数
納税猶予割合	100％（全額）
後継者の要件	①　贈与時において以下の要件を満たす者 ・代表権を有していること ・18歳以上であること ・役員等の就任3年以上経過　など ②　特例承継計画に記載された後継者であること（親族以外も可） ③－1　後継者が1名の場合は同族関係者のうち筆頭株主であること ③－2　後継者が複数の場合は、議決権割合の10％以上を有し、かつ、議決権保有割合上位3名までの同族関係者であること
相続時精算課税の適用	60歳以上の者から18歳以上の者への贈与

Ⅱ　総体的遺留分は、①直系尊属のみが相続人である場合は3分の1であり、②①以外の場合は2分の1である。また、各人ごとの遺留分は、総体的遺留分に法定相続分を乗じて算出する。

Aさんの推定相続人は、妻Bさん、長男Cさんおよび長女Dさんの3人である。したがって、Aさんの相続が開始し、遺留分を算定するための財産の価額が4億円である場合、長女Dさんの遺留分の額は以下のとおり。

$$4\text{億円}\times\frac{1}{2}(\text{総体的遺留分})\times\frac{1}{4}(\text{長女Dさんの法定相続分})=\underline{5{,}000\text{万円}}$$

また、遺留分算定基礎財産には、以下の贈与財産が含まれる。

・相続人以外の者に対する贈与で、相続開始前1年以内のもの

・相続人に対する贈与で、相続開始前10年以内の特別受益に該当するもの

・贈与の当事者双方が遺留分を侵害することを知って行った贈与

3《問1》▶ 正解　138㎡

〈解説〉

甲土地のうち自宅に対応する部分は特定居住用宅地等に該当する。330㎡を限度として、80％が減額される。

対象面積：$264m^2 \times \frac{150m^2}{600m^2} = 66m^2$

特例適用前の評価額：$6,600万円 \times \frac{150m^2}{600m^2} = 1,650万円$

1㎡当たりの減額金額：1,650万円÷66㎡×80%＝20万円

甲土地のうち洋菓子店に対応する部分は特定事業用宅地等に該当する。400㎡を限度として、80%が減額される。

対象面積：$264m^2 \times \frac{100m^2}{600m^2} = 44m^2$

特例適用前の評価額：$6,600万円 \times \frac{100m^2}{600m^2} = 1,100万円$

1㎡当たりの減額金額：1,100万円÷44㎡×80%＝20万円

甲土地のうち賃貸アパートに対応する部分は貸家建付地として貸付事業用宅地等に該当する。200㎡を限度として、50%が減額される。

対象面積：$264m^2 \times \frac{50m^2 + 150m^2 + 150m^2}{600m^2} = 154m^2$

特例適用前の評価額（貸家建付地）

$$6,600万円 \times \frac{50m^2 + 150m^2 + 150m^2}{600m^2} \times (1 - 60\% \times 30\% \times 100\%)$$

＝3,157万円

1㎡当たりの減額金額：3,157万円÷154㎡×50%＝10.25万円

減額される金額の合計額が最大となる場合は、1㎡当たりの減額金額が高い順に適用すればよい。したがって、特定事業用宅地等と特定居住用宅地等を優先的に適用し、その後に貸付事業用宅地等を適用する。

貸付事業用宅地等を選択する場合、併用可能面積の調整計算が必要となる。併用可能面積の調整計算は、次の算式で行う。

$$特定事業用宅地等の面積 \times \frac{200}{400} + 特定居住用宅地等面積 \times \frac{200}{330} + 貸付事業用宅地等の面積 \leqq 200m^2$$

特定居住用宅地等

66㎡≦330㎡　∴　66㎡すべて適用を受ける

特定事業用宅地等

$44m^2 \leqq 400m^2$　∴　$44m^2$すべて適用を受ける

貸付事業用宅地等

$$44m^2 \times \frac{200}{400} + 66m^2 \times \frac{200}{330} + X \leqq 200m^2 \quad \therefore \quad X \leqq 138m^2$$

以上より、減額される金額の合計額が最大となる場合における、貸付事業用宅地等として適用を受けることができる面積は138㎡である。

《問2》 正解 ①2,750万円　②510万円

① 相続税の総額

3,000万円＋600万円×４人＝5,400万円

２億1,400万円－5,400万円＝１億6,000万円

１億6,000万円×$\frac{1}{2}$×30％－700万円＝1,700万円

１億6,000万円×$\frac{3}{16}$×15％－50万円＝400万円

１億6,000万円×$\frac{3}{16}$×15％－50万円＝400万円

１億6,000万円×$\frac{1}{8}$×15％－50万円＝250万円

1,700万円＋400万円＋400万円＋250万円＝2,750万円

② 孫Ｅさんの納付すべき相続税額

2,750万円×$\frac{4280万円}{2億1400万円}$＝550万円

（18歳－14歳）×10万円＝40万円

550万円－40万円＝510万円

〈解説〉

・Ａさんの相続に係る法定相続人は、妻Ｂさん、長女Ｄさん、孫Ｅさんおよび孫Ｆさんの４人である。孫Ｅさんおよび孫Ｆさんが普通養子となっているが、この２人は長男Ｃさんの代襲相続人であるため、養子の数の算入制限の適用を受けない。

・法定相続分は、妻Ｂさんが$\frac{1}{2}$、長女Ｄさんが$\frac{1}{8}$（＝$\frac{1}{2}$×$\frac{1}{4}$）、二重身分

である孫Eさんおよび孫Fさんがそれぞれ$\frac{3}{16}$（$=\frac{1}{8}+\frac{1}{8}\times\frac{1}{2}$）である。

・未成年者控除の控除額は、満18歳に達するまでの年数1年につき10万円である。

《問3》▶ **正解** ①**100(%)** ②**都道府県知事** ③**400(㎡)** ④**3（年）** ⑤**4（カ月）** ⑥**更正（の請求）**

〈解説〉

Ⅰ　個人の事業用資産についての贈与税・相続税の納税猶予及び免除の特例

・後継者は2019年4月1日から2026年3月31日までに個人事業承継計画を都道府県知事に提出し、確認を受けた者に限られる。

・特定事業用資産とは、先代事業者の事業の用に供されていた次の資産で、相続等の日の属する年の前年分の事業所得に係る青色申告書の貸借対照表に計上されていたものをいう。

㋐　宅地等（400㎡まで）

㋑　建物（床面積800㎡まで）

㋒　㋑以外の減価償却資産で次のもの

・固定資産税の課税対象とされているもの

・自動車税・軽自動車税の営業用の標準税率が適用されるもの

・その他一定のもの（貨物運送用など一定の自動車、乳牛・果樹等の生物、特許権等の無形固定資産）

Ⅱ　配偶者に対する相続税額の軽減

「配偶者に対する相続税額の軽減」は、相続税の申告期限において未分割の財産に対しては適用を受けることができない。ただし、相続税の申告の際に「申告期限後3年以内の分割見込書」を提出し、申告期限後3年以内に遺産分割協議が成立すれば、分割後4カ月以内に更正の請求を行うことにより、「配偶者に対する相続税額の軽減」の適用を受けることが可能となる。

❶ 贈与契約

贈与は、当事者の一方が自己の財産を無償で相手方に与える意思表示をし、相手方がこれを受諾することによって成立する契約（諾成契約）。口頭の場合、まだ履行していない部分は各当事者が取り消すことができる

定期贈与	定期の給付を目的とする贈与。特約のない限り、贈与者・受贈者の一方の死亡により効力を失う
負担付贈与	受贈者に一定の負担を課す贈与 ※受贈者が負担を履行しない場合、贈与者は贈与契約を解除できる
死因贈与	贈与者の死亡により効力が発生する贈与 ※遺贈に関する規定が準用されるが、単独行為ではない

❷ 贈与税の課税財産

時価より低い価額で財産を譲渡した場合、時価と譲渡対価の差額が贈与税の課税対象となる

❸ 贈与税の配偶者控除

婚姻期間20年以上の夫婦間で居住用不動産（土地・家屋）または居住用不動産取得資金の贈与があった場合、基礎控除110万円と併用して2,000万円まで贈与税の配偶者控除が受けられる

※贈与後3年以内（段階的に7年まで延長）に贈与者が死亡しても、適用対象部分は相続税の課税価格に加算されない

※店舗併用住宅は居住用部分のみが適用対象。店舗併用住宅の持分の贈与を受けた場合、居住用部分から優先的に贈与を受けたものとして配偶者控除を適用できる

❹ 相続時精算課税制度

①適用対象者

贈与者	贈与をした年の1月1日において60歳以上の者
受贈者	贈与を受けた年の1月1日において18歳以上の直系卑属である推定相続人または孫

②贈与税額の計算

特別控除額2,500万円を控除後の金額に、一律20%の税率を乗じて贈与税額を算出する。なお、2024年1月1日以後に贈与により取得した財産については、暦年課税における基礎控除とは別に、毎年、110万円まで非課税となる

相続時精算課税適用者である養子が、養子縁組**解消後**に特定贈与者からの贈与により取得した財産には、相続時精算課税が**適用される**

③相続税額の計算

相続時精算課税適用者に係る相続税額は、特定贈与者の相続開始時に、相続時精算課税の適用を受けた贈与財産の価額と相続遺贈財産の価額との合計額を基に算出した相続税額から、**納付済の相続時精算課税に係る贈与税相当額を控除**して算出する。その際、相続税額から控除しきれない相続時精算課税に係る贈与税相当額については、相続税の申告をすることにより**還付**を受けることができる。相続財産と合算する贈与財産の価額は、**贈与時**の価額である

❺ 教育資金の一括贈与に係る贈与税の非課税

直系尊属から教育資金の一括贈与を受けた受贈者（30歳未満）は、1,500万円（学校等以外に支払われるものは500万円）まで非課税となる

信託等をする日の属する年の前年の受贈者の合計所得金額が1,000万円超の場合は、適用不可

❻ 贈与税の申告

・贈与税の申告書を提出すべき者が、**提出期限前**に申告書を提出しないで死亡

した場合、死亡した者の**相続人**（包括受遺者を含む）は、死亡した者に代わり、贈与税の申告書を提出しなければならない。提出期限は、本来の提出義務者の相続の開始があったことを知った日の翌日から**10カ月**を経過する日である。また、提出先は、**本来の提出義務者の提出先**である

・贈与税の期限内申告書もしくは期限後申告書を提出した者または決定を受けた者が、その税額が**過大**であった場合、原則として、法定申告期限から**6年以内**に限り、**更正の請求**をすることができる

❼ 養子

・養親の要件

（特別養子）配偶者を有する者で、夫婦の一方が**25歳以上**、かつ、夫婦のもう一方は**20歳以上**

（普通養子）**20歳以上**であれば配偶者が**いない**者でもよい

・**尊属**または**年長者**を養子とすることはできない

・普通養子は、養親に対する相続権を有するとともに、実親に対する相続権も有する

・**子を有する者**を普通養子とした後に、その普通養子が死亡した場合、普通養子の子は、養親の相続において普通養子の相続権を**代襲しない**。また、**養子縁組後**に養子の子（養親の孫）が**出生**した場合、養子の子は、養親の相続において普通養子の相続権を**代襲する**

❽ 特別の寄与

・特別寄与者は、相続人や相続の放棄をした者等を**除いた**被相続人の**親族**

・特別寄与者が**家庭裁判所**に対して協議に代わる処分を請求するためには、特別寄与者が**相続の開始**および**相続人**を知ったときから**6カ月以内**、または**相続開始の時**から**1年以内**に申立をしなければならない

・特別寄与料は、特別寄与者が被相続人から**遺贈**により取得したものとみなされ、納付すべき相続税額が算出されるときは、**特別寄与料の額が確定したことを知った日**の翌日から**10カ月以内**に相続税の申告書を提出しなければならない

❾ 配偶者居住権

・存続期間は、原則として、配偶者の**終身**の間である。ただし、**遺産分割協議**、**遺言**または家庭裁判所の**遺産分割の審判**において別段の定めがされた場合は、その**定めた期間**となる
・対抗要件は**登記**である
・**譲渡することができない**。また、配偶者は、居住建物の所有者の**承諾**を得なければ、居住建物の**増改築**をし、または第三者に居住建物の**使用収益**をさせることができない

❿ 遺留分

①遺留分権利者

兄弟姉妹以外の相続人

②遺留分の放棄

家庭裁判所の許可を得ることで、相続開始**前**に遺留分を放棄できる

③遺留分算定基礎財産

被相続人が相続人に対して**生前**に行った贈与のうち、**特別受益**に該当する贈与で、かつ、原則として相続開始前**10年以内**にされたものの価額が算入される

④遺留分の割合

直系尊属のみが相続人のとき	遺留分算定基礎財産の**3分の1**
上記以外のとき	遺留分算定基礎財産の**2分の1**

⑤遺留分侵害額請求権

遺留分侵害額請求権は、相続の開始および遺留分を侵害する贈与または遺贈があったことを知った時から1年間行使しないとき、または相続開始の時から10年を経過したときに、時効により消滅する

⑥遺留分に関する民法の特例

・適用を受けるためには、後継者が推定相続人**全員**と**書面**によって合意し、合意をした日から**1カ月以内**に**経済産業大臣**の確認を申請し、当該確認を受けた日から**1カ月以内**にした申立てにより、**家庭裁判所**の許可を受ける

ことが必要である

・後継者は、先代経営者の推定相続人以外の者でもよい

・書面は公正証書でなくてもよい

除外合意	後継者が先代経営者から贈与された株式の価額を、遺留分算定基礎財産の価額に算入しない（除外する）ことの合意
固定合意	後継者が先代経営者から贈与された株式の価額を、合意時における価額に固定することの合意
付随合意	後継者が先代経営者から贈与された株式以外の財産の価額および後継者以外の推定相続人が先代経営者から贈与された財産の価額を、遺留分算定基礎財産の価額に算入しない（除外する）ことの合意（固定することの合意はできない）

⓫ 自筆証書遺言の保管制度

①保管申請

・封のされていない自筆証書遺言が対象

・遺言者の住所地、本籍地または遺言者が所有する不動産の所在地を管轄する遺言書保管所（法務局）に遺言者本人が出頭して行う

・保管申請の手数料は1件につき3,900円

・遺言者は、いつでも保管申請の撤回をすることにより、遺言書の返還を受けることができる

②相続人等による証明書の請求

・遺言者の相続開始後、その相続人や受遺者は、法務局に対し、遺言者の保管の有無を知ることができる遺言書保管事実証明書や、保管されている遺言書の内容を知ることができる遺言書情報証明書の交付を請求することができる

・相続人や受遺者に遺言書情報証明書が交付された場合や遺言書原本が閲覧された場合、原則として、他の相続人、受遺者および遺言執行者に遺言書を保管している旨が通知される

・遺言者の生存中に、遺言者以外の者が遺言書の閲覧等を行うことはできない

③遺言書の検認の適用除外

・遺言書保管所で保管された自筆証書遺言は、遺言者の相続開始後、家庭裁判所における検認の手続きが不要とされる

⓬ 法定相続情報証明制度

・法定相続情報一覧図は、申出前に作成し提出しなければならない。登記官によって作成されるものではない

⓭ 相続税の課税財産等

・被相続人の死亡により相続人に支給される退職手当金は、死亡後３年以内にその支給額が確定した場合に相続税の課税対象となる

・死亡保険金や退職手当金の非課税金額の規定の適用に申告要件はない

・非課税金額の規定は、相続人に適用される。相続を放棄した者、欠格や廃除に該当する者は適用を受けることができない

・死亡保険金とともに受け取った剰余金、割戻金および前納保険料は相続税の課税対象となるが、死亡保険金の非課税金額の規定が適用される

⓮ 債務控除

・相続開始時に納期限が到来していない固定資産税でも、相続開始の際に現に存するもので確実と認められるものであるため、債務控除の対象となる

・相続人が準確定申告をして納付した所得税額は、債務控除の対象となる

⓯ ２割加算

・１親等の血族、１親等の血族の代襲相続人、被相続人の配偶者以外の者は、２割加算の対象者である

⓰ 相続税の申告

・申告書の提出期限は、原則として、相続の開始があったことを知った日の翌日から10カ月以内である

・一定の事由による場合、法定申告期限から５年を経過していたとしても、その事由が生じたことを知った日の翌日から４カ月以内であれば更正の請求を

することができる

⑰ 相続税の申告義務がある場合

・課税価格の合計額が遺産に係る基礎控除額を超える場合
　※遺産に係る基礎控除額＝3,000万円＋600万円×法定相続人の数
・「小規模宅地等についての相続税の課税価格の計算の特例」の適用を受ける場合
・「配偶者の税額軽減」の適用により相続税の納付義務がなくなる場合
・相続時精算課税制度の適用を受ける者で、相続税から控除しきれない贈与税額の還付を受ける場合

※相続時精算課税による贈与財産の価額と相続財産の価額との合計額が基礎控除額以下であれば、申告は必要ない

⑱ 宅地の評価

①借地権割合

・A＝90%として10%ずつ逓減する

②普通借地権と貸宅地の評価

貸宅地とは、借地権の目的となっている宅地のこと。普通借地権および普通借地権の目的となっている貸宅地の評価額は、次の算式で求める

普通借地権の価額＝自用地価額×借地権割合
貸宅地の価額＝自用地価額×（1－借地権割合）

③貸家建付地の評価

貸家建付地とは、貸家の敷地の用に供されている宅地のこと

貸家建付地の価額
＝自用地価額×（1－借地権割合×借家権割合×賃貸割合）

④貸家建付借地権の評価

貸家建付借地権とは、貸家の敷地の用に供されている借地権のこと

貸家建付借地権の価額
＝自用地価額×借地権割合×(１－借家権割合×賃貸割合)

⑤使用貸借に係る宅地の評価

無償で貸し付けられている宅地は、家屋の所有を目的としていても借地権は生じずに、自用地価額として評価する

使用貸借に係る宅地の価額＝自用地価額

⑥地積規模の大きな宅地

地積規模の大きな宅地とは、三大都市圏においては500㎡以上の地積の宅地および三大都市圏以外の地域においては1,000㎡以上の地積の宅地をいう。ただし、次の宅地は除かれる

・市街化調整区域に所在する宅地
・都市計画法の用途地域が工業専用地域に指定されている地域に所在する宅地
・指定容積率が400％（東京都の特別区においては300％）以上の地域に所在する宅地
・財産評価基本通達に定める大規模工場用地

⑲ 小規模宅地等についての相続税の課税価格の計算の特例

①減額割合と適用面積

適用対象となる宅地等	減額割合	上限面積
特定事業用宅地等 特定同族会社事業用宅地等	80%	400㎡
特定居住用宅地等		330㎡
貸付事業用宅地等	50%	200㎡

②留意点

相続税の申告期限までに事業または居住を継続しない場合には、原則として特例の適用は受けられない

※**配偶者**が居住用宅地等を取得した場合には、居住を継続しなくても、または、売却しても特定居住用宅地等となり、適用を受けられる

※一棟の建物に居住用部分と貸付用部分がある場合の敷地等については、それぞれの利用区分ごとに按分して減額割合を計算する

※**特定事業用宅地等**または**特定同族会社事業用宅地等**と**特定居住用宅地等**の**完全併用**は可能である（400㎡＋330㎡＝最大730㎡）

〈適用が受けられない例〉

・居住用宅地等を取得した同居親族が、相続税の申告期限まで居住を継続しなかった場合や売却した場合。
・配偶者や同居親族がいるにもかかわらず**別居親族**が居住用宅地等を取得した場合

⑳ 自社株評価の具体的方法

①原則的評価方式

大会社	類似業種比準方式
中会社	類似業種比準方式と純資産価額方式の**併用方式**
小会社	純資産価額方式（または併用方式）

※大会社、中会社の場合も、純資産価額のほうが低ければ、純資産価額方式を採用できる

②類似業種比準方式

$$類似業種比準価額 = A \times \frac{\frac{ⓑ}{B}+\frac{ⓒ}{C}+\frac{ⓓ}{D}}{3} \times 斟酌率 \times \frac{1株当たりの\textbf{資本金等}の額}{\textbf{50円}}$$

A：類似業種の株価（課税時期の属する月以前３カ月間の各月および前年平均額、２年平均額のうちいずれか**低い**金額）

B：類似業種の１株当たり配当金額

C：類似業種の１株当たり年利益金額

D：類似業種の１株当たり簿価純資産価額

ⓑ：評価会社の１株当たり配当金額
ⓒ：評価会社の１株当たり年利益金額
ⓓ：評価会社の１株当たり簿価純資産価額
斟酌率：大会社0.7、中会社0.6、小会社0.5
※従業員数が70人以上の会社は、常に大会社となる

③純資産価額方式

純資産価額

$$=\frac{\left(\begin{array}{l}\text{相続税}\\\text{評価額}\\\text{による}\\\text{資産の}\\\text{合計額}\end{array}-\begin{array}{l}\text{負債の}\\\text{合計額}\end{array}\right)-\left\{\left(\begin{array}{l}\text{相続税}\\\text{評価額}\\\text{による}\\\text{資産の}\\\text{合計額}\end{array}-\begin{array}{l}\text{負債の}\\\text{合計額}\end{array}\right)-\left(\begin{array}{l}\text{帳簿価}\\\text{額によ}\\\text{る資産}\\\text{の合計}\\\text{額}\end{array}-\begin{array}{l}\text{負債の}\\\text{合計額}\end{array}\right)\right\}\times 37\%}{\text{発行済株式数}}$$

④併用方式

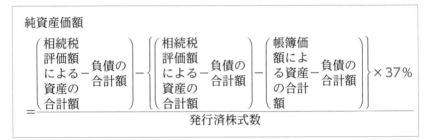

併用方式による評価額＝類似業種比準価額×Ｌの割合＋純資産価額×（１－Ｌの割合）
※Ｌの割合：中会社の大…0.90　中会社の中…0.75
中会社の小…0.60　小会社………0.50

⑤配当還元方式

$$\text{配当還元価額}=\frac{\text{年配当金額}}{10\%}\times\frac{\text{1株当たりの資本金等の額}}{50\text{円}}$$

㉑ 特定の評価会社

・開業後３年未満である特定の評価会社の株式は、原則として、純資産価額方式により算出した価額によって評価される。同族株主以外の株主等が取得した場合、特例的評価方式である配当還元方式により算出した価額によって評価されるが、純資産価額方式により算出した価額が低い場合は、純資産価額によって評価される
・株式保有特定会社とは、次の①の算式により計算した割合が、次の②に掲げ

る割合以上となる会社をいう

① $\dfrac{\text{評価会社の有する株式等の相続税評価額の合計額}}{\text{評価会社の有する各資産の相続税評価額の合計額}}$

② 大会社・中会社・小会社　50％

㉒ 非上場株式等についての贈与税・相続税の納税猶予及び免除の特例（特例措置）

①共通事項

・所定の特例承継計画を策定して都道府県知事に提出し、2026年3月31日までにその確認を受け、経営承継円滑化法に基づく認定を受けなければならない

・対象株式は全株式、納税猶予割合は100％、複数の株主から最大3人の後継者へ承継可能

・特例経営承継期間の末日において、5年間平均で雇用の8割を維持できなかった場合、下回った理由等を記載した一定の報告書を都道府県知事に提出し、その確認を受けることにより、引き続き納税猶予を受けることができる

②贈与税の納税猶予及び免除

・贈与年の翌年1月15日までに申請が必要

・後継者である受贈者は、役員就任後3年以上経過していること、後継者および後継者と特別の関係がある者で総議決権数の50％超の議決権数を保有し、かつ、最も多くの議決権数を保有すること等の要件を満たす必要がある

・受贈者が贈与者の推定相続人以外の者であっても、年齢要件を満たす場合は、納税が猶予される贈与税額の計算上、受贈者は相続時精算課税を選択することができる

・納税が猶予される贈与税額および利子税の額に見合う担保を提供しなければならない。この担保として、適用を受ける非上場株式等のすべてを提供した場合は、納税が猶予される贈与税額および利子税の額に見合う担保の提供があったものとみなされる

・贈与者が死亡した場合、適用を受けた非上場株式等は、相続等により取得

したものとみなして、贈与時の価額により相続税の課税価格に算入される。一定の要件を満たせば、相続税の納税猶予の特例の適用を受けることができる

③相続税の納税猶予及び免除

・相続開始後８カ月以内に申請が必要

・後継者である相続人等は、相続開始の日の翌日から５カ月を経過する日において会社の代表権を有していること、相続開始時において、後継者および後継者と特別の関係がある者で総議決権数の50％超の議決権数を保有し、かつ、最も多くの議決権数を保有すること等の要件を満たす必要がある

㉓ 個人版事業承継税制

・後継者である受贈者や相続人等が、青色申告に係る事業を行っていた先代事業者（年齢要件なし）から、その事業に係る特定事業用資産のすべてを2028年12月31日までの贈与または相続等により取得をした場合、一定の要件のもと、特定事業用資産に係る贈与税・相続税の納税が全額猶予され、後継者の死亡等により、その全部または一部が免除される

・事業に不動産貸付業は含まれない。また、相続または贈与の年を含めて３年以上青色申告にしていることが必要である

・特定事業用資産は、宅地等（400㎡まで）、建物（床面積800㎡まで）、建物以外の一定の減価償却資産である。棚卸資産は該当しない

・特定事業用資産は、先代事業者の事業の用に供されていた資産で、贈与日または相続開始日に属する年の前年分の事業所得に係る青色申告書の貸借対照表に計上されていたもの

・適用を受ける場合、特定事業用宅地等についての「小規模宅地等についての相続税の課税価格の計算の特例」の適用を受けることはできない

・後継者は、一定の期限までに、特定事業用資産に係る事業について開業届出書を提出し、青色申告の承認を受けていなければならない（相続税は受ける見込みを含む）

・贈与の場合、後継者である受贈者は、贈与日において18歳以上であること、贈与日まで引き続き３年以上にわたり特定事業用資産に係る事業に従事し

ていたことなどの要件を満たす必要がある

㉔ 会社法

・種類株式のうち**拒否権付**株式は、株主総会などで決議すべき事項のうち、当該決議のほか、**種類株主**を構成員とする**種類株主総会**の決議を必要とする株式である。**拒否権**の対象は、代表取締役の選定、株式・社債の発行など多岐にわたる。拒否権付株式は、**敵対的買収**に対して拒否権を行使し、会社の経営権を防衛することができるため、価値のある株式という意味合いで**黄金株**とよばれている

・株式会社は、**相続**その他の一般承継により**譲渡制限株式**を取得した者に対し、当該株式を当該会社に**売り渡す**ことを請求することができる旨を**定款**で定めることができる。株式会社が株式を取得した相続人に対して売渡しを請求できるのは、当該会社が相続があったことを知った日から**1年以内**である

・株式会社が株式を取得した**相続人**に対して**売渡し**を請求する場合、当該株式の売買価格は、株式会社と相続人との**協議**によって定める。また、株式会社また相続人は、売渡しの請求があった日から**20日以内**に、**裁判所**に対し、売買価格の決定の申立てをすることができる。ただし、当該申立てがあったときは、**裁判所が定めた額**が株式の売買価格となる

スッキリとける

予想問題編

〈解答〉

試験前の総仕上げに、学科基礎・応用問題の重要項目をマスターできる予想問題にチャレンジしてください。問題は巻末の別冊にありますので、取り外してご利用ください。過去問題編で確立させた基礎力を、得点力に変えて本試験にのぞみましょう！

解答解説

問1 ▶ 正解 1

65歳時の年金原資

1,200千円×8.5302（年3％、年金現価係数、10年）

≒10,236千円（千円未満切捨て）

この金額を得るために20年間、毎年積み立てる金額

10,236千円×0.0372（年3％、減債基金係数、20年）

≒380千円（千円未満切捨て）

問2 ▶ 正解 4

1）**不適切**。労働者が在宅勤務を行う場合において在宅勤務日数に関係なく労働者災害補償保険における労働者に該当する。

2）**不適切**。出張中においては、住居と出張先との往復を含め、出張過程の全般が事業主の支配下にあると認められるため、療養補償給付（**業務災害に関する給付**）を受けることができる。

3）**不適切**。休業補償給付に係る**3**日間の待期期間は、継続している必要はない。また、事業主から平均賃金の60％の金額が支払われた日は、事業主による休業補償が行われたものとして取り扱い、待期期間の**3**日間の日数に算入される。

4）**適　切**。生計維持とは、主として労働者の収入に生計を維持されていることを要しないため、労働者の収入によって生計の一部を維持していれば足りる。いわゆる「共働き」の場合もこれに含まれる。

問3 ▶ 正解 3

1）**不適切**。支給対象月に支払われた賃金額が60歳到達時の賃金月額の61％相当額を下回る場合、高年齢雇用継続基本給付金の額は、原則として、支給対象月に支払われた賃金額に15％を乗じて得た額となる。なお、2025年4月1日以降から新たに60歳となる者への給付率が10％に縮小される。

2）**不適切**。介護休業期間中に事業主から休業開始時賃金日額に支給日数を乗じて得た額の80％相当額以上の賃金が支払われた場合、当該支給

単位期間について、介護休業給付金は支給されない。

3）適　切。なお、高年齢雇用継続基本給付金は、基本手当を受給しないで雇用を継続する者に60歳から65歳になるまで支給される。

4）不適切。パパ・ママ育休プラス制度を利用する場合、育児休業給付金は、対象となる子の年齢が1歳2カ月まで延長される。

問4 ▶ 正解 4

1）適　切。厚生年金保険の被保険者が死亡した場合、遺族厚生年金の短期要件に該当するため、中高齢寡婦加算については被保険者期間を問わない。したがって、夫の死亡当時、40歳以上65歳未満の妻であり、遺族基礎年金を受給できない場合、その妻が受給する遺族厚生年金に中高齢寡婦加算が加算される。

2）適　切。遺族基礎年金については、子のある配偶者である夫に受給資格がある。遺族厚生年金については、妻の死亡当時55歳未満である夫に受給資格はないが、18歳到達年度末日にある子に受給資格がある。

3）適　切。死亡した夫は、第1号被保険者としての被保険者期間について、保険料納付済期間と保険料免除期間を合算した期間が10年以上ある。また、婚姻期間が10年以上である夫により生計を維持されていた妻が60歳以上65歳未満であるため、その妻は寡婦年金を受給することができる。

4）不適切。障害基礎年金を受給している妻が、65歳以後に遺族厚生年金の受給権を取得した場合、障害基礎年金と遺族厚生年金を併給することができる。

問5 ▶ 正解 3

1）不適切。2年分の国民年金の保険料を前納した納税者は、納めた全額をその支払った年分の社会保険料控除の対象とするか、各年分の保険料に相当する額を各年分の社会保険料控除の対象とするかのいずれかを選択することができる。

2）不適切。公的年金等の収入金額の合計額が400万円以下であり、その全部が源泉徴収となる場合において、公的年金等に係る雑所得以外の所得金額が20万円以下であるときは、確定申告は不要である。

3）適　切。共済金の分割受取りは雑所得（公的年金等控除が適用）として、一括受取りは退職所得として、それぞれ所得税の課税対象となる。

4）**不適切**。未支給年金は相続人固有の権利として請求するものであるため、相続人の一時所得として所得税の課税対象となる。

問6 ▶ 正解 2

1）**不適切**。年金給付は５年以上の有期年金または終身年金で、毎年１回以上定期的に支給するものでなければならない。

2）**適　切**。規約において、20年を超える加入者期間を老齢給付金の支給要件とすることはできない。

3）**不適切**。老齢給付金の支給要件を規約で定める場合、次の条件を満たさなければならない。

①60歳以上70歳以下の年齢に達したときに支給するもの

②50歳以上①の規約で定める年齢未満の年齢に達した日以後に退職したときに支給するもの

例えば、①の年齢を「65歳」と定めた場合、②では「50歳以上65歳未満で退職した場合」も支給対象にできるということである。

4）**不適切**。2017年１月１日以降に導入されたリスク分担型企業年金は、所定の方法により測定された将来のリスクに応じた掛金を事業主が拠出し、運用の結果、給付額に満たない積立金の不足が生じた場合は、事業主がその不足分を補てんし、それでも賄いきれない場合は年金給付額を減額する仕組みである。事業主と加入者が、それぞれリスクを負担している企業年金である。

問7 ▶ 正解 2

1）**不適切**。国民年金基金の給付は、老齢年金と遺族一時金の２種類であり、障害給付はない。

2）**適　切**。なお、掛金は月額68,000円が上限であり、確定拠出年金の個人型年金（iDeCo）にも加入している場合は、その掛金と合わせて68,000円以内となる。

3）**不適切**。国民年金基金の加入員が、国民年金保険料の納付を免除された場合、加入員資格を喪失する。ただし、法定免除または産前産後期間の免除の場合は除かれる。したがって、申請免除（全額免除、４分の３免除、半額免除、４分の１免除）の適用を受けることとなった場合、国民年金基金の加入員資格を喪失する。

4）**不適切**。老齢基礎年金の繰上げ支給の請求をした場合、国民年金基金からは付加年金相当分の老齢年金が減額されて繰上げ支給される。

問8 ▶ **正解　4**

1）**不適切**。退職金は、基本退職金と付加退職金を合計したものである。基本退職金は掛金月額と納付月数に応じて定められており、付加退職金は運用収入の状況等に応じて上乗せされる。

2）**不適切**。退職金の分割払いにおいて、5年間の分割払いを選択するためには、退職金の額が80万円以上必要であり、10年間の分割払いを選択するためには、退職金の額が150万円以上必要である。

3）**不適切**。合併等に伴って、中退共の解約手当金相当額を確定拠出年金の企業型年金へ資産移換する場合、被共済者の同意に基づき、合併等を行った日から1年以内、かつ、退職金共済契約の解除日の翌日から3カ月以内に、当該資産移換の申出をする必要がある。

4）**適　切**。なお、掛金を増額した場合、国の助成を受けることができる。ただし、同居の親族のみを使用する事業主等は、国の助成を受けることができない。

問9 ▶ **正解　3**

1）**不適切**。告知義務違反による保険者の解除権は、保険者が解除の原因があることを知った時から1カ月間行使しないとき、または、損害保険契約の締結の時から5年を経過したときに消滅する。

2）**不適切**。損害保険契約の締結後に保険価額が著しく減少して保険金額を下回った場合、保険契約者は、保険者に対して、契約締結時に遡るのではなく将来に向かって、保険金額および保険料の減額を請求することができる。

3）**適　切**。損害保険契約における保険者は、保険事故による損害が生じた場合には、当該損害に係る保険の目的物が当該損害の発生後に保険事故によらずに滅失したときであっても、当該損害をてん補しなければならない。

4）**不適切**。保険契約者と被保険者が異なる死亡保険契約は、保険契約を締結する場合や契約締結後に保険金受取人を変更する場合、当該被保険者の同意がないときは、無効となる。

問10 ▶ **正解　4**

1）**不適切**。市場価格調整（MVA）機能の有無にかかわらず、外貨建て保険は、保険業法における特定保険契約に該当し、契約締結前書面交付義務や広告規制などの金融商品取引法の行為規制が一部準用される。なお、市場価格調整（MVA）とは、終身保険、養老保険、個人年金保険、外貨建て保険などの保険種類について、市場価格調整により解約返戻金が変動する仕組みを取り入れたものである。

2）**不適切**。外貨建て保険の解約差益は、保険差益および為替差益の合計額が一時所得として所得税の課税対象となる。

3）**不適切**。一般に、外貨建て終身保険（平準払い）は、保険料の払込みや保険金の受取りを外貨建てで行う仕組みを取り入れた保険であるが、契約時の固定レートで換算した円貨で保険料を支払うものもある。

4）**適　切**。円換算支払特約は、保険金の受取りを円貨で行うための特約であるため、保険金受取時の為替レートによる為替変動リスクを回避することはできない。

問11 ▶ **正解　4**

1）**不適切**。年金支払開始後に保証期間分の年金額を一括して受け取った場合、その一時金は雑所得として所得税の課税対象となる。

2）**不適切**。一時払個人年金保険（給付年金総額が定められている確定年金契約に限る）で、契約開始から5年以内で年金支払開始前に解約されたものの差益は、金融類似商品に該当する。終身年金の一時払個人年金保険は、金融類似商品に該当しない。

3）**不適切**。契約者と年金受取人が同一人で、年金支払額が20万円を超える場合、保険会社は支払調書の提出が必要となる。この年金支払額は、払込保険料を控除した金額ではない。したがって、保険会社が支払う年金額からその年金額に対応する払込保険料を控除した金額が年間20万円以下であったとしても、保険会社が支払う年金額が20万円を超えているのであれば支払調書の提出は必要となる。

4）**適　切**。年金が支払われる際は、下記により計算した所得税および復興特別所得税が源泉徴収される。

（年金の額－その年金の額に対応する保険料または掛金の額）×10.21％

ただし、年金の額からそれに対応する保険料または掛金の額を控除した残額が25万円未満の場合には、源泉徴収されない。

問12 ▶ 正解 3

1）不適切。危険度が最も高い都道府県の等地区分は「3」であり、危険度が下がるごとに「2」、「1」となる。

2）不適切。耐震診断割引の割引率は、10％の1区分だけである。

3）適　切。木造建物（在来軸組工法、枠組壁工法）、共同住宅を除く鉄骨造建物（鉄骨系プレハブ造建物等の戸建住宅）の地盤液状化による損害の認定基準は、地盤液状化による建物の「傾斜」または「最大沈下量」に着目して、全損、大半損、小半損、一部損の認定を行う。下表参照。

損害の程度	地盤液状化による損害	
	傾斜	最大沈下量
全損	1.7/100（約1°）超	30cm超
大半損	1.4/100（約0.8°）超 1.7/100（約1°）以下	20cm超　30cm以下
小半損	0.9/100（約0.5°）超 1.4/100（約0.8°）以下	15cm超　20cm以下
一部損	0.4/100（約0.2°）超 0.9/100（約0.5°）以下	10cm超　15cm以下

4）不適切。家財の損害が全損と認定されるのは、損害額が家財の時価の80％以上の場合である。

問13 ▶ 正解 3

1）適　切。自賠責保険の重過失減額制度とは、被害者に7割以上10割未満の過失がある場合に、被害者の過失割合に応じて定められた減額割合に基づいて保険金等を減額する制度である。

2）適　切。共同不法行為による自動車事故においては、有効な自賠責保険の保険金額を合算した金額が上限となる。例えば、自動車2台の事故で傷害を負った場合は240万円（120万円×2）が限度となる。

3）不適切。政府保障事業による損害のてん補は、健康保険や労働者災害補償保険などの社会保険から制度上給付を受けることができる場合には、その金額が差し引かれる。

4）適　切。政府の保障事業への請求の時効は下記のとおりである。

・傷害・・・・・事故発生日から３年
・後遺障害・・・症状固定日から３年
・死亡・・・・・死亡日から３年

問14 ▶ 正解　4

（a） **不適切**。指定代理請求人として指定できる者は、一般的に、①被保険者の戸籍上の配偶者、②被保険者の直系血族、③被保険者の３親等内の親族である。したがって、２親等の親族である兄弟姉妹を指定することができる。

（b） **不適切**。統計上、女性は男性よりも長寿の傾向がある。また、高齢になるに従い、介護を必要とする者の割合が増加する。したがって、年齢、保険期間等の契約内容が同一であるときは、保険料は、被保険者が男性よりも女性のほうが高くなる。

（c） **不適切**。保険期間が有期である認知症保険では、保険期間中に給付金が支払われなかった場合、期間満了時に満期保険金を受け取ることができる商品もあるが、その額は払込保険料を下回る。

以上より、適切なものは０（なし）である。

問15 ▶ 正解　3

2019年７月８日以後の定期保険および第三分野の保険において、保険期間が３年以上であり、最高解約返戻率が50％超の契約は、次のように３段階に区分して損金算入割合が制限されている。なお、最高解約返戻率が50％以下の契約は次の区分によらず、原則として、保険料の全額を損金算入できる。また、次の区分に該当する最高解約返戻率が50％超70％以下の契約のうち、年間保険料が30万円以下のものは、全額損金算入できる。

<table>
<tr><th rowspan="2">最高解約返戻率</th><th colspan="3">保険期間</th></tr>
<tr><th>当初４割期間</th><th>次の3.5割期間</th><th>最後2.5割期間</th></tr>
<tr><td>50%超70%以下</td><td>40%資産計上
（60%損金算入）</td><td rowspan="2">全額損金算入</td><td rowspan="2">全額損金算入
資産計上額を均等に取り崩し、損金算入</td></tr>
<tr><td>70%超85%以下</td><td>60%資産計上
（40%損金算入）</td></tr>
<tr><td>85%超</td><td colspan="3">［当初10年間］
「保険料×最高解約返戻率×90%」を資産計上（残額を損金算入）
［11年目以降※］
「保険料×最高解約返戻率×70%」を資産計上（残額を損金算入）
［資産計上期間と資産取崩期間の間の期間］
全額損金算入
［資産取崩期間］
解約返戻金が最も高くなる時期（解約返戻金額ピーク）から資産計上額を均等に取り崩し、損金算入</td></tr>
</table>

※11年目以降は、「最高解約返戻率となる期間（解約返戻率ピーク）」または「年間の解約返戻金増加額÷年間保険料（解約返戻金増加率）≦70%になる年」のいずれか遅いほうまでの期間

本問では、保険期間が45年（100歳－55歳）であり、最高解約返戻率が65%の契約であるため、保険期間の当初４割の期間は、40%資産計上（60%損金算入）となる。

300万円×60%＝180万円（損金算入額：定期保険料）

300万円×40%＝120万円（資産計上額：前払保険料）

借方		貸方	
定期保険料	180万円	現金・預金	300万円
前払保険料	120万円		

問16 ▶ 正解　2

1）不適切。他社株転換可能債（ＥＢ債）は、満期償還前の判定日に債券の発行者とは異なる別の会社の株式（対象株式）の株価が発行時に決められた価格を上回ると、額面金額の金銭で償還される債券である。なお、対象株式の株価が発行時に決められた価格を下回ると、金銭での償還ではなく、対象株式が交付される。

2）適　切。ストリップス（STRIPS）は「Separate Trading of Registered Interest and Principal of Securities」の略で、固定利付債の元本部分

と利子（クーポン）部分を切り離し、それぞれを割引債（ゼロクーポン債）として発行するのがストリップス債である。元本部分は利付債の償還日を満期とし、利子部分はそれぞれの支払期日を満期とする割引債（ゼロクーポン債）である。

3）**不適切**。払込み・利払い・償還のいずれかに異なる２種類の通貨が使われる債券を二重通貨建て外債という。このうち、払込みと利払いの通貨が同じで償還の通貨が異なるものをデュアルカレンシー債、払込みと償還の通貨が同じで利払いの通貨が異なるものをリバース・デュアルカレンシー債という。

4）**不適切**。個人向け国債の適用利率は次のとおりであり、下限金利は0.05%となっている。

分類	変動10年	固定５年	固定３年
適用金利	基準金利×0.66	基準金利－0.05%	基準金利－0.03%
基準金利	10年固定利付国債の複利利回り	５年固定利付国債の想定利回り	３年固定利付国債の想定利回り

問17 ▶ 正解　**1**

1）**不適切**。証拠金倍率は法令により25倍とされている。

2）**適　切**。為替手数料は、通貨、金融機関によって異なる。

3）**適　切**。外国債券・外国株式・外国投資信託といった外国証券取引を始める場合には、外国証券取引口座を開設する必要がある。

4）**適　切**。為替レートが円安・ドル高に変動すると円貨の受取額が増加するため、円換算の投資利回りは上昇する。

問18 ▶ 正解　**4**

1）**不適切**。制度信用取引の弁済の繰延期限は、原則として最長６カ月とされている。なお、一般信用取引における弁済の繰延期限は、顧客と証券会社との間で自由に決めることができ、無期限も可能である。

2）**不適切**。委託保証金率は30%以上、かつ30万円以上とされている。したがって、約定価額60万円の30%は18万円であるため、委託保証金は30万円以上必要である。

3）**不適切**。信用取引における建株の名義は金融機関にあるため、株式発行会社から配当金や株主優待を受けることはできない。なお、配当については、株価に及ぼす影響が大きいため、信用取引の売り方から買い方に対して配当（落）調整金として支払われる。

4）適　切。代用有価証券は時価の100％で評価されるのではなく、前日の終値に一定の代用掛目（現金換算率）を乗じた価格で評価される。

問19 ▶ **正解　2**

株式の価値は、将来支払われる配当の現在価値の総合計であるとの考え方を、配当割引モデルという。将来にわたって定率で配当が成長して支払われると予想する場合、次の計算式が成り立つ。

$$\text{株式の内在価値}=\frac{\text{1株当たりの予想配当}}{\text{期待利子率}-\text{期待成長率}}$$

株式の内在価値（株価）＝1,200円、期待利子率＝5.0％、期待成長率＝2.4％を当てはめて、予想配当をxとして計算する。

※ $\frac{X}{5.0\%-2.4\%}=1,200\text{円} \rightarrow X=1,200\text{円}\times 2.6\%\fallingdotseq \underline{31\text{円}}$

（円未満四捨五入）

問20 ▶ **正解　3**

サスティナブル成長率＝ＲＯＥ×内部留保率

$=\text{売上高純利益率}\times\text{使用総資本回転率}\times\frac{1}{\text{自己資本比率}}$

$\times(1-\text{配当性向})$

$=0.0415\times 1.20\times\frac{1}{0.35}\times(1-20.00\%)$

$=0.11382\cdots\rightarrow \underline{11.38\%}$

問21 ▶ **正解　3**

収益分配金を受け取る都度、個別元本が修正されるか確認する。

2022年３月期

分配落後基準価額11,400円≧個別元本11,000円

∴　個別元本の修正なし

2023年３月期

分配落後基準価額11,100円≧個別元本11,000円

∴　個別元本の修正なし

2024年３月期

分配落後基準価額10,400円＜個別元本11,000円

かつ

個別元本11,000円≦決算時基準価額11,200円(＝800円＋10,400円)

∴　個別元本と分配落後基準価額との差額600円（11,000円－10,400円）が元本払戻金。

残額200円（800円－600円）は普通分配金

税金：200円×20.315％＝40.63→40円（円未満切捨て）

手取り額：800円－40円＝760円

問22 ▶ **正解　2**

• 経済状況ごとの予想収益率

証券Ａと証券Ｂにそれぞれ４：１の割合で投資する場合、0.8：0.2の投資比率となる。

・好況の場合＝20％×0.8＋10％×0.2＝18％

・普通の場合＝10％×0.8＋５％×0.2＝９％

・不況の場合＝(▲15％)×0.8＋０％×0.2＝▲12％

• 期待収益率

18％×0.5＋９％×0.3＋(▲12％)×0.2＝9.3％

• 分散

$(18\% - 9.3\%)^2 \times 0.5 + (9\% - 9.3\%)^2 \times 0.3 + (▲12\% - 9.3\%)^2 \times 0.2 = 128.61$

• リスク（標準偏差）

$\sqrt{分散} = \sqrt{128.61} = 11.340\cdots \rightarrow 11.34\%$

問23 ▶ **正解　2**

1）適　切。特定贈与信託とは、特定障害者の生活の安定を図ることを目的に、その親族等が委託者となり、受託者に金銭等の財産を信託し、受益者（特定障害者）へ定期的かつ必要に応じて金銭を交付する信託であり、特別障害者は6,000万円、それ以外の特定障害者は3,000万円まで贈与税が非課税となる。

2）不適切。後見制度支援信託を利用して信託銀行などに信託することのできる財産は、金銭に限られている。

3）適　切。教育資金贈与信託とは、「教育資金の一括贈与に係る贈与税の非課税措置」に基づいて創設された信託である。受贈者（受益者）1人につき1,500万円（学校以外の教育資金は500万円）を限度として贈与税が非課税になる。なお、信託等をする日の属する年の前年の受贈者の合計所得金額が1,000万円を超える場合には、贈与税の非課税措置の適用はできない。

4）適　切。遺言代用信託とは、委託者が受益者となって自身の老後生活の年金を補完等するために給付を受けることができるほか、委託者の相続開始後にはあらかじめ受益者として指定した特定の相続人が速やかに給付を受けることができる信託である。遺言に代わって遺産分割を実現することができる。

問24 ▶ 正解　**4**

1）適　切。なお、ベア型ファンドは、相場の下落局面でより高い収益率が期待できるファンドである。

2）適　切。アンブレラ型ファンドは、契約時に投資家が予め設定された投資対象や運用方針が異なる複数のサブファンドの中から自由に組み合わせることができる投資信託である。アンブレラ型ファンドのメリットは、運用中の投資環境の変化に応じて、サブファンドの組替え（スイッチング）が容易にできることである。

3）適　切。ファンド・オブ・ファンズは、複数の投資信託に分散投資をする投資信託であり、他のファンド・オブ・ファンズ、直接株式や債券に投資をしてはならず、1つの投資信託への投資は純資産総額の50%を超えてはならないとされている。

4．不適切。ＭＲＦは証券総合口座専用の追加型投資信託である。金融情勢が不安定になりＭＲＦの元本割れが生じた場合、換金性を損なわないよう例外的に投資信託委託会社に損失の補てんが認められている。

問25 ▶ 正解　**3**

1）不適切。青色事業専従者給与として認められるものは月給や賞与であり、退職金は対象外である。

2）不適切。支出した交際費のうち、飲食のために支出した費用で、かつ、業務の遂行上直接必要と認められるものについては、事業所得の金額の計算上、その支出額の全額を必要経費に算入することができる。

3）**適　切**。次のものを譲渡したことによる所得は、事業所得または雑所得となる。

・使用可能期間が1年未満の減価償却資産

・取得価額が10万円未満である減価償却資産（業務の性質上基本的に重要なものを除く）

・取得価額が20万円未満である減価償却資産で、取得時に一括償却資産の必要経費算入の適用を受けたもの（業務の性質上基本的に重要なものを除く）

4）**不適切**。事業主が、同一生計親族が所有する不動産を賃借したことによる賃借料を支払った場合、その事業主の所得の計算上、必要経費に算入しない。一方、その不動産につき、同一生計親族が支払った不動産所得に係る固定資産税などは、その事業主の所得の計算上、必要経費に算入することができる。

問26 ▶ 正解 3

1）**適　切**。事業を行う白色申告者の場合、事業に専ら従事する家族従業員の数、配偶者かその他の親族かの別、所得金額に応じて計算させる金額を必要経費とみなす事業専従者控除の特例がある。事業専従者控除額は、次の①または②の金額のいずれか低い金額となる。

①　事業専従者が事業主の配偶者であれば86万円、配偶者でなければ専従者一人につき50万円

②　この控除をする前の事業所得等の金額を専従者の数に1を足した数で割った金額

2）**適　切**。確定申告が法定申告期限後となった場合、青色申告特別控除は最高10万円となる。

3）**不適切**。賃貸用固定資産の取壊し、除却などの資産損失については、不動産の貸付けが事業的規模の場合は、**その全額**を必要経費に算入することができる。それ以外の場合は、その年分の資産損失を差し引く前の不動産所得の金額を限度として必要経費に算入することができる。

4）**適　切**。明渡遅延に伴って支払われる損害賠償金は、実質的に契約期間を延長して建物を借り受けた対価として支払われるものであるため、不動産所得の金額の計算上、その受け取った金額を収入金額に算入す

る。

問27 ▶ 正解 3

配当控除の額は次のように計算する。

(1) 課税総所得金額等が1,000万円以下の場合
配当控除の額＝配当所得の金額×10％

(2) 課税総所得金額等が1,000万円超の場合
配当控除の額＝①×10％＋②×５％
① 配当所得の金額－(課税総所得金額等－1,000万円)
② 配当所得の金額－①

〈計算〉

(1) 課税総所得金額等（所得控除後の金額）
355万円＋780万円－125万円＝1,010万円＞1,000万円

(2) 配当控除の額
① 355万円－(1,010万円－1,000万円)＝345万円
② 355万円－345万円＝10万円
③ ①×10％＋②×５％＝35万円

問28 ▶ 正解 1

（a） **適　切**。給与所得および退職所得以外の所得金額が20万円以下の場合、確定申告が不要となるが、給与所得および退職所得以外の所得が一時所得であるときは、その金額に２分の１を乗じた後の金額で判断する。

（b） **不適切**。更正の請求ができる期間は、原則として法定申告期限から５年以内である。なお、所得金額が増減したり所得控除が追加されたりしても、最終的な税額や繰越損失の金額が変化しない場合、更正の請求はできない。

（c） **不適切**。税務署から申告税額の更正を受けると、過少申告加算税が課される。なお、税務調査を受ける前に自主的に修正申告をした場合、過少申告加算税は課されない。

以上より、適切なものは１つである。

問29 ▶ 正解 2

1）不適切。駐車場業の貸付規模が、駐車可能台数10台未満かつ建築物である駐車場または機械設備を設けた駐車場でない場合、個人事業税は課されない。本肢の場合、駐車可能台数が10台未満であるが、機械式立体駐車場を設置しているため、個人事業税が課される。

2）適　切。なお、標準税率は、第1種事業については5％、第2種事業については4％、第3種事業については5％または3％である。

3）不適切。青色申告者は、損失の繰越控除の適用を受けることができるが、繰戻還付の適用を受けることはできない。

4）不適切。個人事業税では、青色申告特別控除の適用を受けることはできない。

問30 ▶ 正解 4

1）不適切。ふるさと納税（寄附金控除）は、寄附額のうち2,000円を超える金額が対象となる。ただし、寄附金額が課税標準の合計額の40％を超える場合は、課税標準の合計額の40％が限度となる。また、控除額自体には上限はないが、収入や家族構成等により寄附金控除以外の所得控除額が変動するため、寄附金控除額全額を総所得金額等から控除することができない場合がある。

2）不適切。寄附に対する謝礼として受け取った返礼品に係る経済的利益は、一時所得として総合課税の対象となる。寄附が返礼品を得るための支出として扱われず、寄附金控除の対象とされているからである。

3）不適切。ワンストップ特例制度の適用を受けた場合には、所得税の寄附金控除は適用されず、すべて住民税の寄附金税額控除が適用される。

4）適　切。なお、ワンストップ特例制度は、確定申告が不要な給与所得者等が対象である。

問31 ▶ 正解 2

1）不適切。簡易課税制度の適用を受けようとする事業者は、原則として、その適用を受けようとする課税期間の開始日の前日までに、消費税簡易課税制度選択届出書を納税地の所轄税務署長に提出しなければならない。

2）適　切。高額特定資産の仕入れ等を行った場合、当該資産の仕入れ等の日の属する課税期間の初日以後３年を経過する日の属する課税期間の初日の前日までの期間は、消費税簡易課税制度選択届出書を提出することができない。なお、高額特定資産とは、課税仕入れに係る支払対価の額が1,000万円以上（税抜き）の棚卸資産または調整対象固定資産をいう。

3）**不適切**。簡易課税を選択すると、２年間はやめることができない。

4）**不適切**。２種類以上の事業を営む事業者が、課税売上を事業ごとに区分していない場合、その区分していない事業のうち、一番低いみなし仕入率を適用して仕入控除税額を計算する。

問32 ▶ 正解 4

受取配当等については、次の区分に応じ、それぞれ計算した金額の合計額が益金不算入となる。

	区分	益金不算入額の計算
①	完全子会社法人株式等（株式保有割合100%）	受取配当等の額×100%
②	関連法人株式等（株式保有割合３分の１超）	（受取配当等の額－負債利子）×100%
③	その他の株式等	受取配当等の額×50%
④	非支配目的株式等（株式保有割合５%以下）	受取配当等の額×20%

1）**適　切**。上記区分①に該当するため、受取配当等の全額が益金不算入となる。

2）**適　切**。上記区分②に該当するため、受取配当等の額から負債利子額を控除した金額が益金不算入となる。

3）**適　切**。上記区分③に該当するため、受取配当等の額の50%が益金不算入となる。

4）**不適切**。上記区分④に該当するため、受取配当等の額の20%が益金不算入となる。

問33 ▶ 正解 3

1）**適　切**。$総資本回転率 = \frac{売上高}{総資本（資産の部合計）} = \frac{500百万円}{400百万円}$

$= 1.25$回

2）適　切。$総資本経常利益率 = \frac{経常利益}{総資本(資産の部合計)} \times 100$

$= \frac{50百万円}{400百万円} \times 100 = 12.5\%$

3）不適切。限界利益＝売上高－変動費＝500百万円－300百万円

＝200百万円

$限界利益率 = \frac{限界利益}{売上高} \times 100 = \frac{200百万円}{500百万円} \times 100 = \underline{40\%}$

4）適　切。$損益分岐点売上高 = \frac{固定費}{限界利益率} = \frac{150百万円}{40\%} = 375百万円$

問34 ▶ 正解　1

（a） 不適切。都市計画図は、市町村などの範囲によって市街化区域および市街化調整区域の別、用途地域その他の地域地区、防火地域・準防火地域、容積率および建蔽率ならびに都市計画道路などの都市計画関係の情報を地図上に記載したものである。基準地標準価格は都市計画図に表示されていない。

（b） 不適切。路線価図には、路線ごとに1㎡当たりの路線価と借地権割合が表示されている。

（c） 適　切。地積測量図は、土地の表題登記や分筆登記申請時に提出されるもので、精度は高いが、すべての土地に備えられているものではない。

以上より、適切なものは1つである。

問35 ▶ 正解　3

1）適　切。

2）適　切。

3）不適切。専属専任媒介契約を締結したときは、宅地建物取引業者は、契約の相手方を探索するため、専属専任媒介契約の締結の日から**5日**以内に指定流通機構に物件情報の登録をしなければならない。

4）適　切。

	一般媒介契約	専任媒介契約	専属専任媒介契約
他の業者へ重ねての依頼	○	×	×
自己発見取引	○	○	×
有効期間の上限	法律上の定めなし	3カ月※	3カ月※
依頼者への業務報告義務	報告義務なし	2週間に1回以上	1週間に1回以上
指定流通機構への物件情報の登録義務	登録義務なし	7日以内	5日以内

※　契約の有効期間を3カ月超とした場合、3カ月を超えた部分は無効となり、契約期間は3カ月となる

問36 ▶ 正解　4

1）適　切。特定要除却認定を受けた場合においては、団地建物所有者集会において、特定団地建物所有者および議決権の各5分の4以上の多数で、当該特定団地建物所有者の共有に属する団地内建物の敷地またはその借地権を分割する旨の決議（敷地分割決議）をすることができる。

2）適　切。マンションが外壁、外装材その他これらに類する建物の部分が剥離し、落下することにより周辺に危害を生ずるおそれがあるものとして一定の基準に該当する場合、特定要除却認定の申請をすることができる。

3）適　切。

4）不適切。マンションおよびその敷地の売却決議に賛成した区分所有者は、マンションおよびその敷地の売却を反対する者に対し、区分所有権および敷地利用権を時価で売り渡すよう請求することができる。

問37 ▶ 正解　4

1）不適切。市街化区域内の農地を他の用途に転用する場合は、あらかじめ農業委員会に届け出れば、農地法第4条に基づく許可を受ける必要はない。

2）不適切。相続により取得した場合は、農地法3条の許可は不要であるが、農業委員会に届け出る必要がある。

3）不適切。生産緑地の所有者は、都市計画の告示から30年を経過したとき、市町村長に対し、農地等の時価による買取りを申し出ることがで

きる。

4）適　切。生産緑地に建築物その他の工作物の新築、改築または増築をする場合には、市町村長の許可が必要である。

問38 ▶ 正解 3

1）**不適切**。専有部分を数人で共有している場合、共有者のうち議決権を行使する者1人を決めなければならない。

2）**不適切**。建替え決議において、規約で区分所有者および議決権の定数について減ずることはできない。

3）**適　切**。管理組合は、集会による区分所有者数および議決権の各4分の3以上の多数による集会の決議および法人登記により、法人になることができる。

4）**不適切**。形状または効用の著しい変更を伴わない共用部分の変更については、区分所有者および議決権の各過半数による集会の決議で行うことができる。

問39 ▶ 正解 2

1）**不適切**。市街化区域における開発行為は、原則として、その規模が1,000㎡未満であるものは、開発許可が不要である。

2）**適　切**。

3）**不適切**。開発行為とは、主として建築物や特定工作物の建設目的で行う土地の区画形質の変更をいう。したがって、建築物の建築を伴わない土地の区画形質の変更は、開発行為に該当しない。

4）**不適切**。準都市計画区域および非線引都市計画区域における開発行為は、原則としてその規模が3,000㎡以上であるものは、開発許可が必要である。

問40 ▶ 正解 2

（a）**適　切**。買主および売主双方に帰責事由がない場合、買主は売主に対し、目的物の修補（追完請求）をすることができる。

（b）**適　切**。買主が相当期間を定めて履行の追完の催告をし、その期間内に履行の追完がないとき、帰責事由のない買主は、不適合の程度に応じた代金減額請求をすることができる。

（c） 不適切。売主が種類または品質に関して、契約内容に適合しない目的物を買主に引き渡した場合、買主がその不適合を理由として、追完請求、代金減額請求、損害賠償請求および契約解除をするためには、買主がその不適合を知った時から1年以内にその旨を売主に通知しなければならない。ただし、売主が引渡しの時にその不適合を知っていた場合や重大な過失により知らなかったときは、1年経過後の通知でも各種請求等をすることができる。

以上より、適切なものは2つである。

問41 ▶ **正解 1**

（a） 不適切。居住用財産の譲渡先が譲渡者の特別関係者である場合は、本特例の適用を受けることができない。特別関係者とは、譲渡者の配偶者および直系血族、親族で譲渡者と生計を一にしている者などである。譲渡先の長男の妻は、1親等の姻族であるため親族に該当し、Aさんと生計を一にしているため、Aさんは本特例の適用を受けることができない。

（b） 適　切。家屋を取り壊した後の敷地も本特例の適用を受けることができるが、家屋を取壊し後1年以内に売買契約を完了し、その間、貸付けや事業用に使用しないことが条件となる。したがって、家屋の取壊し後1年以内に譲渡契約を締結し、その間、第三者に対して貸付けその他の用に供していないため、本特例の適用を受けることができる。

（c） 不適切。借地権の譲渡も、本特例の適用を受けることができる。

以上より、適切なものは1つである。

問42 ▶ **正解 4**

1）適　切。遺贈者の死亡以前に受遺者が死亡したときは、遺贈の効力は生じない。

2）適　切。自筆証書（財産目録を含む）遺言内の記載の加除その他の変更は、その場所を指示し、これを変更した旨を付記して特にこれに署名し、かつ、その変更の場所に印を押さなければ、その効力を生じない。変更についても要式が求められている。

3）適　切。遺贈を履行する義務を負う者（遺贈義務者）その他の利害関係人は、受遺者に対し、相当の期間を定めて、その期間内に遺贈の承認または放棄をすべき旨の催告をすることができる。この場合において、受遺者がその期間内に遺贈義務者に対してその意思を表示しないときは、遺贈を承認したものとみなされる。

4）不適切。証人および立会人の欠格事由に該当しない限り、遺言者の兄弟姉妹は公正証書遺言を作成する際の証人になることができる。なお、欠格事由に該当する者は以下のとおり。

・未成年者
・推定相続人および受遺者ならびにこれらの配偶者および直系血族
・公証人の配偶者、４親等内の親族、書記および使用人

問43 ▶ 正解 1

1）不適切。贈与税の配偶者控除の適用を受けた者は、当該贈与を受けた年の翌年に贈与者の相続が発生した場合であっても、適用を受けた部分（2,000万円まで）は相続税の課税価格に算入されない。本肢の場合、2,000万円は相続税の課税価格に算入されないが、500万円は相続税の課税価格に算入される。

2）適　切。店舗併用住宅の場合、居住用部分だけが贈与税の配偶者控除の対象となる。贈与を受けた持分の割合（２分の１）が、居住用部分（２分の１）の範囲内であるため、持分の贈与は居住用部分とされる。したがって、4,000万円の２分の１である2,000万円の部分が贈与税の配偶者控除の対象となる。

3）適　切。贈与税の配偶者控除では、居住用家屋の贈与だけでなく、その敷地の贈与についても適用される。

4）適　切。居住用不動産を取得するための金銭の贈与を受けて贈与税の配偶者控除の適用を受けるためには、金銭の贈与を受けた年の翌年3月15日までにその資金で居住用不動産を取得し、贈与を受けた者の居住の用に供しなければならない。

問44 ▶ 正解 3

1）不適切。尊属または年長者を普通養子とすることはできないため、兄弟姉妹の間であっても、弟（妹）が年長者である兄（姉）を普通養子にすることはできない。

2）不適切。養子縁組後に生まれた養子の子は、養親の相続において、養子の代襲相続人となる。

3）適　切。未成年者を養子とするには、家庭裁判所の許可を得なければならない。ただし、自己または配偶者の直系卑属を養子とする場合は、家庭裁判所の許可は不要である。

4）不適切。特別養子縁組において、養子となる者は、原則として、15歳未満でなければならない。また、養親となる者は、配偶者のある者でなければならず、原則として、25歳以上でなければならない。ただし、養親の夫婦の一方が25歳未満であっても、その者が20歳以上であればよい。

問45 ▶ **正解　2**

各共同相続人は、遺産に属する預貯金債権のうち、各口座において以下の計算式で求められる額（同一の金融機関に対する権利行使は150万円が限度）までについては、他の共同相続人の同意がなくても単独で払戻しをすることができる。

相続開始時の預貯金債権の額 × $\frac{1}{3}$ × 当該払戻しを求める共同相続人の法定相続分

配偶者がいない場合の子の法定相続分は1であり、同順位のものが複数いる場合は均分相続となる。したがって、長男Bさんの法定相続分は$\frac{1}{2}$である。

X銀行において、長男Bさんが単独で払戻しを請求できる金額は、次のとおりである。

(700万円＋1,700万円)×$\frac{1}{3}$×$\frac{1}{2}$＝400万円＞150万円　∴　150万円

Y銀行において、長男Bさんが単独で払戻しを請求できる金額は、次のとおりである。

600万円×$\frac{1}{3}$×$\frac{1}{2}$＝100万円＜150万円　∴　100万円

以上より、長男Bさんが、家庭裁判所の審判や調停を経ることなく、遺産分割前に単独で払戻しを請求することができる預貯金債権の上限額は250万円（150万円＋100万円）である。

問46 ▶ 正解 2

1）適　切。未成年者控除の金額が、その控除の適用を受ける者について算出した相続税額を超える場合には、その超える部分の金額は、未成年者控除の適用を受ける者の扶養義務者の相続税額から控除できる。

2）不適切。相次相続控除とは、今回の相続開始前10年以内に被相続人が相続や遺贈等によって財産を取得し相続税が課されていた場合には、その被相続人から相続や遺贈等によって財産を取得した者の相続税額から、被相続人が納付した相続税額の一定の金額を控除するものである。したがって、本問の場合は、父の相続時に母が納付した相続税額の一部を、子の相続税額から控除することができる。

3）適　切。障害者控除の適用対象者は、下記の全てに当てはまる者である。

①　相続や遺贈で財産を取得した時に日本国内に住所がある者（一時居住者で、かつ、被相続人が一時居住被相続人または非居住被相続人である場合を除く）

②　相続や遺贈で財産を取得した時に障害者である者

③　相続や遺贈で財産を取得した者が法定相続人（相続の放棄があった場合には、その放棄がなかったものとした場合における相続人）

4）適　切。配偶者の税額の軽減とは、被相続人の配偶者が遺産分割や遺贈により実際に取得した正味の遺産額が下記の金額のどちらか多い金額までは、配偶者に相続税が課税されない制度である。

①　1億6,000万円

②　配偶者の法定相続分相当額

問47 ▶ 正解 2

（a）　**申告不要**。死亡保険金の非課税額（**500万円×法定相続人の数**）の適用にあたり、申告は要件とされていない。

（b）　**申告必要**。「小規模宅地等についての相続税の課税価格の計算の特例」の適用を受ける場合には、申告が必要である。

（c）　**申告必要**。配偶者の税額軽減を適用すると納付すべき相続税の税額がゼロとなるが、適用せずに計算すると納付すべき相続税額が生じる場合には、申告が必要である。

（d）　**申告不要**。相続時精算課税の適用を受けていた場合、相続財産と相続時精算課税による受贈財産をあわせて遺産に係る基礎控除額以下であれば、申告は必要ない。本肢の場合、合計した財産は3,000万円となり、遺産に係る基礎控除額（3,000万円＋600万円×法定相続人の数）以下となる。

したがって、相続税の申告を必要とするものは２つである。

問48 ▶ 正解 1

1）不適切。相続財産のうち不動産等の価額が占める割合が75％以上の場合、不動産等の価額に対応する部分の延納税額の最高延納期間は、原則として20年である。相続税の最高延納期間は以下のとおり。

不動産等の割合が75％以上の場合	不動産等に対応する税額	20年
	動産等に対応する税額	10年
不動産等の割合が50％以上75％未満の場合	不動産等に対応する税額	15年
	動産等に対応する税額	10年
不動産等の割合が50％未満の場合		5年

2）適　切。

3）適　切。特定物納制度（延納から物納への変更）において、特定物納申請の日までに分納期限が到来している延納税額は、物納に切り替えることはできない。

4）適　切。特定物納制度（延納から物納への変更）に係る財産の収納価額は、特定物納申請のときの価額となる。

問49 ▶ 正解 1

1）適　切。

2）不適切。被相続人の居住の用に供されていた宅地を配偶者が相続により取得した場合には、本特例の適用にあたり要件はない。相続税の申告期限まで居住を継続しなかった場合や売却した場合であっても、適用を受けることができる。

3）不適切。被相続人の事業の用に供されていた宅地が「特定事業用宅地等」として本特例の適用対象となるためには、当該事業を相続税の申告期限までに承継して営み、かつ、相続税の申告期限まで保有していなければならない。

4）不適切。適用対象面積の調整を行わないのは、「特定事業用宅地等・

特定同族会社事業用宅地等（合計400㎡まで）」と「特定居住用宅地等（330㎡まで）」である。「貸付事業用宅地等」は、適用対象面積の調整を行う。

問50 ▶ 正解　**3**

1）**不適切**。株式会社が株式を取得した相続人に対して売渡しを請求するためには、その都度、株主総会の決議によって、株式の数、株主の氏名または名称を定めなければならない。この場合の株主総会の決議は、当該株主総会において議決権を行使することができる株主の議決権の過半数を有する株主が出席し、出席した当該株主の議決権の３分の２以上に当たる多数をもって行わなければならない。この決議のことを特別決議という。相続人は、当該株主総会において議決権を行使することができない。なお、普通決議は、議決権を行使することができる株主の議決権の過半数を有する株主が出席し、出席した当該株主の議決権の過半数をもって行うものである。

2）**不適切**。株式会社は、相続その他の一般承継により譲渡制限株式を取得した者に対し、当該株式を当該会社に売り渡すことを請求することができる旨を定款で定めることができる。株式会社が株式を取得した相続人に対して売渡しを請求できるのは、当該会社が相続があったことを知った日から１年以内である。

3）**適　切**。株式会社が株式を取得した相続人に対して売渡しを請求する場合、株主に対して交付する金銭等の帳簿価額の総額は、株式買取日における分配可能額を超えてはならない。

4）**不適切**。株式会社が株式を取得した相続人に対して売渡しを請求する場合、当該株式の売買価格は、株式会社と相続人との協議によって定める。また、株式会社また相続人は、売渡しの請求があった日から20日以内に、裁判所に対し、売買価格の決定の申立てをすることができる。ただし、当該申立てがあったときは、裁判所が定めた額が株式の売買価格となる。

予想問題 ― 学科応用

解答解説

【第1問】

《問51》▶ 正解 ①3（割） ②評価療養 ③選定療養 ④200（床） ⑤42（万円）

〈解説〉

保険診療と保険外診療を受けた場合、医療費の全額が自己負担となるが、厚生労働大臣の定める評価療養、患者申出療養、選定療養については保険診療と併用することができる。この場合、診察、検査、投薬、入院料等の通常の治療と共通する部分の費用は、一般の保険診療と同様に一部負担金を支払い、残りの部分の費用は保険外併用療養費として給付が行われる。

評価療養	厚生労働大臣が定める高度の医療技術を用いた療養その他の療養であって、療養の給付の対象とすべきものであるか否かについて、適正な医療の効率的な提供を図る観点から評価を行うことが必要な療養（患者申出療養を除く）として厚生労働大臣が定めるもの（例）先進医療、医薬品・医療機器の治験に係る診療など
患者申出療養	高度の医療技術を用いた療養であって、当該療養を受けようとする者の申出に基づき、療養の給付の対象とすべきものであるか否かについて、適正な医療の効率的な提供を図る観点から評価を行うことが必要な療養として厚生労働大臣が定めるもの（例）未承認薬による治療、対象者から外れた治験など
選定療養	被保険者の選定に係る特別の病室の提供その他の厚生労働大臣が定める療養（例）病床数200以上の病院を紹介状なしで受けた初診、時間外診療など

医療費100万円の内訳として、先進医療に係る費用が40万円、通常の治療と共通する部分に係る費用が60万円である場合、窓口支払額および保険外併用療養費は次のとおりである。

窓口支払額：40万円＋60万円×３割＝58万円

保険外併用療養費：100万円－58万円＝42万円

《問52》▶ 正解 ①21,000（円） ②4（回目） ③個人番号（マイナンバー）カード ④186,180（円）

〈解説〉

高額療養費の算定にあたり、70歳未満の被保険者または被扶養者が複数の医療機関にかかり、それぞれ21,000円以上の額は、医科・歯科、入院・通院を合算することができる。また、同一世帯で直前の１年間（12カ月間）に、既に３回以上高額療養費の支給を受けていて、さらに４回以上高額療養費が支給される場合は、４回目からは自己負担限度額が一定の金額に軽減される。

個人番号（マイナンバー）カードを健康保険証として利用するための申込みを行うことで、医療機関や薬局で利用できる。この場合、限度額適用認定証の交付を受けていなくても、窓口での一部負担金は、高額療養費の自己負担限度額までとなる。

所得区分イに該当するＡさんの総医療費が120万円である場合、窓口支払額および高額療養費は次のとおりである。

窓口支払額：167,400円＋（120万円－558,000円）×１％＝173,820円

高額療養費：120万円×３割－173,820円＝186,180円

《問53》▶ 正解　①1,050,800円　②741,736円　③63,720円

①遺族基礎年金の年金額

816,000円＋234,800円＝1,050,800円

②遺族厚生年金の年金額

$$\left(300{,}000\text{円}\times\frac{7.125}{1{,}000}\times 120\text{月}+520{,}000\text{円}\times\frac{5.481}{1{,}000}\times 257\text{月}\right)\times\frac{3}{4}$$

≒741,736円（円未満四捨五入）

③遺族年金生活者支援給付金の額

5,310円×12月＝63,720（円未満四捨五入）

〈解説〉

①　Ｄさん（二男）が18歳到達年度末日までの子に該当するため、Ｂさん（妻）は遺族基礎年金を受給することができる。したがって、基本年金額816,000円（2024年度価額）に１人分の子の加算額（第２子まで１人につき234,800円、2024年度価額）が加算される。

②　遺族厚生年金の年金額は老齢厚生年金の報酬比例部分の４分の３相当額であり、遺族基礎年金を受給できるため、中高齢寡婦加算額は加算されない。

③　一定の所得要件を満たし、遺族基礎年金を受給している者は、月額5,310円（2024年度価額）の遺族年金生活者支援給付金を受給することができる。

【第2問】

《問54》▶ 正解 ①10.47(%) ②財務レバレッジ ③配当性向

① 売上高営業利益率 $= \dfrac{\text{営業利益}}{\text{売上高}} \times 100$

X社の売上高営業利益率 $= \dfrac{381{,}200\text{百万円}}{3{,}641{,}500\text{百万円}} \times 100$

$= 10.468\cdots \rightarrow \underline{10.47\%}$

(参考)

Y社の売上高営業利益率 $= \dfrac{328{,}700\text{百万円}}{2{,}762{,}300\text{百万円}} \times 100 = 11.899\cdots \rightarrow 11.90\%$

② 自己資本比率の逆数を**財務レバレッジ**という。

財務レバレッジ $= \dfrac{\text{総資本}}{\text{自己資本}}$

(参考)

X社の財務レバレッジ $= \dfrac{2{,}438{,}000\text{百万円}}{940{,}400\text{百万円} - 1{,}600\text{百万円} - 154{,}900\text{百万円}}$

$= 3.110\cdots \rightarrow 3.11\text{倍}$

Y社の財務レバレッジ $= \dfrac{2{,}003{,}000\text{百万円}}{905{,}500\text{百万円} - 400\text{百万円} - 14{,}900\text{百万円}}$

$= 2.250\cdots \rightarrow 2.25\text{倍}$

③ 株主への利益還元状況を表す財務指標は、**配当性向**である。

配当性向 $= \dfrac{\text{配当金総額}}{\text{当期純利益}} \times 100$

(参考)

X社の配当性向 $= \dfrac{38{,}500\text{百万円}}{146{,}700\text{百万円}} \times 100 = 26.244\cdots \rightarrow 26.24\%$

Y社の配当性向 $= \dfrac{27{,}300\text{百万円}}{119{,}200\text{百万円}} \times 100 = 22.902\cdots \rightarrow 22.90\%$

《問55》▶ 正解 13.80%

サスティナブル(内部)成長率＝ＲＯＥ×**内部留保率**

＝ＲＯＥ×(１－**配当性向**)

$$=\frac{当期純利益}{自己資本}\times 100\times\left(1-\frac{配当金総額}{当期純利益}\right)$$

$$X社のサスティナブル(内部)成長率=\frac{146{,}700百万円}{783{,}900百万円^{※}}\times 100\times\left(1-\frac{38{,}500百万円}{146{,}700百万円}\right)$$

$$=13.802\cdots \rightarrow \underline{13.80\%}$$

※　自己資本＝純資産－新株予約権－非支配株主持分
＝940,400百万円－1,600百万円－154,900百万円
＝783,900百万円

《問56》▶ 正解　①**20.315（%）**　②**29（日）**　③**5（%）**　④**1.4（%）**

〈解説〉

Ⅰ　株式の普通取引では、売買成立日（約定日）からその日を含めて３営業日目に決済（受渡し）する。決算期末が2024年10月31日（木）である場合、この日を含めて３営業日前が権利付き最終日となる。

Ⅱ　配当控除率は、次のとおりである。

	課税総所得金額等	
	1,000万円以下	1,000万円超過額
所得税	10%	5%
住民税	2.8%	1.4%

【第３問】

《問57》▶ 正解　①**17,900,000（円）**　②**2,400,000（円）**　③**1,560,000（円）**　④**45,000,000（円）**　⑤**76,575（円）**　⑥**90,600,575（円）**

〈略式別表四（所得の金額の計算に関する明細書）〉　　　　　　　　　（単位：円）

区	分	総　額
当期利益の額		28,664,000
加算	損金経理をした納税充当金	（①17,900,000）
	交際費等の損金不算入額	（②　2,400,000）
	貸倒引当金の繰入限度超過額	（③　1,560,000）
	土地受贈益計上漏れ	（④45,000,000）
	小　計	66,860,000
減算	納税充当金から支出した事業税等の金額	5,000,000
	小　計	5,000,000
仮　計		90,524,000
法人税額から控除される所得税額および復興特別所得税額		（⑤　　76,575）
合　計		90,600,575
欠損金または災害損失金等の当期控除額		0
所得金額または欠損金額		（⑥90,600,575）

①　損金経理をした納税充当金

見積納税額（未払法人税等の当期末残高）17,900千円は、損益計算書上、費用とされているが、法人税では損金算入できないため、「損金経理をした納税充当金」として加算する。

②　交際費等の損金不算入額

法人税法上の交際費＝10,800千円－400千円＝10,400千円

損金算入額　8,000千円＞(3,000千円－400千円)×50%　∴8,000千円

損金不算入額＝10,400千円－8,000千円＝2,400千円

1人当たり10千円以下の取引先等との一定の飲食費については、交際費等に該当しない。期末の資本金が1億円以下の法人は、交際費等のうち8,000千円以下の部分の全額、または飲食費の50%のいずれかを選択して損金算入できる。8,000千円のほうが多いため、損金算入額は8,000千円となる。

③　貸倒引当金の繰入限度超過額

一括評価金銭債権に係る貸倒引当金の繰入限度額＝30,000千円×0.8%
＝240千円

損金不算入額＝1,800千円－240千円＝1,560千円

④　土地受贈益計上漏れ

役員からX社が低額譲受けした土地は、時価（60,000千円）と購入価格

(15,000千円)との差額45,000千円が、受贈益として法人の所得に加算される。

⑤　法人税額から控除される所得税額および復興特別所得税額

預金の利子から源泉徴収された所得税額および復興特別所得税額の合計額(75千円＋1,575円＝76,575円)は、当期の法人税額から控除することを選択するため、加算する。

⑥　所得金額または欠損金額

所得金額＝28,664,000円(当期純利益)＋66,860,000円(加算項目)
－5,000,000円(減算項目)＋76,575円(所得税額・復興特別所得税額)＝90,600,575円

法人税額から控除される所得税額および復興特別所得税額76,575円は、別表四では加算されるが、次の《問58》の「納付すべき法人税額」の計算過程において控除される。

《問58》▶ 正解　19,341,600円

8,000,000円×15%＋(90,600,000円－8,000,000円)×23.2%
＝20,363,200円

20,363,200円－945,000円(試験研究費の税額控除)－76,575円(所得税額・復興特別所得税額)＝19,341,625円 → 19,341,600円

課税所得金額は、別表四で計算した所得金額(90,600,575円)の千円未満を切り捨てた金額となるため、90,600,000円となる。法人税の税率は原則として23.2%であるが、期末の資本金が1億円以下の法人は、課税所得金額のうち年8,000千円以下の部分について15%が適用される。所得税額および復興特別所得税額は、法人税額より控除する。

《問59》▶ 正解　①1.5(%)　②15(%)　③20(%)　④含む

①　中小企業者等については、2024年4月1日から開始する事業年度において、全雇用者の給与等支給額が前事業年度と比較して1.5%以上増加させることが要件となる。

②　本制度では、原則として全雇用者給与等支給額の支給増加額の15%相当額を法人税額から控除できる。

③　本制度による税額控除は、法人税額の20%相当額が限度額となる。

④　国内雇用者の範囲には、パートやアルバイトを含む。使用人兼務役員を含む

役員や役員の特殊関係者は含まない。

【第4問】

《問60》 正解 ①712㎡ ②2,770㎡

〈解説〉

① 甲土地と乙土地を一体とした土地における建蔽率の上限となる建築面積

乙土地の南側にある幅員3m市道は、建築基準法第42条第2項により特定行政庁の指定を受けた道路であるため、セットバックが必要である。3m市道の乙土地の反対側は宅地であり、がけ地や川等ではないため、道路の中心線から2mは道路とみなされる。したがって、セットバック部分の面積は次のとおりである。

$$2\,\text{m}-\frac{3\,\text{m}}{2}=0.5\,\text{m}\quad 0.5\,\text{m}\times 20\,\text{m}=10\,\text{m}^2$$

近隣商業地域は防火地域であり、第二種中高層住居専用地域は準防火地域にあるが、甲土地と乙土地を一体とした土地全体に対して防火地域の規制が及ぶ。したがって、甲土地と乙土地を一体とした土地に耐火建築物を建築するため、指定建蔽率80%の近隣商業地域は適用除外となり、第二種中高層住居専用地域は10%緩和される。なお、甲土地と乙土地を一体とした土地は、建蔽率の緩和について特定行政庁が指定する角地であるため、第二種中高層住居専用地域はさらに10%緩和される。

・建蔽率の決定

(近隣商業地域) 100% [適用除外]

(第一種中高層住居専用地域) 60%+10%+10%=80%

・建蔽率の上限となる建築面積

400㎡×100%+(80㎡+320㎡−10㎡)×80%=712㎡

② 甲土地と乙土地を一体とした土地における容積率の上限となる延べ面積

幅の広い12m県道が前面道路となる。12m以上であるため、指定容積率を用いる。

・甲土地と乙土地を一体とした土地における容積率の上限となる延べ面積

400㎡×400%+(80㎡+320㎡−10㎡)×300%=2,770㎡

《問61》 ▶ 正解 ①道路（斜線制限） ②北側（斜線制限） ③高度（地区） ④高度利用（地区） ⑤1,200（万円） ⑥借地権割合

〈解説〉

Ⅰ　建築物の高さ制限等

道路斜線制限は、すべての用途地域および用途地域の指定のない区域において適用される。一方、北側斜線制限は、原則として、第一種・第二種低層住居専用地域、田園住居地域、第一種・第二種中高層住居専用地域に適用される。ただし、日影による中高層の建築物の高さの制限が提供される第一種・第二種中高層住居専用地域については、北側斜線制限は適用されない。

都市計画法で定める地域地区のうち、高度地区は、用途地域内で市街地の環境維持や土地利用の増進を図るために、建築物の高さの最高限度または最低限度を定める地区である。一方、高度利用地区は、用途地域内で土地の合理的かつ健全な高度利用と都市機能の更新とを図るため、容積率の最高限度および最低限度、建蔽率の最高限度、建築面積の最低限度、壁面の位置の制限を定める地区である。

Ⅱ　不動産の取得および保有等に係る税金

不動産取得税において、床面積が1戸（マンション等の共同住宅にあっては独立区画1つごと）当たり50㎡（一戸建て以外の貸家住宅は40㎡）以上240㎡以下である住宅を新築した場合、その住宅1つごと（共同住宅については1区画ごと）に固定資産税評価額から1,200万円（認定長期優良住宅は1,300万円）を控除したものが課税標準となる。これは貸家住宅でも適用を受けることができる。

貸家建付地の評価額は、次の算式で求める。

貸家建付地の評価額
＝自用地価額×（1－借地権割合×借家権割合×賃貸割合）

《問62》 ▶ 正解 ①2,112,700円 ②3,126,200円

①　特定居住用財産の買換えの特例の適用を受けた場合の税額

・課税長期譲渡所得の金額

6,000万円－4,800万円＝1,200万円

$1{,}200万円-(6{,}000万円×5\%+500万円)×\dfrac{1{,}200万円}{6{,}000万円}=1{,}040万円$

・所得税額および復興特別所得税額

1,040万円×15%＝1,560,000円

1,560,000円×2.1%＝32,760円

1,560,000円＋32,760円＝1,592,700円（100円未満切捨て）

・住民税額

1,040万円×５%＝520,000円

・合計税額

1,592,700円＋520,000円＝<u>2,112,700円</u>

② 3,000万円特別控除および軽減税率の特例の適用を受けた場合の税額

・課税長期譲渡所得の金額

6,000万円－(6,000万円×５%＋500万円)－3,000万円＝2,200万円

・所得税額および復興特別所得税額

2,200万円×10%＝2,200,000円

2,200,000円×2.1%＝46,200円

2,200,000円＋46,200円＝2,246,200円

・住民税額

2,200万円×４%＝880,000円

・合計税額

2,246,200円＋880,000円＝<u>3,126,200円</u>

〈解説〉

① 「特定の居住用財産の買換えの場合の長期譲渡所得の課税の特例」は、譲渡年の１月１日時点で10年を超える長期譲渡所得となるため、税率は所得税15%、住民税５%となる。復興特別所得税は所得税額の2.1%である。また、譲渡資産の取得費が不明なため、概算取得費を用いる。

② 「居住用財産を譲渡した場合の長期譲渡所得の課税の特例（軽減税率）」は、課税長期譲渡所得金額のうち6,000万円以下の部分は所得税10%、住民税４%となる。6,000万円を超える部分は、通常どおり所得税15%、住民税５%となる。また、譲渡資産の取得費が不明なため、概算取得費を用いる。

【第5問】

《問63》▶ **正解　①15.0円　②180円　③402,500円**

①　1株（50円）当たりの年配当金額

・1株当たりの資本金等の額を50円とした場合の発行済株式数

5,000万円÷50円＝1,000,000株

・1株（50円）当たりの年配当金額

$$\frac{\{(1{,}700\text{万円}-300\text{万円})+1{,}600\text{万円}\}\div 2}{1{,}000{,}000\text{株}}=\underline{15.0\text{円}}$$

1株（50円）当たりの年配当金額は、直前期末以前**2年間の平均額**を、直前期末における発行済株式数（1株当たりの資本金等を50円とした場合）で除して算出する。算出上、記念配当300万円は**除く**。

②　1株（50円）当たりの年利益金額

21,000万円＞{21,000万円＋(16,000万円－1,000万円)}÷2

∴18,000万円

18,000万円÷1,000,000株＝<u>180円</u>

1株（50円）当たりの年利益金額（所得金額）は、直前期末以前1年間、または**2年間の平均額**のうち**低い**ほうを選択する。算出上、固定資産の売却による非経常的な利益金額1,000万円は**除く**。

③　1株当たりの類似業種比準価額

1株当たりの資本金等の額＝5,000万円÷1,000株＝50,000円

$$289\text{円}^{※1}\times\frac{\frac{15.0}{7.5}+\frac{180}{58}+\frac{412}{463}}{3}\times 0.7^{※2}\times\frac{50{,}000}{50}$$

$$=289\text{円}\times\frac{2.00+3.10+0.88}{3}\times 0.7\times 1{,}000$$

$$=289\text{円}\times 1.99\times 0.7\times 1{,}000$$

$$=402.5\text{円}\times 1{,}000$$

$$=\underline{402{,}500\text{円}}$$

※1　類似業種の株価は、課税時期の属する月以前3カ月間の各月および前年平均額、2年間平均額のうち最も**低い**金額を用いる

※2　大会社の斟酌率は**0.7**である

《問64》▶ 正解 **641,200円**

相続税評価額による純資産	98,000万円－25,000万円＝73,000万円
帳簿価額による純資産	74,000万円－25,000万円＝49,000万円
評価差額	73,000万円－49,000万円＝24,000万円
評価差額に対する法人税等	24,000万円×**37**%＝8,880万円
純資産価額	73,000万円－8,880万円＝64,120万円
純資産価額方式による株価	64,120万円÷1,000株＝641,200円

《問65》▶ 正解 **①18（歳）　②3（年）　③50（%）　④3（名）**

①②　受贈者の要件として、贈与日現在18歳以上であり、かつ、役員就任から継続して3年以上経過していることがある。

③　受贈者の要件として、同族関係者とあわせた議決権数の合計が、特例認定承継会社の総議決権数の50%を超え、かつ、同族関係者内で議決権を最も多く有することがある。

④　受贈者の要件として、1つの会社で適用される受贈者（後継者）の数は最大3人である。

〈執筆者紹介〉

高鷲　佐織（たかわし　さおり）

１級ファイナンシャル・プランニング技能士／CFP®認定者

TAC FP講座講師として、教材の作成・校閲、講義に従事する。

特にFP技能検定１級から３級までの教材の作成・校閲をオールマイティにこなす。

過去問や学習者が苦手とする分野での、理解しやすい教材作りや講義には定評がある。

装丁デザイン：株式会社シンクロ

一般社団法人　金融財政事情研究会　ファイナンシャル・プランニング技能検定
１級学科試験・１級実技試験（資産相談業務）　平成29年10月許諾番号1710K000002

2024-2025年版　スッキリとける過去＋予想問題
ＦＰ技能士１級　学科基礎・応用対策

（2013年版 2012年12月10日　初版　第１刷発行）
2024年６月２日　初　版　第１刷発行

編著者　ＴＡＣ株式会社（FP講座）
発行者　多田敏男
発行所　TAC株式会社　出版事業部（TAC出版）
〒101-8383
東京都千代田区神田三崎町3-2-18
電話 03(5276)9492(営業)
FAX 03(5276)9674
https://shuppan.tac-school.co.jp

組版　株式会社グラフト
印刷　株式会社ワコー
製本　株式会社常川製本

ISBN 978-4-300-11192-5
N.D.C. 338

FP(ファイナンシャル・プランナー)対策書籍のご案内

TAC出版のFP(ファイナンシャル・プランニング)技能士対策書籍は金財、日本FP協会それぞれに対応したインプット用テキスト、アウトプット用テキスト、インプット＋アウトプット一体型教材、直前予想問題集の各ラインナップで、受検生の多様なニーズに応えていきます。

みんなが欲しかった! シリーズ

『みんなが欲しかった! FPの教科書』
●1級 学科基礎・応用対策　●2級・AFP　●3級
1級:滝澤ななみ 監修・TAC FP講座 編著・A5判・2色刷
2・3級:滝澤ななみ 編著・A5判・4色オールカラー
■ イメージがわきやすい図解と、シンプルでわかりやすい解説で、短期間の学習で確実に理解できる! 動画やスマホ学習に対応しているのもポイント。

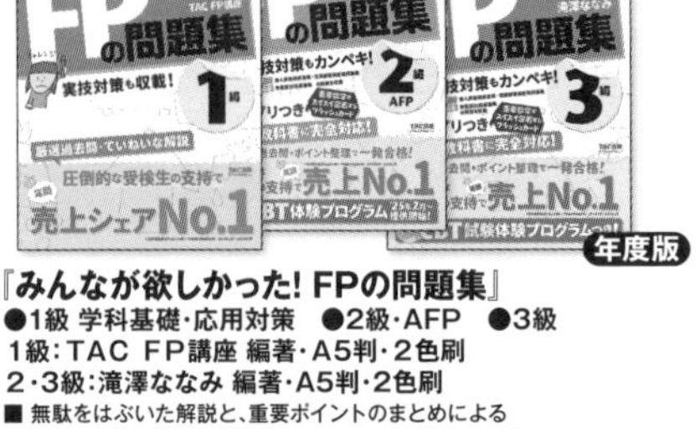

『みんなが欲しかった! FPの問題集』
●1級 学科基礎・応用対策　●2級・AFP　●3級
1級:TAC FP講座 編著・A5判・2色刷
2・3級:滝澤ななみ 編著・A5判・2色刷
■ 無駄をはぶいた解説と、重要ポイントのまとめによる「アウトプット→インプット」学習で、知識を完全に定着。

『みんなが欲しかった! FPの予想模試』
●3級　TAC出版編集部 編著
滝澤ななみ 監修・A5判・2色刷
■ 出題が予想される厳選模試を学科3回分、実技2回分掲載。さらに新しい出題テーマにも対応しているので、本番前の最終確認に最適。

『みんなが欲しかった! FP合格へのはじめの一歩』
滝澤ななみ 編著・
A5判・4色オールカラー
■ FP3級に合格できて、自分のお金ライフもわかっちゃう。本気でやさしいお金の入門書。自分のお金を見える化できる別冊お金ノートつきです。

わかって合格る シリーズ

『わかって合格る FPのテキスト』
●3級　TAC出版編集部 編著
A5判・4色オールカラー
■ 圧倒的なカバー率とわかりやすさを追求したテキスト!さらに人気YouTuberが監修してポイント解説をしてくれます。

『わかって合格る FPの問題集』
●3級　TAC出版編集部 編著
A5判・2色刷
■ 過去問題を徹底的に分析し、豊富な問題数で合格をサポート!さらに人気YouTuberが監修しているので、わかりやすさも抜群。

スッキリ シリーズ

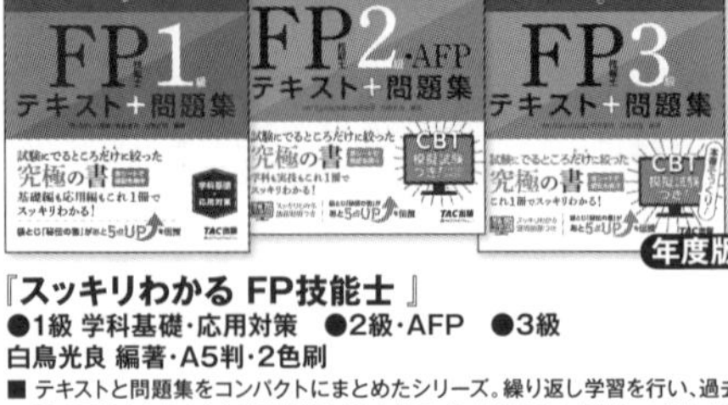

『スッキリわかる FP技能士 』
●1級 学科基礎・応用対策　●2級・AFP　●3級
白鳥光良 編著・A5判・2色刷
■ テキストと問題集をコンパクトにまとめたシリーズ。繰り返し学習を行い、過去問の理解を中心とした学習を行えば、合格ラインを超える力が身につきます!

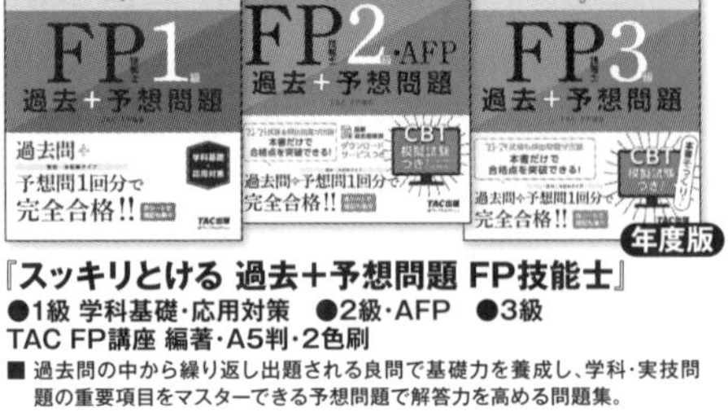

『スッキリとける 過去＋予想問題 FP技能士』
●1級 学科基礎・応用対策　●2級・AFP　●3級
TAC FP講座 編著・A5判・2色刷
■ 過去問の中から繰り返し出題される良問で基礎力を養成し、学科・実技問題の重要項目をマスターできる予想問題で解答力を高める問題集。

TAC出版
TAC PUBLISHING Group

よくわかるFPシリーズ

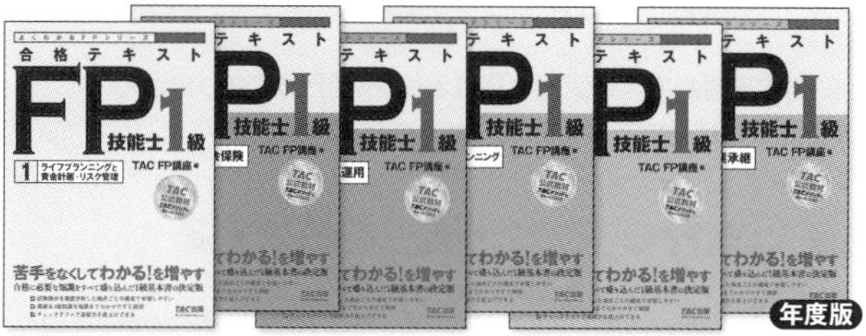

『合格テキスト FP技能士1級』
●1 ライフプランニングと資金計画・リスク管理　●2 年金・社会保険　●3 金融資産運用
●4 タックスプランニング　●5 不動産　●6 相続・事業承継
TAC FP講座 編著・A5判・2色刷
■ TAC FP講座公式教材。それぞれの論点について、「きちんとわかる」をコンセプトに、合格に必要な知識をすべて盛り込んだFP技能士1級対策基本書の決定版。

『合格トレーニング FP技能士1級』
TAC FP講座 編著・A5判・1色刷
■ TAC FP講座公式教材。本試験対応力を養う、総仕上げの問題集。出題傾向を徹底分析し、過去問題から頻出問題を厳選。覚えておくべき論点は「ポイントまとめ」で最終確認もバッチリ。

あてる直前予想模試

＊本試験約3ヵ月前に改訂(3級は5月改訂のみ)

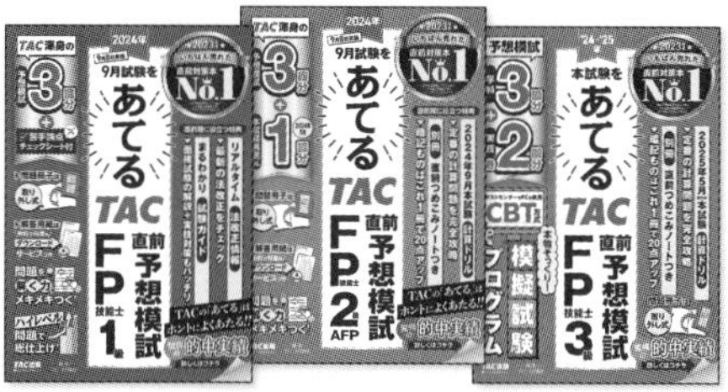

『○年○月試験をあてる　TAC直前予想模試 FP技能士』
●2級・AFP　●3級
TAC FP講座 編著・B5判・2色刷
■ 本試験の出題を予想した模試3回分に加えて、頻出の計算問題を収載した「計算ドリル」や、直前期の暗記に役立つ「直前つめこみノート」など、直前対策に役立つコンテンツを厳選収載!

●1級
TAC FP講座 編著・B5判・2色刷
■ 本試験の出題を予想した模試3回分に加えて、最新の法改正情報や実技試験対策も掲載! 直前対策はこれ一冊で完璧。

啓蒙書ほか

『FPの極意がわかる本
～活かし方・働き方・稼ぎ方～
第3版』
藤原久敏 著・A5判

『女性のための資格シリーズ
自力本願で
ファイナンシャル・プランナー』
森江加代 著・A5判

『47テーマで学ぶ家計の教科書
節約とお金の基本』
矢野きくの 北野琴奈 著・A5判

年度版 マークのある書籍は、試験実施年月に合わせて年度改訂を行っています。
掲載の内容は、2024年4月現在の内容です。各書籍の価格等詳細につきましては、下記サイバーブックストアにてご確認ください。

TAC出版の書籍はこちらの方法でご購入いただけます

1 全国の書店・大学生協　2 TAC各校 書籍コーナー
3 インターネット　CYBER BOOK STORE TAC出版書籍販売サイト
アドレス https://bookstore.tac-school.co.jp/

書籍の正誤に関するご確認とお問合せについて

書籍の記載内容に誤りではないかと思われる箇所がございましたら、以下の手順にてご確認とお問合せをしてくださいますよう、お願い申し上げます。
なお、正誤のお問合せ以外の**書籍内容に関する解説および受験指導などは、一切行っておりません。**
そのようなお問合せにつきましては、お答えいたしかねますので、あらかじめご了承ください。

1 「Cyber Book Store」にて正誤表を確認する

TAC出版書籍販売サイト「Cyber Book Store」のトップページ内「正誤表」コーナーにて、正誤表をご確認ください。

CYBER BOOK STORE TAC出版書籍販売サイト

URL:https://bookstore.tac-school.co.jp/

2 1の正誤表がない、あるいは正誤表に該当箇所の記載がない ⇒ 下記①、②のどちらかの方法で文書にて問合せをする

★ご注意ください★

お電話でのお問合せは、お受けいたしません。
①、②のどちらの方法でも、お問合せの際には、「お名前」とともに、
「対象の書籍名(○級・第○回対策も含む)およびその版数(第○版・○○年度版など)」
「お問合せ該当箇所の頁数と行数」
「誤りと思われる記載」
「正しいとお考えになる記載とその根拠」
を明記してください。
なお、回答までに1週間前後を要する場合もございます。あらかじめご了承ください。

① ウェブページ「Cyber Book Store」内の「お問合せフォーム」より問合せをする

【お問合せフォームアドレス】

https://bookstore.tac-school.co.jp/inquiry/

② メールにより問合せをする

【メール宛先　TAC出版】

syuppan-h@tac-school.co.jp

※土日祝日はお問合せ対応をおこなっておりません。
※正誤のお問合せ対応は、該当書籍の改訂版刊行月末日までといたします。

乱丁・落丁による交換は、該当書籍の改訂版刊行月末日までといたします。なお、書籍の在庫状況等により、お受けできない場合もございます。
また、各種本試験の実施の延期、中止を理由とした本書の返品はお受けいたしません。返金もいたしかねますので、あらかじめご了承くださいますようお願い申し上げます。

TACにおける個人情報の取り扱いについて
■お預かりした個人情報は、TAC(株)で管理させていただき、お問合せへの対応、当社の記録保管にのみ利用いたします。お客様の同意なしに業務委託先以外の第三者に開示、提供することはございません(法令等により開示を求められた場合を除く)。その他、個人情報保護管理者、お預かりした個人情報の開示等及びTAC(株)への個人情報の提供の任意性については、当社ホームページ(https://www.tac-school.co.jp)をご覧いただくか、個人情報に関するお問い合わせ窓口(E-mail:privacy@tac-school.co.jp)までお問合せください。

(2022年7月現在)

スッキリとける

予想問題編

〈問題〉

●この色紙を残したまま、問題冊子をゆっくり引いて取り外してください（下図を参照）。取り外しの際の損傷についてのお取替えはご遠慮願います。

●解答用紙は冊子の最終ページに掲載しています。ハサミやカッターで切り取ってご利用ください。必要に応じ、コピーしてご利用ください。

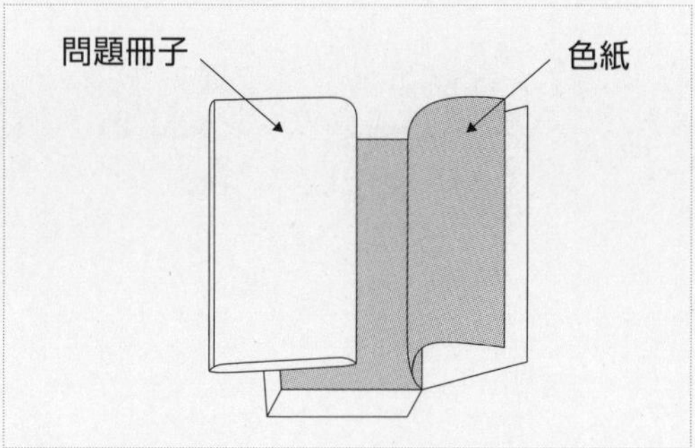

ファイナンシャル・プランニング技能検定

1級　学科予想問題
〈基礎編〉

実施日◆　　年　月　日(　)

試験時間◆150分

TAC　FP講座

次の各問（《問１》～《問50》）について答を１つ選び、その番号を解答用紙にマークしなさい。

《問１》　Ａさん（45歳）は、65歳から10年間にわたって毎年1,200千円を受け取るために、65歳までの20年間、年金原資を毎年均等に積み立てることを考えている。この場合、45歳から65歳までの20年間の毎年の積立額として、次のうち最も適切なものはどれか。

なお、積立期間および取崩期間中の運用利回り（複利）は年３％とし、積立ておよび取崩しは年１回行うものとする。また、下記の係数表を利用して算出し、計算結果は千円未満を切り捨て、手数料や税金等は考慮しないものとする。

〈年３％の各種係数〉

	終価係数	現価係数	年金終価係数	減債基金係数	年金現価係数	資本回収係数
10年	1.3439	0.7441	11.4639	0.0872	8.5302	0.1172
20年	1.8061	0.5537	26.8704	0.0372	14.8775	0.0672
30年	2.4273	0.4120	47.5754	0.0210	19.6004	0.0510

1）380千円
2）446千円
3）512千円
4）688千円

《問２》　労働者災害補償保険の保険給付に関する次の記述のうち、最も適切なものはどれか。なお、各選択肢において、ほかに必要とされる要件はすべて満たしているものとする。

1）適用事業において労働に従事する者であって、所定労働日数のうち在宅勤務の日数が４分の３以上を占める者が在宅作業中におけるケガをした場合、当該事業について成立する労働者災害補償保険において当該事業主に使用される労働者に該当しないため保険給付の支給対象とならない。
2）労働者が直接に住居と出張先との間を合理的な方法および経路により往復することは、通勤に準ずるものと解されるため、この途中における負傷などは通勤災害として療養給付を受けることができる。
3）休業補償給付は、業務上の傷病による休業が継続しているか否かを問わず、休業の第４日目から支給されるが、事業主から平均賃金の60％の金額が支払われた日は、待期期間３日の日数には算入されない。

4）遺族（補償）年金を受けることができる遺族の要件として生計維持関係があげられるが、この要件が認められるためには、労働者の収入によって生計の一部を維持されていれば足りる。

《問３》　雇用保険に関する次の記述のうち、最も適切なものはどれか。

1）60歳以後も継続して雇用されている被保険者（1964年５月２日生まれの者）に対して支給対象月に支払われた賃金額が60歳到達時の賃金月額の61％相当額を下回る場合、高年齢雇用継続基本給付金の額は、原則として、60歳到達時の賃金月額に15％を乗じて得た額となる。
2）介護休業期間中に事業主から休業開始時賃金日額に支給日数を乗じて得た額の75％相当額以上の賃金が支払われた場合、当該支給単位期間について、介護休業給付金は支給されない。
3）60歳以後に再就職し、高年齢再就職給付金を受給するためには、受給資格に係る離職日における算定基礎期間が５年以上あり、かつ、当該受給資格に基づく基本手当の支給を受けたこと、就職日の前日における当該基本手当の支給残日数が100日以上であること等の要件を満たす必要がある。
4）育児休業給付金は、原則として、１歳に達する日前までの子を養育するための育児休業を取得した場合に支給されるが、パパ・ママ育休プラス制度を利用する場合は、対象となる子の年齢が２歳まで延長される。

《問４》　公的年金の遺族給付に関する次の記述のうち、最も不適切なものはどれか。なお、記載のない事項については考慮しないものとする。

1）厚生年金保険の被保険者で、その被保険者期間が18年７カ月である夫（42歳）が被保険者期間中に死亡し、その夫に生計を維持されていた遺族が妻（46歳）のみである場合、その妻が受給する遺族厚生年金には中高齢寡婦加算額が加算される。
2）厚生年金保険の被保険者で、その被保険者期間が28年７カ月である妻（51歳）が被保険者期間中に死亡し、その妻に生計を維持されていた遺族が夫（51歳）と子（16歳）の２人である場合、遺族基礎年金は夫に支給され、遺族厚生年金は子に支給される。
3）国民年金の第１号被保険者期間に係る保険料納付済期間と保険料免除期間とを合算した期間が27年７カ月の夫（56歳）が死亡した場合、夫との婚姻期間が16年７カ月あり、生計を維持されていた妻（62歳）は、寡婦年金を受給することができる。
4）障害基礎年金を受給している妻（66歳）が、夫（68歳）の死亡により遺族厚生年金の受給権を取得した場合、障害基礎年金と遺族厚生年金のいずれか一方を選択して受給することになる。

《問５》 公的年金等に係る所得税等の取扱いに関する次の記述のうち、最も適切なものはどれか。なお、各選択肢において、納税者は居住者であるものとし、記載のない事項については考慮しないものとする。

1）２年分の国民年金の保険料を前納した納税者は、確定申告等により、納めた全額をその支払った年分の社会保険料控除の対象とすることができるが、１年ごとに各年分の保険料を各年分の社会保険料控除の対象とすることはできない。

2）公的年金等に係る雑所得を有する納税者で、その年中の公的年金等の収入金額が200万円以下である者が、その年分の公的年金等に係る雑所得以外の所得金額が40万円以下である場合には、原則として、所得税の確定申告書を提出する必要はない。

3）小規模企業共済契約に基づいて共済契約者本人に支給される分割共済金は、公的年金等控除の適用対象となる公的年金等の範囲に含まれる。

4）老齢基礎年金の受給権者が死亡し、その者に支給すべき年金給付で死亡後に支給期の到来する年金を受給権者の子が受け取った場合、その者が受け取った当該未支給年金は、みなし相続財産として相続税の課税対象となる。

《問６》 確定給付企業年金に関する次の記述のうち、最も適切なものはどれか。

1）確定給付企業年金による年金給付は、毎年１回以上、終身または10年以上にわたって定期的に支給するものでなければならない。

2）確定給付企業年金では、規約において、20年を超える加入者期間を老齢給付金の給付を受けるための要件として定めることはできない。

3）確定給付企業年金の老齢給付金は、60歳以上70歳以下の規約で定める年齢に達したとき、または40歳以上70歳未満の規約で定める年齢に達した日以後に退職したときに支給が開始される。

4）リスク分担型企業年金は、事業主が拠出する掛金に加えて、加入者が所定の方法により測定された将来のリスクに応じた掛金を拠出し、運用の結果、給付額に満たない積立金の不足が生じた場合は、事業主がその不足分を補塡する仕組みである。

《問７》 国民年金基金に関する次の記述のうち、最も適切なものはどれか。

1）国民年金基金の加入員が国民年金法に規定する障害等級に該当する程度の障

害の状態になった場合、国民年金基金から所定の障害給付を受給することができる。
2）国民年金基金の加入員が、4月から翌年3月までの1年分の掛金を前納した場合、0.1カ月分の掛金が割引される。
3）国民年金基金の加入員が、国民年金保険料について4分の1免除の適用を受けることになった場合でも一定の要件を満たすことにより、国民年金基金の加入員資格を喪失することはない。
4）国民年金基金の加入員であった者が老齢基礎年金の繰上げ支給の請求をした場合であっても、国民年金基金からの老齢年金においては、減額されることなく支給される。

《問8》 中小企業退職金共済制度（以下、「中退共」という）に関する次の記述のうち、最も適切なものはどれか。なお、本問において、事業主には同居の親族のみを使用する事業主等は含まないものとし、従業員には短時間労働者は含まないものとする。
1）退職金の額は、被共済者に係る掛金月額と掛金納付月数に応じて定められている基本退職金に、勤続年数に応じて定められている一定額の付加退職金を加えた額となる。
2）退職した日において60歳以上で、かつ、退職金の額が80万円以上であること等の要件を満たす場合、退職金を5年間または10年間の分割払いのいずれかを選択して受給することができる。
3）合併等に伴い、被共済者を加入者とする確定拠出年金の企業型年金を実施することになった場合、被共済者の同意に基づき、合併等を行った日から3カ月以内で、かつ、退職金共済契約を解除した日の翌日から2カ月以内に申し出ることで、中退共の解約手当金に相当する額を当該企業型年金へ資産移換することができる。
4）合併等に伴い、初めて中退共の退職金共済契約を締結し、確定拠出年金の企業型年金から中退共に資産の移換を行う場合、新規加入者の掛金について国の助成を受けることはできない。

《問9》 保険法に関する次の記述のうち、最も適切なものはどれか。
1）保険契約者または被保険者の告知義務違反があった場合、保険者の保険契約の解除権は、保険者が解除の原因があることを知った時から1カ月間行使しないとき、または保険契約の締結の時から3年を経過したときに消滅する。
2）損害保険の契約締結後に保険価額が著しく減少して保険金額を下回った場

合、保険契約者は、保険者に対して、契約締結時に遡って保険金額および保険料の減額を請求することができる。

3）損害保険契約における保険者は、保険事故による損害が生じた場合、当該損害に係る保険の目的物が当該損害の発生後に保険事故ではない理由により滅失したときであっても、当該損害をてん補しなければならない。

4）保険契約者の配偶者を被保険者とする終身保険については、保険契約を締結する場合や契約締結後に保険金受取人を変更する場合、当該配偶者の同意がなくとも、その効力が生じる。

《問10》 外貨建て終身保険に関する次の記述のうち、最も適切なものはどれか。

1）外貨建て終身保険は、市場価格調整（ＭＶＡ）機能を有しているものに限り、保険業法における特定保険契約に該当し、その販売・勧誘については金融商品取引法に規定された行為規制の一部が準用される。

2）外貨建て終身保険（一時払い）を解約し、解約差益が生じた場合、解約差益のうち保険差益に相当する部分と為替差益に相当する部分は分割することなく、合計した額が雑所得として所得税の課税対象となる。

3）外貨建て終身保険（平準払い）は、毎回払い込む保険料が一定額の外貨で設定される保険であり、保険料が一定額の円貨で設定されるものはない。

4）外貨建て終身保険（平準払い）の保険金は、外貨による支払となり、支払時の為替相場により保険金の円貨額は影響を受けることになり、円換算支払特約を付加したとしても、為替変動リスクを回避することはできない。

《問11》 個人年金保険の課税関係に関する次の記述のうち、最も適切なものはどれか。なお、各選択肢において、契約者（＝保険料負担者）・被保険者・年金受取人は同一人であり、契約者は個人（居住者）であるものとする。また、記載のない事項については考慮しないものとする。

1）定額個人年金保険（保証期間付終身年金）の年金受取人が、年金支払開始日後に保証期間分の年金額を一括して受け取った場合、その一時金は一時所得として所得税の課税対象となる。

2）一時払個人年金保険（終身年金）の契約から５年以内に解約した場合は、金融類似商品として受取金額と払込保険料との差益に対して20.315％の税率による所得税および復興特別所得税・住民税が源泉徴収される。

3）定額個人年金保険（５年確定年金）において保険会社が支払う年金額からその年金額に対応する払込保険料を控除した金額が年間20万円以下である場合、保険会社から税務署長に対し、その年金に係る支払調書は提出されない。

4）定額個人年金保険（5年確定年金）において保険会社が支払う年金額からその年金額に対応する払込保険料を控除した金額が年間25万円以上になる場合、その金額から10.21％の税率による所得税および復興特別所得税が源泉徴収される。

《問12》 地震保険に関する次の記述のうち、最も適切なものはどれか。

1）地震保険の保険料の基本料率は、建物のイ構造・ロ構造の2つの構造区分および所在地による3つの等地区分により決められており、危険度が高い都道府県は1等地に区分されている。

2）地震保険の保険料の耐震診断割引は、居住用建物の耐震等級に応じて50％、30％、10％の3区分の割引率がある。

3）地震を原因とする地盤液状化により、木造建物（在来軸組工法）が沈下し、その最大沈下量が30㎝を超える場合、全損と認定される。

4）地震保険の対象となる家財の損害額が家財の時価の60％以上となった場合、全損と認定される。

《問13》 自動車損害賠償責任保険（以下「自賠責保険」という）および政府の自動車損害賠償保障事業（以下、「政府保障事業」という）に関する次の記述のうち、最も不適切なものはどれか。

1）自賠責保険では、被害者の過失割合が7割以上10割未満である場合、重過失減額制度により、原則として、自賠責保険により支払われるべき保険金等が被害者の過失割合に応じて減額される。

2）複数台の自動車による事故において、共同不法行為により身体に損害を被った場合、自賠責保険により支払われる保険金等は、加害者の有効な自賠責保険契約に係る保険金額を合算した額が限度となる。

3）政府保障事業による損害の塡補は、自賠責保険の支払基準に準じて支払われるが、被害者が健康保険や労働者災害補償保険などの社会保険からの給付を受けることができる場合でも、その金額とは別に塡補される。

4）政府保障事業への請求の時効は、原則として、傷害の場合は事故発生日から、後遺障害の場合は症状固定日から、死亡の場合は死亡日から、それぞれ3年である。

《問14》 第三分野の保険・特約の一般的な商品性に関する次の記述のうち、適切なものはいくつあるか。

(a) 指定代理請求特約において、指定代理請求人として指定することができる範囲は、被保険者の配偶者および直系血族であり、一般に兄弟姉妹を指定することはできない。

(b) 要介護状態になった場合に、一時金や年金を受け取ることができる介護保険において、年齢、保険期間等の契約内容が同一であるときは、保険料は、被保険者が女性よりも男性のほうが高くなる。

(c) 認知症保険は、一定期間の待期期間（不担保期間・免責期間）が設けられており、待期期間経過後に認知症と診断確定された場合に給付金が支払われるが、保険期間中に給付金が支払われなかった場合、一般に払込保険料相当額の満期保険金が支払われる。

1）1つ
2）2つ
3）3つ
4）0（なし）

《問15》 X株式会社（以下、「X社」という）は、代表取締役社長であるAさんを被保険者とする下記の定期保険に加入した。当該生命保険の第1回保険料払込時の経理処理として、次のうち最も適切なものはどれか。

保険の種類	：無配当定期保険（特約付加なし）
契約年月日	：2024年4月1日
契約者（＝保険料負担者）	：X社
被保険者	：Aさん（加入時55歳）
死亡保険金受取人	：X社
保険期間・保険料払込期間	：100歳満了
死亡保険金	：1億円
年払保険料	：300万円
最高解約返戻率	：65％

1）

借　方		貸　方	
定期保険料	120万円	現金・預金	300万円
前払保険料	180万円		

2）

借　方		貸　方	
定期保険料	150万円	現金・預金	300万円
前払保険料	150万円		

3）

借　方		貸　方	
定期保険料	180万円	現金・預金	300万円
前払保険料	120万円		

4）

借　方		貸　方	
定期保険料	30万円	現金・預金	300万円
前払保険料	270万円		

《問16》 各種債券の一般的な商品性に関する次の記述のうち、最も適切なものはどれか。

1）他社株転換可能債（ＥＢ債）は、満期償還前の判定日に債券の発行者とは異なる別の会社の株式（対象株式）の株価が発行時に決められた価格を上回ると、金銭での償還ではなく、対象株式が交付される債券のことであり、投資家が償還方法を任意に選択することはできない。

2）ストリップス債は、固定利付債の元本部分と利子部分を分離し、元本部分は利付債の償還日を満期とする割引債、利子部分はそれぞれの支払期日を満期とする割引債として販売される債券である。

3）一般に、払込みと利払いが円貨で行われ、償還が米ドル等の外貨で行われる債券はリバース・デュアルカレンシー債と呼ばれ、払込みと償還が円貨で行われ、利払いが米ドル等の外貨で行われる債券はデュアルカレンシー債と呼ばれる。

4）個人向け国債の適用利率は、個人向け国債の種類ごとに計算された基準金利に応じて決定されるが、いずれの種類も年率0.01％が下限とされる。

《問17》 個人（居住者）が国内の金融機関等を通じて行う外貨建て金融商品の取引等に関する次の記述のうち、最も不適切なものはどれか。

1）外国為替証拠金取引では、証拠金にあらかじめ決められた倍率を乗じた金額まで売買することができるが、その倍率は法令により20倍が上限と定められている。

2）外貨建て金融商品の取引に係る為替手数料の料率は、同一の外貨を対象にする場合であっても、取扱金融機関により異なることがある。

3）国外の証券取引所に上場している外国株式を、国内店頭取引により売買する場合、外国証券取引口座を開設する必要がある。

4）米ドル建て債券を保有している場合、為替レートが円安・米ドル高に変動することは、当該債券に係る円換算の投資利回りの上昇要因となる。

《問18》 株式の信用取引に関する次の記述のうち、最も適切なものはどれか。

1）制度信用取引における弁済の繰延期限は、証券取引所の規則により、原則として最長3カ月とされている。

2）新たに制度信用取引を行う場合に、当該信用取引に係る有価証券の約定価額が60万円であるときは、18万円以上の委託保証金が必要となる。

3）建株の配当や株主優待は、それぞれの権利確定日の2営業日前（権利付最終日）までに買い建てることで受け取ることができる。

4）委託保証金の代用として有価証券を差し入れる場合、当該有価証券は、その差入れの前日における時価に所定の代用掛目を乗じた金額で評価される。

《問19》 株価が1,200円、期待成長率が2.4%、期待利子率（割引率）が5.0%の場合、定率で配当が成長して支払われる配当割引モデルにより計算した当該株式の予想配当として、次のうち最も適切なものはどれか。なお、予想配当に端数が生じる場合は、円未満を四捨五入すること。

1）26円

2）31円

3）60円

4）89円

《問20》 下記の〈財務指標〉から算出されるサスティナブル成長率として、次のうち最も適切なものはどれか。なお、計算結果は表示単位の小数点以下第3位を四捨五入すること。

〈財務指標〉

売上高純利益率	4.15%
使用総資本回転率	1.20回
自己資本比率	35.00%
配当性向	20.00%

1） 1.39%

2） 9.49%

3）11.38%

4）14.23%

《問21》 Aさん（居住者）は、2021年４月に特定口座でＸファンド（公募追加型株式投資信託、当初１口１円、年１回分配）10,000口を基準価額11,000円で購入した。下記の〈Ｘファンドの分配金実績・分配落後基準価額の推移〉に基づき、2024年３月期における10,000口当たりの収益分配金について、所得税および復興特別所得税、住民税の源泉（特別）徴収後の手取金額として、次のうち最も適切なものはどれか。なお、源泉（特別）徴収される税額は円未満切捨てとすること。

〈Ｘファンドの分配金実績・分配落後基準価額の推移〉 (10,000口当たりの金額)

決算日	2022年３月期	2023年３月期	2024年３月期
分配金実績	1,000円	1,000円	800円
分配落後基準価額	11,400円	11,100円	10,400円

1）638円
2）679円
3）760円
4）800円

《問22》 証券Ａと証券Ｂにそれぞれ４：１の割合で投資する場合のポートフォリオの期待収益率とリスク（標準偏差）の組合せとして、最も適切なものは次のうちどれか。

経済状況	生起確率	証券Ａの収益率	証券Ｂの収益率
好況	50％	20％	10％
普通	30％	10％	５％
不況	20％	－15％	０％

1）期待収益率 9.3％　リスク（標準偏差） 6.27％
2）期待収益率 9.3％　リスク（標準偏差）11.34％
3）期待収益率14.1％　リスク（標準偏差）12.31％
4）期待収益率14.1％　リスク（標準偏差）13.64％

《問23》 各種信託商品の一般的な特徴に関する次の記述のうち、最も不適切なものはどれか。

1）特定贈与信託は、委託者が拠出する信託財産について、受益者が特別障害者の場合は、6,000万円、特別障害者以外の特定障害者の場合は3,000万円を限度として贈与税が非課税となる。

2）後見制度支援信託は、被後見人の生活の安定に資することを目的に設定される信託であり、信託財産は、金銭のほか、不動産や動産、株式等の金融商品なども対象となる。

3）教育資金贈与信託の贈与者（委託者）は、受贈者（受益者）の直系尊属に限られ、受贈者（受益者）は信託契約を締結する日において30歳未満の者に限られている。

4）遺言代用信託は、委託者が信託した財産を受託者が管理し、委託者の死亡後、あらかじめ指定した受取人に財産を給付する信託であり、遺言の代わりとなる信託であるため、遺言の作成は不要である。

《問24》　投資信託に関する次の記述のうち、最も不適切なものはどれか。

1）ブル型ファンドは、先物やオプションなどを利用して、基準となる指数の値動きを上回る投資成果を目指す投資信託であり、相場の上昇局面ではより高い収益率が期待できる。

2）アンブレラ型ファンドは、契約時に投資家があらかじめ設定された複数のサブファンドの中から投資対象を自由に組み合わせることができる投資信託であり、運用中にサブファンドを組み替えることができる。

3）ファンド・オブ・ファンズは、複数の投資信託を主要な投資対象とする投資信託であり、株式や債券などの個別銘柄に投資してはならず、1つの投資信託への投資は純資産総額の50%を超えてはならない。

4）ＭＲＦは、主に証券会社で行う有価証券の売買その他の取引に係る金銭の授受の用に供することを目的とした投資信託であり、通常の投資信託と同様に、元本に損失が生じた場合に投資信託委託会社が補塡することは認められていない。

《問25》　居住者である個人事業主に係る所得税の収入金額と必要経費に関する次の記述のうち、最も適切なものはどれか。

1）青色事業専従者に対する給与は、青色事業専従者給与に関する届出書に記載された金額の範囲内で必要経費に算入することができ、かつ、青色事業専従者に対する退職金についても、一般従業員に対する退職給与規程に従って算定されたものであれば、必要経費に算入することができる。

2）支出した交際費のうち、飲食のために支出した費用で、かつ、業務の遂行上直接必要と認められるものについては、事業所得の金額の計算上、その支出額の50%相当額を上限として必要経費に算入することができる。

3）業務用減価償却資産を譲渡したことによる所得は、原則として譲渡所得となるが、償却資産で一括償却資産の必要経費算入の規定の適用を受けたものを業務の用に供した年以後３年間のうちに譲渡したことによる所得は、原則として事業所得等となる。

4）個人事業主が、生計を一にする配偶者が所有する土地を賃借して事業の用に供している場合、その配偶者に支払う地代および配偶者が支払った当該土地にかかる固定資産税は、事業所得の金額の計算上、必要経費に算入することはできない。

《問26》　居住者に係る所得税の不動産所得に関する次の記述のうち、最も不適切なものはどれか。

1）不動産所得を生ずべき事業を行う白色申告者が、その者と生計を一にし、かつ、その者が営む事業に専ら従事する配偶者に給与を支払った場合、不動産所得の金額の計算上、必要経費に算入することはできるが、86万円の上限額が定められている。

2）不動産所得を生ずべき事業を行う青色申告者が、確定申告書を法定申告期限後に提出した場合でも、一定の要件を満たすことにより、不動産所得の金額の計算上、最高10万円の青色申告特別控除の適用を受けることができる。

3）所有する賃貸アパートを取り壊したことにより生じた損失の金額は、当該貸付が事業的規模で行われている場合、不動産所得の金額の計算上、その損失の金額を控除する前の不動産所得の金額を限度として必要経費に算入することができる。

4）所有する賃貸アパートに入居していた者との賃貸借契約の解除があった際、明け渡しが遅延して損害賠償金を受け取った場合、不動産所得の金額の計算上、その受け取った金額を収入金額に算入する。

《問27》　居住者であるＡさんの2024年分の所得の金額等が下記のとおりであった場合の所得税の配当控除の額として、最も適切なものはどれか。なお、配当所得は、東京証券取引所に上場している国内株式の配当を受け取ったことによる所得で、総合課税を選択したものとする。また、記載のない事項については考慮しないものとする。

配当所得の金額	：	355万円
不動産所得の金額	：	780万円
所得控除の額の合計額	：	125万円

1）12万7,500円

2）18万2,500円

3）35万円
4）35万5,000円

《問28》 居住者に係る所得税の確定申告および納付に関する次の記述のうち、適切なものはいくつあるか。なお、記載のない事項については考慮しないものとする。

(a) 年末調整の対象となる給与所得者が給与所得以外に一時所得を有する場合、一時所得の金額に2分の1を乗じた後の金額が20万円以下であるときは、原則として、確定申告書を提出する必要はない。
(b) 確定申告書を提出し、納付した税額が過大であったことが法定申告期限経過後に判明した場合、原則として法定申告期限から3年以内に限り、更正の請求書を提出して税金の還付を受けることができる。
(c) 税務調査に基づく更正により納付すべき所得税額が生じたとしても、所得税の確定申告書を申告期限内に提出した場合は、原則として、過少申告加算税は課されない。

1） 1つ
2） 2つ
3） 3つ
4） 0（なし）

《問29》 個人事業税に関する次の記述のうち、最も適切なものはどれか。

1）駐車可能台数が10台未満の機械式立体駐車場を設置した月極駐車場を営んでいる場合、その事業に係る所得に個人事業税は課されない。
2）飲食店業等の第1種事業に係る個人事業税の標準税率は、100分の5である。
3）所得税の青色申告者は、個人事業税における所得の金額の計算上生じた損失の金額を翌年度以後3年間にわたって繰り越すこと、もしくは、損失の金額を前年度に繰り戻すことができる。
4）個人事業税の課税標準は、原則として、当該年度の初日の属する年の前年中における個人の事業の所得によるが、当該個人が青色申告者であれば、個人事業税における所得の金額の計算上、青色申告特別控除が適用される。

《問30》 ふるさと納税に関する次の記述のうち、最も適切なものはどれか。なお、記載のない事項については考慮しないものとする。

1）ふるさと納税では、原則として、市町村等の自治体に対する寄附額のうち

5,000円を超える金額が所得税額または住民税額の計算にあたって控除されるが、控除額には収入や家族構成等に応じて一定の上限がある。
2）ふるさと納税をした者が、寄附に対する謝礼として受け取った返礼品に係る経済的利益は、非課税所得となる。
3）ふるさと納税ワンストップ特例制度の適用を受けた場合、所得税額から控除され、ふるさと納税を行った翌年の6月以降に支払うべき住民税額からも一定額まで控除される。
4）ふるさと納税ワンストップ特例制度は、納税者が寄附を行う自治体の長に対して、当該自治体の長から当該納税者の住所地の市区町村長に、申告特例通知書の送付を求めることによって、確定申告書を提出することなく寄附金税額控除の適用を受けることができる制度である。

《問31》 消費税の簡易課税制度に関する次の記述のうち、最も適切なものはどれか。
1）簡易課税制度の適用を受けようとする事業者は、原則として、その適用を受けようとする課税期間の初日から2カ月以内に、消費税簡易課税制度選択届出書を納税地の所轄税務署長に提出しなければならない。
2）簡易課税制度の適用を受けようとする事業者が、高額特定資産の仕入れ等を行った場合、当該資産の仕入れ等の日の属する課税期間の初日から同日以後3年を経過する日の属する課税期間の初日の前日までの期間は、消費税簡易課税制度選択届出書を提出することができない。
3）消費税簡易課税制度選択届出書を提出した事業者は、原則として、事業を廃止した場合を除き、提出日の属する課税期間の翌課税期間の初日から5年を経過する日の属する課税期間の初日以後でなければ、簡易課税制度の適用を受けることをやめようとする旨の届出書を提出することができない。
4）2種類以上の事業を営む事業者が、当該課税期間における課税売上高を事業の種類ごとに区分していない場合には、事業の種類にかかわらず、最も低い第六種事業のみなし仕入率（40%）が全体の課税売上に対して適用される。

《問32》 法人税法上の受取配当等の益金不算入に関する次の記述のうち、最も不適切なものはどれか。なお、各選択肢において、法人はいずれも内国法人（普通法人）であるものとする。
1）製造業を営むX社が発行済株式の100%を保有するA社から受けた完全子法人株式等に係る配当については、その全額が益金不算入となる。
2）製造業を営むX社が発行済株式の40%を保有するB社から受けた関連法人株

式等に係る配当については、その配当の額から当該株式に係る負債利子額を控除した金額が益金不算入となる。

3）製造業を営むX社が発行済株式の10％を保有するC社から受けた完全子法人株式等、関連法人株式等および非支配目的株式等のいずれにも該当しない株式等に係る配当については、その配当の額の50％に相当する金額が益金不算入となる。

4）製造業を営むX社が発行済株式の3％を保有するD社から受けた非支配目的株式等に係る配当については、その配当の額の5％に相当する金額が益金不算入となる。

《問33》 X社の当期の決算資料に基づく次の記述のうち、最も不適切なものはどれか。

〈X社の当期の決算資料〉

資産の部合計	：400百万円
負債の部合計	：250百万円
純資産の部合計	：150百万円
売上高	：500百万円
変動費	：300百万円
固定費	：150百万円
経常利益	： 50百万円

1）総資本回転率は1.25回である。
2）総資本経常利益率は12.5％である。
3）限界利益率は30％である。
4）損益分岐点売上高は375百万円である。

《問34》 不動産の調査に係る都市計画図等に関する次の記述のうち、適切なものはいくつあるか。

(a) 都市計画図は、地方公共団体の都市計画に関する地図であり、通常、土地が所在する地域に指定された用途地域の種別や防火規制の有無、基準地標準価格等が表示されている。

(b) 路線価図は、路線価が定められている地域の土地を評価するために用いられ、路線に「200D」と表示されている場合、その路線に面する標準的な宅地の1坪（3.3㎡）当たりの価額が200千円で、借地権割合が60％であることを示している。

(c) 地積測量図は、土地の表題登記や地積更正登記等を申請する際に作成される一筆の土地の地積に関する測量の結果を明らかにする図面であるが、すべての土地に備えられているわけではない。

1）1つ
2）2つ
3）3つ
4）0（なし）

《問35》 宅地建物取引業法で定める土地・建物に係る媒介契約に関する次の記述のうち、最も不適切なものはどれか。

1）一般媒介契約では、依頼者がほかの宅地建物取引業者に重ねて依頼をすることができるほか、依頼者が自ら見つけた相手方と売買または交換の契約をすることができる。
2）専任媒介契約は有効期間の上限が3カ月とされ、これより長い期間を定めた場合であっても、有効期間は3カ月となる。
3）専属専任媒介契約を締結したときは、宅地建物取引業者は、契約の相手方を探索するため、専属専任媒介契約の締結の日から7日以内に指定流通機構に物件情報の登録をしなければならない。
4）専属専任媒介契約を締結したときは、宅地建物取引業者は、依頼者に対し1週間に1回以上、当該専属専任媒介契約に係る業務の処理状況を報告しなければならない。

《問36》 マンションの建替え等の円滑化に関する法律に関する次の記述のうち、最も不適切なものはどれか。

1）特定要除却認定を受けたマンションを含む団地の場合、団地建物所有者集会において、特定団地建物所有者および議決権の各5分の4以上の多数により、当該特定団地建物所有者の共有に属する団地内建物の敷地を分割する旨の決議をすることができる。
2）マンションが外壁、外装その他これらに類する建物の部分の剥落より周辺に危害を生ずるおそれがあるものとして一定の基準に該当する場合は、特定要除却認定の申請をすることができる。
3）要除却認定マンションの建替えにより新たに建築されるマンションで、一定規模以上の敷地面積を有し、交通上、安全上、防火上および衛生上支障がなく、かつ、市街地の環境の整備・改善に資するものについては、特定行政庁の許可により建築基準法による容積率制限が緩和される。

4）マンションおよびその敷地の売却決議に反対した区分所有者は、マンションおよびその敷地の売却を行う組合に対し、区分所有権および敷地利用権を時価で買い取るよう請求することができる。

《問37》 農地法および生産緑地法に関する次の記述のうち、最も適切なものはどれか。

1）個人が所有する市街化区域内の農地を駐車場用地として自ら転用する場合、農地法第4条に基づく都道府県知事等の許可を受ける必要がある。

2）個人が市街化区域内の農地を耕作する目的で当該農地の所有権を相続により取得した場合、農地法第3条に基づく農業委員会の許可を受ける必要がある。

3）生産緑地の所有者は、当該生産緑地に係る生産緑地地区に関する都市計画の告示の日から10年を経過した場合、市町村長に対して当該生産緑地を時価で買い取るべき旨を申し出ることができる。

4）生産緑地の所有者が当該生産緑地に農業用施設を建築する場合、原則として、生産緑地法第8条に基づく市町村長の許可を受ける必要がある。

《問38》 建物の区分所有等に関する法律に関する次の記述のうち、最も適切なものはどれか。

1）専有部分を数人の共有に属するときは、共有者全員が議決権を行使すべき者として定められている。

2）集会において区分所有権および議決権の各5分の4以上の多数により、区分所有建物を取り壊し、当該建物の敷地に新たに建物を建築する旨の決議（建替え決議）をすることができるが、この区分所有者および議決権の定数について規約で減ずることができる。

3）管理組合は、区分所有権および議決権の各4分の3以上の多数による集会の決議により名称および事務所を定め、かつ、その主たる事務所の所在地において登記をすることによって管理組合法人となることができる。

4）形状または効用の著しい変更を伴わない共用部分の変更については、規約に別段の定めがない場合は、区分所有者および議決権の各3分の1以上による集会の決議で決することができる。

《問39》 都市計画法に基づく開発許可に関する次の記述のうち、最も適切なものはどれか。

1）市街化区域内において行う開発行為で、原則として3,000㎡未満であるものは、都道府県知事等による開発許可を受ける必要はない。
2）開発許可を受けた個人が死亡し、その相続人その他の一般承継人が、死亡した個人が有していた当該許可に基づく地域を承継するために、改めて都道府県知事等の承認を得る必要はない。
3）建築物の建築を伴わない青空駐車場の用に供する目的で行う土地の区画形質の変更については、1,000㎡以上であるものは、都道府県知事等による開発許可を受ける必要がある。
4）準都市計画区域内において行う開発行為で、原則としてその規模が、1,000㎡以上であるものは、都道府県知事等による開発許可を受ける必要がある。

《問40》 不動産の取引で引き渡された目的物が品質に関して契約の内容に適合しないものである場合における民法上の契約不適合責任に関する次の記述のうち、適切なものはいくつあるか。なお、目的物の不適合が買主の責めに帰すべき事由によるものではないものとする。

(a) 買主は、売主に帰責事由がなくとも、売主に対して、目的物の修補を請求（追完請求）することができる。
(b) 買主が相当の期間を定めて履行の追完の催告をし、その期間内に履行の追完がないときは、買主は、その不適合の程度に応じて、代金の減額を請求することができる。
(c) 売主が目的物の引渡時にその不適合を知り、または重大な過失により知らなかった場合を除き、買主は契約締結日から起算して1年以内にその旨を売主に通知しないときは、その不適合を理由として、契約の解除をすることができない。

1）1つ
2）2つ
3）3つ
4）0（なし）

《問41》 「居住用財産を譲渡した場合の3,000万円の特別控除」（以下、「本特例」という）の適用に関する次の記述のうち、適切なものはいくつあるか。なお、各ケースにおいて、ほかに必要とされる要件等はすべて満たしているものとする。

(a) Aさんが、自己の居住用家屋とその敷地である宅地を、Aさんと生計を一にし、同居する長男の妻に譲渡し、譲渡後も引き続き長男の妻と生計を一にし同居している場合であっても、Aさんと長男の妻は直系血族ではないため、本特例の適用を受けることができる。

(b) Bさんが、2023年2月に自己の居住用家屋を取り壊し、その家屋の敷地の用に供されていた土地を第三者に貸付けその他の用に供することなく、2024年12月にその土地の譲渡契約を締結して、2025年3月に引き渡した場合、本特例の適用を受けることができる。

(c) Cさんが、借地上にある自己の居住用家屋とともに、借地権を譲渡した場合、家屋の譲渡は本特例の対象となるが、借地権の譲渡は本特例の対象にならない。

1）1つ
2）2つ
3）3つ
4）0（なし）

《問42》 民法における遺言に関する次の記述のうち、最も不適切なものはどれか。

1）遺言者の相続開始前に受遺者が死亡していた場合に、受遺者に子があるときは、遺言者がその遺言に別段の意思を表示していない限り、原則として、その子は受遺者たる地位を承継しない。
2）自筆証書遺言を作成した遺言者が、その遺言内の記載について加除その他の変更を加える場合、その場所を指示し、これを変更した旨を付記して特にこれに署名し、かつ、その変更の場所に印を押さなければ、その効力を生じない。
3）遺贈義務者が、受遺者に対し、相当の期間を定めて、その期間内に遺贈の承認または放棄をすべき旨の催告をした場合において、受遺者がその期間内に遺贈義務者に対してその意思を表示しないときは、遺贈を承認したものとみなされる。
4）公正証書遺言を作成する場合、証人2人以上の立会いが必要であるが、遺言者の兄弟姉妹は、遺言者の推定相続人または受遺者でない者等であっても、この証人になることはできない。

《問43》 贈与税の配偶者控除の適用に関する次の記述のうち、最も不適切なものはどれか。なお、夫婦間の婚姻期間は20年以上で、居住用不動産は国内にあるものとし、各選択肢において、ほかに必要とされる要件等はすべて満たしていることとする。

1）夫から妻に対して、居住用不動産（2,500万円）の贈与が行われ、妻が贈与税の配偶者控除の適用を受けた年の翌年に夫が死亡した場合、その不動産の贈与時の価額である2,500万円については相続税の課税価格に加算されない。
2）夫から妻に対して、店舗併用住宅（店舗部分が2分の1、全体の評価額4,000万円）のうち2分の1である2,000万円相当の持分の贈与を受けた。この贈与に関して贈与税の配偶者控除の適用を受けることができる金額は、2,000万円である。
3）妻が居住用家屋を所有し、夫がその敷地を所有している場合に、夫から妻に対して敷地を贈与する場合には、妻は贈与税の配偶者控除の適用を受けることができる。
4）夫から妻に対して、2024年8月に居住用不動産を取得するための金銭として2,000万円の贈与が行われ、当該金銭により2025年2月に居住用家屋を取得し、2025年4月に居住を開始した場合、妻は贈与税の配偶者控除の適用を受けることができない。

《問44》 普通養子および特別養子に関する次の記述のうち、最も適切なものはどれか。なお、本問においては、特別養子縁組以外の縁組による養子を普通養子という。
1）尊属または年長者を普通養子とすることはできないが、兄弟姉妹の間であれば、弟（妹）が年長者である兄（姉）を普通養子にすることができる。
2）養親の相続開始前に普通養子が死亡した場合、養親の相続において、その養子縁組後に生まれた普通養子の子は、普通養子の相続権を代襲しない。
3）未成年者を普通養子とするには、家庭裁判所の許可を得なければならないが、未成年者である子を有する者と婚姻し、その子を普通養子とする場合は、家庭裁判所の許可を得る必要はない。
4）特別養子縁組は、原則として、養親となる者は配偶者のある者で23歳以上であること、養子となる者は18歳未満の未成年者であることが要件となる。

《問45》 下記の〈条件〉に基づき、長男Bさんが、家庭裁判所の審判や調停を経ることなく、遺産分割前に単独で払戻しを請求することができる預貯金債権の上限額として、次のうち最も適切なものはどれか。なお、妻Aさんは、被相続人の相続開始前に死亡している。また、記載のない事項については考慮しないものとする。

〈条件〉

⑴　被相続人の親族関係図

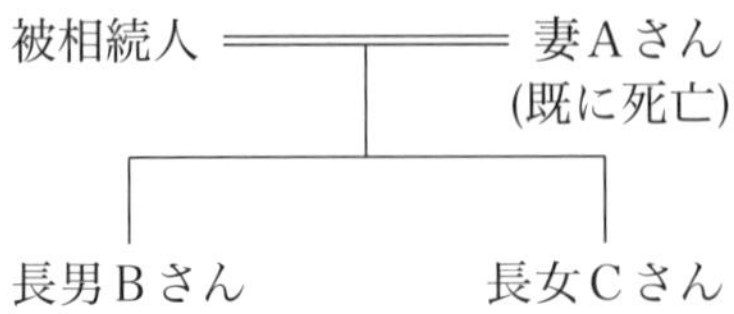

⑵　被相続人の相続開始時の預貯金債権の額

X銀行：普通預金700万円、定期預金1,700万円

Y銀行：定期預金600万円

※定期預金はいずれも満期が到来しているものとする。

1）150万円
2）250万円
3）300万円
4）500万円

《問46》　相続税の税額控除等に関する次の記述のうち、最も不適切なものはどれか。

1）相続税額の計算上、未成年者控除の適用を受ける未成年者の未成年者控除の金額が、その未成年者本人の相続税額を超える場合、その超える部分の金額をその未成年者の扶養義務者の相続税額から差し引くことができる。

2）父の相続により財産を取得して相続税を納付した子が、父の相続開始後10年以内に開始した母の相続により財産を取得して相続税を納付する場合、相次相続控除の適用を受けることにより、相続税額の計算上、父の相続時に子が納付した相続税額の一部を控除することができる。

3）相続放棄をして民法上の相続人に該当しなくなったとしても、その者が居住無制限納税義務者等で障害者である場合は、障害者控除の適用を受けることができる。

4）被相続人の配偶者が「配偶者に対する相続税額の軽減」の適用を受けた場合、原則として、配偶者が相続または遺贈により取得した財産の額が1億6,000万円と配偶者の法定相続分相当額とのいずれか多い金額までであるときは、配偶者が納付すべき相続税額は算出されない。

《問47》 次の各ケースにおいて、相続人が相続税の申告を必要とするものはいくつあるか。なお、各選択肢に記述のある事項以外は考慮しないものとする。

(a) みなし相続財産となる被相続人の死亡保険金について非課税額を控除すると課税価格の合計額が遺産に係る基礎控除額以下となるが、控除せずに計算すると基礎控除額を超えてしまう場合

(b) 「小規模宅地等についての相続税の課税価格の計算の特例」を適用すると課税価格の合計額が遺産に係る基礎控除額以下となるが、適用せずに計算すると基礎控除額を超えてしまう場合

(c) 配偶者の税額軽減を適用すると納付すべき相続税の税額がゼロとなるが、適用せずに計算すると納付すべき相続税額が生じる場合

(d) 相続時精算課税を適用して、被相続人から相続人が1,000万円の生前贈与を受け、被相続人の相続時において、被相続人の相続財産が現金2,000万円のみとなった場合

1）1つ
2）2つ
3）3つ
4）4つ

《問48》 相続税の延納、物納に関する次の記述のうち、最も不適切なものはどれか。

1）相続財産のうち不動産等の価額が占める割合が75％以上の場合、不動産等の価額に対応する部分の延納税額の最高延納期間は、原則として10年である。
2）小規模宅地等についての相続税の課税価格の計算の特例の適用を受けた財産を物納する場合の収納価額は、原則として、当該特例の適用後の価額である。
3）特定物納制度において、特定物納申請の日までに分納期限が到来している延納税額は、たとえ未納であっても、物納に切り替えることができない。
4）特定物納制度において、物納財産の収納価額は、原則として、延納から物納に切り替えるための物納申請時の価額である。

《問49》 「小規模宅地等についての相続税の課税価格の計算の特例」（以下、「本特例」という）に関する次の記述のうち、最も適切なものはどれか。なお、各選択肢において、ほかに必要とされる要件等はすべて満たしているものとする。

1）相続開始前3年以内に贈与により取得した宅地等および相続時精算課税に係

る贈与により取得した宅地等については、本特例の適用を受けることはできない。

2）被相続人の居住の用に供されていた宅地を配偶者が相続により取得し、その配偶者が相続税の申告期限まで居住を継続しなかった場合には、当該宅地は「特定居住用宅地等」として本特例の適用を受けることはできない。

3）被相続人の事業の用に供されていた宅地（不動産の貸付け等を除く）を長男が相続により取得し、その長男が当該事業を相続税の申告期限までに承継して営んでいる場合、当該宅地を相続税の申告期限までに売却しても、当該宅地は「特定事業用宅地等」として本特例の適用を受けることができる。

4）「特定事業用宅地等」と「貸付事業用宅地等」の2つの宅地を取得した場合、適用対象面積の調整はせず、それぞれの適用対象面積の限度まで本特例の適用を受けることができる。

《問50》 譲渡制限株式を発行している会社が、相続等により当該会社の譲渡制限株式を承継した者に対して、その株式を会社に売り渡すことを請求することができる旨を定款に定めている場合の会社法上の取扱いに関する次の記述のうち、最も適切なものはどれか。

1）相続人が相続により承継した株式を会社が買い取るためには、定時株主総会の普通決議が必要となるが、この決議において売主である相続人は、原則として議決権を行使できない。

2）相続人が相続により承継した株式を会社が買い取るためには、当該会社は相続があったことを知った日から3年以内に相続人に対して売渡しを請求しなければならない。

3）相続人が相続により承継した株式を会社が買い取る場合、相続人に交付する金銭等の帳簿価額の総額は、株式の買取日における分配可能額を超えてはならない。

4）相続人が相続により承継した株式を会社が買い取る価格について、会社または相続人は、売渡しの請求があった日から1カ月以内に、裁判所に対し、売買価格の決定の申立てをすることができる。

ファイナンシャル・プランニング技能検定

1級　学科予想問題
〈応用編〉

実施日◆　　年　月　日(　)

試験時間◆150分

解答にあたっての注意

1．応用編の設例は、【第1問】から【第5問】まであります。
2．各問の問題番号は、「基礎編」（50問）からの通し番号となっています。
3．問題文の最後に、速算表等の資料がありますので、適宜利用してください。
4．解答にあたっては、各設例および各問に記載された条件・指示に従うものとし、それ以外については考慮しないものとしてください。

TAC　FP講座

【第1問】

次の設例に基づいて、下記の各問（《問51》〜《問53》）に答えなさい。

《設　例》

X株式会社に勤務するAさん（54歳）は、妻Bさん（49歳）、長男Cさん（19歳）および二男Dさん（16歳）との4人暮らしである。

Aさんは、昨年同僚が病気により長期入院したことから、自分が疾病等により入院した場合の健康保険の給付や、自分に万一のことがあった場合の公的年金制度の遺族給付について知りたいと思っている。

そこで、Aさんは、ファイナンシャル・プランナーのMさんに相談することにした。Aさんの家族に関する資料は、以下のとおりである。

〈Aさんの家族に関する資料〉

(1)　Aさん（本人）

- 1970年4月25日生まれ
- 公的年金の加入歴

  1990年4月から1993年3月までの大学生であった期間（36月）は、国民年金に任意加入していない。

  1993年4月から現在に至るまで厚生年金保険の被保険者である（厚生年金基金の加入期間はない）。
- 全国健康保険協会管掌健康保険の被保険者である。

(2)　Bさん（妻）

- 1975年4月11日生まれ
- 公的年金の加入歴

  1995年4月から1998年3月までの大学生であった期間（36月）は、国民年金の第1号被保険者として保険料を納付している（付加保険料は納付していない）。

  1998年4月から2003年12月まで厚生年金保険の被保険者である（厚生年金基金の加入期間はない）。

  2004年1月から現在に至るまで国民年金の第3号被保険者である。
- Aさんが加入する健康保険の被扶養者である。

(3)　Cさん（長男）

- 2005年3月20日生まれ

(4)　Dさん（二男）

- 2008年5月5日生まれ

※妻Bさん、長男Cさんおよび二男Dさんは、Aさんと同居し、Aさんと生計維持関係にあるものとする。
※家族全員、現在および将来においても、公的年金制度における障害等級に該当する障害の状態にないものとする。

※上記以外の条件は考慮せず、各問に従うこと。

《問51》 Mさんは、Aさんに対して、健康保険の療養の給付と保険外併用療養費について説明した。Mさんが説明した以下の文章の空欄①～⑤に入る最も適切な語句または数値を、解答用紙に記入しなさい。なお、問題の性質上、明らかにできない部分は「□□□」で示してある。

「健康保険の被保険者が業務災害・通勤災害以外の事由により病気やケガをしたときは、健康保険の療養の給付を受けることができます。70歳未満の被保険者の場合、原則として、医療費の（　①　）割を一部負担金として保険医療機関等の窓口で支払います。

健康保険では、保険が適用されない診療を受けると、原則として、保険が適用される診療も含めて、医療費の全額が自己負担となります。ただし、保険外診療を受ける場合であっても、（　②　）、（　③　）、□□□については、保険診療との併用が認められており、通常の治療と共通する部分（診察・検査・投薬・入院料等）の費用は、一般の保険診療と同様に扱われ、その部分については一部負担金相当額を支払うこととなり、残りの額は保険外併用療養費として健康保険から給付が行われます。

なお、（　②　）とは、厚生労働大臣が定める高度の医療技術を用いた療養その他の療養であって、療養の給付の対象とすべきものであるか否かについて、適正な医療の効率的な提供を図る観点から評価を行うことが必要な療養（□□□を除く）として厚生労働大臣が定めるものとされており、先進医療や治験に係る診療等が該当します。また、（　③　）とは、被保険者の選定に係る特別の病室の提供その他の厚生労働大臣が定める療養とされており、一般病床数（　④　）床以上の地域医療支援病院で紹介状なしに初診を受けた場合等が該当します。

仮に、70歳未満の被保険者が（　②　）を受け、医療費が100万円で、その内訳が先進医療に係る費用が40万円と通常の治療と共通する部分に係る費用が60万円であった場合、保険外併用療養費として支給される金額は（　⑤　）万円となります」

《問52》 Mさんは、Aさんに対して、健康保険の高額療養費について説明した。Mさんが説明した以下の文章の空欄①～④に入る最も適切な語句または数値を、解答用紙に記入しなさい。なお、問題の性質上、明らかにできない部分は「□□□」で示してある。

「健康保険の被保険者が、同一月内に、保険医療機関等で診療を受けて支払った一部負担金等の合計が当該被保険者に係る自己負担限度額（高額療養費算定基準額）を超えた場合、所定の手続により、その超えた金額が高額療養費として支給されます。この一部負担金等の合計には、差額ベッド代、食事代、保険適用となっていない医療行為等に係る費用は含みません。1回分の一部負担金等では上限額を超えない場合でも、複数回の診療や同じ世帯にいる被扶養者の診療について、70歳未満の者は、それぞれ支払った一部負担金等が（　①　）円以上である場合は、1カ月単位で合算することができます。また、過去12カ月以内に複数回、高額療養費が支給されると、（　②　）回目から自己負担限度額が軽減される仕組みがあります。

なお、事前に保険者から限度額適用認定証の交付を受け、保険医療機関の窓口に限度額適用認定証と被保険者証を提示すると、一保険医療機関の窓口で支払う同一月内の一部負担金等は自己負担限度額までになります。また、一定の保険医療機関において（　③　）を被保険者証として利用した場合、限度額適用認定証がなくても窓口で支払う一部負担金等は自己負担限度額までになります。

仮に、Aさんが2024年5月中に病気による入院で療養の給付を受けて総医療費が120万円となり、限度額適用認定証を提示して、初めて高額療養費の支給を受ける場合、Aさんの所得区分が下記〈資料〉の区分イに該当するときは、保険医療機関に一部負担金等のうち□□□円を支払えばよく、実際の一部負担金等との差額（　④　）円が現物給付されることになります」

〈資料〉高額療養費の自己負担限度額（70歳未満、月額、一部抜粋）

所得区分	自己負担限度額	多数回該当
①区分ア （標準報酬月額83万円以上）	252,600円＋（総医療費－842,000円）×１％	140,100円
②区分イ （標準報酬月額53万～79万円）	167,400円＋（総医療費－558,000円）×１％	93,000円
③区分ウ （標準報酬月額28万～50万円）	80,100円＋（総医療費－267,000円）×１％	44,400円
④区分エ （標準報酬月額26万円以下）	57,600円	44,400円

《問53》　Ａさんが現時点（2024年９月３日）で死亡し、妻Ｂさんが遺族基礎年金、遺族厚生年金および遺族年金生活者支援給付金の受給権を取得した場合、Ａさんの死亡時における妻Ｂさんに係る遺族給付について、下記の〈条件〉に基づき、次の①～③に答えなさい。〔計算過程〕を示し、〈答〉は円単位とすること。また、年金額の端数処理は、円未満を四捨五入すること。

なお、年金額および給付金の額は年額とし、2024年度価額に基づいて計算するものとする。

①　遺族基礎年金の年金額はいくらか。
②　遺族厚生年金の年金額（本来水準による価額）はいくらか。
③　遺族年金生活者支援給付金の額（年額）はいくらか。

〈条件〉
⑴　厚生年金保険の被保険者期間
・総報酬制導入前の被保険者期間：120月
・総報酬制導入後の被保険者期間：257月
⑵　平均標準報酬月額および平均標準報酬額（2024年度再評価率による額）
・総報酬制導入前の平均標準報酬月額：300,000円
・総報酬制導入後の平均標準報酬額：520,000円
⑶　報酬比例部分の給付乗率
・総報酬制導入前の乗率：1,000分の7.125
・総報酬制導入後の乗率：1,000分の5.481
⑷　中高齢寡婦加算額
612,000円（要件を満たしている場合のみ加算すること）

【第２問】

次の設例に基づいて、下記の各問（《問54》～《問56》）に答えなさい。

《設　例》

Ａさんは、上場株式への投資を検討している。具体的には、Ｘ社とＹ社に関心をもっており、下表の〈財務データ〉を投資判断の参考にしたいと思っている。

そこで、ファイナンシャル・プランナーのＭさんに相談することにした。

〈財務データ〉　（単位：百万円）

		Ｘ社	Ｙ社
資産の部合計		2,438,000	2,003,000
負債の部合計		1,497,600	1,097,500
純資産の部合計		940,400	905,500
（内訳）	株主資本	741,600	858,700
	その他の包括利益累計額	42,300	31,500
	新株予約権	1,600	400
	非支配株主持分	154,900	14,900
売上高		3,641,500	2,762,300
営業利益		381,200	328,700
経常利益		292,400	274,300
親会社株主に帰属する当期純利益		146,700	119,200
配当金総額		38,500	27,300

上記以外の条件は考慮せず、各問に従うこと。

《問54》〈財務データ〉に基づくＸ社とＹ社の財務状況に関する次の文章の空欄①～③に入る最も適切な語句または数値を、解答用紙に記入しなさい。計算結果は、小数点以下第３位を四捨五入すること。

Ｘ社とＹ社の財務指標について比較すると、まず、売上高営業利益率では、Ｙ社がＸ社の（　①　）％に対して上回っている。次に、自己資本比率の逆数である（　②　）では、Ｘ社がＹ社の2.25倍を上回っている。

また、株主への利益還元状況を表す（　③　）では、Ｘ社の値がＹ社の値の22.90％を上回るが、内部留保率では、Ｘ社の値がＹ社の値を下回っている。

《問55》〈財務データ〉に基づいて、X社のサスティナブル（内部）成長率を求めなさい。計算過程を示し、計算結果は表示単位の小数点以下第3位を四捨五入すること。

《問56》 Mさんは、Aさんに対して、上場株式の配当について説明した。Mさんが説明した以下の文章の空欄①～④に入る最も適切な数値を、解答用紙に記入しなさい。

Ⅰ 「Aさんが特定口座（源泉徴収選択口座）において、X社株式を購入し、その配当金を特定口座に受け入れた場合、所得税および復興特別所得税と住民税の合計で、配当金額の（　①　）%相当額が源泉徴収等されます。AさんがX社株式の次回の配当を受け取るためには、権利付き最終日までにX社株式を購入しておく必要があります。次回の配当の権利が確定する決算期末は2024年10月31日（木）となりますので、権利付き最終日は2024年10月（　②　）日となります」

Ⅱ 「上場株式の配当金については、総合課税、申告分離課税、確定申告不要制度のいずれかの課税方式を選択することができます。総合課税の対象とした配当所得については、一定のものを除き、配当控除の適用を受けることができます。仮に、配当所得の金額を除いたAさんの課税総所得金額等が1,000万円を超える場合、X社株式に係る配当所得の金額に乗ずる配当控除率は、所得税で（　③　）%、住民税で（　④　）%となります。3つの課税方式のうち、どの課税方式が有利となるかは、課税総所得金額等の多寡、所得税の累進税率、上場株式等の譲渡損失に係る損益通算や繰越控除の適用の有無などに応じて、総合的に判断をしてください」

【第３問】

次の設例に基づいて、下記の各問（《問57》～《問59》）に答えなさい。

《設　例》

製造業を営むＸ社（資本金10,000千円、青色申告法人、同族会社で非上場会社、株主はすべて個人、租税特別措置法上の中小企業者等に該当する。）の2025年３月期（2024年４月１日～2025年３月31日。以下、「当期」という）における法人税の申告に係る資料は、以下のとおりである。

〈資料〉

１．交際費等に関する事項

当期における交際費等の金額は10,800千円で、全額、損金経理により支出している。このうち、飲食費（得意先との飲食等によるもので、もっぱら社内の者同士で行うものは含まれておらず、所定の事項を記載した書類も保存されている）の合計額は3,000千円で、そのうち参加者１人当たり10千円以下のものの合計額は400千円である。その他のものはすべて税務上の交際費等に該当する。

２．会社役員間取引に関する事項

Ｘ社は、取締役Ａからその有する土地（通常の取引価額60,000千円）を15,000千円で購入し、その購入価額をもって資産に計上した。

３．貸倒引当金に関する事項

当期において、貸倒引当金を新たに1,800千円繰り入れている（貸倒引当金残高3,000千円）が、期末売掛債権等の額は30,000千円であり、その全額が一括評価金銭債権に該当している。なお、過去３カ年において貸倒れの実績はなく、Ｘ社の属する事業区分における中小法人の法定繰入率は0.8％である。また、前期の貸倒引当金の額は、税法限度額以内であった。

４．試験研究費の税額控除に関する事項

当期における試験研究費の税額控除額は、945千円である。

５．「法人税・住民税および事業税」に関する事項

⑴　損益計算書に表示されている「法人税・住民税および事業税」は、預金の利子について源泉徴収（特別徴収）された所得税75千円・復興特別所得税1,575円および当期確定申告の納税見積額17,900千円（未払法人税等の期末残高17,900千円）の合計金額17,976,575円である。

⑵　当期中に「未払法人税等」から支出した前期確定申告分の事業税等（地方法人特別税を含む）は5,000千円である。

(3) 所得税額および復興特別所得税額は、当期の法人税額より控除することとする。
(4) 中間申告については、考慮しないものとする。

上記以外の条件は考慮せず、各問に従うこと。

《問57》 X社の2025年3月期の〈資料〉と以下の〈条件〉をもとに、同社に係る法人税における2025年3月期の〈略式別表四（所得の金額の計算に関する明細書）〉の空欄①～⑥に入る最も適切な数値を、解答用紙に記入しなさい。なお、別表中の「＊＊＊」は、問題の性質上伏せてある。

〈条件〉
・設例に示されている数値等以外の事項は、いっさい考慮しないこととする。
・所得金額の計算上、選択すべき複数の方法がある場合は、X社の所得金額または欠損金額ができるだけ少額になるような方法を選択すること。

〈略式別表四（所得の金額の計算に関する明細書）〉　(単位：円)

区分		総額
当期利益の額		28,664,000
加算	損金経理をした納税充当金	（ ① ）
	交際費等の損金不算入額	（ ② ）
	貸倒引当金の繰入限度超過額	（ ③ ）
	土地受贈益計上漏れ	（ ④ ）
	小計	＊＊＊
減算	納税充当金から支出した事業税等の金額	5,000,000
	小計	＊＊＊
仮計		＊＊＊
法人税額から控除される所得税額および復興特別所得税額		（ ⑤ ）
合計		＊＊＊
欠損金または災害損失金等の当期控除額		0
所得金額または欠損金額		（ ⑥ ）

《問58》 前問《問57》を踏まえ、X社が当期の確定申告により納付すべき法人税額を求めなさい。計算過程を示し、答は100円未満を切り捨てて円単位とすること。

〈普通法人における法人税の税率表〉

	課税所得金額の区分	税率 2024年4月1日以後開始事業年度
資本金または出資金100,000千円超の法人および一定の法人	所得金額	23.2%
その他の法人	年8,000千円以下の所得金額からなる部分の金額	15%
	年8,000千円超の所得金額からなる部分の金額	23.2%

《問59》 法人税に関する以下の文章の空欄①～④に入る最も適切な語句または数値を、解答用紙に記入しなさい。

仮に、中小企業者等に該当するX社が2024年4月1日から開始する事業年度において、賃上げ促進税制の適用を受ける場合、全雇用者の給与等支給額が前事業年度と比較して（　①　）%以上増加させるなどの要件を満たし、本制度の適用を受けた場合、原則として支給増加額の（　②　）%相当額を法人税額から控除できる。ただし、当該税額控除は、法人税額の（　③　）%相当額が限度額となる。

雇用者給与等支給額とは、適用を受けようとする事業年度の所得の金額の計算上、損金の額に算入される国内雇用者に対する給与等の支給額をいい、国内雇用者の範囲には、パートやアルバイトを（　④　）。

【第４問】

次の設例に基づいて、下記の各問（《問60》～《問62》）に答えなさい。

《設　例》

Ａさん（62歳）は、甲土地（Ａさんが所有する賃貸アパートの敷地）および乙土地（Ａさんが所有する自宅の敷地）を所有している。

Ａさんは、老朽化した自宅と賃貸アパートを撤去した後、甲土地と乙土地とを一体とした土地に、賃貸マンションを建築して、大家として当該マンションに住むか、甲土地は貸駐車場とし、乙土地は6,000万円で売却して、その売却資金で娘夫婦が住む近隣の都市に分譲マンションを4,800万円で購入して移り住むかを検討している。

〈甲土地および乙土地の概要〉

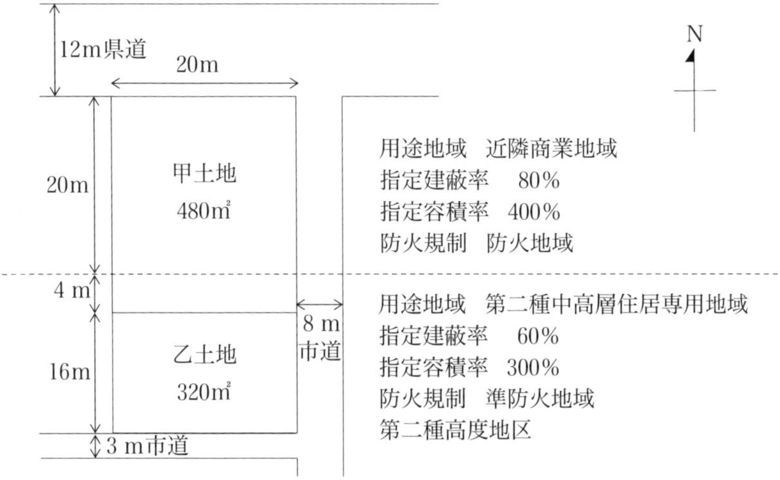

用途地域　近隣商業地域
指定建蔽率　80％
指定容積率　400％
防火規制　防火地域

用途地域　第二種中高層住居専用地域
指定建蔽率　60％
指定容積率　300％
防火規制　準防火地域
第二種高度地区

（注）

・甲土地は480㎡の長方形の土地であり、近隣商業地域に属する部分は400㎡、第二種中高層住居専用地域に属する部分は80㎡である。
・乙土地は320㎡の長方形の土地である。
・指定建蔽率および指定容積率は、それぞれ都市計画において定められた数値である。
・甲土地、甲土地と乙土地とを一体とした土地は、建蔽率の緩和について特定行政庁が指定する角地であるが、乙土地は建蔽率の緩和について特定行政庁が指定する角地ではない。
・乙土地の南側、幅員3m市道は建築基準法第42条第2項により特定行政庁の指定を受けた道路である。3m市道の中心線は、当該道路の中心部にある。また、3m市道の乙土地の反対側は宅地であり、がけ地や川等ではない。
・特定行政庁が都道府県都市計画審議会の議を経て指定する区域ではない。

※上記以外の条件は考慮せず、各問に従うこと。

《問60》 甲土地と乙土地とを一体とした土地に耐火建築物を建築する場合、次の①および②に答えなさい（計算過程の記載は不要）。〈答〉は㎡表示とすること。なお、記載のない事項については考慮しないものとする。

① 建蔽率の上限となる建築面積はいくらか。
② 容積率の上限となる延べ面積はいくらか。

《問61》 建築物の高さ制限等ならびに不動産の取得および保有等に係る税金に関する以下の文章の空欄①～⑥に入る最も適切な語句または数値を、解答用紙に記入しなさい。

〈建築基準法および都市計画法の高さ制限等〉

Ⅰ 「都市計画法において定められた都市計画区域および準都市計画区域内の建築物の高さ制限には、建築基準法において絶対高さ制限や、（ ① ）斜線制限、隣地斜線制限および（ ② ）斜線制限がありますが、その他にも日影による中高層の建築物の高さの制限（以下、「日影規制」という）があります。なお、高さ制限において第一種中高層住居専用地域および第二種中高層住居専用地域では、（ ② ）斜線制限は日影規制が適用されない場合に限り適用されます。

都市計画法に基づく地域地区には、建築物の高さの最高限度または最低限度（準都市計画区域内では最高限度）を定める（ ③ ）地区や、建築物の容積率の最高限度および最低限度、建築物の建蔽率の最高限度、建築物の建築面積の最低限度ならびに壁面の位置の制限を定める（ ④ ）地区があります」

〈不動産の取得および保有等に係る税金〉

Ⅱ 「賃貸マンションを新築した場合、不動産取得税については、1室（40㎡以上240㎡以下）につき課税標準となるべき価格から（ ⑤ ）万円（認定長期優良住宅を除く）を控除する特例の適用を受けることができます。また、固定資産税は、住宅用地の課税標準を住宅1戸につき200㎡までの部分（小規模住宅用地）について課税標準となるべき価格の6分の1の額とし、それを超える部分について課税標準となるべき価格の3分の1の額とする特例の適用を受けることができます。

賃貸マンションの敷地は、相続税の課税価格の計算上、貸家建付地として評価され、自用地の評価額から『自用地の評価額×（　⑥　）×借家権割合×賃貸割合』を控除した額が評価額とされます」

《問62》　Aさんが、下記の〈譲渡資産および買換資産に関する資料〉に基づき、自宅を買い換えた場合、次の①および②に答えなさい。〔計算過程〕を示し、〈答〉は100円未満を切り捨てて円単位とすること。なお、本問の譲渡所得以外の所得や所得控除等は考慮しないものとする。

①「特定の居住用財産の買換えの場合の長期譲渡所得の課税の特例」の適用を受けた場合の譲渡所得の金額に係る所得税および復興特別所得税、住民税の合計額はいくらか。

②「居住用財産を譲渡した場合の3,000万円の特別控除」および「居住用財産を譲渡した場合の長期譲渡所得の課税の特例」の適用を受けた場合の譲渡所得の金額に係る所得税および復興特別所得税、住民税の合計額はいくらか。

〈譲渡資産および買換資産に関する資料〉

・譲渡資産の譲渡価額	：	6,000万円
・譲渡資産の取得費	：	不明
・譲渡費用	：	500万円
・買換資産の取得価額	：	4,800万円

【第５問】

次の設例に基づいて、下記の各問（《問63》～《問65》）に答えなさい。

《設　例》

株式会社Ｘ社（非上場会社、以下「Ｘ社」という）の社長であるＡさんは、Ａさんの長男への事業承継対策として、「非上場株式等についての贈与税の納税猶予」の適用を受けることを検討している。そこで、ファイナンシャル・プランナーに相談することとした。

Ｘ社に関する資料は、以下のとおりである。なお、「□□□」は、問題の性質上、伏せてある。

１．Ｘ社の概要

業種　　　　　：食料品製造業

資本金等の額　：5,000万円（発行済株式総数1,000株、株式はすべて普通株式で議決権は１株につき１つ）

株主構成

株主	Ａさんとの関係	所有株式数
Ａさん	本人	800株
Ｂさん	妻	50株
Ｃさん	長男	100株
Ｄさん	長女	50株

相続税におけるＸ社の株式の評価上の規模区分は、大会社であり、特定の評価会社には該当しない。

２．Ｘ社の比準要素

１株（50円）当たりの年配当金額　　□□□円

１株（50円）当たりの年利益金額　　□□□円

１株（50円）当たりの簿価純資産価額　412円

３．類似業種の比準要素

類似業種の１株（50円）当たりの株価の状況

課税時期（贈与等予定日）の属する月の株価　371円

課税時期（贈与等予定日）の属する月の前月の株価　353円

課税時期（贈与等予定日）の属する月の前々月の株価　365円

課税時期（贈与等予定日）の前年の平均株価　289円

課税時期の属する月以前２年間平均株価　300円

類似業種の1株（50円）当たりの年配当金額　7.5円
類似業種の1株（50円）当たりの年利益金額　58円
類似業種の1株（50円）当たりの簿価純資産価額　463円

4．X社の過去3年間の所得金額および配当金額の状況

事業年度	所得金額	配当金額
直前期	21,000万円	1,700万円②
直前々期	16,000万円①	1,600万円
直前々期の前期	19,000万円	1,500万円

① 固定資産の売却による非経常的な利益金額1,000万円が含まれている。
② 記念配当300万円が含まれている。

5．贈与等を予定している日の直前期のX社の資産・負債の相続税評価額および帳簿価額は、次のとおりである。

X社の資産・負債の相続税評価額および帳簿価額　（単位：万円）

科　目	相続税評価額	帳簿価額	科　目	相続税評価額	帳簿価額
流動資産	38,260	38,260	流動負債	7,840	7,840
固定資産	59,740	35,740	固定負債	17,160	17,160
合　計	98,000	74,000	合　計	25,000	25,000

上記以外の条件は考慮せず、各問に従うこと。

《問63》　類似業種比準方式によるX社の1株当たりの株価を、次の①、②、③の順序に従い求めなさい。計算過程を示し、答は円単位とすること。なお、端数処理は、計算過程において1株当たりの資本金等の額を50円とした場合の株数で除した年配当金額は10銭未満を切り捨て、1株当たりの資本金等の額を50円とした場合の株数で除した年利益金額は円未満を切り捨て、各要素別比準割合および比準割合は小数点第2位未満を切り捨て、1株当たりの資本金等の額50円当たりの類似業種比準価額は10銭未満を切り捨て、X社株式の1株当たりの類似業種比準価額は円未満を切り捨てること。株価の算定にあたり、複数の方法がある場合は、できるだけ低い価額となる方法を選択するものとする。

① 1株（50円）当たりの年配当金額
② 1株（50円）当たりの年利益金額
③ 1株当たりの類似業種比準価額

《問64》 純資産価額方式によるＸ社の１株当たりの株価を求めなさい。計算過程を示し、答は、円未満を切り捨て円単位とすること。なお、純資産価額の算出に際して適用される評価差額に対する法人税等に相当する金額の算出にあたっては、2024年４月１日現在の基準によるものとすること。

《問65》「非上場株式等に係る贈与税の納税猶予の特例制度」に関する次の文章の空欄①～④に入る最も適切な語句または数値を、解答用紙に記入しなさい。なお、同じ語句または数値を記入してもよい。

特例後継者である受贈者が、贈与により、非上場会社（特例認定承継会社）の株式等を先代経営者である贈与者から取得し、その会社を経営していく場合には、その受贈者が納付すべき贈与税のうち、その非上場株式等に対応する贈与税の納税が猶予される。

受贈者には主として次の要件がある。

・特例認定承継会社の代表権を有する者であること
・贈与日現在（　①　）歳以上であり、かつ、役員就任から継続して（　②　）年以上経過していること
・同族関係者と合わせた議決権数の合計が、特例認定承継会社の総議決権数の（　③　）％を超え、かつ、同族関係者内で議決権を最も多く有すること
・後継者が複数の場合、議決権数において上位（　④　）名までが対象となる

予想問題　学科基礎　解答用紙

問題番号	解　答　欄			
問 1	⊏1⊐	⊏2⊐	⊏3⊐	⊏4⊐
問 2	⊏1⊐	⊏2⊐	⊏3⊐	⊏4⊐
問 3	⊏1⊐	⊏2⊐	⊏3⊐	⊏4⊐
問 4	⊏1⊐	⊏2⊐	⊏3⊐	⊏4⊐
問 5	⊏1⊐	⊏2⊐	⊏3⊐	⊏4⊐
問 6	⊏1⊐	⊏2⊐	⊏3⊐	⊏4⊐
問 7	⊏1⊐	⊏2⊐	⊏3⊐	⊏4⊐
問 8	⊏1⊐	⊏2⊐	⊏3⊐	⊏4⊐
問 9	⊏1⊐	⊏2⊐	⊏3⊐	⊏4⊐
問10	⊏1⊐	⊏2⊐	⊏3⊐	⊏4⊐
問11	⊏1⊐	⊏2⊐	⊏3⊐	⊏4⊐
問12	⊏1⊐	⊏2⊐	⊏3⊐	⊏4⊐
問13	⊏1⊐	⊏2⊐	⊏3⊐	⊏4⊐
問14	⊏1⊐	⊏2⊐	⊏3⊐	⊏4⊐
問15	⊏1⊐	⊏2⊐	⊏3⊐	⊏4⊐
問16	⊏1⊐	⊏2⊐	⊏3⊐	⊏4⊐
問17	⊏1⊐	⊏2⊐	⊏3⊐	⊏4⊐
問18	⊏1⊐	⊏2⊐	⊏3⊐	⊏4⊐
問19	⊏1⊐	⊏2⊐	⊏3⊐	⊏4⊐
問20	⊏1⊐	⊏2⊐	⊏3⊐	⊏4⊐
問21	⊏1⊐	⊏2⊐	⊏3⊐	⊏4⊐
問22	⊏1⊐	⊏2⊐	⊏3⊐	⊏4⊐
問23	⊏1⊐	⊏2⊐	⊏3⊐	⊏4⊐
問24	⊏1⊐	⊏2⊐	⊏3⊐	⊏4⊐
問25	⊏1⊐	⊏2⊐	⊏3⊐	⊏4⊐
問26	⊏1⊐	⊏2⊐	⊏3⊐	⊏4⊐
問27	⊏1⊐	⊏2⊐	⊏3⊐	⊏4⊐
問28	⊏1⊐	⊏2⊐	⊏3⊐	⊏4⊐
問29	⊏1⊐	⊏2⊐	⊏3⊐	⊏4⊐
問30	⊏1⊐	⊏2⊐	⊏3⊐	⊏4⊐

問題番号	解　答　欄			
問31	⊏1⊐	⊏2⊐	⊏3⊐	⊏4⊐
問32	⊏1⊐	⊏2⊐	⊏3⊐	⊏4⊐
問33	⊏1⊐	⊏2⊐	⊏3⊐	⊏4⊐
問34	⊏1⊐	⊏2⊐	⊏3⊐	⊏4⊐
問35	⊏1⊐	⊏2⊐	⊏3⊐	⊏4⊐
問36	⊏1⊐	⊏2⊐	⊏3⊐	⊏4⊐
問37	⊏1⊐	⊏2⊐	⊏3⊐	⊏4⊐
問38	⊏1⊐	⊏2⊐	⊏3⊐	⊏4⊐
問39	⊏1⊐	⊏2⊐	⊏3⊐	⊏4⊐
問40	⊏1⊐	⊏2⊐	⊏3⊐	⊏4⊐
問41	⊏1⊐	⊏2⊐	⊏3⊐	⊏4⊐
問42	⊏1⊐	⊏2⊐	⊏3⊐	⊏4⊐
問43	⊏1⊐	⊏2⊐	⊏3⊐	⊏4⊐
問44	⊏1⊐	⊏2⊐	⊏3⊐	⊏4⊐
問45	⊏1⊐	⊏2⊐	⊏3⊐	⊏4⊐
問46	⊏1⊐	⊏2⊐	⊏3⊐	⊏4⊐
問47	⊏1⊐	⊏2⊐	⊏3⊐	⊏4⊐
問48	⊏1⊐	⊏2⊐	⊏3⊐	⊏4⊐
問49	⊏1⊐	⊏2⊐	⊏3⊐	⊏4⊐
問50	⊏1⊐	⊏2⊐	⊏3⊐	⊏4⊐

※　必要に応じ、コピーしてお使いください。

キリトリ線

予想問題　学科応用　解答用紙

問題番号	解答欄				
第1問					
問51	①	②	③		
	④	⑤			
問52	①	②	③	④	
問53	①	②	③		
第2問					
問54	①	②	③		
問55					
問56	①	②	③		
	④				
第3問					
問57	①	②	③		
	④	⑤	⑥		
問58					
問59	①	②	③	④	
第4問					
問60	①	②			
問61	①	②	③		
	④	⑤	⑥		
問62	①	②			
第5問					
問63	①	②	③		
問64					
問65	①	②	③	④	

※　必要に応じ、コピーしてお使いください。

キリトリ線